国学经典文库

图文珍藏版

读破春秋大智者　造就今生大智慧

鬼谷子全书

刘凯◎主编

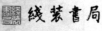

线装书局

挖取人才，获得情报

《鬼谷子·内楗篇》中提道："得其情，乃制其术。"这一点不仅适合于古代谋士的游说活动，对于现代商战也有极其重要的价值。

在今天，商场就是战场，要想在经商活动中获胜，就必须做到"得情"。而要做到"得情"，就必须注意收集经济信息，了解市场需求，掌握商业行情，探知竞争或谈判对手的意图等。这是经营活动的重要谋略。

挖人才，是窃取经济情报的高招。

1996年3月，美国汽车工业巨头——通用公司的环球采购部总管何塞·伊格纳齐奥·洛佩斯携带该公司大量秘密资料跳槽加盟德国大众汽车公司。这些资料包括：通用公司汽车工业图纸、计算机软盘、计划研究报告以及2003年前的销售战略等商业机密。这一事件在世界汽车制造业中像是引爆了一枚炸弹，立刻引起了巨大震动。一场世界汽车工业史上前所未有的间谍案也由此开始了旷日持久的诉讼。

洛佩斯历来善于同供应商讨价还价，并设法把公司1994年底前的零件开支砍掉40亿美元，因此，他获得一个著名绰号——成本杀手。很快，洛佩斯成了公司内外炙手可热的人物，而且随着对通用汽车公司与欧洲业务的了解，洛佩斯的影响已远超出了他所负责的采购范围。

1992年夏末，大众汽车公司总裁皮埃希和公司其他董事到美国汽车城——底特律参加一个经营管理会议，会上曾有人提到洛佩斯可以担任大众公司制造部门的负责人。于是，皮埃希便将拉拢洛佩斯的任务交给了负责北美业务的董廷斯·诺伊曼。

诺伊曼是个和蔼可亲的人。开始他几乎每天都给洛佩斯打电话、写信，建议洛佩斯会见皮埃希，洛佩斯迟迟没有答复。但诺伊曼并不气馁，他数次拜访，力尽亲近之能事。终于，洛佩斯心动了，答应会见皮埃希。

皮埃希如期赴约，会晤洛佩斯，并许以百万马克的报酬，极力劝说洛佩斯改换门庭。也许是巨额高薪的诱惑,也许是洛佩斯认为找到了足以施展个人才干的天地,双方心存灵犀,一拍即合。洛佩斯还就有关合作事宜同大众方面交换了看法。不难看出,此时的洛佩斯已是身在曹营心在汉了。

从这次午餐以后,洛佩斯便开始为自己的"跳槽"做准备了。他从自己助手中选出7人,各人都掌握一套技术。其中一个是电脑专家,另一个了解工厂,第三个知道怎样采购原材料,洛佩斯的女婿也在其中。

这帮人选确定以后,就开始收集资料,洛佩斯不用遮遮掩掩,没有人告诉他不能拿他要的东西;同时,由于洛佩斯对通用汽车公司业务了如指掌,使得他不用费多大力气便可获得大量通用公司的商业秘密。如通用公司的采购新型V—6发动机的研究报告。据说,这些资料共计数百万页,装了几十箱,有的还被输入了电脑软盘。这些机密一旦被大众公司掌握,大众公司将有充分的时间适应对手的政策,在期限、市场趋势和价格方面与通用公司竞争。

纸是包不住火的。洛佩斯的行径很快被通用公司发觉,但为了留住洛佩斯,通用公司并没有给他难堪,而且在1993年2月提升他为公司副总经理,以期回心转意。

然而,大众汽车公司则准备为把洛佩斯挖走做更大努力,同年3月5日,大众汽车公司董事长克劳斯·利森向洛佩斯提出同他签约,让其出任仅次于皮埃希的第二把手。这使洛佩斯的年薪可达160万美元,是他在通用汽车公司的四倍,甚至比总裁史密斯还高。

1993年3月11日,星期四,通用汽车公司宣布洛佩斯辞职,但是公司的高级经理们仍试图说服洛佩斯留下来。公司提出让他担任北美业务部总经理,这是特地为他新设的一个职位,仅次于史密斯。洛佩斯表示愿意留在通用汽车公司。

消息灵通的皮埃希得知后,马上从德国"大众"总部打电话给洛佩斯。据知情人说,甚至西班牙国王卡洛斯也给他去了电话,希望大众汽车公司在西班牙建厂。三天后,通用公司举行记者招待会,总裁史密斯在会上宣布提升洛佩斯的消息,然而为时已晚,洛佩斯已携带数百公斤的资料,不辞而别,人去楼空……

皮埃希不遗余力地把通用汽车公司的洛佩斯挖走,从而大大加速了发展。

在这里,虽然洛佩斯将公司商业机密大量带走是有悖职业道德的行为,但从大众公司不遗余力地挖人才的行为来看,能够得到一流的人才,能够探得更多竞争对手的情报,的确是加速发展,提高竞争力的有效手段。人才的重要性不言而喻,不然,如今的猎头公司怎么会越来越多呢?

赵武灵王说服公子成穿胡服

赵武灵王执政时期,有很多北方民族部落不断侵犯赵国,使赵国的安全受到了极大的威胁。为了抵抗外来势力的侵扰,并积累实力与秦、齐等诸侯强国抗衡,赵武灵王决定实行改革,包括将传统的步兵车战的作战方式改成骑兵战阵,将传统的宽袍长袖式的服饰改成有利于骑射的轻便胡服。但这些改革制度却受到了以公子成为首的一批宗室贵戚保守势力的反对。

一天,赵武灵王派王孙𫲇去告诉公子成说:"我已经改穿胡服了,并要穿着它上朝,我希望王叔也能穿上胡服上朝。子女不能违背父母之命,臣子不能违背君王之命,这是先王定下的通则。现在我下令改穿胡服,如果王叔您不穿它,我担心天下的人会为此而议论我。治理国家,就要有一定的法则,以有利于民众为根本;处理政事,要有一定的

赵武灵王

法则,以政令能够通行为首要。现在实行胡服的目的,并不是为了放纵情欲,只顾自己享乐。凡事一旦开了头,成功就有了基础,等到事情完成以后,功业也建立了,政绩必然能显现出来。现在我只担心王叔违背了从政的原则,我说的这些供您考虑。而且,我听说,做事情只要有利于国家,做起来就不会有错误;办

事只要借助贵族的力量,名声就不会受到损害。所以,寡人派王孙谍去拜见叔父,希望您穿上胡服吧。"

公子成再三拜谢说:"臣下本来听说大王改穿胡服这件事了,可是由于我正卧病在床,行动实在是不便,所以没能尽快去拜见大王及早进言。如今大王下了命令,臣下坚决对大王竭尽忠诚。只是我听说,中原地区不仅是聪明人士居住的地方,而且是各种物资聚集的地区。如今大王却舍弃这些固有的优秀文化,而袭用落后部族的服装,这是改变古人的教导,违背众人的心意,背离中国的传统,臣下希望大王能够慎重地考虑这件事。"

使者把公子成的话报告给赵武灵王。

武灵王听后,便马上前往公子成家里,对他说:"衣服,是便于应用的东西;礼制,是便于行事的礼节。圣贤之人考察当地的习俗后而因地制宜地制作服装,根据行事的便利而制定礼法,这样做是为了有利于民众,增加国家的实力。地域不同,风俗习惯就不一样;事情不同,使用的礼制也要有所改变。儒家的师法相同,但是传下来的礼法却各不相同;中原地区的风俗相同,但各国的政教却不同,更何况是地处偏僻山区的生活习惯呢。

所以说,对于风俗礼制的扬弃或接受的变化,再聪明的人也不能使它固定统一;而不同地区的服饰,即使圣贤的君主也难以使其一致。穷乡僻壤多奇风异俗,孤陋寡闻的学者多诡辩。不知道的事情不要轻易怀疑,和自己的习惯不同更不要加以排斥,这才是大公无私地追求真理的态度。现在王叔所说的是有关世俗的意见;而寡人所说的则是革新之论。

如今我国的东面有黄河、漳水,我们和齐国、中山共同使用这些,但我们没有战船防御。从前,简主没有把晋阳到上党一带堵塞住,襄主兼并了戎族和代郡,再攻打胡人。这是愚笨之人和聪明之人都会明白的道理。过去,中山国依仗齐国强大军队的支持,侵犯掠夺我国的土地,掳掠囚禁我国的百姓,并引水围困鄗,假若不是祖宗神灵的保佑,那鄗城就会失守。先王对这事非常气愤,时至今日他们的仇怨还没有报。现在如果我军能够改穿便于骑射的胡服,不但可以就近防守上党这样形势险要的地方;而且还可以远报中山侵略先王的仇恨。可王叔却固守中原旧俗,违背简主和襄主的遗愿,反对改穿胡服的倡议,忘掉了国家曾遭受的奇耻大辱,这绝不是寡人所期望您做的,相信这也不是天下百姓所要的。"

听了武灵王的一席话,公子成连忙跪拜,对武灵王说:"臣愚昧无知,竟没有体会到大王的良苦用心,只知道陈述一些世俗的言论。现在大王想要继承简主和襄主的遗志,以完成先王的心愿,臣怎敢不服从命令呢?"

说罢,公子成再次跪地朝拜,于是赵武灵王就赐给他一套胡服。

赵武灵王为了拓展疆土、富国强兵,他力排众议、勇于革新、不为旧制和保守势力所束缚。最可贵的是,作为统治者,他能够顺应时事,在说服公子成时,他能够遵从自然发展规律,并根据客观需求做出最正确的判断,在找到自己与对方的契合之处后,当机立断,结合内情和外情,使自己的行为合乎事理,再通过巧妙的言辞和真理,让公子成认识到自己目光短浅的弊病,被说得心服口服,接受了胡服骑射的革新理念。可见,赵武灵王是一个深谙内揵术的贤明君主。

弦高施"内揵术"救郑国

公元前 628 年冬季,驻扎在郑国的秦国使者杞子暗地派人向秦穆公报信说:"郑文公已死,太子兰继承大位。现在北门有我掌管,如果大王此时派兵偷袭郑国的北门,我会暗中助您一臂之力,如此里应外合,定能消灭郑国。听说晋文公也刚刚去世,所以不必担心晋国前来救助郑国。这对大王来说,的确是一个进攻的大好时机啊!"

秦穆公听后,不顾重臣百里奚和蹇叔的反对,立即派秦国将领西乞术、孟明视、白乙丙等人率领大军进攻郑国,他们从都城出发,大举进攻。没多久,秦军就通过了晋国的崤山。在次年的三月,大军就已进入滑国境内。

当月的一天清晨,秦军刚启程,前锋的士兵突然赶来向孟明视报告说:"将军,郑国的使者求见!"

孟明视感觉非常奇怪,心想:"郑国这么快就知道我军到达此地了,还特意派使者前来接应。先弄清他的来意是什么再说。

于是,孟明视便传令接见郑国使者。孟明视打量着站在他面前的这位郑国使者,只见此人其貌不扬,个头矮小,看上去毫无灵气。

后来,孟明视才知道这个人是郑国的牛贩子,并不是郑国派来的使者。原来,他是在滑国贩牛的时候,无意中听说秦军想要通过滑国,去攻打郑国的,于是他先派小伙计速去郑国报信,自己则假充国使来到秦军的军营,想要设法阻止秦军的侵略。

牛贩子向孟明视施礼后,就送上了四张牛皮,恳切地对孟明视说:"我叫弦高,郑王得知三位将军要从这里经过,特地派我先把这小小的礼物献上。国君是想以此来表达对贵国的谢意,多年来承蒙贵国派兵保护北门。既然贵军来到我们这里,就请将军在此停留一天,我们还要为你们供应可口丰盛的饭菜。也请将军放心,贵军在我们国土上行军,我们一定全力以赴,保证你们的安全。"

孟明视听了弦高这一番话,就认定郑国是早有防备的。于是,对弦高说:"您错了,我们不是到贵国的,而是来滑国的,所以请您先回去吧,礼物我们也不会收的!"

弦高便告辞,离开了。待他离开后,孟明视对西乞术和白乙丙说:"现在,我们过了晋国的领域,距本国已有一千里了,若是这时突然袭击郑国,内外夹攻,一定会取胜的。不过,郑国现在早有防备,这就意味着内应已经暴露了,所以按照当初的计划行事,必定对我们不利。依我所见,我们倒不如趁着滑国毫无防备,灭掉它,带些财物回去交差算了。"

郑穆公得到弦高派人送来的情报后,马上去秦国使馆侦查,果然发现秦国使者在慌忙地整理兵器,收拾行囊,就当即把他们驱逐出境,同时做好迎战准备。

结果,秦军没敢来,他们果真按照孟明视的话做了,在打下了滑国后,带着一些财物回去了。

可是,秦军在回国的途中,经过晋国的崤山的时候,遭到了晋军的伏击,秦军大败,孟明视、西乞术和白乙丙也被晋军活捉了。

在得知对方的真实情况和意图后，就应针对性的制定策略，这样就能做到游刃有余，可出可入，可楗可开。弦高正是在弄明白了秦军的真实意图后，当机立断，施行了正确的对策：一面派人去郑国通报；一面冒充使者来到秦军的军营见秦将孟明视，一番义正词严的陈述，误导秦军主帅做出了判断，不动声色地解救了郑国。

苏代巧言成功说服赵惠王

苏代是著名纵横家苏秦的弟弟，他同样是一个聪明机智的人。

一次，苏代听说赵惠王要出兵攻打燕国，他觉得这个做法不利于赵、燕两国，于是他决定去劝说赵惠王。

苏代见到赵惠王后，并没有直接提到此事，反而对赵惠王说："大王，我这次来，经过易水，看到一件新鲜事。"

赵惠王好奇地问："什么事啊？"

苏代兴致勃勃地对他说："我看见一只河蚌正从水里出来晒太阳，一只鹬飞来啄它的肉，河蚌马上闭拢，夹住了鹬的嘴。鹬对河蚌说：'如果今明两天都不下雨，你就会变成肉干了。'河蚌对鹬说：'如果今明两天我不放你，你也非干死饿死不可。'后来，它们俩谁也不肯放开谁，就在这时，一个渔夫看见它们，便大步跑过来，伸手把它们逮住了，放进了鱼篓。结果，鹬鸟和河蚌都成了渔夫的美餐，要后悔也来不及了。"

赵王听了感觉很有趣，心情大好。

苏代则抓住这个机会，诚恳地进言道，"我听说大王要出兵攻打燕国，燕国和赵国的国力相当，在几年之内是不可能把燕国打败的，所以一定会长期相峙下去。如果是这样，那么老百姓就会一直承受战争所带来的苦难，国家上下就会混乱不堪，我担心强大的秦国就要成为那不劳而获的渔翁了。所以，希望大王认真考虑出兵之事。"

赵惠王想了想，终于恍然大悟，恳切地说："你说得有理，寡人不会做鹬和蚌那样的傻事,而让秦国坐收渔翁之利。好吧,那就停止出兵攻打燕国吧。"

我们常说的"鹬蚌相争,渔翁得利"成语就出自这里。

苏代在游说赵惠王时,只用了一个寓言故事,就免除了燕国的一场兵祸,也使百姓逃过了一次劫难。其实,"内揵之术"的关键在于掌控全局,控制变化。在了解了别人的意图后,要找到合适的机会向对方陈述自己的观点。在陈述自己观点时,要不断观察对方的反应,同时要不断思考自己的谋略是否可行,随着对方思绪的改变而当即变化策略。当预感到对方已被自己说服时,就要明确指出成败得失,此时对方一定会做出回应。到了这种程度就等于诱发了变化,只要接下来继续抓住变化、控制变化、引导变化,就可以驾驭对方的志向,最终使对方欣然接受自己的建议。而苏代正是精通这一点,才成功说服赵惠王停止出兵。

结以道德

战国时期,游侠与谋士们同是社会的中间阶层,他们都是为社会政治理想而奔波,都以卑微的身份做出惊天动地大事业的伟大人士,他们看重的是做人的精神价值、名誉气节和大道教义。

韩傀担任韩国国相的时候,严遂也受到韩哀侯的重用,因此两个人相互忌恨。严遂议事公正,直言不讳地斥责韩傀的行为,列举韩傀的过失。于是,韩傀就在韩廷上怒斥严遂,严遂气得拔出宝剑追杀韩傀,幸而有人阻止才得以解围。此后,严遂离开韩国,到处寻找可以向韩傀报仇的人。

严遂来到齐国,有人对他说:"聂政是一个有勇有谋的大侠士,他是为了躲避仇人,才隐藏在屠户之中的。"

于是严遂和聂政暗中交往,有意厚待他。有一次,聂政问严遂:"您想让我干什么呢?"

严遂说:"我为您效劳的时间很短,与您的交情还很浅薄,怎么敢对您有所求呢?"于是,严遂就备办了酒席,向聂政母亲敬酒,严遂又拿出百镒黄金,为聂政母亲祝寿。聂政对他的厚礼相待感到很奇怪，所以拒绝接受严遂的赠金，但严遂却坚决进献。

聂政推辞说："我家生活贫困，为了侍奉家中老母，只能离乡背井，做个杀狗的屠夫，现在我有稳定的经济来源，赚来的钱奉养母亲已经够用了，按情理实在不敢再接受您的赏赐。"

严遂避开周围的人，对聂政说："我身负血海深仇，曾游访过很多诸侯国。游历到齐国，听说您是一位侠肝义胆的好人，所以特地送上百金，没有其他的意图，只是想为老夫人粗茶淡饭的添置些费用罢了。"

聂政说："为了奉养老母，我不惜降低自己的志向，隐居于市井之中。只要我的母亲还在，我绝不敢轻易把生命托付给别人。"

严遂坚持让聂政收下赠金，聂政却极力推让。然而严遂还是尽了宾主之礼才离开。

数年后，聂政的母亲去世了，聂政守孝期满，脱去丧服，感叹地说："唉！我只不过是个市井平民，动刀杀狗的屠夫，而严遂却是诸侯的卿相。他不远千里，屈驾与我结交，我对他太薄情了，但他还是理解我的啊。如今母亲已享尽天年，我也该去为赏识我的人效力了！"

于是，聂政赶往濮阳，见到严遂时，对他说："请原谅我当初没有答应您的要求，因为那时老母还在。如今老母不幸去世，我也前来报答您，请问您想报仇的人是谁啊？"

严遂把事情原原本本地告诉了聂政："我的仇人是韩国国相韩傀，韩傀又是韩哀侯的叔父。家族庞大，守卫设置严密，我曾派人刺杀他，始终没能成功。如今有幸承蒙您没有抛弃我，请让我为您多准备些车马和壮士作为你的助手。"

聂政说："韩国和卫国之间相隔不远，如今去刺杀韩国的相国，相国又是韩哀侯至亲，在这种情况下势必不能多带人去。人多了不能保证不出差错，出了差错就难免会泄露机密，泄露了机密就会使韩国举国上下与您为敌，那岂不是太危险了吗！"

说罢，聂政谢绝了车马和随从，告别而去，只身一人持剑来到了韩国。正逢韩国在东孟举行盛会,韩哀侯和相国韩傀都在那里,手持武器护卫的人众多。聂政径直闯入,奔上台阶刺杀韩傀。惊吓中,韩傀抱住了韩哀侯,聂政用剑再刺韩傀的时候,把韩哀侯刺伤了,左右的人一片混乱。聂政大吼一声,冲上去,一气杀了几十人,随后聂政便自刎了。

后来,三晋、楚、齐、卫等国的人听说了这件事,都大赞聂政以道义交友的品德太可贵了。

其实,鬼谷子阐述了一种切入事物内部的方法。任何事物都是可以切入的,只要认识到了事物的内在本质规律,熟识其内情,再以相应的策略切入,就一定能够达到最佳效果。在社交中,就需要这种明达的智慧,如果对方是一个品德高尚的贤能之人,就要以道义和真诚去结交,顺道而行,定会有收获,所以最终将会收获真正的友情。严遂正是了解聂政是一个有勇有谋的大侠士后,便决定"结以道德",最终与聂政成了肝胆相照的挚友。

志同道合,巧遇知音

伯牙是春秋时期著名的琴家,据说:伯牙在弹瑟的时候,水里的鱼会越出水面倾听;伯牙弹琴的时候,正在吃草料的马会仰首倾听,这都体现了伯牙的演奏技术非常之高。

伯牙年轻时,跟随师父成连学琴,共学习了三年,伯牙勤奋努力,将师父的弹琴技巧全部掌握了,但让他烦恼的是,即便是细心钻研琴技,还是达不到精妙的地步。师父成连见伯牙郁郁寡欢的样子,决定带他去见自己的老师,于是把他带到了蓬莱山,成连将伯牙留在山上,自己则乘船离开了。

伯牙独处山上,周围没有一个人,只能听到海上波涛起伏的声音,山林间的自然之声,群鸟叽叽喳喳的叫声,此时,伯牙失落地感叹道:"原来,老师是让我把情感积聚起来,将其转到琴声之中。"于是,他把所见所闻全部融入自己的情怀之中,令他惊讶的是,韵律与心神果然合而为一。至此,伯牙便悟得琴之妙趣,成为闻名天下的妙手。

在蓬莱仙岛上，俞伯牙学到了高超琴艺，随后被周天子封为司乐太师。伯牙奉命编修乐谱，专程去楚地采风。

一天，俞伯牙带着琴僮来到了长江口，突然狂风大作，乌云密布，顿时惊涛骇浪，把俞伯牙所乘的船颠得左右摇摆。俞伯牙等到风住雨停后，来到船头一看，只见月儿初升，悬挂半空，风清气爽，树叶上残留的雨滴溅落，杜鹃啼鸣，幽静非常。他看到此景，不禁触动乐思，琴瘾大作，随即回到船舱，开囊取琴，对着当空的明月和浩荡的江水弹了起来。但一曲尚未弹完，突然琴弦断了一根，按当时的说法，只有遇到懂得音乐并理解弹琴人心境的知音，琴弦才会崩断。伯牙立即走出船舱，真的见到了一个头戴斗笠的樵夫，他手里拿着一把斧头，地下放着一捆柴。

伯牙心想：原来此人就是我的知音啊。他兴致勃勃地请那位樵夫到船舱中听琴。伯牙换好琴弦后，弹了一首《高山》，琴音刚落，樵夫就大赞道："太美妙了！泰山是如此巍峨啊！"

随后，伯牙又弹了一曲《流水》，音乐完毕，樵夫又高兴地赞叹说："太好了，江河是如此浩荡啊！"

此时，伯牙太高兴了，激动地对樵夫说："你真是我的知音啊！"这个樵夫就是钟子期。

后来，钟子期不幸患病死了，伯牙非常难过，将琴摔碎，并发下毕生不再鼓琴的誓言。对于一个酷爱琴艺的人来讲，放弃一生爱好来纪念知音，这种心胸、这份坦荡、这份真诚令后人所敬仰。

其实，鬼谷子阐述了一种切入事物内部的方法。任何事物都是可以切入的，只要我们摸清了对方的真实内心活动，就没有切入不进去的。无论出入、亲疏、去就、思求，都可以随心所欲，办成所有想办的事。出无障碍，入无征兆，独往独来，没有人可以阻挡。俞伯牙与钟子期的友情得益于他们志同道合。可见，与人交往中，只要了解对方的"道"，就可以将其作为结交的切入点，然后以"道"会友，与对方成为同道中人，那么自然会收获预期效果。

好友联手，力大无穷

春秋时期，政治家管仲和鲍叔牙是很好的朋友。后来，管仲和鲍叔牙都从政了。当时齐国朝政很乱，很多王公大臣为了避祸，都逃到别的国家避风头，同时等待东山再起的机会。

当时，王子纠住在鲁国，管仲辅佐他，而鲍叔牙则辅佐居住在莒国的另一个齐国王子小白。

不久，齐国发生了暴乱，国王在这场暴乱中死亡。王子纠和小白得到这一消息后，立即动身前往齐国，二人一心妄想抢夺王位。王子纠和小白率领的两支队伍在路上相遇。此时，管仲为了让纠能够得到王位，就向小白射了一箭，但这一箭恰巧射到了小白腰带的挂钩上，小白躲过了一劫。

后来，小白当上了国王，历史上称为"齐桓公"。

齐桓公上任后，提拔鲍叔牙为丞相，以辅佐他治理国家。但是，鲍叔牙婉拒了齐桓公，认为自己没有当丞相的能力。

齐桓公问道："那贤卿认为谁有能力当丞相呢？"

鲍叔牙诚恳地回答说："微臣认为有能力担任丞相的唯有管仲。他谨慎机警，宽厚仁慈，忠实可信，不仅善于政事，能够制订出规范的国家制度，而且他还善于指挥军队。这些都是我做不到的，因此，陛下若想治理好国家，就要让管仲当丞相。"

齐桓公摇了摇头，说："管仲当初射我一箭，我差点命丧他手，我不杀他就不错了，怎么还能让他当丞相呢？"

鲍叔牙回答说："我听说贤君是不记仇的，再说管仲当初的做法是为王子纠效命。可见，他能忠心地为君王效力，是一位忠臣。如果陛下想称霸天下，没有管仲就不能成功。所以，您一定要任用他。"

最终，齐桓公被鲍叔牙说服了，把管仲接回了齐国。

管仲回到齐国后，果真当了丞相，而鲍叔牙却甘心做管仲的助手。在管仲和鲍叔牙的合力治理下，齐国成为诸侯国中最强大的国家，齐桓公成为诸侯王中的霸主。

鲍叔牙在向齐桓公推荐管仲时，内心深处是有计划、有步骤、有谋略的，他真正做到了"楗而内合"，让齐桓公了解管仲的为人与能力，最终说服了齐桓公。

唐雎智勇双全完成使命

秦国在灭了韩国和魏国之后，秦王又把目标锁定在了只有五十里方圆的小国安陵上，并试图用"以大易小"的策略达到吞并安陵的目的。

一天，秦王派使者对安陵君说："寡人想用方圆五百里的土地换取安陵，安陵君或许会答应寡人吧？"安陵君说："大王施加恩惠，以大的土地换取小的土地，这当然是太好了。但是我从先王那里继承了这块土地，愿意始终守着它，不敢轻易与人交易换掉。"

秦王听了使者回报，十分震怒。安陵君知道秦王会不高兴，担心其报复，于是派使臣唐雎独自前往秦国与残暴的秦王交涉。

秦王对唐雎说："寡人拿五百里的土地换取安陵，但安陵君不同意，这是为什么呢？况且秦国已经消灭了韩国和魏国，只有安陵君凭着五十里的土地生存下来，那是我认为他是忠厚的长者，所以没有把安陵放在心上。如今我拿十倍的土地同安陵君交换，让他扩大地盘，他却违抗寡人，这不是看不起寡人吗？"

唐雎回答说："不，不是这样的。安陵君从先王手里继承了土地并守护它，即使方圆一千里的土地也不敢换掉，更何况只是五百里的土地呢？"

秦王勃然大怒，对唐雎说："您也曾听说天子发脾气吗？"唐雎说："臣没有听说过。"

秦王说："天子发怒，就得百万人头落地，流血千里！"唐雎："大王曾听说过平民发脾气吗？"

秦王说："平民发怒，不过是摘下帽子光着脚，拿脑袋撞地罢了。"唐雎说：

"这是庸人发怒,而不是高士发怒。当专诸刺杀王僚的时候,彗星的光遮盖了月亮;当聂政刺杀韩傀的时候,白色的虹带穿过了太阳;当要离刺杀庆忌的时候,苍鹰在宫殿上搏击。这三个人,都是平民中的高士,他们满腔的怒气还没有发泄出来,凶兆就从天而降,把臣算上就是四个人了。所以高士发怒,就将要倒下两具尸首,五步之内鲜血四溅,天下臣民都要穿上白色孝服,现在这个时机已经到了。"唐雎说完就立刻拔出剑跑向秦王。

秦王吓得脸色大变,挺起身跪着向唐雎道歉说:"先生请息怒,寡人现在明白了,韩国和魏国这两个庞大的国家相继灭亡,而安陵凭着五十里土地安然无事,只是因为有像先生这样的人啊。"

想要把握内楗之术,必须在了解真实情况后,这才适用,才可以出又可以进;既可以开启又可以固守。唐雎用自己的大智大勇和浩然正气的气势压倒了骄狂的秦王,最终成功地完成了使命。因此,如果想让上司欣然接受你的建议,可以先找出他的破绽,再进行游说。在说服他的时候,要刚柔并济,先柔后刚或先刚后柔,以求达到预期目的。

赵充国主动请战平叛乱

西汉宣帝时期,先零羌部落发动叛乱,进犯边塞,攻打城邑,诛杀官吏。

这时的西汉后将军赵充国已是年过花甲,宣帝认为他年纪老了,便派御史大夫丙吉问他:"将军认为,如今这个局势,谁可以率兵前往平息叛乱呢?"

赵充国说:"实际战事是无法估计的,我请求亲自到金城前线,实地侦察,同时根据实地情况再绘制军事地图,依据敌人的实情再拟定攻讨方略,一并上报陛下。然而,先零羌是个小部族,其违背天道而发动叛乱,不要多久就会灭亡。希望陛下把平叛的任务交给我,请不要为此事担忧。"

宣帝得知后,笑着说:"太好了!"

于是,赵充国动身去了金城。等到集结了万名骑兵以后,便打算渡过黄河,但又怕被羌兵阻遏截击,所以就在夜间派三校部队先渡过黄河,渡河之后就立即安营布阵。天亮时,汉军全部渡过了黄河。他们发现有几百羌族骑兵到来。这些羌兵都是一些难以战胜的骁勇骑兵,而且又怕这些羌兵是引人上钩的诱兵。于是,赵充国下令汉军不得随意出击。

随后,赵充国派骑兵到四望狭进行侦察,结果没有发现敌兵,便乘夜率军进至落都谷,一举歼灭了敌人。

西汉后将军赵充国有勇有谋,向宣帝主动请战。在抵达金城后,并没有急于与敌军交战,而是把侦察敌情作为重要任务,掌握了敌情后,便"得其情乃制其术",结合内情和外情,制订了一套完善的作战方针,才出兵作战,最后轻而易举地平定了先零羌族的叛乱。

季梁巧言劝谏惠王

战国时期,魏惠王想要成就霸王之业而进攻赵国邯郸,这时季梁正出使别国,听到这件事后就马上折回了魏国,他还没有来得及整理皱褶的衣服,顾不得洗去头上的尘土,就急忙去谒见魏惠王。

季梁对魏惠王说:"这次在我回来的途中,遇见一个人,正在向北面赶着马车,他告诉我说:'我打算到楚国去。'我问他:'您既然要到楚国去,为什么往北走呢?'他说:'我的马很强壮。'我就对他说:'马虽然强壮,但这也不是去楚国的路啊!'他说:'我的路费很多。'我说:'路费固然多,但这也不是去楚国的路啊!'他仍然很固执地说:'我驾车的技术很高明。'我说:'这几样越好,反而会使您离楚国越远!'大王现在的每一个行动都是为了取得威信,最终建立霸业;但大王只是依仗魏国强大的国土和精良的军队去攻打邯郸,进而扩展土地,取得名声。这样的行动次数越多,反而距离大王的事业越远。这就如同那位想去楚国却向北走的人一样啊。"

魏惠王听了季梁的这番话,突然顿悟,立即改变了战略。

季梁得知魏惠王想要进攻赵国邯郸后,立即折回劝谏魏惠王。他为了打动魏王,用了南其辕而北其辙的故事,形象地说明了魏王的行动与自己的目的背

·《鬼谷子》释义通解·

图文珍藏版

道而驰的道理。其比喻贴切、形象生动、具有极强的说服力,最终使魏惠王打消了进攻邯郸的念头。

拉里·穆尔受安迪·葛洛夫重用

在 20 世纪 70 年代,英特尔公司的总裁安迪·葛洛夫曾是美国《时代》周刊的风云人物。他创造了半导体产业的神话。但人们对他的了解只停留在他是美国巨富,却很少有人知道他的一些人生经历。

由于家境贫寒,安迪·葛洛夫从小就吃尽了缺衣少食和受人藐视的苦头。他立下誓言:一定要出人头地。在他的成长过程中,他都比同龄人显得成熟而老练。在上学期间,他的商业才能就显露出来了,他在市场上买来各种各样的半导体零件,经过组装后低价卖给同学,他只从中赚取一点组装费。由于他的好学和精明,他经常受到老师的赞扬。

然而,出乎所有人的意料,他竟然是一个极度悲观的人,也许是受贫困的家境的影响,他养成了凡事都爱走极端的特性,这在他以后的经商之路上体现得淋漓尽致。

有一次,在安迪·葛洛夫第三次破产后的一个下午,他独自在家乡的河边漫步,看着眼前河水源源不断地流进流出,他的脑海中呈现的都是一些不幸之事:从早逝的父母,想到了自己艰苦创下的产业一次次的破落,内心充满了阴霾。悲痛不已的他在号啕大哭一番后,萌生了一个可怕的想法——如果就这样跳下去的话,很快就会得到解脱,世间的一切忧愁都与自己无关了。

就在这时,安迪·葛洛夫看到对岸走来一位轻松惬意的青年,他背着一个鱼篓,哼着歌从桥上走了过来。安迪·葛洛夫被青年的情绪所感染,于是问道:"先生,你今天捕到了很多鱼吗?"

青年回答说:"我今天一条鱼都没有捕到。"他边说边将鱼篓放了下来,里面果然是空空的。

安迪·葛洛夫不解地接着问道:"你既然一无所获,那为什么还这样开心呢?"

青年笑了笑说:"我捕鱼不全是为了赚钱,而是为了享受捕鱼的过程,你难道没有察觉被晚霞渲染过的河水远比平时更加美丽吗?"这句话让安迪·葛洛夫豁然开朗。于是,这个对生意一窍不通的青年,在安迪·葛洛夫的再三央求下,成了英特尔公司总裁安迪·葛洛夫的贴身助理,他就是拉里·穆尔。

没过多久,英特尔公司奇迹般地再次崛起,安迪·葛洛夫也成了美国巨富。这期间,公司的股东和技术精英不止一次地问道:"那个毫无经商才能,而且不懂半点半导体知识的拉里·穆尔,真的值得总裁如此重用吗?"

每当安迪·葛洛夫听到这个问题时,他总是坚定地说:"没错,他确实什么都不懂,但和我这个既懂得技术,又有经商智慧的人相比,他却优秀得多,因为他具有一个人最可贵的个性——在面对不合心意的困境时,总会用一种豁达的心胸和乐观的态度去笑对人生,而正是他的这种豁达心胸和乐观态度,总能让我受到感染而不至于做出错误的决策,而且还让我体会到了以前从未体会过的轻松和快乐。"

在英特尔这个偌大的公司里,人才济济,能够成为总裁的助理是每个人期盼的事情。不过,一个普普通通的青年——拉里·穆尔轻而易举地坐在了这个位置上。他虽然不精通技术,但他流露出来的那种积极乐观的心态和人生信念受到了安迪·葛洛夫的欣赏,更受到重用,成了英特尔公司总裁的贴身助理。

抵巇术第四

本篇提要

据《辞海》解释:巇原意是险峻、险恶之意,后引申出间隙、漏洞、矛盾等意思,比喻给人可乘之机。故本篇主要讲述的是如何洞察事物出现的缺陷和矛盾,而后又该采取什么样的措施加以弥补或利用。

《鬼谷子》认为任何事物都会出现矛盾,如果不加以控制,就会由小变大,到时想补救都来不及了。控制事物最好的方法就是事先预防。出现裂痕时要及时采取措施加以弥补,由内部原因而起就要堵塞;由外部原因而起就要消除外部隐患;刚开始时可以及时补救;无可挽回时就要以新代旧。

关于"抵"的对象又可分为两种,一种是对自身的"抵",一种是对他人的"抵"。关于"抵"的方法也可分为两种,一种是修补;一种是利用。抵巇术在政治上多以利用为主,也就是所谓的投机取巧、乘虚而入。其手段主要就是通过对使用对象的弱点或缺陷的利用来达到自己的目的,比如利用对方贪财、贪色、贪名等本身具有的"巇",或是利用对方生性多疑、刚愎自用等缺点来制造"巇"等。

从全局来看,抵巇术成功运用的关键是要顺应事物发展变化的规律,唯有如此,才能灵活运用"抵而塞之"或"抵而得之"的策略,使自己不断完善,对敌人也能找到克敌制胜的方法。

【原文】

物①有自然②,事有合离③。有近而不可见④,有远而可知⑤。近而不可见者,不察其辞也;远而可知者,反往以验来也。

【注释】

①物:世间万物。
②自然:本来的样子,引申为有自身规律之意。
③合离:聚合分离。
④见:觉察、看见、发现。
⑤知:知晓、了解。

【译文】

万物都有它们自然存在的规律,事情都有它们自然离合的道理。有的离得近反而不能觉察,有的离得远却能相互了解;离得近却没有觉察,那是因为习而不察对方言辞虚实的缘故;离得远却可以了解,那是因为经常来往互相体察的缘故。

【原文】

巇者^①,罅也^②。罅者,涧也^③。涧者,成大隙也。巇始有朕^④,可抵而塞^⑤,可抵而却^⑥,可抵而息^⑦,可抵而匿^⑧,可抵而得^⑨,此谓抵巇之理^⑩也。

【注释】

①巇者:裂缝,缝隙。

②罅也:裂隙、裂缝。与"巇"同义,裂的程度略深。

③涧也:山沟,引申为比罅的裂缝还大。

④朕:征兆,萌芽之态。

⑤塞:弥补。

⑥却:退却。

⑦息:消灭。

⑧匿:隐瞒,消失。

⑨得:取得,获得。

⑩抵巇之理:堵塞裂缝的道理。

【译文】

所谓"巇"就是"罅",而"罅"就是"涧"。裂痕会发展成裂缝,小的裂缝进一步扩大就会形成峡涧、山谷。裂痕刚出现时就会有征兆可寻,可以通过"抵"使其闭塞,通过"抵"使其减小,通过"抵"使其破裂停止,通过"抵"使缝隙消失,通过"抵"的方法而获得成功,这就是"抵巇"之术堵塞缝隙的道理。

【原文】

事之危^①也,圣人知之,独保其身,因化说事^②,通达计谋,以识细微。经起秋毫之末,挥之于太山之本^③。其施外,兆萌牙蘖之谋^④,皆由抵巇。抵巇隙,为道术。天下纷错，上无明主；公侯无道德，则小人谗贼；贤人不用，圣人窜匿；贪利诈伪者作，君臣相惑，土崩瓦解而相伐射⑤，父子离散，乖乱反目，是谓萌牙⑥巇罅。圣人见萌牙巇罅，则抵之以法。世可以治，则抵而塞之；不可治，则抵而得之；或抵如此，或抵如彼；或抵反之，或抵覆之。五帝之政，抵而塞之；三王之事，抵而得之。诸侯相抵，不可胜数，当此之时，能抵为右。

【注释】

①危：指危险的征兆。

②独保其用：指独自保持清醒，精神不受干扰。因化说事：顺应自然变化之道来分析事物。

③经：经始，开始。秋毫之末：形容最细微的事物。秋天鸟的毛最细微，称"秋毫"；末：末端。挥：挥动，此指成长壮大。太山：大山；或指"泰山"。本：树的根本部位，此指山脚。

④施外：施行于外界，对"独保其用"而言。兆萌：萌芽的征兆。牙：古"芽"字。蘖：树木被砍伐以后，在根部重新生长出的新芽。

⑤纷错：纷乱而错综复杂。纷，一本作"分"。谗贼：用卑劣言行伤害好人。相伐射：相互残杀攻击。

⑥萌牙：道藏手抄本作"萌芽"。

【译文】

当事情出现危机之初，只有圣人才能觉察出来，而且能够独自保持清醒，发挥应有的作用，顺应事情的发展变化分析情况，制定适当的策略，在细微之处认识预防。万事开始之初，都如秋毫之末那样微小，一旦任其发展，就会动摇大山的根基。当圣人教化向外推行之时，那么奸邪小人的一切阴谋诡计都可以利用抵巇之术防范和消除。由此可见，堵塞裂痕、漏洞的方法，也是一种道术。天下纷乱，错综复杂，朝廷没有圣明的君主，公侯丧失道德，小人嚣张狂妄，贤能之人得不到任用，圣人逃跑隐藏，贪赃枉法者兴风作浪。君臣互相猜疑，国家纲纪土崩瓦解,以致百姓互相攻战征伐。民不聊生,流离失所,骨肉分离,夫妻反目,这就是国家大乱的征兆。当圣人看见这种裂痕之后,就会采取"抵巇"之术堵塞裂缝。圣人认为,国家能够治理,就要对反叛者加以抵抗消灭;不可治理就对之彻底改造,使之获得新生。或者用这种措施治理,或者用那种措施治理;或者使它返回到原来的状态,或者使它翻转覆灭。五帝时代的政治,是对敌手进行抵制、消除,以维护、巩固政权;三王时代的政治,是对敌手进行抵制、消灭而取得政权。这都是历史上的先例。现在,诸侯之间的互相征伐,数都数不清,当天下混乱时,能及时采取抵巇措施的人便是值得推崇的人。

【原文】

自天地之合离终始,必有巇隙,不可不察也。察之以捭阖①,能用此道,圣人也。圣人者,天地之使②也。世无可抵③,则深隐而待时;时有可抵④,则为之谋。可以上合⑤,可以检下⑥。能因⑦能循,为天地守神⑧。

【注释】

①察之以捭阖:指要用捭阖术来观察分析万物。

②使:使者。

③世无可抵:指世道太平,没有出现裂痕。

④时有可抵:指世道衰微,出现裂痕。

⑤上合:与上意相应合。

⑥检下:督查指导下民。

⑦因:根据。

⑧天地守神:指天地之间守护之神。即指国家的统治者。

【译文】

自从天地生成以来,有合有离贯穿始终,任何事情的发展变化过程中必然会出现缝隙,这是我们不可不留心观察的。用捭阖之术去明察世道,又能运用这种"抵巇"之术去解决问题,就是圣人了。圣人乃是天地所派遣的特使。如果世道太平,没有什么裂缝出现,圣人就隐藏起来等待时机;如果世道出现裂痕,圣人就谋划着弥合的措施。如此,既可以与君主合作,又可以督查指导下民。能够遵循抵巇之法,就可以立于不败之地,成为天地的守护神。

【解析】

抵,堵塞。巇,缝隙。抵巇,在这里是指弥补不足,堵塞漏洞。抵巇之术,就是防止和消灭裂痕而采取的措施,是鬼谷子纵横术的重要一术。

本篇所论述的基本观点是——"物有自然,事有合离"。鬼谷子阐述了万事万物都有其客观存在和变化的规律,这是有规律可循。事物在变化中,都遵循着"离合"运动的规律,只要我们仔细观察,细心探索,就会发现规律、认识规律,若能够按照规律行事,就没有办不成的事。

另外,鬼谷子在本篇中,还提醒我们:任何事物都会出现裂痕,而且这种裂痕会由小变大。所以,在这些危险征兆刚刚出现时,就要通过"抵"及时处理,使裂痕闭塞,或者使其减少,或者让它停止发展,或者让它减缓发展,或者将它彻底根除,以防被敌方乘隙而入。但是,如果事物的变化趋势是良性的,就要引导它朝着对我们有利方向发展。这就是"抵戏"之术的奥妙所在。

可见,审时度势就是抵术的重要原则。矛盾是客观的,解决矛盾的方法必须是抓住时机,使之迎刃而解。"抵术"的运用范围十分广泛,可用在征战中,也可用在人际交往中,它可帮助我们掌握对方的心理,以便控制变化,使其按照和谐有利的轨迹发展下去。

【应用事例】

所谓"巇"就是"罅",而"罅"就是容器的裂痕,裂痕会由小变大。在裂痕刚刚出现时,可以通过抵使其闭塞,可以通过抵使其停止,可以通过抵使其变小,可以通过抵使其消失,可以通过抵而夺取器物。这就是抵的原理。

反叛之将焉知不会再叛

"你怎样对待别人,别人也会怎样对待你",这是亘古不变的真理。一个人要想获得别人的认可,取得别人的信任,有所作为,就应该诚信待人。"人敬我一尺,我敬人一丈","人心换人心,八两换半斤",你待人友善,别人也会友善待你;你对人诚信,别人也会对你诚信。否则,"针尖对芒刺",到头来只会两败俱伤。

隋朝末年,天下纷乱,群雄并起。李世民与他的父亲李渊举兵反隋,他英勇善战,屡建战功,被封为秦王。一天,秦王李世民利用征战空隙出外打猎,与隋朝旧将,当时已自立为帝的王世充相遇。王世充见秦王带兵不多,便带着将士冲杀上来。王世充的骁将单雄信,手持长槊,直奔李世民而来,李世民连忙拔剑相迎,可是短剑怎敌得过长槊,眼看就要抵挡不住了。这时,猛听得一声大吼,如同晴空霹雳,一员虎将跃马从

李世民

斜刺里横插过来。一鞭就将单雄信打落马下,救了李世民一命。这员大将就是尉迟敬德。

尉迟敬德原本是宋金刚部下。刘武周派宋金刚攻占太原、晋州、浍州等地时,李世民率军抗击,第二年大败宋金刚于介休。宋金刚逃到突厥,尉迟敬德收集残兵八千,仍然坚守介休。李世民派人劝降,尉迟敬德就与手相等人领兵向李世民投降,李世民部将屈突通等认为像尉迟敬德这样的人不可靠,说不定哪一天会反叛,三番五次在李世民面前陈说。李世民说:"我喜得良将,请你们不要再多言了。"不久,寻相叛变,屈突通、殷开山等人,将尉迟敬德囚禁起来,对李世民说:"尉迟敬德骁勇无比,留着他是个祸根,不如趁早杀了。否则,将来后悔

国学经典文库

鬼谷子全书

·《鬼谷子》释义通解·

图文珍藏版

莫及。"李世民却说:"敬德有心叛变的话,难道还会落到寻相之后吗? 现在他并没有走,可见根本没有反叛之意。"李世民命令释放尉迟敬德,并把他带到自己的帐内,对他说:"请不要以此小嫌介意,我不会因猜疑而杀良士。"并取金相赠说:"你如果想离开我也没有关系,这些金子就权当路费吧。"尉迟敬德听了李世民的话,流着眼泪说:"秦王如此相待,我非常感动,今后我只有更加忠心地跟着秦王,以报知遇之恩!"正巧第二天,尉迟敬德便救了李世民的性命。

李世民在那天获救后,对尉迟敬德说:"昨天诸将都怀疑你会反叛,唯独我不相信,将你保了下来,没想到今天你就救了我的命。"

秦王李世民经年披甲作战,每战都招募了不少骁将。太子李建成心怀妒忌,又怕秦王夺自己的储位,想招诱秦王府的骁将,以扩充自己的势力。太子认为秦王府中的尉迟敬德最为骁勇,就写信给他并送去一车子金银器具,希望尉迟敬德能背离秦王,跟随自己。尉迟敬德看了太子的信,拜辞说:"我出身微贱,一直陷落在贼寇之地,后来幸遇秦王,得到他的信任和提携,我准备以自己的生命报答他的恩典。我向来没有为殿下效过力,岂敢无功受禄! 如果我接受殿下的惠赐,不就是心怀二意了吗? 这种徇利弃忠的行为,恐怕连殿下也是不以为然的。"尉迟敬德把这件事报告了秦王。李世民听后感叹地说:"你对我一片忠心,使我深为感动。可今后,你恐怕不会太平了,当处处小心才是。"果然太子李建成和齐王李元吉合谋,派人暗害尉迟敬德,刺客畏其忠勇而不敢下手。后来太子李建成与齐王李元吉和秦王李世民的积怨越来越深,最后,终于发生了历史上有名的"玄武门之变",李世民在尉迟敬德等人的帮助下,杀了李建成、李元吉,取得了胜利,接替了李渊登上皇位。

金钱买来的忠诚一定会被金钱所收买,而以真心换来的忠诚却是金钱所不能比拟的。诚信比一切智谋更为有利,只有学会了真诚地去对待别人,那么,你的人生之旅才会一帆风顺。许多成功人士正是明白了这其中蕴涵的心机才取得了今天非凡的成就。

遵守诺言但不轻易许诺

　　一个诚实的人的基本条件就是要遵守诺言。如果你要深受别人的欢迎，你绝对不可以食言。一个遵守诺言的人所说的话，人们可以毫无疑问地相信。承诺的力量是帮助你实现成功的一股很强大的推进力。遵守诺言的最佳方式，就是轻易不要许诺。但是只要你许诺了，就一定要做到。

　　季布，秦汉之际楚国人，以不轻易许诺、严守信义为人称道。

　　季布早年事奉项羽，在楚汉战争中多次率兵与汉王刘邦交战。项羽失败后，刘邦悬赏千金捉拿季布，并声称有敢把季布藏匿在家的，罪及三族。季布不得已，逃到鲁国，在朱家当了佣人。朱家知道季布是贤人，就去见汝阴侯夏侯婴，希望他劝说高祖不要"以私怨求一人"。汝阴侯照办了，刘邦遂赦免了季布的罪过，任命他为郎中。

　　惠帝时，季布做中郎将。一次，单于写信侮谩吕后，吕后大怒，召集诸将商议对策。上将军樊哙说："臣愿得十万众，横行匈奴中。"诸将都曲意逢迎吕后的旨意，赞同樊哙的建议。季布却说："樊哙可斩也。夫以高帝兵三十余万，困于平城，哙时亦在其中。今哙奈何以十万众横行匈奴中，面谀！且秦以事胡，陈胜等起。今疮痍未瘳，哙又面谀，欲摇动天下。"季布这一席话，说得殿上的文武大臣十分震恐。吕后怫然退朝，再也不提出击匈奴的事情了。

　　文帝时，季布做河东郡守。有人举荐季布，认为他很有才能，文帝就召见了他，想让他做御史大夫。这时，又有人说季布虽然勇敢，但喜欢酗酒，使人不容易接近。文帝一时也拿不定主意。季布到了京城，留在行邸一个月，文帝召见完了就命令他还郡。季布上奏说：臣没有什么功劳，却得到恩宠，所以在河东等您治罪。现在陛下无缘无故把臣召来，一定有人拿臣欺骗陛下。如今我来了，并未接受任何事情，就让我原路打回，这一定是有人在陛下面前诋毁臣，陛下"以一人誉召臣，一人毁去臣"，臣担心天下有识之士听到这件事，会对陛下有看法。文帝听了，觉得很难为情。过了很久，他才惭愧地对季布说："河东吾股

《鬼谷子》释义通解

图文珍藏版

胲郡,故特召君耳。"

季布为项羽部将时,多次冲锋陷阵,胜敌拔旗。仕汉后,他忠诚直言,为君臣敬畏。当时人们都说:"得黄金百斤,不如得季布一诺。"这是当时人们对季布遵节守信的最高评价。

世界上没有比诚信更困难的事情,也没有比迎奉更容易的事情。裴多菲曾说:"我宁愿以诚实获得一百个敌人的攻击,也不愿以伪善获得十个朋友的赞扬。"那么,我们每个人也不妨来审视一下自己,看自己是否能读懂这其中的心机呢。

藤田田先见之明拯救麦当劳

鬼谷子阐述了如何通过发现事物变化的征兆,通过征兆引导事物变化朝着有利的方向发展,这是一种"先见之明"的大智慧。

任何事物在发生宏观变化之前,其微观变化其实已经开始了,洞察微观变化,就是洞察宏观变化前的征兆。就好像一个大水坝,表面上看安然无恙,这就是宏观情况良好。如果我们发现了细小的缝隙,就说明微观开始发生变化了,我们就要引起高度重视,如果此时采取措施处理,既方便,又省钱,还可以杜绝重大安全隐患的发生。如果我们没有及时发现细小的缝隙变化,这些缝隙就会逐渐增大,而发展成裂缝。如果裂缝没有得到及时制止,就会发展成为滔滔不绝的大缺口了,乃至于发展成溃坝的严重后果,此时我们再来治理,难度非常之大。

1971年5月,当日本外汇储备达到60亿美元的时候,日本麦当劳总裁藤田田先生就预感到,不久外汇储备将突破100亿美元大关。届时,无论愿意与否,日元都必须升值。

藤田田立即进行公司的内部调整,将出口科的人员减少为经理、顾问经理和打字3个人,其他职员全部并入进口科。他之所以没有撤销出口科,而保留三个人,是因为他自有打算。

而这个时期,经济十分景气,只要你希望出口,再多都是可能的。然而,就是这个时期,藤田田强行搞内部调整,为此遭到职员的大肆责难。他指示,出口科仅留三个人,以后的业务除仅有的一小部分外,其他全部停止。

"经理,日元究竟升不升值,尚未形成定论,您怎么能抱侥幸心理呢?"

"经理,您是眼睁睁地让我们看到赚钱的机会流失吗?"

优秀的职员甚至哭着向藤田田抗议。

"我不赚钱都可以,我不希望去做亏本生意。现在去接出口业务,一定亏老本。"

藤田田是这样来回敬职工们的抗议的。

这期间,他的同行们也给他打来了半讥讽的电话。

"因为你停止了出口业务,我们接到一笔500万美元的生意,感谢你给我一个赚钱的机会,同时还请你不要生气。"

"现在,若我们为一股无法控制的力量所牵制,那是要亏本的。"

藤田田这样提醒大家。

"又在说梦话!"

每当这样说,就有人说风凉话。

他的关系银行也来质问他:

"为什么要停止出口业务?"

"问我为什么嘛,是因为社会从今后要发生动荡",藤田田回答。

银行里的人做出一副中了计的表情。藤田田只相信数据,数据是绝不会骗人的。

六月份,外汇储备又增加了六万美元,达70亿美元。金融风暴迫在眉睫了。

至7月份,外汇储备达79亿美元,美元依然如潮水一般涌入日本市场。

这以后,在很短的时期内,美元跌价,日元上涨,出乎大多数人的预料而正在藤田田先生料想之中。很多的日本企业因为这一变化而大亏其本,而藤田田先生却以他超人的预见力避开了这场破产之灾。

并不是所有的变化都是良性的,要根据具体情况进行具体判断。如果变化是不好的,就要及时处理,或者让它停止发展,或者让它减缓发展,或者将它彻底根除;如果变化是有利的,就要引导变化朝着对我们有利方向发展。这就是"抵巇"之术的奥妙所在。

积极思考,以小见大

人的思维是人力量的源泉,也是人能够改变自己的内存基础。只要运用大脑,积极思考,人就能够在社会生活中发现机会,创造机会,改变自己的生活,实现人生目的。

有一个人在澳洲奋斗多年,一事无成,穷困潦倒。一天,他偶然在海边钓到一条鲨鱼,发现鲨鱼肚子里有个小皮包,包内有一张两个月前的英国报纸,报上报道说英国和一个国家爆发了战争。他从这条信息想到,战备物资需要大量羊毛,羊毛价格肯定会上涨,而当时澳洲羊毛严重滞销,价格极低。而从英国开来澳洲的船,至少再过一个星期才能到达。于是,他开始大量收购羊毛。一星期后,消息传来,许多经商的人都转而做羊毛生意,羊毛价格直线上升。这个人靠这条信息一夜之间成了百万富翁。

鲨鱼肚子里一张旧报纸上不起眼的消息,蕴藏了机会,这个人善于思考,抓住了这条有用的信息,便改写了自己的人生。

纷扰繁复的现实生活中,处处存在着机会。而要觅得机会,把握机会,就必须善于在多变的世界里洞微烛幽,见微知著,及时获取有用的信息,不断地与自身实际结合起来,进行分析、判断,得出结论,只有这样才能抓住稍纵即逝的机会。

1982年2月,墨西哥爱尔·基琼火山爆发,喷出的大量火山灰遮天蔽日,经久不散。敏感的美国学者判断来年要出现气候异常,许多地方将发生更多的自然灾害,并且预测全球的农作物将歉收,粮食的价格要上涨。次年,异常气候造成世界粮食严重下降,美国成为唯一的粮食出口国。

一个人的每一个进步、每一个行动都离不开思考，善于思考的人能从平凡中发现机会，从绝望中看到希望，从而创造出一片开阔的天地。

一天夜里，一场雷电引发的大火烧毁了美丽的"万木庄园"，这座庄园的主人威廉·维尔陷入了一筹莫展的境地。面对如此大的打击，他痛苦万分，闭门不出，茶饭不思，夜不能寝。

转眼间，一个多月过去了，年已古稀的外祖母见他还陷在悲痛之中不能自拔，就意味深长地对他说："孩子，庄园成了废墟并不可怕，可怕的是，你不动动脑筋去思考怎样改变这种现状。"

威廉·维尔在外祖母的劝说下，决定出去转转。他一个人走出庄园，漫无目的地闲逛。在一条街道的拐弯处，他看到一家店铺门前人头攒动。原来是一些家庭主妇正在排队购买木炭。那一块块躺在纸箱里的木炭让威廉·维尔眼睛一亮，他看到了一线希望，急忙兴冲冲地向家中走去。

在接下来的两个星期里，威廉·维尔雇了几名烧炭工，将庄园里烧焦的树木加工成优质的木炭，然后送到集市上的木炭经销店里。

很快，木炭就被抢购一空，他因此得到了一笔不菲的收入。他用这笔收入购买了一大批新树苗，一个新的庄园初具规模了。

几年以后，"万木庄园"再度绿意盎然。

人的每一种行为，每一次进步，都与自己的思维能力息息相关，离开了思维，人也就不成其为人了。正是在这种意义上，历史上的许多学者，都把"思维能力"理所当然地包括在"人"的定义里边。既然我们被自然赋予这样神奇的力量，我们就应该开发我们的大脑，脑子只会越用越灵，所以我们每一次的思维都是在给脑子加油，经过润滑的大脑更能适应自然的变化，人类也才会有更强大的生存本领。不需要磨砺你的牙齿，只需要保持你的才智。要找出旁人已经想出的成果，然后也许你能够想出比他们更好的主意。

如果我们停止运用智慧，我们就有可能沦为过时的废物，被灰尘封闭。

走别人没走过的路，就意味着全新的机会，意味着拥有另一片天空。有"心机"的人总是善于寻找、发现和开拓新的天地，走出属于自己的路。

一位先生走进纽约的一家银行,来到贷款部,大模大样地坐了下来。

"请问,先生我可以为您做点什么吗?"贷款部经理一边问,一边打量着来人的穿着:豪华的西服、高级皮鞋、昂贵的手表,还有镶宝石的领带夹子。

"我想借些钱。"

"好啊,您要借多少?"

"1美元?"

"只需要1美元?"

"不错,只借1美元。可以吗?"

"当然可以,只要有担保,再多点也无妨。"

"好吧,这些担保可以吗?"

先生说着,从豪华的皮包里取出一堆股票、国债等等,放在经理的写字台上。

"总共50万美元,够了吧?"

"当然,当然!不过,您真的只要借1美元吗?"

"是的。"说着,先生接过了1美元。

"年息为6%。只要您付出6%的利息,一年后归还,我们可以把这些股票还给您。"

"谢谢。"

先生说完,就准备离开银行。

一直在旁边细心观察的分行长,怎么也弄不明白,拥有50万美元的人,怎么会来银行借1美元?他慌慌张张地追上前去,对先生说:"啊,这位先生……"

"有什么事情吗?""我实在弄不清楚,您拥有50万美元,为什么只借1美元?要是您想借50、40万美元的话,我们也会很乐意的……"

"请不必为我操心。只是我来贵行之前,问过了几家银行,他们保险箱的租金都很昂贵。所以嘛,我就准备在贵行寄存这些股票。租金实在太便宜了,一年只需要花6美分。"

通常情况下，人们是为了借款而抵押，总是希望以尽可能少的抵押争取尽可能多的借款。而银行为了保证贷款的安全或有利，从不肯让借款额接近抵押物的实际价值，所以，一般只有关于借款额上限的规定，其下限根本不用规定，因为借款者自己就会管好贷款。能够钻这个"空子"，转换思路思考问题，这就是一些商人在思维方式上的"精明"，也让他们做事时比别人多一次成功的机会。

一个人要想成功，最要紧的是走别人没有走过的路。正因为别人没有走过，因此这条路上的宝藏就可以如数归你了。因此，突破常规，是成功的捷径。

有句名言：第一个敢于吃螃蟹的人是天才，第二个则是庸才。我们常常在看到别人成功后，总是千方百计了解别人成功的过程，然后，按照别人成功的方式，亦步亦趋。当然，你也可能会有成功的机会，但更多的时候是成绩平平，甚至失败。因此，用智慧武装的有"心机"的人，比其他因循守旧的人拥有更多成功的机会。

寻找共同点，打通人脉

从少不经事的顽皮孩童，到懵懂的青葱岁月，及至毕业步入职场，人生得到最大的转折，一步步打拼，遇到各种各样的事，有挫折、有斗争、有伤痛、有欢乐。我们也在这无数的经历中，慢慢成长：耽于幻想变成脚踏实地，张扬高调变得平和低调，不再盲目崇拜，不再轻易感动，棱角一点点被磨圆，锋芒一点点被隐藏，人生由感性化情绪化，逐渐趋于理智和平静。时间是最好的催熟剂，当你在跟着它思考成熟的时候，你就已在变成熟。

每个人经历的不同，走过的路也不同，所以形成的性格也不尽相同，世界上没有两个完全一样性格的人，人每天都是在跟不同性格的人打交道能不能把路走好，就要看能不能在不同性格的人身上找到共鸣了。

伟是一家生产方便筷子公司的老板，他们公司较小，每一次业务，老板都要亲自出马兼当促销员，他跟形形色色的人打交道，从这些过程中汲取经验，完成自己的事业。

有一次，他去拜访一个客户。那个客户一看见他，就说："李老板，你不要再来了。我知道你很有名，我知道你很成功。但是我们公司是绝对不可能与你下订单的，因为我们公司的老板和另一筷子公司的老板有十几年的深交，我们十几年前就和他交易了。你也不用来拜访我，因为过去三年有多家筷子公司的老板曾拜访过我。所以，伟先生，你在我们这里根本得不到任何机会，我建议你不再在我身上浪费时间了。"这样，伟被拒之门外。

伟根据多年的观察经验，发现这位客户的性格是典型的决策型，果断、坚决、定下来的事情很难改变，伟知道，横冲直撞应对这种客户是没有意义的，可以避开艰险寻找捷径。

他主动出击，打听一些有关的信息。有一次，他发现这家公司采购经理的儿子很喜欢打篮球，而且他还知道采购经理儿子的崇拜偶像是谁。后来，他得知这经理的儿子因病住在医院里。这时，伟觉得机会来了。他去买了一个篮球，让球星签名后决定送给了采购经理的儿子。他来到医院，孩子的父亲还没有到医院。孩子问他是谁，他说他是伟，是给他送礼物的。孩子问为什么给他送礼物？他说他因为知道他喜欢篮球，也崇拜那个球星，这是一个有球星签名的篮球。这个小孩高兴极了，要下床起来运动。伟见此，愉快地告辞了。孩子的父亲来到医院，发现儿子整个人都变了，变得精神十足了。他问儿子怎么回事，他说刚才有个叫伟的人给他送了一个篮球，还有球星的签名。结果可想而知，这个采购经理和伟签了50万元的订单。大家都知道，筷子本来是便宜的东西，而这个采购经理竟下了这么大的订单，他订货的数量可想而知，一个小小的主动出击，换回来的是多么大的利润。

性格不同不代表没有共同点，成功的前提就是能与不同的人成功打交道。他们身上有这样那样的特点，不一定是优点，但只要是特点，就会找到应对之法，这也就是年轻人的应对之道。

世界上没有不能交往的朋友，只有找不到切入点的人，成功的关键就在于年轻人自己。只要转变一下思想，寻找对方性格中的特点，为自己创造机会，每天都充满着通过新的努力和新的姿态脱颖而出的新的发展的机会。

细节决定成败

做事情之前,先要用心地去思考。以理智来判断,以客观事实为基础,不要忽略细小的情节。缜密地思考习惯是我们解决问题的润滑剂。

宋朝的时候,福州某条街上一赵姓人家,在这天早上来了一位不速之客。只见一位老者猛然敲开赵家大门,匆匆闯了进去,不管三七二十一,见物就砸,见人便打!赵家细看时,才知是街邻钱老爹。看看被砸坏的家什,赵家人忍无可忍,遂一起动手上去揪钱老爹。谁知这老头像疯了似的拼死反抗,一边仍是又砸又打。赵家一气之下就要揍他,不料刚一动手,老头忽地倒地身亡了!赵家见出了人命,一时吓得不知所措,女人们哭了起来……且说钱家早晨起来不见了父亲,钱家老大率弟弟直奔赵家而去,见父亲已死,举家痛哭了一阵,便揪住赵家人去找知府打官司。

这帮人哭哭闹闹来到府衙,知府王臻询问案发经过后,知赵家和钱家因鸡毛蒜皮之事积怨很深。据钱家老大讲,他那天路经赵家门口时,被脏水滑倒,就指桑骂槐泄怨气。后来赵家也出来对骂,因气不过动了手。他见赵家人多就逃回了家,父亲知道后找赵家理论,被其打死……

"邻里之间应和睦相处,你们竟闹出人命,实在不该!"王臻听完诉状后说。赵家人虽觉老头死得奇怪,可又实在找不出证据,因为钱老头确实是在他家打架时而死的,便只好自认倒霉。王臻见赵家供认不讳,便将他们押下,待验伤后再作了断。

验伤官很快递交上报告。王臻阅后觉得此案有疑,因为钱老头的身体不足以导致死亡。王臻速传钱家,就其父找赵家理论经过,逐一详查细问。钱家人回答得语无伦次,重要情节上又吞吞吐吐,而且个个神色恐慌。王臻思考了一阵后,便对此案有了明断。王臻正色道:"本官手中的验伤报告证明,你父亲的死另有他因,如实招来,以免受皮肉之苦。"最后,钱老二道出了真相:原来钱父年老多病,闻儿子被打,加之数年的仇怨,竟想出了一条令家人吃惊的计策:先服下一种叫野葛的毒药草,然后去赵家寻事,赵家动手时,药性发作死于他家,便可告其杀人罪。当时家人极力反对,没想到钱父真使用了此计。案情明了后,王臻的判决为:释放赵家人,罚其数两白银,作为钱父的丧葬费。

这则故事说明,养成用严密的思维来推断问题,做事情的好习惯,是大有益处的。

谨慎分析巧得结果

做任何事情都要认真思考,仔细判断,明察秋毫,小心行事,这样才能帮助我们正确地认识客观世界,改造世界,让我们的人生观更加成熟,从而赢得更为亮丽的人生。

元朝某年的一天,湘乡县的知县赵景坞正伏案批阅公文,忽然门人通报说,有个外地人要向他鸣冤告状,于是他命门人把告状者带进来。

外乡人是个姓李的文弱书生,上月赴长沙府赶考路过湘乡,不想钱袋失落,为不误考期,派仆人把随身所带的银酒壶到当铺抵押,考试结束便向同乡借了赎金,回到此地赎取银酒壶。可到手的酒壶却变成了铜质的。他大吃一惊,便询问仆人。仆人也觉得蹊跷,当时他确实是拿银酒壶作抵押借钱的,怎么变成铜的了呢?李书生十分生气,便与仆人一块同往当铺理论。岂料店主人矢口否认有过什么银酒壶,说他们有意诈人敲竹杠。李书生不服,店主人拿出当票,上面确实写的是铜酒壶。李书生傻了眼,只怪仆人一字不识,而自己当时心急赶考,居然没有查看当票。为此,他无话可说,只得怏怏离去。事后又心中不甘,便来找赵知县申诉。

赵知县早闻当铺店主人有欺人劣迹,可当票上白纸黑字写明铜酒壶,如何办为好?他念头一转,便派差人传唤店主人到大堂。店主人一见知县大人忙跪下,心中忐忑不安,只等赵知县发问。岂料赵知县对他不理不睬,只顾看桌上的案卷,把他给晾在一边。店主人心中很是奇怪,可又不敢动弹,就这么跪着一动不动。时间久了，弯腰曲背，很是疲劳，心里更是发慌，一个哈欠，嘴里的牙签垂了下来。赵知县冷眼一瞥，心中暗喜，问："你嘴里垂下的是什么？"店主人回答道："牙签。"赵知县吩咐差役给拿来看看，说："这东西很好，我要仿制一根。"就立即起身入内，急忙对差役如此这般吩咐了一番。

差役拿了牙签跑到店主家对伙计说："酒壶的事，你家主人已承认了，派我来取，以这根牙签作为证据。"伙计看到牙签，认得是东家的随身之物，相信他已经招供了，就将银酒壶交出。赵知县把银酒壶放于堂上，唤李书生辨认，果是此物，于是完璧归赵。

赵知县是一个能看得透、断得准的人。他可以洞察最深处的东西，摸清他人，因而成功地侦破了案件。

子产三思后行为国避祸

古人云："小心谨慎者，必善其后，畅则无咎也。"意思是说凡是小心谨慎的人，事后必定谋求安全的方法，想清楚了事理，就不至于犯下过错。这就要求我们做事三思而后行，不能鲁莽行事。

郑国的子产任相国期间，巧妙地化解了一次强国入侵的危急。郑国南面的楚国是个大国，总想欺负比自己弱的郑国。后来，郑国的大夫公孙段决定把女儿许配给楚国的公子围，公子围也答应了。郑国许多人都挺高兴，以为郑国成了楚国的亲戚，就不会受楚国的欺负了。子产可不这么看，他认为楚国不会为了一个女孩子，就放弃消灭郑国的野心，所以仍然时刻提防着楚国。

过了些日子，楚国通知郑国，要派大队兵马到郑国迎亲，还要举行隆重的婚礼。郑国人欢天喜地，准备迎接楚国的迎亲队伍。子产知道以后，心想，迎亲就迎亲吧，何必要派那么多军队来呢？楚国一定不怀好意，想借娶亲的机会，攻占郑国的都城。于是，他立刻埋伏好人马，防止敌人偷袭。没过几天，公子围果然亲自率领迎亲队伍来了。他迎亲是假，想借机打败郑国是真，所以带来不少精兵强将。

这一队人马到了郑国都城下，见城门紧闭着，都大吃一惊。正在纳闷，子产派了一个叫子羽的大臣出来见公子围。子羽说："我们郑国城小，你们迎亲的人太多。所以请你们就不要进城了，婚礼就在城外举行吧！"

公子围一听，火冒三丈，气哼哼地说："婚礼在野地举行，真是天大的笑话。你们不让我进城，这不是让天下人笑我们楚国无能吗？"子羽想起了子产嘱咐自己的话，就板着脸，不客气地说："直说吧！我们不相信你们。你们真是来娶亲的吗？我们国小不算错误，如果因为国小就想依赖大国，自己不加防备，那就是错了。"

公子围惊讶地问："你这话什么意思？"子羽直截了当地说："我们同你们楚国结亲，本来想两家友好相处。可你们心眼儿太坏了，想趁机攻打我国，还以为我们不知道吗？"他说着，指了指楚国的军队。公子围听着，低下了头。他见郑国已有准备，只好放弃偷袭计划，对子羽说："你们要是不放心，我让我的士兵把箭袋倒挂着进城好了。"子羽把这话报告给子产。子产这才答应让公子围进城。楚国士兵都不带武器，倒挂着箭袋，跟着迎亲队伍规规矩矩地走进了城。这件事，如果不是子产有预见，郑国准得吃大亏。

子产正是做事谨慎才避免了国家的一场大祸。这就启示人们在做事以前一定要考虑周全，以免有不必要的损失。

谢瑞麟从缺陷和问题中寻找突破口

当圣人看到萌芽的裂痕时，就设法治理。当世道可以治理时，就要采取弥补的"抵"法，使其得到弥合继续保持它的完整，继续让它存在下去；如果世道已坏到不可治理时，就用破坏的"抵"法，彻底把它打破，占有它并重新塑造它。或者这样"抵"，或者那样"抵"；或者通过"抵"使其恢复原状，或者通过"抵"将其打破。

无论做什么，不可能永远都是一帆风顺，一帆风顺只可能存在在童话故事中，而真正的商海是现实的，想要有成就，就要接受这个现实，在遇到波折的时候,表面看似相同的人,处理起问题来却迥然不同,当然结果也就大相径庭了。平庸的人也许遇到波折就缩手缩脚,既找不到问题的所在,又不会自我检讨,这样的人只会以失败告终。会做生意的人懂得从缺陷和问题中寻找突破口,懂得在失败中寻求成功,懂得自我检讨错误跟问题,这样的人在事业路上越走越好,最后终于成为一个成功的事业者,能取得成功的人,都是自己能找出自己错误的人,只有检讨过失败的原因,才能找到通向成功的突破口。

自小在香港最贫困的木屋区长大的谢瑞麟只读了不到两年小学,便因家境贫寒被迫辍学,后跟随父亲以收集废品为生。13岁那年,父母为了让他有一技傍身,把他送到一间金铺当学徒,他在那里学了7年徒,捱尽了苦头。当一切的工夫都学会后,谢瑞麟便自己事业开金铺,那时他只不过是21岁。凭着一个赏识他的行家借给他的3000元,经过5年克勤克俭的生活,以及在产品设计上不断创新,生意便日渐兴隆。1971年,谢瑞麟珠宝有限公司正式成立。1987年,谢瑞麟珠宝更是在联交所上市。有了更强大的资本来源后,公司的规模在1991年时已达到员工1100人,而产品更分销到美国、新加坡和泰国等地。

当公司的规模逐步走上正轨、业务范围不断扩展之时,谢瑞麟一心想跨出珠宝业,向利润巨大的房地产业进军。然而命运多舛,他的几次重大决策都没有遇上好时机,错误的决定令他如日中天的事业曾一度划上休止符。

在1981和1982年时,谢瑞麟因为不满足于单纯做珠宝生意,便贸然涉足地产和眼镜零售业务,用珠宝生意赚来的资金大手买入商铺和物业。就在此时,香港却遇上中英谈判引发的信心风波,地产价格应声大跌,谢瑞麟在此役铩羽而归。谢瑞麟并没有就此放弃,而是重新总结自己的得失,在失败中自我检讨,找出问题的所在,发现自己的长处还是从事珠宝,之后他重新投入自己的老本行珠宝事业,在艰苦经营之下,谢瑞麟珠宝在1987年正式上市。

很多人都错误地认为,只要不半途而废,生意就一定能成功。但是这里要强调的是,在坚持之前一定要好好分析,是否你坚持走的是一条正确的路?失败的原因是什么?你在坚持的同时是否已经找出了所有导致失败的因素,并已经加以改正了呢?如果没有发现自己失败的地方,坚持就是盲目坚持,坚持就

·《鬼谷子》释义通解·

图文珍藏版

是没有结果的坚持。坚持之前想要看清,你坚持的道路是正确的还是错误的,失败者重新事业要善于从过去的错误中总结失败教训,要了解失败的原因,要知道自己的不足,只要全部改正才能迎来下次的成功。

防患未然禁天子

夏朝的最后一个皇帝是夏桀,他在位时荒淫无道,滥杀忠臣良将,政权岌岌可危。

与此同时,夏朝的一个属国商国渐渐强大起来,国王成汤在相国伊尹的帮助下,内修德政,发展军事力量,对外逐步征服周边小国,最终于公元前十一世纪,灭掉桀王,建立商朝。

伊尹本来是成汤推荐给桀王的,但桀王只同他谈了一次话,以后再没有理过他。成汤见夏王对伊尹不予重用,于是请他到商国并拜他为相,授予国政。伊尹不负众望,帮助成汤发展农耕,铸造兵器,训练军队,终于灭了夏朝。成汤死后,他把大权交给了相国伊尹,嘱托他尽心辅佐自己的3个子孙。伊尹答应了他的要求。

成汤有3个子孙:外丙、中壬、太甲,都是商朝很有作为的3个王。但太甲继位的前3年,并没有致力于天下大业,而是整日沉湎于酒色之中。

伊尹曾以长者的身份劝告他,又以相国的权力威胁他,但太甲在治国为民上仍毫无心思。伊尹施尽各种方法,想令太甲改过自新,以继承成汤的业绩,创造商朝鼎盛,无奈太甲仍不以为然,冥固不化。

有大臣向伊尹劝道:"当年先主在位时,你帮他灭掉夏国;先主仙逝,你又辅佐两位人主,已经报答了先主的知遇之恩。现在你既然无能为力,又何必强求呢?你不如带上金银财宝,找一个青山绿水的地方,隐居下来,安享晚年!"

伊尹训斥那位大臣道:"为人臣子,应当在国家危难时挺身而出,劝诫皇帝,这才是良臣。如果都像你所说,在君主英明、太平盛世时,大臣都在朝堂食俸禄;而一旦风起云变、国君不明事理时,便隐蔽起来,那么,要我们大臣又有什么用处呢?"

那大臣听完,哑口无言,急忙向伊尹请罪。尽管如此,伊尹还是免了他的职,并当众公布那大臣的口舌之罪,众人听了不无畏惧。

太甲也知道了这件事,表示赞同。伊尹乘机又劝太甲,太甲仍是不听。无奈,伊尹便将太甲关进南桐宫,责令他反省,他则亲自主持朝中事务整整3年。

经过3年反省,太甲终于悔悟。伊尹又亲自把他接出来,将政权交还给他。

太甲重新登上皇位,励精图治,使商朝达到了鼎盛时期。这其中,伊尹功不可没,他当了30多年的商朝相国,为商朝的统治奠定了坚实的基础。

小的缺漏如果不及时加以控制,任其发展就会动摇大山的根基,只有把它消灭在萌芽状态,才不会出现大错。太甲身居帝位而沉迷于酒色,这是小"巇",只有及时制止才不至于发展到大"巇",甚至无可挽回的地步。伊尹先是以言语劝告,在无效的情况下才将他软禁三年,这种由低到高、由软到硬的"抵"法可谓运用得恰到好处,因为让太甲尝尝得而复失的滋味,比每天耳提面命效果要好得多。

伊尹能够成功"抵"住太甲的"巇",这与他由小见大、见微知著的眼光是分不开的,正所谓:"圣人见萌芽巇罅,则抵之以法,世可以治则抵而塞之。"

刚愎自用葬性命

古语云:"人固有一死,或轻于鸿毛,或重于泰山。"一代名将张飞因盖世的英雄气概而叱咤风云。可是,他的死却一点也不壮烈,让人扼腕痛惜。

张飞是三国时期蜀国的名将,骁勇善战,武艺高强。他力大无比,在当阳桥上大吼一声,就喝断了桥梁,使河水倒流。他在百万军中取上将首级的英勇和探囊取物的机智让军中上下叹为观止。

可是,张飞有一个致命的缺点,他对待部下过于严厉,小有过失,便重加惩罚。那些将士每日都提心吊胆地过日子,生怕自己栽到张飞的手上。有的受到了处罚倒也口服心服,但是时间长了也难免执法不公。有的也只能忍气吞声,

国学经典文库

鬼谷子全书

·《鬼谷子》释义通解·

图文珍藏版

心中是又气又怕。

关羽死后，张飞为自己好兄弟的离去痛不欲生，且夕号泣，常常拉着部将们借酒浇愁。平日他就特别严厉，喝醉之后，心情更加恶劣，一点不顺心就对身边的人加以鞭挞，有的甚至被鞭打致死，军中上下敢怒不敢言。

张飞为了给关羽报仇，主动请兵讨伐东吴。出师的那一天，刘备劝说他："我知道你的脾气不好，又喜欢喝酒，醉了之后什么也不知道了，动不动就随便

张飞

打人，事后，还要将那些人留在自己的身边。现在你官高位重、权势在手，你打了骂了，别人也拿你无可奈何，只好忍气吞声。但是三十年河东，三十年河西，说不定哪天你这个制人者就该受制于人了，这个时候你就大祸临头了。你一定要改改这个坏毛病！"

"他们那等下人如何能制得了我？"张飞将刘备的话当耳旁风。

"你要是长此以往，肯定会不得人心的！"刘备警告说。

张飞敷衍了几句，并没有往心里去。回到军中之后，命令手下于三天之内制办白旗白甲，三军将士为关羽挂孝，举军伐吴。帐下两位末将范缰和张达一听说只有三日的限期，估计了一下，回说："三天时间恐怕太少，请宽限几日。"

张飞听了勃然大怒，呵斥道："我说三日就三日！"

二人觉得实在是办不到，连忙陈述理由："我们说的是实情，三天实在是太仓促了……"

"难不成我说的就是虚情了？你们竟敢违抗我的命令！来人！"张飞下令将二人绑在树上，各鞭打五十，并严令道："三天一定要备齐，若超过时限，三日后你二人的首级就悬于此！"

两个人被打得皮开肉绽、血肉模糊。二人怒火中烧，回到营中商量对策。

范疆说:"此人性如烈火,明天要是备不齐,咱俩的命是保不住了!"张达说:"就算咱们备齐了保住了性命,恐怕日后也要死在他的乱鞭之下。与其让他杀了我们,倒不如我们杀了他!"两个人计议已定,暗中等待时机。

当晚张飞在帐中又同部将饮酒,大醉一场,卧于帐中,不一会就鼾声如雷。范疆、张达二人半夜里各怀短刀,潜入帐中,瞅准机会将张飞乱刀刺死。

一代名将,就这么窝窝囊囊地死在自己名不见经传的末将手中。

亡羊补牢,犹未为晚。如果知错不改,任其发展下去,必贻害终生。错误就是"巇",事有"巇"便不会达到理想的结果;人有"巇"便会给小人以可乘之机,容易被人利用,甚至威胁到自己的生命,张飞之死正说明了这一点。可见,只有做到防微杜渐、悬崖勒马,才不会因小事铸成大错。

"希腊模式"应对详

2003 年春季,突如其来的非典型性肺炎(以下简称 SARS)让众多企业都束手无策,但亚信例外。作为第一家在美国纳斯达克成功上市的中国高科技企业,亚信公司一直专注于信息通信领域,这家曾被"世界经济论坛"评为"全球500 家高速成长企业"之一并连续两年入选《福布斯》的企业,在面对突发事件的危机管理中,给国内企业树立了良好的榜样,它所建立起的一整套危机管理机制给国内众多企业提供了很好的借鉴。

处乱不惊,因变而变,危机预警机制的启动是亚信沉着应对突发事件的第一步,而审时度势、深刻精准的形势判断是其重要前提。"SARS 可能会影响公司的业务运营,公司所有高层必须密切关注疫情的发展,保持清醒头脑,并 24小时开机。"这是亚信面对 SARS 危机时的预警。

随着疫情发展,亚信又很快判断出事态的严重性,危机管理机制正式启动:建立 SARS 危机领导小组:软件开发异地备份,发放药品和防护用品,加强公司内部通信建设,实行远程办公;对客户进行信心承诺,保证非常状态下的完全正常服务。

这种被亚信形容为"希腊模式"的危机管理机制，不仅是亚信应对SARS危机的机制，而且是应对所有危机的通用规则。

"希腊模式"是指该机制的整体结构类似于希腊建筑：上层的三角形屋顶是管理团队和管理层次，下面支撑的柱子是所应对的危机类型，而这些"柱子"坐落在一个强大的统一管理的平台之上。管理团队和层次设置的具体方案要根据危机的类型——也就是屋顶下的"柱子"而定。

在此模型下，亚信把危机分成三类：一类是战争、地震，疫病之类的灾难危机，由行政部门指挥处理；二类是业务危机，比如产品质量问题和流程出错等，由业务部门进行协调；三类是公共关系危机，由市场部门主导解决。

一般情况下，危机会牵扯到企业的方方面面，为确保危机机制的有效性，所有问题的解决都应建立在一个统一管理的平台之上，这个平台就是"希腊式"建筑的底座，是各个部门与危机之间的对应与协调；统一管理又要求建立起"一把手工程"，明确处于"屋顶"上的"一把手"的责任与权力，以保证整个机制灵活高效运行，因此，亚信一旦启动应急方案，一个对高层管理人员形成约束的文件也会自动生效。例如，几个高层管理人员不能同时出差、24小时开机、建立规定工作序列，等等。

危机管理机制中的应急方案并不是启动之后便完事大吉，整个危机管理的流程必须形成一个闭环系统，这就是启动、执行和监督。

方案的启动完全取决于决策层对形势的判断，判断的正确可能减少企业损失，判断失误又可能带来灾难。而方案的执行则与方案设计的周详程度有很大关系，这就要求对危机的判断与考虑要建立在树型思考模式之上，不应该局限在单点之上，一些细节都要连带考虑。对于很多问题的考虑要有连带性，如同树枝生长一样。例如，对于SARS问题的考虑：一旦员工出现感染病例，公司就可能需要第二办公地点，亚信将会选择离公司最近的友谊宾馆；一些关键业务点无法完全实现远程办公，例如亚信的服务支持人员，如果疫情严重，就要考虑租用交通工具接送员工上班，而班车的路线、租赁与考察也必须包括在方案里。

对企业来说，应急方案越周详越好，并且在执行中要不断地根据情况做出修正，而且一切都要尽量透明，要保证信息通畅，如果在某些环节上不透明，隐藏的信息无法得到处理，一旦问题爆发，足以让整个组织陷于被动。

邹忌设陷逐田忌

春秋战国时期，齐威王聪明刚察，天下闻名。但有的时候也不免糊涂，坠入他人计中，为渊驱鱼。

当时，邹忌为相，田忌为将，二人不和，互相猜忌，倾轧不已。后来，一位名叫公孙阅的人给邹忌出了一个主意。公孙阅说：

"大人何不向齐王建议讨伐魏国？如果胜了，是您谋划高明，可以领功受赏；如果败了，则是田忌指挥不力，不肯舍命。即使他不死在战场上，也可以找个罪名除掉他。"

邹忌认为这个主意甚为巧妙，于是劝说齐威王讨伐魏国。

于是，田忌督师伐魏，三战三捷。邹忌不悦，又去找公孙阅讨教计策。

公孙阅于是派人携带二百两黄金，到闹市上去卜卦，对卜者称：

"我是田忌派来的人。将军三战三捷，威震天下，想推翻齐王，自以为王，请先生算一下前景如何？"

公孙阅派去的人走后，邹忌立即向齐威王告密。齐威王捉来卜者审问，果然如此。铁证如山，田忌无奈，只得弃职，逃奔其他国家。

田忌从齐国逃出后，来到了楚国。邹忌独揽大权，更加得势，但又担心田忌借楚国的力量重返齐国执政，心中不安。

杜赫对他说："大人放心，我会使田忌留在楚国。"

于是，杜赫南下到达楚国，对楚王说：

"齐国的邹忌，之所以仇恨楚国，就是因为担心田忌会借楚国的力量卷土重来。大王您为何不把田忌封于江南，向邹忌表示田忌绝不会返回齐国呢？这样，邹忌就会与楚国睦邻友好，和睦相处。再说，田忌亡命楚国，得到江南的封地，必然对大王感恩戴德。如果他将来有机会归国，也会尽心竭力，报答大王。

这就是一箭双雕之计,使田忌与邹忌同时为大王所用。"

楚王点头同意,于是把田忌封在江南。

邹忌与田忌有"齱",公孙阅和杜赫便为邹忌出谋划策,想方设法驱逐田忌,运用的便是"抵而得之"的方法。其最终结果不但把田忌逐出了齐国,还使他在楚国没有得到重用,让田忌没有东山再起的机会。

王允巧设美人计

汉朝末年,献帝九岁登基,因年幼无知,朝廷大权便由董卓掌控。董卓为人阴险狡诈,经常滥杀无辜,并有谋朝篡位的野心。满朝文武,对董卓既恨又怕,敢怒而不敢言。

官拜司徒的王允,十分担心,朝廷出了这样一个奸贼,如果不铲除他,汉朝的江山恐怕难保。但董卓的势力很大,身边战将无数,正面攻击,必定不是他的敌手。后来王允得知董卓身旁有位骁勇善战的大将,名叫吕布,吕布认董卓为义父,忠心耿耿地保护着董卓。王允经过观察,发现这"父子"二人有一个共同的弱点,都是好色之徒。于是便想用"美人计",让他们父子互相残杀,来除掉董卓。

在王允府中有位名叫貂蝉的歌女,她不但长得国色天香,而且才艺还十分出众。当王允向貂蝉提出用美人计诛杀董卓的计划时,深明大义的貂蝉为了感激王允对自己的养育之恩,决心牺牲自己,为朝廷除害。

在宴请吕布的一次宴会上,王允主动提出欲将自己的女儿貂蝉许配给吕布的事。吕布见了这么美丽的绝色佳人,自是高兴万分,对王允也感激不尽。

次日,王允又把董卓请到家里来,在酒席之间,又把貂蝉唤出给董卓献舞。董卓见到貂蝉的美貌也禁不住垂涎三尺。王允见有机可乘,便说:"太师要是喜欢,我就把面前这个歌女奉送给太师吧。"董卓假意推让一番,而后高兴地把貂蝉带回了府中。

吕布知道此事后大怒,当面询问王允为何出尔反尔,王允编出一番谎言哄骗吕布说："太师说此次前来的目的是要看看儿媳妇，我怎么敢违背他的命令呢？太师还说要选良辰吉日与你们完婚，所以便决定把貂蝉带回府去与将军成亲。"

吕布信以为真，于是便在府中等待董卓为他操办婚事。但过了几天仍是没有动静，焦急万般的吕布一打听才知，原来董卓竟把貂蝉据为己有，吕布一时也没了主意，不知该如何是好，只能在暗中与貂蝉约会。

有一天在董卓上朝时，发现身旁的吕布不在，心里顿时疑虑丛生，便马上赶回府中，正好在后花园凤仪亭内看到吕布与貂蝉在一起说笑。他顿时大怒，用戟朝吕布刺去。吕布闪身躲过，没被击中。吕布急忙怒气冲冲地离开了太师府，并大骂董卓人面兽心，拆散了他与貂蝉。其实吕布与貂蝉的私自约会，也是貂蝉在依照王允的计谋行事，以离间他们父子的关系。

王允见时机成熟，便再次请吕布到自己家中的密室相商。王允大骂董卓强占了女儿，夺去了吕布的妻子，实在可恨。吕布咬牙切齿地说："不是看在我们父子之情的分上，我非杀了他不可！"王允忙说："将军此言差矣，你姓吕，他姓董，怎么能说是父子呢？再说，他霸占你的妻子，又想用戟刺杀你，哪里还有什么父子之情？"吕布说："感谢司徒大人的及时提醒，不杀老贼吾誓不为人！"

王允见吕布已被自己说服，便立即假传圣旨，以皇帝的名义召董卓上朝受禅。董卓不知是计，还耀武扬威地进宫受禅，不料刚进宫门，便被吕布突然一戟直穿咽喉。奸贼被除，朝廷内外无不拍手称快，赞赏王允与吕布的功德。

历史上美人计的应用不在少数，另一个成功运用的范例就是勾践利用西施离间吴王夫差与伍子胥的关系。

公元前496年，越王允常去世，勾践继承了王位。吴王阖闾不听伍子胥的劝阻，趁越国办丧事之机，出兵攻打越国。战斗中吴王阖闾右脚负伤，回到吴国后几天就死了。由嫡子夫差继承吴国王位，他决心为父报仇。

公元前494年，吴王夫差发兵攻打越国，勾践在会稽山被围，被迫与吴王讲和，表示情愿当吴王的顺从臣下。勾践夫妇作为人质在吴国小心伺候吴王，受尽屈辱，取得了吴王的信任，三年后被赦回到越国。

勾践回到越国后,卧薪尝胆,立志雪耻复国。勾践与文仲商量复仇大计,文种向勾践献上破吴七计,其中的第三计就是美人计。为了实施美人计,越国大夫范蠡找到了深明大义的美女西施和郑旦,把她们送给夫差。

西施不但相貌绝美,而且能歌善舞,才能出众,很快便得到了夫差的宠爱。夫差对西施言听计从。于是西施便和郑旦用计竭力挑拨吴王夫差和重臣伍子胥的关系,借夫差之手杀掉了足智多谋的伍子胥,从而极大地削弱了吴国的力量。

公元前473年,越王勾践带领大队人马攻打吴国,包围了夫差。夫差被迫自杀,越国大获全胜,不久称霸一方,成为春秋五霸之一。

从抵巇术的运用来看;美人计正是根据应用对象本身的"巇"(即董卓和吕布,以及吴王夫差皆是好色之徒的弱点)而使用的,而后利用美色又去制造新的"巇"(即离间董卓与吕布的父子关系、夫差与伍子胥的君臣关系)。美人计运用的高明之处还在于制造新的"巇",利用借刀杀人以达到自己的目的,从而省去了许多不必要的麻烦。

从以上这两个美人计的运用效果来看:王允直接达到了自己预期目的,借吕布的手除掉了董卓;勾践只是利用西施除掉了夫差身旁的伍子胥,削弱了吴国的实力,其高明程度与王允相比还略逊一等。

挑拨离间保楚国

战国时期,秦国与韩国在河泽交战,韩国连败,形势危急。

大夫公仲对韩王建议说:"我们的军队数量远比不上秦国,现在内无后备,外无救援,正处于危急存亡的关头。现在秦国意在讨伐楚国而不是我国,不如通过张仪同秦国议和,送给秦国一座名城,约他一同讨伐楚国。秦国志不在我,又有利可图,一定会同意的。这样既保存了我国,又可以灭掉劲敌楚国,这是一箭双雕啊。"

韩王答应了,于是就对外宣称公仲将西赴秦国议和。楚王听说韩国要和秦国和解,十分恐惧,就召见陈轸问他怎么办。

陈轸说:"秦国想攻打楚国已经很久了,现在又得到韩国一座名城,再和韩国一起南下,这可是秦国梦寐以求的事!楚国肯定要受到两国的进攻。"

楚王点头道:"是。一个秦国已经不能阻挡,再加上韩国,我们岂不要灭亡了。"

陈轸忙说:"我有一个办法。大王可在国内选拔人马,宣称救韩,知道的人越多越好。再命令士兵用战车布满道路,派使臣带着足够的财物,使韩王相信楚王是他的盟友,一定会救他。即使不能如愿,韩国也会感激你,一定不会前来攻楚。即使两国兵临楚地,韩国也绝不肯奋力攻打,而且有可能反戈相向,而一个秦国对我国不可能造成什么重大的危害;倘若如我所愿,韩国接受了我国的礼物并表示亲近,那秦国知道后,一定大怒,两国便结下恩怨,他们之间的矛盾对我们有利。这就是我依靠秦韩之兵而免除楚国之祸的一个计谋。"

楚王听罢大喜,于是在国内选拔人马,大肆宣称救韩,并派出使臣,送许多财物到韩国。韩王大喜,就阻止公仲赴秦。公仲劝韩王道:"不能这样做,秦国告诉我们真实想法,楚国却在说谎。相信楚国的谎言而轻易断绝与秦国的关系,一定会遭到秦国报复的。况且楚韩不是兄弟之国,也不是盟友,更没有约定讨伐秦国,只是秦国想讨伐楚国,楚国才出兵说要救韩。这一定是陈轸的计谋,请大王千万不要中了楚国的奸计啊!"

韩王不听公仲的意见,和秦国断绝了关系。秦国大怒,增派人马讨伐韩国,而楚国的救兵并没有到,韩国大败。

对抵巇术的运用,在军事上很多,尤其是在春秋战国时期被广泛应用。以上这则典故就是以离间计抵而得之的例子。如果能够洞察到他国相互的利害关系,便可运用离间计挑起双方的纷争,而自己则可以坐山观虎斗,以取渔翁之利,以上这则故事便是成功运用离间计的著名事例。楚国面对秦、韩两个国家的进攻,临阵磨枪也为时已晚,而陈轸巧妙地抓住这两个国家之间的利害关系,从中挑拨离间,终于使秦、韩两国反目成仇,兵戈相见,不仅削弱了韩国,更重要的是保全了楚国。

突入敌后制强敌

古人的"抵巇术",被现代军事家所借用,便出现了"突入敌后方""钻入敌内部"的战术。

第二次世界大战末期,希特勒命一德国军官挑选了两千名会讲英语的士兵穿上美军制服,驾着缴获的美军坦克,乘着美制卡车和吉普,趁德军突破美军防线的机会,钻入美军后方,切断交通,割断电线,制造交通事故,攻击美军零散人员,杀掉美军指挥交通的士兵,代其指挥车辆,把美军运输搞得一团糟,给美军带来了巨大损失。

1973年10月爆发的第四次中东战争中,以色列突击部队进行反击战,也采用此法混过运河,在西岸潜伏下来,然后配合进攻部队建立桥头堡,扭转了战争局势。

第二次世界大战中,苏军突击到离柏林60公里的奥得河时,后方补给跟不上来,坦克和步兵大量掉队。这时,朱可夫元帅记起了大战初期,德军攻到离莫斯科30公里处时,补给线太长,侧翼出现了空隙,自己就利用这一空隙从侧翼反击,一举挫敌,扭转了战局。但是此时情况倒过来了,敌人也会利用空隙,从侧翼包抄苏军的。于是,他一边下令部队集结,一边向侧翼派出坦克部队。果然,坦克部队遇上了敌人包抄的反击部队。这样,由于苏军及时弥补了侧翼缝隙,才得以顺利地攻入柏林。

精明的军事家懂得了"抵巇之理",就可以利用敌方缝隙,突入敌后方,克敌制胜。但同时也要设法弥补自己的漏洞。"可抵而塞",就是塞起自己的漏洞,让敌人难以下手。

汽车商乘隙出击

在1950年代,美、日汽车生产和技术水准差距极大,美国人是瞧不起日本货的,"汽车王国"的统治者们根本不担心日本汽车的竞争。可是,在20多年后的今天,力量对比发生了显著的变化。日本汽车工业蓬勃发展,雄视世界,不仅日益扩大对美国市场的占有份额,也同时向全球进攻。

日本人向美国人发动汽车战是在 1960 年代。日本人在调查研究中发现,美国人对汽车的需求已有变化:过去美国人偏爱大型的、豪华的汽车,但由于美国汽车越来越多,城市越来越拥挤,大型汽车转弯及停放都感不便,加上油价上涨,人们感到用大型汽车不合算,因此,美国人的偏爱已转向小型汽车,即喜欢价廉、耐用、耗油少、维修方便的小汽车,并要求容易驾驶、好停车,行驶平稳、腿部活动空间要大等等。

丰田正是根据美国人的喜欢和需要,制成一种小巧、价廉、维修方便、速度更快、乘坐更舒适,受到美国顾客欢迎的美式小汽车。

由于这种经过改良的小汽车正符合美国顾客所喜所需,迅速在美国市场上树立起物美价廉的良好形象,终于打进了美国市场。打入美国市场后,日本汽车公司并不满足,而是不断调整、不断改进、提高质量,满足顾客所喜所需,因而不断扩大市场占有率。

美国汽车业盲目自大,认为自己制造的汽车"顶呱呱",既无须了解美国顾客之所爱与所恶,也没有为了满足美国顾客需求而改进自己的汽车技术。这就给日本汽车商进军美国市场留下了一个大大的空隙。

日本汽车业敢于向先入为主的美国汽车业挑战,并能"反客为主",取得后发制人的胜利,在于他们了解对方的致命弱点——麻痹大意,看准了小汽车市场这个空隙,乘隙出击,生产出质高价低的小型节油车,从而稳操胜券。

当机立断讨昏君

萧衍是南朝梁的开国皇帝,他是南兰陵(今江苏常州市西北)人。南齐隆昌元年(公元 494 年),萧衍被任为宁朔将军,镇守寿春(今安徽寿县)。建武二年(公元 495 年),因抗击北魏军有功,又被任命为右军晋安王司马、淮陵太守,后又为太子中庶子,领羽林监。建武四年(公元 497 年),北魏军南伐雍州,萧衍受命领兵赴援,进至襄阳(今湖北襄樊)。同年7月,被授为持节,都督雍、梁、南秦、北秦四州及郢州竟陵司随郡诸军事,又兼任辅国将军、雍州刺史,镇守襄阳。

　　这时,齐明帝萧鸾病死,其子萧宝卷继位。萧宝卷昏庸无能,终日享乐,朝中大事均由始安王萧遥光、尚书令徐孝嗣等人处理。萧遥光等六人号称"六贵",此六人不以国事为重,整日明争暗斗,互相倾轧,朝中政治极度黑暗腐败。萧衍在襄阳得知朝中的情况,对亲戚张弘策说:"政出多门,是国家大乱的开始。《诗经》中说'一国三公,吾谁适从?'如今国家有六贵,这怎么了得!我料到他们六贵矛盾一定会激化到大动干戈的地步,而襄阳远离国都,正是避祸的好地方。可是我的弟弟们都在都城,我恐怕他们会遭到祸患。我要和我哥哥商议一下。"

　　不久,他的哥哥萧懿由益州刺史调到了郢州任职。萧衍便派张弘策到达郢州,给萧懿送去一封信。信中说:如今六贵争权,君臣之间猜忌到一定程度,必将大诛大杀,一旦混乱开始,朝野将土崩瓦解。我们有幸远离京师,领兵外镇,可以保全自身,图谋大计。所以我们应乘朝廷还没有猜疑时,将诸弟召集在一起。否则,一旦朝中对我们猜疑,诸弟们将在京师投足无路。如今,兄在郢州,控制荆湘;弟在雍州,兵马数万。在此政昏朝乱之际,正好以此为据,以图大事,如果坐失良机,悔之晚矣。

　　萧懿见信,脸色大变。他不同意萧衍这样做,因为万一不成会召来灭门大祸。萧衍见哥哥不从,便独自将弟弟萧伟、萧憺迎至襄阳,秘密制造武器,招兵买马,并在襄阳大伐竹木,将舟系于檀溪之中,以备将来之用。

　　萧懿拒绝了萧衍的邀请,不久便入朝做了太子右卫率、尚书吏部郎、卫尉卿。永元二年(公元500年),裴叔业、崔慧景集聚众人发动兵变,萧懿带兵平定了叛乱。为朝廷立了大功。可是他不但没有受到奖赏,反而受到猜忌,于当年冬天被杀。

　　萧懿被杀,既证明了萧衍预见的准确,也为萧衍起兵提供了机会。萧衍及时抓住这个机会,在与亲信密谋后,召集部众,誓师起兵。萧衍对幕僚们说:"如今昏主恶毒,穷虐极暴,无端杀害朝中贤士功臣,令生灵涂炭,民不聊生,为天所不容。你们与我同心协力，共同讨伐昏君。事成之后，你们都会大富大贵，都是公侯将相，我绝不食言！"

众人异口同声道："愿听您的安排。"

誓师之后，萧衍令人把竹木从檀溪中打捞出来，做成战舰千艘。又召集士兵万余人，起兵讨伐萧宝卷。在杀掉萧宝卷后，萧衍立了傀儡皇帝萧宝融。一年之后，他废掉傀儡皇帝，自己亲登帝位，建立梁朝。

抵巇术中有："或抵反之，或抵复之。"意思是说世道尚可改变时，要用抵巇的方法加以堵塞；世道不可改变时，就用抵巇的方法取而代之。此处萧衍深刻分析到"政出多门，是国家大乱的开始"，既然六贵都不肯轻易退出朝中大权的牢笼，那他们只能互相排斥、互相攻伐，以达到自己的目的，这就是可以利用的"巇"。在他们相互倾轧之际，得利的就只有萧衍了。此时想弥补"巇"是不可能的，因为已经到了无可挽回的地步，必须当机立断地讨伐昏君，以取而代之。如果当断不断，就会反受其乱。

能够成功运用"或抵复之"，必须要有远见卓识的目光，能看清形势，又能仔细地分析透当前形势，当机立断采取行动，这都是成功所必要的前提条件。萧懿的鼠目寸光给自己带来了灾难，而萧衍的目光远大则让他成功登上帝位。

反行其道补缝隙

战国时期，齐国齐威王的小儿子田婴对齐貌辨非常友善。齐貌辨为人不拘小节，经常得罪一些人，因此田婴许多门客都不喜欢他。有些人嫉恨他曾讽刺过自己，便经常在田婴面前说齐貌辨的坏话，甚至田婴的儿子孟尝君田文也劝谏父亲，不要如此偏爱齐貌辨。

田婴非常生气，他对门客说道："即使铲除我们的家族，捣毁我们的家，只要能使齐貌辨高兴，我也在所不辞。"

为表示自己说到做到，田婴让齐貌辨居住在上等的馆舍，每天以丰厚的美食进献，并命令长子为他驾车。众人都不理解田婴的做法，于是很多门客陆续几年后,齐威王去世,他的大儿子即位,是为齐宣王。田婴和他哥哥的关系由于种种原因变得生疏,齐宣王觉得田婴留在齐国,迟早对自己不利,便想找机会除掉他。

田婴见此,迫不得已,只好离开都城,到自己的封地薛去居住,齐貌辨也随同他住在一起。

过了不久,齐貌辨对田婴说道:"这里哪比得上都城啊!难道您愿在这住上一辈子?"

田婴说道:"我怎么心甘情愿呢?但又如何回去呢!"

齐貌辨拍着胸口说道:"让我去见大王。"

田婴惶恐地说:"大王不喜欢我,您去了必死无疑。"

齐貌辨根本不听田婴的劝阻,临走时托人向他说:"我本来就没打算活着回来!"

齐貌辨见到宣王,还未等他叩拜,宣王就问道:"听说你就是田婴最宠爱和听信的人?"

齐貌辨平静地说道:"宠爱是有的,但绝没有听信。"

齐宣王冷哼一声,"你说他不听信于你,有何证据呢?"

"大王您做太子时,我曾对他说:'太子的长相并非仁人,两腮服厚,看人时眼神凶狠,这样的人日后一定会伤害您,不如把太子废了,另立别人吧!'而靖郭君田婴却流着泪说:'不好,我不忍这么做。'这是他不听信我的一件事。我们刚到薛地的时候,楚国请求用数倍的土地来换取薛地,我劝道:'一定要答应他。'靖郭君却说道:'薛地是先王给我的,虽然后王对我不好,但我怎么可以背叛先王和现在的齐国呢!'于是坚决不换,这是他不听信我的第二件事。"

宣王听了,长叹一声,感动得流下眼泪,说:"原来他对我的感情竟是如此之深啊!我年少无知,一定要请他原谅我对他的不敬之处,你能请他回来吗?"

于是宣王赐给田婴新的衣冠和威王的宝剑,让齐貌辨带给田婴。两兄弟见面后,都流下了眼泪。

许多门客与齐貌辨有"巇",便在田婴面前用言语诋毁他,但田婴不为所动,反而进一步深化了与齐貌辨的感情。当宣王继位后,兄弟之间的"巇"迫使田婴远离都城,回到自己的封地。此时,便到了齐貌辨补"巇"报恩的时候了,就如文中所说:"世无可抵,则深隐而待时,时有可抵,则为之谋"。更为令人称奇的是齐貌辨补"巇"的独特方法,他不像常人那样去陈说利弊,或是使用阴谋诡计,而是利用反其道而行的方法,表面在说自己曾经欲害宣王之事,实际在赞颂田婴对宣王的仁义德行。恰恰是这种反常的补救方法,使齐宣王深受震动,并收回成命,两兄弟才和好如初。

齐貌辨反其道"抵而塞之",用起死回生之计补"巇"成功,也使自己摆脱了困境。他的巧言善辩,将自己处于危险境地,而将田婴捧于大仁大义之位。这种做法看似很反常,但往往在某些特定的情况下能得到理想的效果。

不辩自明驱诽言

汉代公孙弘小时候家里很贫穷,过着清苦的日子。所谓穷则思变,他发奋学习,苦读诗书,十年寒窗苦,终于飞黄腾达,做了丞相。虽然他居于庙堂之上,手握重权,但是在生活上依然保持小时候俭朴的优良作风。吃饭只有一个荤菜,睡觉也是普通人家用的棉被。他的仆人们也感叹:"我家大臣才是真正的清廉啊!"

这些话很快就传进了朝廷,文武百官为之感动不已,但是大臣汲黯却不这样想。他向汉武帝参了一本,对皇上说:"公孙弘现在位列三公,不像当年生活百无聊赖,他有相当可观的俸禄,可是为什么还盖普通的棉被,吃简单的饭菜呢?"

皇上笑着说:"现在朝中上下不都称颂他廉洁俭朴吗? 公孙弘是不忘旧时之苦,也不忘旧时之德!"

汲黯摇摇头,继续说道:"依微臣所见,公孙弘这样做实质上是使诈以沽名钓誉,目的是为了骗取俭朴清廉的美名。"

汉武帝想想,觉得有几分道理。有一次,上早朝的时候,他得了个机会便问公孙弘:"汲黯说你沽名钓誉,你的俭朴是故意做样子给大家看的,他说的是否属实?"

公孙弘一听觉得非常委屈,刚想上前辩解一番,但是转念一想,汉武帝现在可能偏听偏信,先入为主地认为他不是真正的"俭朴"。如果现在自己着急解释,文武百官也会觉得他确实是"沽名钓誉"。再想一想,这个指责也不是关乎性命的,充其量会伤害自己的名誉。清者自清,只要自己坚持自己的作风,以后别人自然会明白的。这样想着,公孙弘把刚才的一股怨气吞下去,决定不做任何辩解,承认自己沽名钓誉。

他回答道:"汲黯说得没错。满朝大臣中,他与我交往颇深,来往甚密,交情也很好,他对我家中的生活最为熟悉,也最了解我的为人。他对皇上您说的,正是一针见血,切中了我的要害。"

汉武帝满以为他要为自己辩护,听到这番话颇感意外,问道:"哦?是这样吗?"

"我位列三公而只盖棉被,生活水准和小吏一样,确实是假装清廉以沽名钓誉。"公孙弘回答道,"汲黯忠心耿耿,为人正直,如果不是他,陛下也就不会知道这件事,也不会听到对我的这种批评了!"

汉武帝听了公孙弘的这一番话,反倒觉得他为人诚实、谦让,更没有想到他还会对批评自己的对手大加赞扬,真是"宰相肚里能撑船"。从此,对他就更加尊重了。其他同僚和大臣见公孙弘对自己的心理供认不讳,如此诚实,这种人哪里会沽名钓誉呢?

"圣人见萌芽巇罅,则抵之以法",公孙弘在此运用的抵巇是修补,以求挽回名誉。其特点是对自己"莫须有"的"巇"不加辩解,而是顺情而说,那么虚假之言便可不攻自破。可见,许多事情是不需要解释的,对相信自己的人而言,解释是多余的;对不相信自己的人而言,解释是没有必要的。所以对有些指责也是不需要辩解的,清者自清,有时候解释反而起到负面效应。

楚庄王"一鸣惊人"

春秋时期,楚穆王死了。楚庄王即位。庄王即位后,整日吃喝玩乐,打猎巡游,不理国事。奸邪大臣们暗中高兴,忠直大臣们内心发急。其实,庄王另有一番打算。原来,楚国令尹权势太大,把持朝政,庄王觉得自己刚刚即位,党羽未丰,难以与之抗衡,需要先麻痹他,免生不测。另外,自己刚刚上台,对大臣们的忠奸也心中没底,需要观察甄别。出于这两种考虑,楚庄王才把自己"深隐"起来,将满腹雄心"隐"在吃喝玩乐中。

这样过了三年,令尹等一帮奸臣更加肆无忌惮,惹得民愤吏怨。一帮忠臣却再也沉不住气了,有位出名的忠直大臣叫申无畏的便出面责问庄王。庄王见申无畏到来,不知底里,便问:"你来干什么?是来喝酒的,还是来听音乐的?"申无畏说:"我只想来请教一件事。有人给臣下出了个谜语,臣下猜不出,特来请教。"庄王说:"讲给我听一下。"申无畏说:"楚国山上有只大鸟,身披五彩,气宇华耀。一停三年,不飞不叫。我们不知,此为何鸟?"庄王听完,哈哈大笑,答道:"这不是平凡之鸟。三年不飞,一飞冲天;三年不鸣,一鸣惊人。"申无畏明白了底细,叩头称谢说:"大王英明。"

此后,又有几位忠臣来进谏。庄王与他们谋划,一举从令尹手中夺回实权,改革政治,振兴经济,操练士兵,国势大振,先后出兵战胜过几个国家。

"世无可抵,则深隐而待时",也就是当世道没有可让人利用的"缝隙",无法施展抵巇术时,就深隐而等待"缝隙"出现。等到那恰当的时机一旦到来,就"为之谋",运用权术去大干一场。楚庄王"深隐而待时",就是为了积蓄力量,争取舆论,以一举制人。

曲意逢迎待时机

北宋真宗时,宰相丁谓把持朝政,嫉贤妒能,独揽朝权。为闭塞皇上耳目,他不准朝官单独留在皇上身边,怕他们借机奏事,对自己不利。那些忠直之士侧目而视,却苦无机会奏明圣上。有位大臣名曰王曾,对丁谓唯唯诺诺,服服帖帖,唯丁谓马首是瞻。天长日久,丁谓觉得王曾对自己忠诚无二,倒也另眼相待。这天,王曾对丁谓请求:"我没儿子,想过继弟弟的儿子,请求皇上恩准。但怕大人误会,不敢单独去奏明。"丁谓觉得王曾一向对自己顺服,又想奏个人私事,故点头应允了。于是王曾单独留下面见皇上,陈上自己预先写好的列数丁谓罪行的奏章。过了几天,皇帝查明真相,终于免了丁谓的宰相之位,不久又把他贬为崖州司户参军。有时候,这种有利的"时机"需要用权术手段争得。

为了等待最有利的时机,有时便不得不对强大的对手假意逢迎,曲心下意地周旋。刘备暂受挫折时,委身于曹操门下。曹操素闻刘备有雄才大略、鸿鹄之志,心中也加以提防,常常暗中试探。刘备怕他加害于己,便施展起"深隐待时术"来,灌园种菜,追寻野趣。曹操素来多疑,仍不放心,在青梅黄熟季节,于后花园凉亭之上设宴摆酒,请来刘备,海阔天空,议论天下之事,以观刘备之志。曹操问:"您说当今天下,谁是真正的英雄豪杰?"刘备说了袁绍、刘表等拥兵割据的大军阀。曹操哈哈一笑,说:"差矣!当今天下英雄,唯您我二位!"刘备以为被曹操看破了"深隐待时术",怕有生命之虞,便惊慌失措起来,一失手,把手中的筷子掉在地上。曹操一看探出了马脚,忙盯着问:"怎么啦?"恰巧老天帮忙,阴沉沉的天上刚划过一道闪电,闷雷炸耳。刘备借机掩饰,说被雷惊吓得抖掉了筷子,曹操心中哼了一声,自此再不把这位怕雷的胆小鬼放在心上了。刘备看他懈怠下来,才觑了个时机逃出曹营。

"世无可抵,则深隐而待时",但有利的"时机"不仅需要人们耐心的等待,还往往需要人们积极地争取和把握,甚至需要用权术手段争得。而为了等待最有利的时机,有时便不得不对强大的对手假意逢迎,曲心下意地周旋。

牛仔裤大王莱维

如今年轻人穿上一条牛仔裤,信步走在街上,不会引起什么遐想。

但你可知道,当初牛仔裤的诞生是"牛仔裤大王"莱维·施特劳斯隔岸观火的结果。

100 多年前,美国加利福尼亚州因发现金矿掀起了一股淘金热。许多先行者一日之间成为百万富翁的消息不胫而走,吸引了更多后继者潮水似的涌来。

随着淘金者日益增多,竞争日趋激烈,除了矿脉成为角逐的对象之外,优良、适用的淘金用具和生活用品也炙手可热。

德国犹太人莱维·施特劳斯也来到这个巨大的竞争地,他带来的不是淘金工具以及所需的资金,而是他原来经营的线团之类的缝纫用品,和他认为可供淘金者做帐篷用的帆布。一到目的地,缝纫用品便被一抢而空,这使他熟悉了当地的裁缝市场,但帆布却无人问津。

莱维没有介入淘金者的竞争,而是冷静地观察眼前千变万化的情况,莱维静静地等待着,他相信,他面前将会出现他所寻求的机会。

这机会终于被莱维等到了。一天,莱维和一位疲惫不堪的矿工坐在一起休息,这位井下矿工抱怨说:"唉,我们这样一整天拼命地挖!挖!吃饭、睡觉都怕别人抢在前头,裤子破了也顾不上。这个鬼地方,裤子破得特别快,一条裤子穿不了几天就可以丢了……"

"是吗?如果有一种耐磨经穿的裤子……"莱维顺着他的话说到一半就呆住了。帆布不正是最耐磨的布料吗?对!就这样!他一把扯住那个矿工就走。莱维把矿工带到熟识的裁缝店里,对裁缝师傅说:"用我的帆布给他做一条方便在井下穿的裤子,你看行吗?"

"当然可以。最好是低腰、紧身,这样既方便干活,看上去又潇洒利落。"裁缝师傅出主意道。

"行,你看着做好了,一定要结实。"

第一条牛仔裤的前身——工装裤就这样诞生了。由于它美观、方便、耐穿,深受矿工欢迎。

在此基础上,莱维不断地改进和提高工装裤的质量,逐渐演变成了一种新时装——牛仔裤。从加利福尼亚矿区推向城市,从美国推向世界。莱维成了闻名于世的"牛仔裤大王"。

如果当年莱维不假思索地投入了淘金角逐，而不是"以静待观"，冷静观之，寻找自己的突破点，那么"牛仔裤大王"恐怕就不是莱维了。

袖手旁观彼岸之火，混乱局面泰然处之。静观其变化，直到事情发展到有利于自己的地步，才趁机采取行动，从中取利。激烈的商战中，若想少花本钱，多赚利润，此"深隐待时"计不能不用。

声东击西，大获全胜

东汉时期，班超出使西域，其目标是联合西域各国共同对抗匈奴。为了使西域诸国便于共同对抗匈奴，必须先打通南北通道。但是，大漠西缘的莎车国却煽动周边的小国与汉朝分庭抗礼。所以，班超必须首先平定莎车国。

莎车国王向北方的龟兹求助，龟兹王亲自率领五万人马赶来救援。而班超则联合诸如于阗等弱小部落，将周围的小国联合一起后，兵力也只有二万五千人。面对敌众我寡、难以抗衡的局面，班超深知必须智取，经过周密谋划，最后采用了声东击西的作战策略。

班超首先派人在军中散布对班超不满的言论，给敌人造成不能战胜龟兹、无力抵抗而撤退的假象。敌人通过各种渠道了解了这一军情后，对此深信不疑。

一天黄昏，班超命令于阗等部落的军队向东撤退，自己则带领部队向西后撤，并且制造出慌乱的迹象，故意放俘虏趁机脱逃。俘虏迅速逃回莎车营中，将汉军慌忙撤退的消息上报，此时自以为运筹帷幄的龟兹王听后，不禁喜出望外，马上兵分两路，他亲自率一万精兵向西追杀班超。其实，胸有成竹的班超只撤退了十几里地，大部队就地埋伏起来。由于龟兹王求胜心切，率领追兵进入班超的伏击范围内。班超立即集合部队，同时与事先约定的东路于阗人马，迅速回杀。莎车国和龟兹的军队猝不及防，面对敌人强大的攻势迅速瓦解。

经过一阵搏杀，莎车王只能请降，而气势汹汹的龟兹王也遭遇伏击，落荒而逃，最后收拾残部退回龟兹。

但凡智者,都能在事物出现危机的时候,妥善处理,他们会按着事物的变化来分析事理,通过各种计谋,来辨别细微现象而采取措施。班超主动发出示弱的变化信息,让敌人骄傲而疏于戒备,再引导变化发展,诱敌主力分兵追击,班超则亲率主力攻击其弱点,大获全胜。班超在此战例中运用的正是"抵巇"之术,既是"声东击西",又是"骄兵之计"。

吴国使臣静观其变终脱险

春秋末期,战火不断,各大诸侯之间相互并吞。楚国的势力非常强大,拥有精兵强将,楚王因此称霸一方,他决定出兵攻打吴国。当时的吴国势单力薄,根本没有能力与之抗衡,吴王得知此事后,便急忙派使臣带着金银玉帛和佳酿美酒前去慰劳楚军,想要阻止这场战争。

楚将收下吴国使者带来的物品后,用傲慢的语气对他吼道:"将这个使臣捆起来杀掉,用他的血涂抹战鼓。"

使臣急忙争辩道:"请将军明鉴,我们吴王是诚心慰劳的啊!"

楚将大笑说道:"什么?慰劳?这叫朝贡!你们吴国地小人薄,只要楚兵每人吐一口唾液,就可将你们的臣民淹死。我们根本无须礼遇你们这种弱国贱民。"说罢,便命人将吴国的使臣绑起来。

使臣见状,心想:若是坐以待毙,必死无疑,不如自我拯救。于是,他仰天大笑,说:"这次吴王派小臣前来楚国,果然吉利!这是我们大王的恩德呀,小臣至死感激不尽!"

楚将被使臣的行为和言语弄糊涂了,好奇地问道:"你死到临头,吉在哪里呀?"

吴国使臣昂首挺胸,向前走了几步,坦然地回答道:"将军要杀我,这正是吉利之所在啊!"

楚将听得越来越糊涂:"此话怎讲?"

吴国使臣说:"其实,将军有所不知,吴王派我来,就是想要试探将军的态

·《鬼谷子》释义通解·

图文珍藏版

度。如果将军的态度十分平和，那么就代表贵国不会出兵进攻我国，这样一来，我军防守就会松懈；如果将军大怒，那么就代表贵国攻打我国的决心不变，我军自然要做防备，深挖护城河、高筑壁垒，一样都不能少，即使知道无法与之抗衡，但还是要做垂死挣扎，与楚军决一死战。现在将军愤怒不已，还要将我杀掉，吴王获悉后，定会加强警戒，有了防备，胜算自然高一筹，牺牲我一个人而保全了国家，这不是吉利是什么？"

楚将听了使臣的话，猛然间有些顿悟，于是对卫士挥挥手说："放他走吧。"

就这样，使臣终于不辱使命，平安地回到了吴国。楚国知道吴国已经做足了战前的准备，便打消了进攻的念头。

鬼谷子认为，制定细致入微的计谋必须以事物变化的征兆为根据，在事物变化处于萌芽状态之时，予以实施，这就是"抵巇"之术的运用。可见，把握事情变化的征兆是重中之重，而根据变化征兆预测变化趋势，根据变化趋势制定应对谋略，则是智能的表现。

当时局已经发展到无可救药的地步时，智者在这种情况下，绝不会迎风而上，他们会把保全自己的生命安全放在第一位，在自身安全的前提下，静观事态变化，随机应变彻底伎自己脱险。就像故事中那位聪明的吴国使者，在危及生命的紧要关头，急中生智给楚将来了一个"因化说事"，结果拯救了自己，也解除了吴国的危难，其乃真正智者也！

李存审以"老弱残兵"胜强敌

晋将周德威出任卢龙节度使的时候，由于自恃作战英勇，不重视修治边防守备，以致失去了险要的山海关。契丹军队的活动经常到达营州与平州之间，并乘隙攻占了新州。周德威想要率兵再夺回，但已经来不及了，不得以把部队撤到幽州城。

契丹兵乘胜，又包围了幽州长达二百多天，迫使城中陷入危境。晋将李嗣源听到这个消息后，率领七万步将和骑兵，同李存审等将会师于易州，打算援救周德威。从易州向北行,大军沿着山涧向东前进。嗣源让他的养子从珂率三千骑兵担任先锋,当前进至山口的时候,契丹以万余骑兵拦截在前面,晋军将士大惊失色。

李嗣源先率领百名骑兵前行,他摘掉头盔,扬起马鞭,做了向前冲的姿势,用契丹语对敌人说:"你们贪得无厌,无故侵犯我国的疆土,今日,我奉晋王之命灭掉你们种族。"一边说,以便乘势跃马奋击,接连三次冲进敌围,击杀一名契丹酋长。契丹兵见状,乱成一团,忙向后逃,晋军得以越出山口,向幽州进发。

李存审命令步兵砍伐树木设置排列成鹿角阵,每人拿一个树枝排成营寨的样子。

契丹兵绕寨而过时,寨中突然万箭齐发,箭矢遮住了太阳,契丹死伤的人马堵塞了道路。当晋军即将进至幽州时,契丹军队已经列好阵势等待他们了。李存审命令步兵列阵在敌军背后,告诫他们千万不能先动,而后又命令一些老弱残兵拖着柴草烧起火前进,顿时烟尘漫空蔽日。契丹无法测知晋军究竟有多少。晋军乘机擂鼓交战,李存审便奔向敌军阵后,乘机攻击。

最后,契丹军被打得大败,狼狈逃窜,从北山口败走。此战晋军俘虏斩获首级共一万多,终于解了幽州之围。

综观晋兵最后战胜契丹的原因,除了其兵力强势、将士勇敢外,更重要的是晋将李存审在作战指导上,能够根据敌情、地形等实际情况,采取以"老弱残兵"为前锋的作战方针,实施灵活用兵,乘胜出击。

即墨之战田单以智取胜

田单是齐国著名的将领,也是当时驰名天下的军事家、纵横家。齐湣王时,田单并没有受到重用,他被派往临淄地区,负责管理市政。

后来在燕齐大战中,齐国被燕将乐毅攻破,齐湣王也被迫弃城逃跑,没过多久又退守到莒城(今山东莒县)。

就在燕军征讨齐国的时候,田单也从都城逃出来,辗转逃到安平(今山东省淄博市东北）。田单与他的同族人锯下了车轴两端突出的部位，再安上铁箍。不久，燕军又大举进攻安平，城池瞬间就被攻破了，齐国人再次夺路而逃，结果因为车轴在急速行驶中互相撞击，没有跑出多远就撞断了，车子无法继续行驶而被燕军抓获。而田单和他的同族人因为先前用铁箍把车轴包住了，才逃过了一劫，他们向东退守到即墨。

此时，燕军除了莒和即墨两城没有攻下，齐国其余大小城市已全部攻破。莒城的齐国大夫立齐王儿子为新王，就是齐襄王。乐毅久攻莒城不下，就派兵进攻即墨，即墨的守城大夫出去迎战，结果在战斗中受伤死了。

即墨城里没有守将，差点儿乱了起来。因为早前田单和同族人用铁箍包住车轴才得以安然脱险，即墨城中军民普遍认为他用兵之道十分高超，对他极为钦佩。所以，大家就拥立田单为将军，坚守即墨，与燕军抗击。

不久，燕昭王驾崩，燕惠王即位，他和乐毅素来不和。田单知道这一消息后，便决定采用反间计，他立即派人到燕国，并扬言说："齐湣王已被杀死，现今就只有两座城池还没有攻破。乐毅担心刚刚继承王位的燕惠王会借机把自己杀掉而迟迟不敢回国，他想要以灭掉齐国之名与齐王接触，实际上是想联合齐国兵力，找机会在齐国称王。但由于齐人心还未归附，所以只能暂且拖延时间，先攻打即墨，以便等待时机成熟再称王。倘若此时燕军前来进攻，那么即墨城就一定会被攻破。"燕惠王听信传言，立即派大将骑劫去代替乐毅。

随即，田单亲自练兵，并把全部的食物拿出来犒劳士卒。他一面命精锐部队埋伏起来；一面让老弱妇孺上城防守；同时他又派使者去燕国，与其约定投降事宜。燕军见状，人人得意扬扬。田单在民间收集了一千两黄金，又让即墨城里的有钱人送给燕军，并告诉他们："即墨准备投降了，希望你们进城之后，能够保证我们过平静的生活。"燕军将领见到黄金，高兴地答应了。

这样一来，燕军的防守更加松懈了。

田单命令即墨城中军民在吃饭之前，都要先祭祀祖先，这导致很多飞鸟因争食祭祀的食物而在城上盘旋飞舞。城外的燕军看到这一景象，感到非常奇怪。

此时,田单信誓旦旦地说:"这是神仙要下界来指导我们如何能够做到克敌制胜。"他又对城中百姓说:"一定会有神人来做我们的老师,我们也一定会因此而取胜的。"这时,有一个士兵不以为然地说:"那请问将军,我可以当您的老师吗?"说罢便扬长而去。田单连忙站起来,大步上前把那个士兵拉过来,请他坐在向东的上座,又用侍奉老师的礼节来侍奉他。那个士兵被田单的行为惊得目瞪口呆,不禁害怕了,小心翼翼地说道:"请将军恕罪,是我欺骗了您,我什么都不会。"田单说:"请您不要谦虚了,以后您就是我的老师。"

后来,田单每次发号施令,都称是神师的主意,即墨城中的军民见到连神仙都来助其守城,士气更加高涨了。

田单借机又扬言说:"如今,我最担心的就是,燕军会把割去鼻子的俘虏放在队伍前面与我们作战,若是这样,城里的军民一定会害怕,吓得连武器都拿不起来了,作战的勇气也就没有了,那么,即墨就一定会被攻克。"

燕军听到田单的话,果真照此施行。结果即墨城中的军民看到齐国的众多降兵都被割去了鼻子,人人气愤不已,与其拼死一战的信念更加坚定了,他们都怕被敌人捉住会遭此酷刑而全力坚守城池。

田单见作战的时机已成熟,他在城中收集了千余头牛,并给每一头牛披上画有蛟龙图案的红绸,又在牛角上绑好锋利的刀子,在牛尾上绑上渍满油脂的芦苇。随后,他下令把城墙凿开几十个洞穴,夜晚时分他把牛从洞穴中赶出来,并把牛尾点燃,五千精兵紧随其后,向燕军冲去。此时,毫无防备的燕军见这一情景,手忙脚乱,燕军看到火牛浑身都是龙纹,以为是火龙下凡,民间传说凡是触及这种牛的人非死即伤。

田单乘机擂鼓呐喊,燕军都被吓得惊慌失措,大败而逃。在这场轰轰烈烈的作战中,齐军大败燕军,燕国的主将骑劫也被杀了。燕军纷纷逃命,田单率领齐军乘胜追击,凡是经过的城镇都背叛燕军,归顺田单。就这样,一路追击下来,田单的兵力日益强盛,最终将齐国失去的七十多座城池全部收复。

其实,鬼谷子在此揭示了一种"先见之明"的大智慧,即如何通过发现事物变化的征兆,而引导事物变化朝着有利方向发展的方法。世间万事万物产生变

·《鬼谷子》释义通解·

图文珍藏版

化是有先兆的,只要我们依从事物变化规律,就可以及时发现这些变化征兆,以便及时采取措施,制止微妙的恶性变化。田单正是运用"抵巇"之术的高手,他在取得胜利的每一步,都是预先发现了可能变化的征兆,然后设法加速变化的发生,最终使每一个阶段的变化都按照对自己有利的方向发展,才得以取得战争的最后胜利。

蔺相如以"抵巇术"避免纷争

战国时期,赵国有一位十分著名的谋士,名字叫蔺相如。他为人胸襟宽广,而且足智多谋。

蔺相如

有一次,在渑池会见结束后回到赵国,由于蔺相如立了大功,所以赵王任命他为上卿,官位在廉颇之上。廉颇不服气地说道:"我作为赵国的将军,曾立数次攻城野战的大功,而蔺相如只是耍耍嘴皮子,官位就能超越我,再说,蔺相如是一个粗鄙低劣之人,在他的官位之下,这令我感到很羞耻。如果日后让我见到蔺相如,一定要好好羞辱他一番。"

廉颇的话传到了蔺相如的耳中,不肯与他会面。每当上早朝的时候,蔺相如往往会以身体欠安为由,避免与廉颇碰面,以防起争执。

有一天,蔺相如外出,远远地看到廉颇,蔺相如立即驾车改道躲避。蔺相如的门客见状,纷纷对他说:"我们之所以离开亲人来侍奉您,就是因为仰慕您的崇高道义。但是,如今您与廉颇平起平坐,他对您不敬在先,还散布了一些难以入耳的话,您非但不去讨公道,反而畏惧躲避,不敢面对他,这让普通的人都感到十分羞辱,更何况对于将相呢,我们实在无法忍受,请您准许我们告辞离去。"

蔺相如挽留他们说:"你们看廉将军与秦王相比孰强孰弱?"门客们异口同声道:"当然秦王较强。"

蔺相如点了点头,说道:"而我曾在宫廷上呵斥秦王,并羞辱他的大臣们,我虽然比较愚昧,但还不至于畏惧廉将军吧。"

门客们面面相觑,纷纷点头示意。

蔺相如接着说:"我之所以想方设法避免与廉将军面对面起争执,是因为我考虑到强大的秦国不敢进攻赵国的根本原因在于赵国有我们两个人在。倘若我与廉将军相斗,势必不能共存,真是会两败俱伤。正所谓:'两虎相争,必有一伤。'其实,我这样做的目的就是为了确保国家的安定,将个人的荣辱抛在脑后。"

蔺相如一席言辞让众门客钦佩不已。当廉颇听说后,顿时悔悟,于是他袒露上身,背着荆条,到蔺相如的府上谢罪,惭愧地说道:"我才是一个粗鄙浅薄的人,真的是无颜面对蔺将军,感谢您对我的宽容,没有让我继续盲目下去啊。"

最后,两个人终于和好,还成了生死之交。

正是因为蔺相如不为外界荣辱而乱心分神,能够以大局为重,并善于在小裂缝出现的时候,及时进行修补,最终才避免了一场大纷争。可见,蔺相如的确是一位深谙"抵巇术"的政治家。

曹爽缺乏应变智慧酿悲剧

公元 249 年,魏帝曹芳到高平陵祭祀,曹爽和曹羲等人一同前去,司马懿认为时机已到,便立即下令关闭洛阳所有的城门,占领了武器库,接管了曹爽和曹羲的军营,又派兵到洛水的浮桥上。随后,司马懿便给曹芳写了一个奏疏,上面历数了曹爽的罪过,要求罢去他的兵权,不得稽留。

曹爽拿到奏疏,顿时感到十分惊讶,自然没有给曹芳看,惶惶然手足无措,不知所为。这时,司马懿又派人前去劝说曹爽及早归罪,并承诺这次行动只是罢免曹爽的官衔,让他不必多虑。当时有一个叫桓范的大司农,他是曹爽的同乡,此人有些智谋,他劝说曹爽当机立断,首先把天子带到许昌,然后再以天子的名义征发四方人马,但是,懦弱的曹爽还是犹豫不决,迟迟拿不定主意。

桓范见状,急切地对曹爽说道:"其实,此事非常明了,如果你能与天子相随,号令天下,那么就没有谁敢不响应,而曹羲在外另有军营,可以随时调兵遣将,从这里到许昌最多是一天的路程,许昌兵库中有足够的兵器供我们使用,现在我唯一担忧的就是军粮问题,不过,我们有大司农的印,所以,总的来说,我们根本就没有什么顾虑……"就这样,桓范说了一晚上,但曹爽兄弟还是不敢行动。

傍晚,曹爽把刀朝地上一扔,信誓旦旦地说:"虽然司马懿得到了兵权,但我并不是一无所有,因为我还有爵位在身。"

桓范听到这话,悲愤地说:"曹子丹是一个多么聪慧的人,怎么会有你们这样愚蠢的儿子,我恐怕也要受你们连累而罪至灭族啊!"

曹爽最后还是执意将奏疏送到曹芳的手中,他被免官后回到洛阳家里,司马懿立即派人将他软禁起来,曹爽至此已是一筹莫展。不久,曹爽等人以阴谋叛逆的罪名而被处死。

圣人会在裂痕的萌芽之时,就设法处理。若世道可以治理,就会采取弥补的"抵"法,使其"巇"得到弥合;若世道已坏到不可治理时,就用破坏的"抵"法,彻底把它打破,占有它并重新塑造它。真正的智者善于自我调整,善于随物而转,随变而处,以无穷的智慧应对万物,力求找到最为圆满的解决之道。曹爽由于缺乏随机应变的智慧,最终只能以悲剧收场。其实,在社交中,随物而转,随变而处的应变智慧尤为重要,只有善用"抵"法的人,才能在人际网中做到游刃有余。

孝文帝以"抵"术实现迁都

南北朝时期,最轰动的一件事就是魏孝文帝拓跋宏迁都洛阳,不过拓跋宏迁都并不是一帆风顺的,而是费尽了周折。

当时,平城(今山西大同市东北)是北魏的国都,此处偏远,地瘠民贫。孝文帝一心想要实行改革措施,所以首先要完成迁都一事。但是,由于鲜卑族世世代代都居住在平城,这无形中便增加了迁都的难度,孝文帝每天为此事烦恼,他茶不思饭不想,时时刻刻都在思考如何能迁都成功。后来,孝文帝终于想到了一个办法——"处示南讨,意在谋迁"。因为反对迁都是正常的,但没有人敢反对南征,否则就是叛乱。

公元493年,孝文帝把大臣们召集到明堂进行斋戒,他让太常卿王堪进行占卜,意在预测南伐之事是否可行。王堪仔细占卜,结果便得一"革"卦,即可行之意。

孝文帝见此,非常高兴。他当即宣布,南下伐齐。群臣见状,没有一个人敢提反对意见,只好听命。于是,开始大范围的发布檄文,征召兵士,声势浩大,不知真相的人还真以为孝文帝准备大举南征呢。

公元493年8月,大军从平城出发,可是天公不作美,从平城到洛阳,一路上大雨下个不停,道路非常泥泞,士兵走起来很费力。终于在第二个月,到了洛阳,此时士兵们早已累得精疲力竭,而且很多人还因此染上了可怕的瘟疫。

几天后,孝文帝命令军队继续南进。这期间,天空始终的乌云密布,阴雨连绵,人马疲惫不堪,若是再往前走,积水就更厉害了。孝文帝就乘机告谕天下,大举迁都洛阳。孝文帝试问王公大臣们对这个决定的意见如何?这时,前南安王拓跋桢站出来,说:"陛下停止南征,迁都中土的决定,正是振兴国邦的重要举措,这也是我们群臣的心愿,此乃苍生之大幸也。"

大家听他这么一说,都高呼"万岁"。

就这样,孝文帝迁都洛阳一事就决定下来了。

任何事物都会出现裂痕,而且这种裂痕会由小变大。在裂痕刚出现的时候,都是有迹可循的,此时就要设法"抵"住,以便防止和消灭裂痕。若裂痕太大无法消除,就要彻底将其消除,然后弃旧取新,最后达到自己的目的。孝文帝正是一个运用"抵"术的成功典范,他在发现迁都无法顺利进行时,及时采用了"外示南讨,意在谋迁"的策略,自编自导了一幕精彩的迁都戏,消除了内部障碍,终于获得成功。

顺应大道,终能成功

东周君时的一天,正当东周君王处理国家政事的时候,侍卫突然前来报告说:"启禀主公,西周大夫宫他求见。"

东周君不禁一愣,问道:"他来做什么?"侍卫答道:"他是特地从西周跑来投奔主公的。"东周君一听,十分得意,说道:"让他进来吧。"

宫他走上大殿,见了东周君,行了个大礼。东周君问道:"大夫前来投奔寡人,原因何在啊?"宫他回答说:"我特来投奔您,正是因为听说主公礼贤下士,勤政爱民啊!"

东周君听后,喜上眉梢,说道:"大夫来投,实属寡人之幸。"

于是,东周君将宫他留下来,委以重任。此后不久,宫他将他所知道的西周内情全部告诉了东周君。这让东周君更加重视他。

西周君得知宫他外逃,非常气愤,大怒道:"反了,真是反了!这该如何是好啊?"

正当西周君无计可施之时,谋士冯且上前说道:"主公请息怒,微臣有办法能够除掉宫他。"

西周君忙问:"他已经逃入东周了,有什么办法才能杀了他啊?"冯且答曰:"主公,请给微臣二十两黄金,微臣自有妙计,如不能将其诛之,微臣定会提头来见。"

西周君一听,心中疑云马上消散。于是,他给了冯且二十两黄金。

冯且回到府中,立即修书一封,命人带着二十两黄金和这封信前往东周,并叮嘱此人说道:"你带着黄金和信到东周交给宫他,路上不要走得太急,以免被人发现。"

送信人走后,冯且又将自己的心腹叫过来,吩咐他说:"你马上去东周,找到东周的探员,告诉他:'今晚有西周的奸细入境。'动作要快,不得有误。"心腹领命后,立即前往东周。当天深夜,东周探员就截获了二十两黄金和那封信件,探员将其呈给东周君。东周君打开信件,只见一行大字:"速告宫他,如果事情能够办成,就立即行动。如果没有把握办成,就马上逃回西周,以免泄露机密,乃至送上性命。"

东周君看后,勃然大怒,立即命人将宫他斩首。

世界上的万事万物都有一定的规律,所以谋划时,一定要顺应天地自然和人道的法则,做到主观与客观相统一。其实,在现实生活中,存在形形色色的人,所以无论何时都要懂得随机应变,学会根据不同对象的性格特点和心理特征而采取不同的谋略。

商鞅因时制宜获百姓拥戴

战国时,秦孝公任商鞅为左庶长。商鞅想要立行新法,但是这一决策立刻招致众人非议,尤其是保守势力纷纷发难。商鞅力排众议,执意推行新法,以壮大秦国势力。然而,在制定好新法后,商鞅却犹豫了,因为担心国中百姓不信,如果百姓有疑心,那么推行新法就会难上加难。于是,商鞅决定在颁布新法之前,先在百姓之中树立一个有令必行的形象。

商鞅命人在秦都咸阳的南门立起一根三丈直木,并派官员严加看守,又下达命令说:"谁能将这根直木搬到北门,就赏他十两黄金。"此令一出,咸阳的百姓都很奇怪,竟然没有一个人敢上前搬动立木。

商鞅得知这一情况,便再次下令说:"如果有人敢于搬动这根直木,就重赏他五十两黄金。"

百姓听说赏金从十两黄金加到了五十两黄金,更加惊讶不已,众百姓纷纷表示怀疑,这时有一个壮汉挺身而出,只见他扛起木头,横穿都市,向北门走去,百姓都簇拥与他一同前往北门,想要看个究竟。壮汉把木头扛到北门后,果真立即获得了五十两黄金。这个扛直木得赏金的消息不胫而走,在百姓之中,都在议论商鞅言出必行,不欺骗百姓,对商鞅的信任感顿时大增。当商鞅知道百姓的心理变化后,他认为已经达到了取信于民的目的,这才下令颁布新法。

商鞅之所以用一根木头取信天下,是因为他能够审时度势,因时制宜,顺势而为,并善于观察客观事物的规律,做到见微知著,以小见大。在推行新法之前,实施了"取信于民"的谋略,受到了百姓的拥戴和支持,新法自然得以顺利施行。

顺势而为,大有作为

十九世纪,一个美国男孩生长在幸福的家庭中,他从母亲那里学到了勤俭节约、诚实守信的美德,又从父亲那里学会了顺势而为、讲求实际的经商之道,这对他的成长产生了积极的影响。幼年时的他,曾将自己捉到的小火鸡经过精心喂养后,拿到集市上去卖。十二岁时的他,就积蓄了五十美元,还把这些钱借给邻居,并收取本息。可见,这时的他就已经展露了在生意方面的天赋和才能。

1855年,由于一些原因不能继续上学,距高中毕业典礼只差两个月。但他听从了父亲建议,花了四十块美元在福尔索姆商业学院克里夫兰分校读了一个为期三个月的课程。随后,他加入休伊特—塔特尔公司做了一个复式簿记员。

1858年,他以八百美元的积蓄加上从父亲那里以一分利借来的一千美元同他人合伙成立了公司,主要经营农产品。虽然,他从来没有参加南北战争,却在战争期间赚取丰厚利润,1862年公司利润达到一万七千美元。

1863年,他在炼油专家安德鲁斯的建议下投资了炼油厂,至此,安德鲁斯克拉克公司成立。但在两年后,由于合伙人的意见出现很大的分歧,导致公司拆伙拍卖,他以七万美元的报价竞拍成功,随后以自己的名字作为公司的名称。同年,他又开办了第二家炼油厂,成为克里夫兰第一大炼油企业。

1870年,由他担任总裁的标准石油公司正式成立,总资产高达一百万美元。他说:"总有一天,所有的炼油制桶业务都要归于标准石油公司。"

此后,他用了不到两年的时间又吞并了该地区二十多家炼油厂,至此该州90%炼油业都由他所控制。他乘势而发,又接管了新泽西一铁路公司的终点设施。在八年内,其公司炼油能力从占全美国的4%猛增到95%,几乎控制了美国全部工业和几条大铁路干线。

1882年,他成为美国历史上第一个托拉斯。

他就是美国标准石油公司的创始人——约翰·戴维森·洛克菲勒。

洛克菲勒并非多才多艺,但他异常冷静、精明,富有远见,懂得审时度势,顺势而为,并凭借自己独有的魄力和一种钱生钱的手段,白手起家,一步一步地建立起他那庞大的石油帝国。他的经商之道值得我们每一个人学习。

王钦若乘间隙施诡计

"抵巇术"不只是圣人君子的招数,对于一些奸邪小人,有时也会使用"抵巇术"达到自己不可告人的目的。抵巇术用在人际间是指抓住对方心理、行为、思想、品德等方面的缺陷和弱点,去说服他们接受。宋朝的王钦若就是抓住了真宗心理上的弱点,利用一些鸡毛蒜皮的小事,极尽谗言之能事,将他的对手一个个从皇帝身边踢开。

宋景德年间,真宗的皇后郭氏病逝,真宗准备立刘德妃为皇后。朝中文武百官有的赞成,有的反对。头一个站出来反对的是翰林学士李迪,他的理由是刘妃出身低贱,不足母仪天下。真宗辩解说刘妃的父亲曾做过都指挥使。这时又有参知政事赵安仁奏云:立刘妃为后,不如立出自相门的沈才人为后,能够深孚众望。赵安仁所说的沈才人是宋初宰相沈义伦的孙女。众人七嘴八舌的议论,令真宗十分恼火,他说:"立后不可乱了仪制顺序,况且刘妃才德兼全,符合皇后的标准,朕意已定,卿等不必再议!"众人碰了一鼻子灰,只好告退。

退朝后,真宗虽一时气不能消,但李迪、赵安仁等都是朝廷的忠臣,平时恪尽职守,真宗实在找不出什么理由来处置他们。这一切被一贯善于揣摩真宗心理的王钦若看得清清楚楚。第二天真宗与王钦若议论大臣中谁最优秀时,王钦若别有用心地说:"赵安仁当属最优。"真宗不解,王钦若说:"谁也比不了赵安仁,他昔日曾得故相沈义伦的提携,至今仍不忘旧情,常常要报答沈家。"真宗闻听此言,沉默良久。次日一早,真宗就免去了赵安仁参知政事的职位。

像这般口蜜腹剑、暗中害人的事,王钦若实在做得太多了。澶渊之盟签订前,宰相寇准设计将王钦若从真宗身边调开,出守天雄军。王钦若从没吃过这样的哑巴亏,他不得到天雄军,但却时刻窥测形势。当战争一结束,真宗就急忙把他召回朝廷。王钦若自知此时的寇准功绩赫赫、大红大紫,自己一时不是他的对手,就请求辞去参知政事一职,改任资政殿学士。宰相毕士安死后一段时间,寇准独居相位,一切政令独断专行,经常按个人意愿任官免职,引起许多官员的反感。真宗因寇准有功,对他百般优待。

一天上朝,寇准奏事后先退下,真宗面含微笑,一直目送着寇准的身影。在场的王钦若问真宗:"陛下如此敬畏寇准,是否因为寇准有社稷之功?"真宗点头称是。王钦若用心险恶地说:"澶渊一役,陛下不以为耻,反而将寇准视为功臣,臣实在不明白。"真宗惊愕王钦若为何口出此言。王钦若接着说:"城下乞盟,乃《春秋》视为不耻的行为。澶渊之战时,陛下亲征,身为天子,反与外夷签下城下之盟,难道不是可耻吗?"听着王钦若的话,真宗的脸色又白又红。王钦若见真宗已经心动,继续说:"臣有一句简单的比喻,就像赌博,钱即将输光了,却还要倾囊下注,这叫'孤注一掷'。陛下正是寇准的孤注,难道不危险吗?幸而陛下弘福大量,才免于失败的结果。"真宗红脸胀头地说:"朕知道了。"

王钦若短短的几句话实在歹毒之至。澶渊之盟的确是双方妥协的产物,但根据当时敌对双方力量对比的实际情况,这已是最佳的选择。当时如果没有真宗亲征,鼓起宋军决一死战的士气的话,北宋的存亡都难以预料。寇准在处理宋辽关系时,完全是出于国家和民族的利益,而真宗有时不免要掺杂个人的虚荣和私利。王钦若正是抓住了真宗的这个弱点,挑起真宗对寇准的不满情绪,使真宗和寇准之间产生了裂隙。从此真宗对寇准越来越冷淡,以至于最后竟罢免了寇准的相职,并令他以刑部尚书,出知陕州,后又转知天雄军。契丹使者路过此地时问寇准,相公德高望重为何不在中书,寇准回答:"我朝天子,因朝廷无事,特地派我来此,执掌北门钥匙,你何必多疑!"寇准忠于国家的大气魄与王钦若的丑恶形成了强烈的反差。寇准与王钦若的斗争既是善与恶的较量,又是谋略和权术的斗争。

如果说王钦若报复寇准尚夹有个人恩怨的因素,那么他对宰相王旦纯粹是出于险恶的心理。翰林学士李宗谔才华出众,王旦打算提拔他为参知政事,在奏请真宗前先征求王钦若的意见。王钦若当面表示同意,而私下对真宗说:"李宗谔欠了王旦钱三千缗,王旦推荐他,意在索回欠款。"原来宋朝惯例,新任参知政事于朝谢之日可以得到赏钱三千缗。李宗谔的确借过王旦三千缗,但王旦提携李宗谔完全是为朝廷任贤使能,根本不是为了讨回这笔欠款。结果等王旦向真宗提出任命李宗谔时,真宗一口否决。

一次,真宗向中书、枢密两府出示自己所做的一首喜雨诗。王旦得到后,对同僚说诗中有一字错误,应该请圣上改正。王钦若说此错并无大碍,然而却马上将误字告诉真宗。第二天真宗对王旦有错不纠表示不满。王旦一再承认自己得诗后没有认真阅读,有失陈奏。枢密使马知节为王旦鸣不平,他说:"事情明明是王公欲奏而王钦若阻拦,王公不为自己辩解,乃真正的宰相器度。"

其实王旦对王钦若的阴险、狡诈了如指掌,他临终前向真宗屡次荐举寇准、李迪、王曾作宰辅,而真宗没有采纳,却命王钦若为同平章事。王钦若个子短小,脖子上长有瘤子,人称瘿相。他接替王旦入相后,常常口出怨言,说王子明使他耽误了十年,才当上正宰相。子明是王旦的字。病重的王旦听说王钦若做宰相,又气又恨,不久就告别人世。

在历代的官场上,总有像王钦若一类的卑鄙无耻的小人,他们没能力、没才干、没学问,干不了什么大事,甚至当一个大奸臣也没资格。但为了获得更高的权力,他们便去揣摩君子的心理,发现一些小的嫌隙,通过一些偷鸡摸狗的小动作,来达到损人利己的目的。

西施入吴惑吴王

美人计语出《六韬·文伐》:"养其乱臣以迷之,进美女淫声以惑之。"意思是对于用军事行动难以征服的敌方,要使用"糖衣炮弹",先从思想意志上打败敌方的将帅,使其内部丧失战斗力,然后再行攻取。也就是说用多种手段,攻其弱点,从而保存自己的实力。这与鬼谷子先生提出的"抵巇术"不谋而合,先找到对方主帅的"巇",然后"抵而塞之"。

公元前496年,越王允常去世,其子勾践即位。吴王阖闾不顾大臣伍子胥等人的劝阻,趁勾践沮丧之机带兵攻打越国,越王勾践亲自带兵迎战。越王一看吴军阵容严整,无法冲击,就派了三十多名死囚犯,让他们光着膀子,一排排地走到吴国军队前说:"我们的大王得罪了贵国,就请我们替大王赎一点罪吧!"说完一个个砍下了自己的脑袋,倒地而死。吴军正在疑惑之际,越军突然发起冲锋,吴军大败,吴王阖闾也被越将砍去了一个脚趾,在回国的路上因伤势过重而死。

夫差继承了王位,他发誓要报杀父之仇,让一个人专门负责提醒他,每天向他高喊几次:"夫差,你忘了越王杀死了你的父亲吗?"夫差流着眼泪大声回答:"不敢忘,不敢忘。"就这样过去了三年,夫差发兵越国,前去复仇。吴国首先在太湖上消灭了越国的水军,越王勾践逃到了会稽山,不得已勾践派人到吴国讲和。得到夫差的同意后,勾践留下文种在国内维持,自己带了夫人及范蠡等人来到吴国侍奉吴王夫差。吴王让勾践夫妻俩住在石屋里给他管理马匹,范蠡做一些奴仆的工作。每当夫差上街的时候,勾践总给夫差牵着马,任人指点讥笑。三年后的一天,夫差生病,勾践扶他去大便,大便过后,勾践对夫差说:"刚才我尝了大王的大便,又观其颜色,知道大王的病气全排泄下来,您的病不久就会好的。"果然不几天夫差的病真的好了。夫差很受感动,又看勾践百依百顺,就放他们回国去了。

勾践一回国,为了不忘耻辱,他在自己的居室里铺上干草,以做被褥,在门口悬挂着一枚苦胆,每天吃饭前尝一尝。一天勾践同大臣文种商量富国强兵以灭吴国的方法。文种说出了七条灭吴计策,其中一条就是抓住了夫差好色的弱点,送美女给他,诱其荒淫无道。勾践依计而行,让范蠡去找美女。范蠡说:"我早就替大王找到了,她名叫西施,是越国出名的美人,她甘愿以身事吴,为国捐躯。另外我还给她找了一个帮手叫郑旦,她们一定能完成大王的使命。"于是,勾践就派人把西施和郑旦送到了吴国。

西施和郑旦来到吴国，夫差一见她们的美貌即刻着迷，从此整天沉醉于美女怀中，不理朝政之事。一年后郑旦病死，吴王更加宠幸西施了。西施知道，只靠色相迷住吴王是不行的，还得力争在参政中寻找机会祸乱吴国。一天，当吴王陪着她玩兴正浓时，西施乘机对吴王说："英雄好汉不应该终日陪伴我们，应当驰骋疆场，为国争光。"吴王夫差听了西施的话，不禁肃然起敬。时值北方的齐国和鲁国正在交战，吴王夫差想显显威风，就帮着鲁国打齐国。结果齐国一片混乱，齐国的大夫杀了齐悼公，向吴国求和，愿意年年进贡。吴王没想到听了西施的话后能旗开得胜，这使他颇为得意，也就更加喜欢西施了。

有一年，越国为了掏空吴国的国库，勾践派大夫文种到吴国借十万石粮食。吴国的大臣们议论纷纷，在议而未决的时候，吴王就去问西施。西施旁征博引地说了一通，吴王十分佩服，当时就答应借粮食给越国。第二年，越国如数归还了粮食，并都是颗粒饱满的稻谷。夫差下令把这些稻谷全部做种子种到地里。其实，越国已经把这些稻谷蒸煮过了，吴国人种上后，迟迟不发芽，再补种已经误了农时，结果这一年吴国几乎颗粒未收。勾践想掏空吴国国库的计划逐步得到实现。

勾践的富国强兵，待机攻打吴国的图谋被伍子胥知道了，多次劝谏吴王早做提防，但吴王不听，并借机疏远了他。西施深知伍子胥的利害，虽然暂时被吴王疏远，只要不杀死他，就有复出的机会，那将对越国极为不利，她决心借此机会杀掉伍子胥。西施对夫差说："伍子胥是什么人，他连自己的国家都想灭，连楚平王的尸首都要用鞭子抽，难道还会怕什么人吗？伍子胥主张灭掉越国，我也是个越国人，请大王先把我杀了，要不，就不能留着伍子胥。"说着说着，西施的心口痛病犯了，表现出极其难过的样子。吴王夫差被西施这一番话说得下了决心，立即决定赐伍子胥属镂剑令其自杀，西施终于帮助越国除去灭吴的一大障碍。西施见到伍子胥已经除掉，又鼓励吴王北上逐鹿中原，争夺霸权，目的是进一步消耗吴国的人力、物力和财力。夫差又听信了西施的话，于公元前484年动用大量民工，消耗无数财力贯通长江、淮河、泗水、沂水、济水等几大水系，以至从吴国坐船即可直达齐、鲁一带。不多久,吴国的国力就已衰败不堪了。

公元前478年,越国趁吴王夫差北上争霸,国内大旱的有利时机,举大兵伐吴,这时吴国已难以抵挡越军的攻势,吴王只得退守姑苏城。越国采取了长期围困的战术,公元前473年,姑苏城破,吴王自杀,全国土地被越国据为己有。曾多年称霸南方的吴国被越国抓住了一个"衅"——君王好色,最终中了越国的美人之计,导致灭亡。

苏秦巧言除裂隙

消除裂隙的方法很多,既可镇压,也可以疏导,能够消除裂隙不惜采用任何手段。战国时苏秦就曾用"抵衅"之术成功地说服燕易王。

苏秦从师鬼谷子,学成出山,曾四处游荡,凭着他三寸不烂之舌,佩上了燕、赵、韩、魏、齐、楚六国相印,推行其合纵之术。当燕易王继位时,齐国乘机夺取了燕国十座城。于是燕易王命苏秦到齐国讨回十城,苏秦不辱使命,劝齐王归还了十城,撤走了军队。可是燕国却有人在燕易王面前诋毁苏秦说:"苏秦是个卖国的奸臣,不忠不孝,反复无常,并要发动叛乱。"燕易王于是对苏秦产生怀疑、心中不悦,苏秦出使归来后,对他十分冷漠。

苏秦了解到这个情况,决定向燕王解释,消除裂隙。他首先对燕王说:"臣原是一介小民,未有任何功劳,却受到您的礼遇。如今臣为大王效力,要还十城,劝齐退军,却受到您的冷遇,一定是有人乘机说了我的坏话,说我不讲忠信之义,但是,臣不讲忠信,正是大王的福分。比如有像曾参那样的孝子、伯夷那样的廉士、尾生那样的信士来事奉大王会怎么样呢?"

燕王回答:"那我就满足了。"

苏秦得到了燕王的回答,也就找到了君臣之间裂隙的根源,于是他继续说:"曾参是孝子,不可能离开父母半步,您又教他如何去说服齐王退兵归还十城呢?伯夷志向高洁,宁肯饿死也不做武王的臣子,您又教他如何去说服齐王退兵归还十城呢?尾生与一女子约会桥下,可是河水上涨,尾生抱柱而死也不失信于那女子,您又教他如何去说服齐王退兵归还十城呢?而我正是因为讲大的忠信而得罪君主的人啊!"

燕王疑虑仍未消,说:"得罪君主一般是因为不讲忠信,岂有以忠信而获罪的呢?"

苏秦说:"那不一定。臣听说有这么一件事,一个在外为官的小吏,其妻与人私通,到了小吏回家的日子,其妻很担忧,就和通奸者商议对策,决定以药酒毒死小吏。小吏回家的那天,其妻就让小妾端着药酒递上去。小妾已知他们的奸计,想说出酒中有毒,又怕得罪女主人,不说又怕药酒毒死男主人。无奈只好端着酒假装失手摔掉在地。小吏正在高兴老婆让小妾送酒,却被摔掉,十分恼火,就痛打了小妾一顿,小妾满怀忠信,却要受皮肉之苦。这不就和为臣的不幸相似吗?"

燕王听了,就消除了对苏秦的满腹狐疑,给苏秦以重赏,并恢复了他的官职,君臣消除了裂隙,和好如故。

从漏洞着手,寻找突破口

俗话说:千里之堤,溃于蚁穴;万丈高楼,焚于火星。防患必从细微之处着眼。这是鬼谷子"抵巇术"的本意。

反其意而论之,成大事者也莫不是从小事起始。要处理好某一件事情,就要善于从其漏洞着手,寻找突破口。

几年前,意大利米兰足球俱乐部的一位著名职业球星想得到更高的年度合同酬金。接连几个赛季,他都试着自己去谈判,但都没能达到满意的协议。这位运动员虽然也颇富有,而且脑袋聪明,但他却很怕羞。他承认,自己斗不过那个不讲情面的总经理,因为那个总经理手中握有一张王牌:在与球星订立的合同中,有一项使运动员不能跳槽的"保留条款"。

怎样才能使总经理接受自己的要求呢?经过苦苦的思考,球星想出了一个绝招。那项"保留条款"是他不能加薪也不能跳槽的主要障碍，但是这个条款并不能阻止他退出体育界。于是，他决定伺隙捣虚，以退出体育界，加入影视圈为筹码向总经理施加压力。

这位运动员虽然腼腆，但模样却讨人喜欢，何况他的鼎鼎名声，许多人正巴不得在银幕和荧屏上一睹其风采呐。于是，他开始同一个独资的制片商接洽和谈判，拟订了一项为期五年的合同，同时把这一切都告诉了新闻界。传播媒介对此做了大肆报道。

这样一来，使那个总经理受到了巨大压力，因为如果这位球星挂靴而去，球迷们定会不依不饶地闹个天翻地覆。他的生意就会告吹。不得已，他只好满足了球星的加薪要求。

世间万事万物，不可能十全十美，事物本身往往包含着置自身于死地的因素。世上没有无缝隙的墙，墙因为有缝隙而倒塌；树不可能没有节，木材因其节而易毁坏。《淮南子·人间训》中指出："夫墙之坏也，于隙，剑之折也，必有齿。圣人见之蚤，故万物莫能伤。"只要人们认识到这一点，通过对客观事件的仔细观察，看出对方的"空虚"之处，然后紧紧抓住这一点，作为突破口，就能达到自己的目的。

林肯在担任美国总统前曾经当过律师。一次，他亡友的儿子小阿姆斯特朗被指控为谋财害命，已初步判定有罪。林肯得悉后，就以被告律师的资格，向法院查阅了全部案卷，又到现场作了实地勘察，然后要求法庭复审。

全案的关键在于原告方面的一位证人福尔逊，因为他发誓说，在10月18日的月光下清楚地目击了小阿姆斯特朗用枪击毙了死者。按照美国法律的惯例，开庭复审时，被告的辩护律师与原告的证人要进行对质：

林肯：你发誓说认清了小阿姆斯特朗？

福尔逊：是的。

林肯：你在草堆后，小阿姆斯特朗在大树下，两处相距二三十米，能认清吗？

福尔逊：看得很清楚，因为月光很亮。

林肯：你肯定不是从衣着方面认清的吗？

福尔逊:不是的。我肯定认清了他的脸蛋,因为月光正照在他的脸上。

林肯:你能肯定时间在半夜几点吗?

福尔逊:充分肯定。因为我回屋看了时钟,那时正是 11 点 11 分。

林肯问到这里,发现了对方的漏洞。于是,他伺隙捣虚,转过身,开始了他的辩护演说:"我不能不告诉大家,这个证人是个彻头彻尾的骗子。他一口咬定 10 月 18 日晚上 11 点钟在月光下认清了被告人的脸。请大家想想,10 月 18 日那天是上弦月。11 点时月亮已经下山了,哪来的月光呢? 退一步说,就算证人记不清时间,假定稍有提前,月亮还在西天,月光从西边照过来,被告如果脸朝大树,即向西,月光可以照在脸上,可是由于证人的位置在树的东南面草堆后,所以他根本就看不到被告的脸;如果被告脸朝草堆,即向东,那么即使有月亮,也只能照在他的后脑勺上,证人又哪能看到月光照到被告脸上呢? 又怎么能从二三十米的草堆外看清被告的脸呢?"

林肯的推断和分析,充分证明了福尔逊的证言是虚假的,驳得他张口结舌,无言以对,最后,福尔逊只好承认是被控告人收买而提供假证的。于是,阿姆斯特朗被无罪释放。

在这里,林肯运用的就是"抵巇"之术。抓住对方言语中的漏洞,伺隙捣虚,赢得了胜利。当然,运用伺隙捣虚之谋,要求施谋者有超常的观察分析能力,在取得大量信息的基础上,对信息进行去伪存真的筛选,以免被假象和错觉迷惑了视线。

经营中的抵巇妙用

在经营中,运用抵巇术也有多种方式。或抓住竞争对手产品中的问题,制造舆论,使对方的客户转向己方;或抓住对方的某些贪利小人,收买过来,获取商业情报和技术情报;或抓住对方的漏洞,乘隙攻击。同时,自查缝隙,防微杜渐,使竞争对手找不到可乘之机,以上这些都是抵巇术的运用。

《鬼谷子》释义通解

图文珍藏版

日本丰田汽车公司是世界瞩目的大型企业集团,该公司所生产的汽车以其性能优越、技术完备、美观舒服、造价低廉、耗油量低等技术指标打入了欧美市场,超过了在资本主义世界长期占据霸主地位的一些美国公司,取得了"高收益、高质量、高效率"的突出成就。其经验中的最重要一条,就是成立后的四十多年来,在与同行竞争中防微杜渐,不断地改进技术,提高质量,降低成本,为竞争中取胜准备条件,从而战胜了那些在此方面准备不足的对手。

比如,在降低成本方面,公司认为:"产品的计划、设计、制造、采购、销售这些阶段,是决定成本的重要的要素,也是决定能否在战胜对手中发展的关键。"所以,公司在管理中,一方面,加强成本控制,作业条件的改善,事务工作的改善,运输的合理化,最佳批量的决策,新产品的追加,旧产品的废除,轮班制的采用等,都经过反复论证,减少开支,以更便宜的成本,生产质量更好的产品。另一方面,公司还围绕降低成本开展合理化建议活动。群策群力,收到明显效果。

据有关资料介绍:通过改进刀具的修磨方法,每月可以降低刀具费27万日元,改进局部性修补打磨工序,原来需要6个人操作,现在只需要4个人,而且质量有了明显提高。防止刀具破损,每月可以减少375万日元。改进涂料开孔装置,涂料等费用每月可以节省80万日元。消除冲压不良现象,每月可节省约4万日元的工时费。投入工序实现自动化,每月可以节省50万元。取消倒角工序,每月节省工具费、电力、压缩空气等的费用以及工时费,总计可达90万日元。公司认为,正是这种不断的降低生产和工时损耗,核算到每一件产品上的成本才不断随之下降,也才为迎接日趋激烈的竞争准备了条件。丰田公司的经验之谈,正是对抵巇之术成功地应用在商品竞争上的印证。

俗话说:小洞不补,大洞叫苦。微隙不治便会发展成小缝;小缝不治,便会发展成大缝;大缝不补,危机就出现了。处理世间事物也是这个道理,防患必从细微处着眼。小事端不去管它,就会发展成大矛盾;大矛盾不去调解处理,离事情失败就不远了。反过来,想要破坏某事物时,也就要寻找那些小事端入手,利用这些小事端,制造大矛盾,从而达到自己的目的。

众所周知,沙特阿拉伯享有大自然赐予的得天独厚的宝贵财富——石油。

1953年，世界石油总产量为6.5亿吨，而沙特阿拉伯就占了4千万吨，而且每年增长5千万吨到1亿吨。

西方实业家嗅到了这巨大财富的信息，争先恐后地来到这阳光炙人的国度，意在争取沙特石油的开采权和运输权。但阿美石油公司和沙特国王早就订有明确的垄断开采石油的合同：每采出一吨石油，给沙特相当数目的特许开采费，石油采出后，由阿美公司的船队运往世界各地。阿美公司的这堵高墙，严密地保护着它的特权，使那些冒险家扫兴而去。

然而，奥纳西斯在设法搞到合同复制件后，经过仔细研究，却发现合同并没有排斥沙特阿拉伯拥有自己的船队来从事石油的运输。

这不就是阿美公司严密防守的高墙的缝隙吗？奥纳西斯完全有能力钻这可乘之隙，石油不运出沙特阿拉伯就不能获得它应有的市场价值。因此，只要设法垄断沙特阿拉伯石油的海运权，形势就会对阿美公司大为不利，其势力就会大大削弱，从而可以使它转让出部分股份，奥纳西斯就可以实现他直接插手沙特石油业的夙愿了。

于是，奥纳西斯对沙特阿拉伯的王宫做了一次"闪电式"的访问，和年迈的国王作了长时间的密谈。最后说服了国王自己买船运输石油。

几个月后，奥纳西斯和沙特阿拉伯国王签订了震撼世界石油业的《吉达协定》。协定规定：

成立"沙特阿拉伯油船海运有限公司"，该公司拥有50万吨的油船队，全部挂沙特阿拉伯旗。该公司拥有沙特阿拉伯油田开采的石油运输垄断权，该公司的股东是沙特阿拉伯国王和奥纳西斯。

协议的签订宣告了奥纳西斯的成功，阿美石油公司遭到了致命的打击。

这个例子中，奥纳西斯在沙特阿拉伯击败世界最大的石油公司——阿美公司，靠的正是"抵巇术"——找到对手的缝隙，成功地攻击了对手的生命线，从而大获全胜。

飞箝术第五

本篇提要

本篇主要讲述的是如何运用褒扬之词去收服人心,使对方被我们所控制、掌握。在此处"飞"是夸奖、表扬的意思,有意识地去给予肯定和赞许,以讨得对方的欢心,得到信任,使其暴露实情。"箝"是掌握住对方的一举一动,使之按照自己意图行事,由此可知,"飞"的目的是为了"箝"。

飞箝术的目的是多种多样的,可以考察个人品行的好坏,能力的高低,也可以辨别事物的虚实或对错,本篇首先提到的就是如何运用飞箝术去识别人才、利用人才;也可以引诱对方说出我们想要探听的实情;还可以用之建立人与人之间的关系,以及分析天时、地利等外界环境,为自己做决策创造良好的条件。

关于飞箝术方法的运用也是多种多样,主要有引诱法、重累法、量能立势法三种。引诱法就是通过钱财、美色或声乐等去投其所好,来抓住对方的心理,掌握在自己手中;重累法就是采用反复试探或感化的方式使之接受自己的意见或建议;量能立势就是在衡量对方实力后,确立相应的制度,立赏罚去就之势。三种方法在实际运用中又要因人而异,引诱法的对象必须具有某一方面的贪心;重累法的对象必须是具有正直、开明等良好品行之人;量能立势的对象必须是善于表露心迹,自身有明显弱点的人。

总之,掌握了运用飞箝术的方法,明白了飞箝术的目的,便可对万事运筹帷幄,自身也可来去自如,这便是飞箝术的最高境界。

【原文】

凡度权①量能②,所以征③远来近。立势④而制⑤事,必先察同异之党,别是非之语,见内外之辞,知有无⑥之数,决安危之计,定亲疏之事⑦,然后乃权量⑧之。其有隐括⑨,乃可征,乃可求,乃可用。引钩⑩箝之辞,飞⑪而箝⑫之。

【注释】

①权：权变、变通，指计谋而言。

②能：能力。

③征：征召。

④立势：造成一种态势，这里指建立制度。

⑤制：指管理。

⑥有无：指才能的有无。

⑦亲疏之事：有关亲密或疏远的事情。

⑧权量：权衡度量，计算长短轻重。

⑨隐括：原指矫揉竹木曲直成形的器具，此处指矫正人的缺点和不足。

⑩钩：原指弯曲金属所做的钩针，此处指引诱。

⑪飞：称赞。

⑫箝：指挟制、控制。

【译文】

凡是揣度人的智谋，测量人的才干，都是为了征召远近的人才，让他们前来效力。要建立规章制度，管理大小事务，一定要首先考察他们的异同，辨别言语的是非，了解各种进言的表象和内涵；了解他们有没有技艺之术，让他们决断事关国家安危的计谋，确定亲疏远近的关系，然后权量轻重短长。如果他们可以矫正时弊，就可以征召，加以聘请，加以利用。用言语引导，用声誉诱导，探知对方的真实想法，然后控制住他。

【原文】

钩箝之语，其说辞也，乍①同乍异。其不可善者：或先征之，而后重②累③；或先重以累，而后毁之；或以重累为毁，或以毁为重累。其用④，或称财货、琦玮⑤珠玉、璧白、采色⑥以事之，或量能⑦立势以钩之，或伺候见涧而箝之，其事用抵巇。

国学经典文库

鬼谷子全书

《鬼谷子》释义通解

图文珍藏版

516

【注释】

①乍:忽然。

②重:指重用。

③累:指束缚。

④其用:准备要采用时。

⑤琦玮:两种美玉,用于泛指。

⑥采色:指美女。

⑦量能:考察、测定才能。

【译文】

钩箝是一种游说辞令,时而相同,时而相异。对于那些以钩箝之术仍难以引诱并控制的对手:或者首先把他们召来,然后再对他们进行反复试探;或者先对他们进行反复试探,然后再对他们攻击加以诋毁;或者用诋毁的方法反复试探,或者用反复试探的方法不断诋毁。想要重用某些人时,或者先赏赐财物、珠宝、玉石、璧帛和美女对他们进行试探;或者通过测定才能,设立可去可留的职位来吸引他们;或者通过暗中考察,抓住行为漏洞来控制对方,以上各个环节,都可以采用抵巇的方法。

【原文】

将欲用之于天下,必度权量能,见天时①之盛衰,制②地形之广狭,阻险③之难易④,人民货财之多少,诸侯⑤之交孰亲孰疏、孰爱孰憎。心意之虑怀⑥,审其意⑦,知其所好恶,乃就说⑧其所重,以飞箝之辞钩其所好,以箝求之。

【注释】

①天时:指自然变化的时序。

②制:控制,引申为掌握、了解。

③阻险：指山川的险要。

④难易：指险峻和平坦。

⑤诸侯：古代对中央政权所分封各国国君的统称。周朝分公、侯、伯、子、男五等。

⑥虑怀：指所想的、所希望的。

⑦审其意：详细考察国君的思虑和希望。

⑧说：游说。

【译文】

要把"飞箝"之术用于治理天下，必须要考量国君的权谋和才能，观察天地的盛衰，掌握地形的宽窄，山川的险峻和难易以及人民财富的多少。在诸侯之间的交往方面，必须考察彼此之间的关系，与谁亲近，与谁疏远，与谁友好，与谁敌对。要详细考察国君的愿望和想法，要了解他们的好恶，然后针对对方所重视的问题进行游说，再用"飞"的方法诱出对方的爱好所在。最后再用"箝"的方法把对方控制住。

【原文】

用之于人①，则量智能②、权材③力、料④气势⑤，为之枢机⑥以迎之、随之，以箝和⑦之，以意宜之，此飞箝之缀⑧也。用之于人，则空⑨往而实⑩来，缀而不失，以究其辞。可箝而从⑪，可箝而横⑫；可引而东，可引而西；可引而南，可引而北，可引而反⑬，可引而覆⑭，虽覆能复⑮，不失其度⑯。

【注释】

①用之于人：将飞箝之术用于人。

②智能：智慧和才能。

③材：同"才"，指才干。

④料：估计、估量。

⑤气势：气概和声势。

⑥枢机：枢是门轴；机是枢纽。泛指关键和重点。

⑦和：协调、相合。

⑧缀：联结，缀合。

⑨空：指话语。

⑩实：指实际的利益。

⑪从：同"纵"，即合纵。指战国时联合齐楚燕赵韩魏等国攻打秦国的方略。

⑫横：连横，指战国时齐楚等六国事奉秦国的方略。

⑬反：指恢复。

⑭覆：指颠覆，推翻。

⑭复：指恢复。

⑯度：指节度。

【译文】

如果把"飞箝"之术用于个人，就要揣摩对方的智慧和才能，考量对方的才干，估计对方的气势，然后抓住关键迎合对方，顺从他，进而以箝制之术使对方与自己协调，达到双方情意融洽，这就是"飞箝"的妙用。如果把"飞箝"之术用于人际交往，可用好听的空话去套出对方的实情，结交对方，不失去联系，来探究对方的言辞。这样的箝制之术，可以合纵就合纵，可以连横就连横；可以引而向东，也可以引而向西；可以引而向南，可以引而向北；可以引而返还，也可以引而覆败。虽然覆败，但也可以恢复，关键在于不可丧失其节度。

【解析】

本篇所论述的"飞箝"之术，就是用赞美、褒扬的方法，赢得对方的好感，以取得对方的信任，令其暴露实情，进而继续诱导对方，掌握更多的实情，达到箝制对方，控制对方的目的。这里的"飞"是指飞扬、褒奖，制造声誉，使其声名远扬,以此取得对方的欢心和信任,使其暴露实情。"箝"是指控制,钳制,牢牢控制对方,使其按照我方的意愿去做。由于大多数人都具有喜欢受人称赞的特点,所以"飞"自然成了"箝"的不可或缺的手段。

飞箝之术是一种高明的引人之术、制人之术。鬼谷子认为,采用飞箝之术的关键在于,首先要了解对方的权谋、智能、才干等实情,再有针对性地使用飞箝之术,掌控全局,以达到自己的目的。正所谓:"用之于人,则量智能,权材力,料气势,为之枢机以迎之、随之,以箝和之,以意宜之。"

鬼谷子云:"引钩箝之辞,飞而箝之。钩箝之语,其说辞也,乍同乍异。"在这里,鬼谷子阐述了一种钩住对方从而箝制住对方的方法,即"飞箝"之术的使用方法。在实施这种方法之前,必须先顺应对方,用大量的赞美之词褒奖对方,让他的心灵得到满足,使得他的荣誉感和成就感得到满足,进而得意忘形,不能把握自己,疏忽防范意识。此时,就可以实施箝制对方的辞令了。

钩住并箝制对方的语言技巧是要讲策略的,不能完全直言不讳,要懂得因时制宜,时而顺着对方说、时而逆着对方说;时而赞同对方、时而反对对方,在反反复复中寻找最合适的时机,一点一点地钳制对方,不能体现出任何有预谋的迹象。各个环节都要衔接顺畅,处处都要体现出顺理成章,合乎情理。

比如,对于那些固执,不易接近的人,可以采用先发表反面意见的方法,以引起对方的好奇心,激起对方反驳的意愿,当对方陈述意见时,就要顺着他说,等待时机成熟后,再次反对对方,令对方继续阐述他的意见,就这样一顺一反,反反复复地试探对方,待探视出对方的软弱之处后,就要当机立断,引诱对方并成功箝制他。

再如,对于那些位高权重而又不为利益所动的人,首次可以对形势、大局、权能等方面做出精辟的分析,以吸引对方的注意力,再设法引出对方感兴趣的话题,使其陈述自己的见解,此时要静心凝听对方的阐述,等待机会寻找对方的破绽,一旦抓住对方的弱点,就可以立刻切入进去箝制住他。一旦切入进去了,就要用前面所论述的"抵巇"之术加以应对,这样一定可以取得理想的效果,达到预期目的。

【应用事例】

　　凡是揣度人的智谋和测量人的才干,就是为了吸引远处的人才和招来近处的人才,造成一种声势,进一步掌握事物发展变化的规律。一定要首先考虑派别的相同和不同之处,区别各种对的和不对的议论,了解对内、对外的各种进言,掌握有余和不足的程度,决定事关安危的计谋。确定与谁亲近和与谁疏远的问题。然后权量这些关系,如果还有不清楚的地方,就要进行研究,进行探索,使之为我所用。借用引诱对手说话的言辞,然后通过恭维来钳住对手。钩钳之语是一种游说辞令,其特点是忽同忽异。对于那些以钩钳之术仍没法控制的对手,或者首先对他们威胁利诱,然后再对他们进行反复试探;或者首先对他们进行反复试探,然后再对他们发动攻击加以摧毁。有人认为,反复试探就等于是对对方进行破坏,有人认为对对方的破坏就等于是反复试探。

　　想要重用某些人时,或者先赏赐财物、珠宝、玉石、白璧和美丽的东西,以便对他们进行试探;或者通过衡量才能创造态势,来吸引他们;或者通过寻找漏洞来控制对方,在这个过程中要运用抵山之术。

拿来主义,站在别人的肩膀上更进一步

　　鬼谷子说:"一定要首先考察派别的相同和不同之处,区别各种对的和不对的议论,了解对内、外的各种进言,掌握有余和不足的程度,决定事关安危的计谋。"就是说在竞争场上,要知道自己的长处和别人的长处,不仅要有模仿的能力,更要有突破的魄力。

　　法国科学家做过一个有名的"毛毛虫实验"。他在一只花盆的边缘上摆放了一些毛毛虫,让它们首尾相接围成一个圈,与此同时,在离花盆周围六英尺远的地方布撒了一些它们最喜欢吃的松针。由于这些虫子天生有一种"跟随者"的习性,因此它们一只跟着一只,绕着花盆边一圈一圈地行走。时间慢慢地过去,一分钟、一小时、一天……毛毛虫就这样固执地兜着圈子,没有一个虫子发

现食物,集体一走到底,后来把其中一个毛毛虫拿开,使其原来的"环"出现一个缺口,结果是在缺口头一个的毛毛虫自动地离开花盆边缘,找到了自己最喜欢的松针,这就是走出自己的路的重要性。

罗宾经营着一家小规模皮鞋工厂,创业初期,他只有几个员工,他深知自己的工场规模小,而要挣大钱绝非易事。他清楚地认识到以自己薄弱的资本、微小的规模,根本不足以和强大的同行相抗衡。如何才能在竞争激烈的皮鞋市场创出自己的一份天地呢?

罗宾在经过一番深思熟虑后,决定着手皮鞋款式进行改革,以新颖领先。罗宾认为只要自己能翻出新花样、新款式,不断变换,不断创新,占人之先,便可以打开一条出路,假如自己创造设计的新款式为顾客所钟爱的话,那利润就会接踵而来。

于是,他很快召开了一个皮鞋款式改革会议,提出不管是不是设计师,只要有好的设计款式,就可以拿到奖金,他的话鼓励了所有员工,工人各尽其能地设计新款式鞋样。同时,他还成立了一个设计委员会,由五名熟练的造鞋工人任委员,每个委员每月例外支取 100 美元,这一举动,更激发了员工的创造性,在这家袖珍皮鞋工场里,立即掀起了一阵皮鞋款式设计热潮,不到一个月的时间,设计委员会就收到了 40 多种设计草样,从中采用了三种款式较为别致的鞋样。

接着他的皮鞋工厂就根据这三种新款式来试行生产了。第一次出品是每种新款式各制皮鞋 1000 双,很快将其送往各大城市推销。由于市场上没有相同款式,每个人都以穿罗宾的皮鞋为时髦,消费者见到这些款式新颖的皮鞋,立刻掀起了购买热潮。

而罗宾的工厂在两星期后,收到了 2700 多份数量庞大的订单,这使得罗宾终日忙于出入于各大百货公司经理室大门,与他们签约。因为订货的公司多了,罗宾的皮鞋工场也渐渐扩大起来,在三年后已拥有了 18 间规模较大的皮鞋工厂。罗宾打赢了创业的第一场仗。

然而,没过多久危机又出现了,当皮鞋工厂一多起来,做皮鞋的技工便显得供不应求了。没有技工,就没有产品。最令罗宾头疼的情形是别的皮鞋工厂尽可能地把工资提高，挽留自己的工人，即使罗宾出重资，也难以把别的工厂的工人拉出来。罗宾此时面临着一道缺乏工人的致命难关。因为他接到了很多订单，即无法及时给买主供货，而这将意味着罗宾要赔偿巨额的违约损失。他又开始想新的方法去继续在成功的路上走下去。他把无人可雇用的难题诉诸大家，要求大家各尽其力地寻找解决途径，且再次宣布了之前那个动脑筋有奖法。所有的员工一起开大会讨论方法。

当时的会场一片沉默，与会者都陷入思考之中，搜索枯肠想办法。

过了一会儿，一个小工人举手请求发言，经罗宾的应许后，他站起来怯生生地说："罗宾先生，我以为雇请不到工人无关紧要，我们可用机器制造皮鞋。"这个别人从来不敢想的新思路，让罗宾看见了一丝亮光。

罗宾走到他身边，让他站起来，然后牵着他的手走到主席台上，朗声说道："诸位，这孩子没有说错，虽然他还没有造出一种遣皮鞋的机器，但他这个办法却很重要，大有用处，只要我们围绕这个概念想办法，问题定会迎刃而解。"

"我们永远不能安于现状，思维不要局限于一定的桎梏中，这才是我们永远能够不断创新的动力。现在，我宣告这个孩子可获得 500 美元的奖金。"

他的皮鞋工厂经过了四个多月的研究和实验后，大部分工作都已被机器取代了。

在美国商业界，罗宾·维勒被所有的生意人所尊敬，他的成功，与他敢于突破现状、敢于从旧的风俗习惯中走出来是分不开的。

突破现状，是一个人通向成功的秘诀，成就的高低之分也往往因此而产生。失败还是成功取决于一念之间。

一个人想要生存和发展，必须不断地研制新产品，不能依靠在旧的权威身边，要想办法使自己成为新权威，如果一个人只知道按部就班，安于现状几十年一贯制地从事生产经营，不注意信息反馈，及时革新工艺，进行产品更新换代，那么，他必定会在市场竞争中遭到失败。而一个在生产经营上不断开拓创新的创业者，则始终充满生机和活力，胜利者的桂冠永远是属于他们的。

齐桓公不拘一格用人才

人才，说到底，是推动整个社会进步的根本。用人就要不拘一格，不注重他是否出自名门，也不注重他是否拥有高学历，只要有能力帮助自己就是所需要的人才。齐桓公因重用人才而称霸，可谓千古之鉴。而如何得到人才的青睐呢？也是一种学问。

齐桓公

齐桓公是个有抱负的君主，总希望把国家治理得富裕强盛。他为了招揽天下有学问的人来为他出主意，就想了个办法：每到晚上，他就让人在宫殿上点燃起一支支大蜡烛，照耀得像白天一样，欢迎来拜见他的读书人。过了一天又一天，整整一年了，不知白白浪费了多少蜡烛，也没有一个人前来见他，齐桓公真有点灰心丧气了。

正在这个节骨眼儿上，一位老人要求召见。齐桓公马上让人把他请进来。烛光底下，只见这位老者身穿褐色的短衣宽裤，腰里系着一条黑色的腰带，脚穿一双麻鞋，上面还溅了几滴泥点子，是位地地道道的乡下人。他一进来就口口声声说："我懂得九九算术，听说大王招纳有本事的人，特来求见。"齐桓公手下的侍臣，和这位老农开玩笑说："九九算术是一门很简单的学问，谁不会呀！只凭这点学问，您就来见国君吗？"老农微微一笑，冲着齐桓公说起来："大王，我求见您，并不是因为我懂得九九算术。我知道这算不得什么能耐。听说大王为了招揽天下能人，特地在宫殿里点燃了蜡烛，日夜等待天下能人的到来，可是，时间过去了一年，也没见有人前来。这是怎么回事呢？"齐桓公也说："是呀，我也正在纳闷，不知道是怎么回事？"

老农说："我想，那是因为大王十分贤能，普天下的人全都知道。人们都认

国学经典文库

鬼谷子全书

·《鬼谷子》释义通解·

图文珍藏版

为自己在您的面前,太浅薄太低下了,恐怕您瞧不起,他们也就不敢来了。"齐桓公点点头说:"那你说该怎么办,他们才能来呢?"老农笑笑说:"我会的这九九算术,是一种极简单的本领,假如大王您对这样的人都很看重,能够热情礼貌地接待,那么,对才能更高的人,就会更器重了。这不正说明您重视一切有才能的人,正像巍峨的泰山,从不排除碎石;大江大海,从不嫌弃小溪细流一样吗?"齐桓公恍然大悟地说,"好!你说得很对。"在座的大臣们也都频频点头。于是齐桓公很有礼貌地款待这位只会九九算术的老农。过了一个月的工夫,果然,四面八方有本领的人,都纷纷来投奔他。

就这样,齐桓公得到了他想要的人才,最后终于称霸。用人就要不拘一格,不注重他是否出自名门,只要有能力帮助自己就是所需要的人才。

迂回婉转,步步深入的营销之术

"诱导"这种策略,凡是领袖人物都懂得它的重要性。但有的时候,要运用这个策略并不是那样容易的,常常需要费尽心机。这里关键就是:"诱导"别人接受你的意见时,应当首先引起别人的兴趣;当你要"诱导"别人接受一些小事情时,先得给他一点儿小胜利;当你要"诱导"别人做一件重大决定的时候,最好给他一个强烈的刺激。

某营销咨询公司的张先生到一家具商场去推销一项计划,谁知一张口就吃了"闭门羹",被商场经理很坚决地拒绝了,但张先生并不在意,笑笑说:"没关系,那我就当您的一个顾客吧。"听他这么说,这家家具商场的经理,不能不表示欢迎。

看过商品之后,张先生指着一种优质进口床垫,问商场经理销路如何。经理长叹一声说:"销量一般。这是一个新的品牌,而顾客对一种新品牌总有个认识过程。"张先生马上给他出了个"点子":在楼梯口放张床垫,再在旁边迎门立一块告示牌:"踩断一根簧,送您一张床。"这种方法有用吗?经理将信将疑地照办了,结果,顾客进店先蹦床成为该商场的一道风景,人们闻讯而至,接下来的销售效益可想而知了。于是,这位商场经理专门宴请张先生并主动要求加入那项营销计划。

张先生的成功就在于"以迁为直"。在遇到阻力时,他不是继续坚持推销他的计划,而是转头帮商场如何营销床垫,并通过成功的营销博取了商场经理的好感,同时也表现了自己的能力。

在"迂回委婉,步步深入"的过程中,可以先把自己的目的隐藏起来,这样才更容易让对方跟着自己的意思走,最终在浑然不觉中同意了自己的意见。因此首先要学会委曲隐晦。也就是要尽量绕开对方会马上拒绝的事情,而拟定一个虚假的目的做幌子,让对方接受下来,从而达到目的。

某村种植的西瓜个大味甜,很受消费者喜爱,但是由于道路不好,往外运输很不方便,影响了西瓜产业的发展。

在这种情况下,村支部决定向乡里申请修一条路。

在几次申请后,乡政府均以"资金不够,项目太多,排后再议"而婉拒。

这天,村长亲自带着请束找到乡政府,把乡里的大小领导都请了个遍,邀请领导参观考察西瓜产业的发展并举行西瓜展览会。乡领导欣然赴约,可是通往此村的道路太差了,领导们一路颠簸,尝到了这条路的苦头。不过,该村的西瓜产生的发展模式还真是有看头,乡领导们对此赞不绝口。

经过此次展览会,该村的西瓜产业很快惊动了县领导,县领导班子决定两个月后参观一下这个远近闻名的西瓜村。

乡政府领导们听说此事,第一想到的就是路的问题,如果县上的领导再看到那样的路,肯定会怪乡里的工作没做好,影响形象,于是紧急开会研究修路的问题。结果短短两天内,资金全部到位,第三天就开了工,在县领导来参观之前终于修好了路。

在上例中,这个村支部可谓聪明之极,他并没有直接要求乡领导拨款修路,而是以请领导参观指导为幌子,并以县领导要来参观为名,乡政府便不得不考虑修路的问题了。这就是通过多种假象隐藏真实意图,最终反而达到了自己的目的。

柔弱胜刚强，先弱则后强

要知道，柔情、友善的力量，会胜过愤怒和暴力。这一点上，西方有一句古谚与此异曲同工："一滴蜂蜜所扣住的苍蝇，远远超过一桶毒药。"其实，这个道理在人类的身上同样是适用的。如果我们欲使他人倾向于自己的意见，就必须先让对方相信你是他真诚的朋友。你应当用柔情、友善去吸引住他的心，这才是控驭他人、化解问题的明智之道。

同情、恻隐之心人皆有之，而且在这世界上有很多人都是"吃软不吃硬"，对付这种人我们就必须采取以柔克刚的策略，也就是打动他人的同情、恻隐之心，以赢得他人的支持和帮助了。

人都是具有同情心的，只要你将自己的真实困境和你内心的痛苦如实地说出来，他人就不会不动心。不过，虽然同情心可以促进人与人之间的理解，但这并不等于说事情马上就能得到解决，因为对方可能要考虑多方面的情况，有时也会处于犹豫之中，这就要求柔弱也要用得巧妙才是。

林肯在未做总统前，他一直做着律师业务，并且在后来开了自己的律师事务所。有一天，林肯正在律师事务所办公，一位老态龙钟的妇人找上门来，悲痛地诉说自己的遭遇。

原来，老人没有子女，丈夫在独立战争中为国捐躯，靠抚恤金维持生活。前不久，抚恤金出纳员勒索她，要她交出一笔手续费才可领钱，而这手续费的金额高达抚恤金的一半。

听着老人的哭诉，林肯十分气愤，决定免费为她打官司，教训一下那个没良心的出纳员。

法庭开庭了。可那位出纳员是口头勒索，没有留下任何凭证，因此法庭指责林肯无中生有。林肯十分沉着，两眼闪着泪花，充满感情地回顾了英帝国对殖民地人民的压迫，以及爱国志士如何奋起反抗，如何忍饥挨饿地在冰雪里战斗，如何为了国家的独立抛头颅、洒热血……最后，他深情地说："现在，一切都成为过去。1776年的英雄早已长眠地下，可她那衰老而可怜的夫人就在我们面前，要求申诉。这位老妇人从前也是位美丽的少女，一曾与丈夫有过幸福愉快的生活。不过她已失去了一切，变得贫困无靠。可是某些人享受着烈士争取来的自由幸福，还要勒索他的遗孀那一点微不足道的抚恤金，良心何在？无依无靠的她，不得不向我们请求保护时，试问，我们能熟视无睹吗？"

听众被感动了，法庭里遍是哭泣声，一向不动感情的法官也眼圈泛红。被告的良心被唤醒了，再也不矢口否认了。最后，法庭通过了保护烈士遗孀不受勒索的判决。

没有证据的官司很难打赢，然而林肯成功了。这成功来源于他的正直善良，充满同情和爱心，并且投入了强烈的感情，从而收到了征服人心的效果。人心都是肉长的，在求人办事的关键时刻，不失时机地表示出自己的柔弱无助之状，痛苦之情，可以迅速调动起对方的同情心，使彼此在感情上靠近，产生共鸣，这就为问题的解决打下了情感的基础。

人类不只是理性的动物，也是感性的动物，有着丰富的感情，并一般都具有同情弱者的天性。只要你能博得他人的同情，你所求的目的十有八九都可以达到。打动他人的恻隐之心的威力的确是不可小瞧，想一想，当你遇到下面这种情况时你会怎么办？你和某个人为了某件事争论不休，当你占据了情、理、法，各项事实完全偏向于你，而让对方毫无辩解余地时，对方突然泪流满面地求你饶恕，你怎么办？你是说："好啊，这会儿你无话可说，任凭我处置了吧"，还是说："噢，对不起，我不是故意要让你难堪，或许我火气大了些"呢？

要打动他人的恻隐之心，说些动情的、催人泪下的话语或以诚感人的办法，是打动人心博取同情的技巧。例如，推销员推销产品时，很可能遭到客户的拒绝，但如果过去了一段时间之后，他又坚持不懈地再次来了，当客户看到他汗水淋淋，满脸疲惫，却还保持微笑时，再不买就觉得实在过意不去了，于是就会买一点。再如，雨雪天气，人们一般会抱怨出行不便，但这却是推销员上门推销的不可多得的好日子。想想，外面下着雨雪，他人都躲在家里，而推销员却站在门口，不能不使人产生同情心，因而难于拒绝。虽然我们都很清楚地知道，这是推销员所采取的一种策略,但毕竟他冒着雨雪这样做,对此没人能无动于衷。这种方法,就是巧妙地利用了他人的恻隐之心,会产生"再也不能让他白跑了"的想法,不然他们就会有一种心理负担和欠人情债的感觉。

如果一个人事先对你心存成见,你就是找出所有的逻辑、理由来,也未必能使他接受你的意见;如果再用强迫的手段,更不能使他接受你的意见,即使口服心也不服。但是如果我们和颜悦色,轻语温柔,就很容易获得他的同意。

而"柔弱"一旦被用到人们,特别是女人们身上,便化成了柔情。在生活中,人们常能感觉到柔情那无缝不入的巨大的力量。柔情似水,外柔内坚,柔情乃是人们,特别是女人们一道莫大的心机。而对于灾难、仇隙、怨恨、盛怒、冷漠等问题而言,柔情更能显示强大的力量。

正值经济萧条时期的美国某城市,一个年轻女孩,好不容易找到一份在首饰店当售货员的工作,试用期三个月。新年快到了,店里的工作特别忙,姑娘干得很认真,博得同事及老板的认可。

这天她来到店里上班,把柜台里的戒指拿出来整理。这时她瞥见从门外进来了一位三十岁左右的顾客,衣着破旧,眼神游移不定地看着店里那些高级首饰。

姑娘心神有些紧张。这时,电话铃突然响了,姑娘便急着去接电话,慌乱之下,把一个盒子碰翻了,六枚精美绝伦的钻石戒指落到地下。她慌忙四处寻找,很快捡起了其中的五枚,可是,还有一枚戒指呢?姑娘急出了一身汗。这时,她看到那个衣着破旧的男子正向门口走去。顿时,她猜到了戒指可能在哪儿。

当男子的手将要触及门柄时,姑娘柔声叫道:"对不起,先生!"

那男子转过身来,两人相视无言足足有一分钟。"什么事?"他问,脸上的肌肉有些抽搐。"什么事?"他再次问道。

"先生,这是我头回工作,现在找个事做很难,是不是?"姑娘神色黯然地说。

"是的。"男子脸上僵硬的表情有些松动。

"我想,要是你在我这样的岗位上工作,你一定会尽心将它做好的。"

男子久久地审视着她，终于，一丝柔和的微笑呈现在他的脸上。"是的,的确如此。"他回答,"但是我能肯定,你会在这里干得不错。"停了一下,他向前一步,把手伸给她:"我可以为你祝福吗?"

姑娘也立刻伸出手,两只手紧紧地握在一起,她用低低的但十分柔和的声音说:"也祝你好运!"

他转过身,慢慢走向门口,姑娘目送他的身影消失在门外,转身走向柜台,把手中握着的第六枚戒指放回盒中。

对于盗窃案,一般情况下,人们采用报警、或叫人帮忙抓住盗窃者的方法追回赃物。但姑娘没有,她是利用自己一个柔弱女子的身份,又面临着失业的危机,而用可怜的口吻,乞求对方的良心的发现,从而避免了一场大的纷争。毕竟,对方跟自己一样,也是一个深知找工作不容易的贫苦人,可谓同病相怜。

相反,如果姑娘一旦声张,对方肯定不承认,然后要么想办法脱身离去,要么难以脱身时将那枚戒指随手一丢,其结果可想而知。不但姑娘要赔偿损失,连那来之不易的工作也会因此丢失。

对于柔弱之道,在《处世三十六计》中如是说:"柔"被柔弱者利用,可以博得他人的同情,寻得他人的援助,从而救自己于危难之中,成为柔弱者寻找保护的一个护身符;"柔"若被刚正者利用,则刚中有柔,正者更正,为天下所敬佩、景仰。

甘茂步步为营巧谏秦武王

对上司提问题是有学问的,说话的分寸和深浅都得拿捏妥当。更要紧的是,怎样切入话题。不要凭着"一腔正气",以为自己理直气壮,开口就说,这样往往铩羽而归。找好切入点,制定好策略,会让建议的效果好上加好。

战国时期,秦武王雄心勃勃要一统天下。有一天,他召集左丞相甘茂、右丞相樗里疾商讨攻打韩国的事,问哪一个丞相愿意带兵出征。两个丞相向来不和,樗里疾是委婉地拒绝了。甘茂则站出来说:"要打韩国,必须联合魏国才更有把握。魏王那里，我可以去做工作。"秦武王很高兴，便同意了甘茂的建议。

甘茂以口才著称，到了魏国后，晓之以理，动之以情，诱之以利，将魏王说服了。但是，外面的阻碍解除了，他很担心国内的樗里疾会在他不在的时候搞小动作，于是便派人向秦武王汇报说："魏王方面的工作已经做通了，但是臣觉得还是改变主意不要出兵为上策。"

秦武王听得一脑袋糨糊，亲自赶到息让这个地方，找到甘茂，问他为什么改变了主意。

甘茂从容答道："要战胜韩国，并非易事，劳民伤财，损耗极大，也不是几个月就能结束战争的。如果中途发生了什么变故，不是要前功尽弃吗？"

"有你主持带兵打仗的一切事务，还担心什么变故呢？"秦武王不以为然地说。

"有些事情的发展是现在难以预料的。"

于是，甘茂向秦武王讲起了故事："历史上曾经有过这样一件事，一个跟孔子的门生曾参同名同姓的人闯祸杀了人，有人去报告曾参的母亲说：'曾参杀人啦！'曾参的母亲正在织布，听了头也不抬地说：'我的儿子是不会杀人的。'过了一会儿，又有人来报告说：'你的儿子曾参杀人啦！'曾母仍旧相信儿子不会杀人。第二个人前脚刚走，第三人后脚又来报告说：'曾参杀人犯了大罪，官府来捕人啦！'曾母再不信，这么多人说她也就相信了这个谣言，吓得扔下梭子躲了起来。"

秦武王不明白甘茂葫芦里卖的什么药："左丞相对寡人讲这个故事，这同出兵夺取韩国又有什么联系呢？"

"臣想说的是，"甘茂解释说，"如果我率领大军离开大王身边去攻打韩国，说我坏话的人一定大有人在，万一大王也像曾参母亲那样听信谗言，那么，我的后果可悲不去说他，夺取韩国的大业一定也会付之东流了。"

秦武王想了想说："放心吧，寡人信你，为了让你没有后顾之忧，寡人一定不听别人的闲言碎语，我们就在此理个凭证。"

接着，秦武王和甘茂订了一个盟约藏在了息让。甘茂被拜为大将，领兵五万,先打宜阳城。一连五个月都没把城攻下来,右丞相樗里疾趁机对秦武王说:"甘茂拖延这么长时间,莫非要搞兵变或投降敌人。"秦武王经不住右丞相樗里疾的反复挑唆,最终下令甘茂撤兵。命令下达后,甘茂没有一句解释,只是派人向秦武王送去一封信,上面只写着"息壤"两个字。秦武王拆开一看,知道自己轻信谗言动摇了攻韩的决心,自觉愧对甘茂。于是增兵五万开赴前线,终于攻下了宜阳城。

甘茂为了消除秦武王的疑心,巧妙运用了"举例说明"的技巧,步步为营,层层递进,最后取得了想要的结果。

鬼谷子说:"用之于人,则量智能、权财力、料气势,为之枢机,以迎之、随之,以箝和之,以意宣之,此飞箝之缀也。"甘茂对秦武王可谓"以箝和之""以意宣之"让秦武王坚定了信心,得到了书面承诺,"息壤"二字就是"此飞箝之缀也"的经典之作。

攻心为上,攻城为下

做事有谋略的人都知道,求人办事要收揽人心,只有笼络住了对方的心,对方才会心甘情愿地替自己办事。

"用兵之道,攻心为上,攻城为下。心战为上,兵战为下。"人生如战场,要想做事如意,有谋略的人常常也像军事指挥家一样善于笼络人心,让对方心甘情愿为自己效力。

春秋时期的晋国,有位名叫予让的勇士,他先后辗转投靠了几个主人,均得不到重用,直到投靠了知伯氏,才得到厚爱,将其视为知己,寝食同行,亲如手足,予让大为感动。后来知伯氏与赵襄子争斗,事败四处流浪。予让想报答他的知遇之恩去刺赵襄子,结果被捉。有感于予让是为主人效命,赵襄子没有立即杀他,予让说,"我自己谋事不密,今天落在你手中,此乃天意,我不会请求你放过我,因为我若活下来,唯一的任务还是要刺杀你。"赵襄子默默无语。于是予让提出要借赵襄子的衣服一用。赵襄子有些惘然,但最后还是脱下衣服给他。予让拔剑于手在赵襄子的衣服上挥了几下，口中大叫："我已替知伯报仇了。"说完后就横剑自毙了。

古人云：得人心者得天下。如果能获得对方的心，那还有什么事他不能替你办呢？

战国时期的名将吴起，很懂得收揽人心。有一次，军中一位士兵生了脓疮而痛苦不堪，吴起看到这种情况，俯下身去用嘴巴把脏乎乎的脓血吸干净。又撕下战袍把这个士兵的伤口仔细扎好。在场的人无不被大将军的举动所感动。

这位士兵的老乡后来将这事告诉了士兵的母亲，老人听后大哭不已。别人以为是感动所至，老人的回答出乎意料。她说："其实我不是为儿子的伤痛而哭，也不是为吴将军爱兵如子而哭。前年，吴将军用类似的做法用嘴吸取过我丈夫的脓血。后来在战争中，我丈夫为报将军的恩德，奋勇作战，结果死在了战场上。这次又轮到我儿子，我知道他命在旦夕了。我为此而哭。"

老妇人从自身以往的经历中，知道这种收揽人心的办法，可以让人为他献出生命。对儿子的命运有不祥的预感，你说这吴将军厉不厉害？

任何求人办事的行为，要想顺利进行下去，都必须同时具备两个先决条件：第一，你自己愿意求助他人；第二，他人愿意接受你的请求。在某种意义上说，后者比前者显得更重要，难度也更大。因为居于被请求地位的人，心态一般都比较复杂。

有谋略的人都知道：如果能打动对方的心，对方没有什么不肯帮忙的了。

刘备三顾茅庐，前两次均遭到诸葛亮的怠慢，因为诸葛亮想以此考察到刘备有无招贤纳士的诚意和虚怀若谷的美德。当刘备心志专一、礼贤尚士的品德深深打动了诸葛亮的心之后，这位隐居山野的"卧龙"先生，便欣然接受了刘备的邀请，出山助他振兴汉室。由此可见攻心谋略在求人办事中所起的重要作用。

用攻心法求人办事，不仅需要准确了解对方的内心世界，而且还要在此基础上，打动对方并进一步征服对方的心，使对方从心里信你、敬你、服你、爱心，心甘情愿为你办事。

从"不完美"中寻找突破点

做事有谋略的人永远不会坐在那里为不完美的事物悲伤,他们会很巧妙的去利用事物不完美的之处,让不完美的事物成为自己成就事业的阶梯。

1912年,当汽车工业正开始发展时,凯特林想要改进汽油在引擎内的使用效率。他的难题是汽车的"爆震",即汽油要在一段长时间后,才能在气缸中燃烧(这样会降低使用效率)。

凯特林开始想办法除掉爆震,他自忖:"要怎么才能使汽车在气缸里提早燃烧?"关键字眼在"提早"。他想研究类似的情况,便到处寻找"提早发生的事物"模式。

他想到历史模式、心理模式以及生物模式。最后他想到一种特别的植物——蔓生的杨梅,它在冬天开花(比其他植物提早)。杨梅的主要特性之一是它的红叶子可以保留住某波长的光线。而凯特林认为一定是红颜色使杨梅的花提早开放。

凯特林的连锁思考进入重要步骤。他自问:"汽油要怎样才能变红色?也许在汽油里加红色染料,就会提早燃烧。"

他在工作室找了半天,找不到红色染料,却找到一些碘,于是他把碘放进汽油里,引擎居然没有发生"爆震"。

几天后,凯特林想要确定是否是碘的红颜料解决了他的难题。于是他拿一些红颜料放进汽油里,什么事也没发生!

凯特林这才了解不是"红色"解决爆震问题,而是碘所含的某种成分。

这个案例说明错误是产生创新的垫脚石。假如他早知道仅仅"红色"不能解决问题,那么他就可能不会在汽油里加碘,也不会意外地找到解决方法。

在现实生活中,人们常会把不完美等同于错误。每当做事做得不够完美或理想时,我们通常的反应是"真是的,又错了,这次是哪里不对?"而做事有谋略的人会分清错误和不完美这两个概念,了解不完美的潜在价值,然后把不完美的之处当作垫脚石，为新创意服务。

许多人不喜欢不完美的事物是可以理解的。但有谋略的人，不会简单地否定不完美的事物。走进商店，我们就能发现货架上的商品似乎不停地在更新换代。电视、自行车、保温杯、衣服等等，这些日常用品在使用中会不断地被发现缺点，明智的厂家会根据这些缺陷对产品不停地进行改进创新。比如下倾盆大雨，鞋子总是被淋湿，普通的雨伞帮不了忙。高档的皮革被淋湿，鞋主会很心痛的。为此，日本人新发明了小型鞋伞以弥补这个不足。只要把固定在鞋尖上的鞋伞撑开，就能使鞋和脚保持干净。

这些事实说明，不完美并没有我们想象的那么可怕。如果你换个角度思考问题，你会发现不完美的事物，对用户是件伤神的事，对于制造者来说，意味着商机和财富。做个有谋略的人，就会很容易把不完美变成最美的。

"不完美"意味着有改变的余地，有谋略的人运用与常人不一样的思维，就可以在不完美中找到发展和成功的机会。

谈谈对方得意的事情

聪明人懂得从欣赏他人入手来拉近与对方的关系距离，他们从对方得意的事情说起，选择别人想听的事情来进入话题，经常能赢得对方的好感和认同。

某小学校长无钱修缮校舍，多次请求有关单位拨款，层层请示，却毫无实效。不得已之下，决定向本县化肥厂厂长求援。校长之所以打算找该厂长，是因为这位厂长重视教育，曾捐款五万元发起成立"奖教基金会"。遗憾的是听说近几年工厂的经营一直不理想，校长深感希望渺茫，但是想到全校师生的生命安全，只好硬着头皮来到县化肥厂了。

校长一进门就说："杨厂长，久闻大名。我近日在市里开会再一次听到教育界同仁对您的称赞，实在钦佩！今日散会返校，特来拜访。"

厂长一听就高兴了，谦虚地说："过奖了！过奖了！"

校长又接着进一步说："厂长您真是远见卓识，首创奖教基金会。不但在本县能实实在在地支持教育事业,更重要的是,如今已由点到面,由本县到外县,甚至发展到全国许多地区,真可谓名扬四海啊!"

校长紧紧围绕厂长颇感得意之处,从思想影响到实际作用等方面予以充分肯定,谈得杨厂长满心欢喜,神采飞扬。

正当此时,校长话锋一转,不无自卑地诉说自己的"无能"和悔恨:"身为校长,明知校舍摇摇欲坠,时刻困扰学生的学习,日夜威胁着师生的生命安全,却毫无良策排忧解难。要是教育界领导都能像杨厂长这样,真心实意酷爱人才,支援教育,只要拨二万元就能释下我心头的重石,可是至今申报多次,仍不见分文。"

听到这里,杨厂长立即起身拍拍胸脯,慷慨地说:"校长,既然如此,你就不必再打报告求三拜四了,二万元钱我捐给你们。"校长紧紧握住杨厂长的手,表示由衷的感谢。

这位校长可谓聪明,他在了解对方的情况下,仍然采用美誉推崇的方式获得了募捐的成功。首先,他对杨厂长远见卓识,首创奖教基金会的行为,从思想影响到实际成效给予了充分的肯定和恰当的赞扬,光辉业绩的称颂产生了极大的激励作用;其次,悲诉自己的"无能"和悔恨,让对方给予极大的同情,从而深深地打动了对方,达到了预期的目的。

诸葛亮智激孙权

飞箝之术的秘诀在于运用各种方法抓住对方心理,使自己的谋略得以实现。可以用激昂褒扬的言辞激励对方,也可以用假象使对手落入圈套。三国时期,诸葛亮就成功地使用飞箝之术说服孙权与刘备联合抵抗曹操的南侵。

当时曹操大兵压境,水陆并进,沿江而来,寨栅三百余里。曹操意欲逼降孙权,擒获刘备。孙权也正要派人探听虚实。于是诸葛亮与刘备定下联合孙权抗击曹操的计谋,意欲"若南军胜,则共诛曹操以取荆州之地;若北军胜,则乘势以取江南可也"。

诸葛亮到了孙权兵营先与鲁肃、周瑜等吴国谋士、将领有所接触,"审其意,知其所好恶"。到了面见孙权时,见孙权碧眼紫髯,堂堂仪表,感觉其相貌非常、颜色严整,暗思,只可激将,不可游说。待到孙权询问,诸葛亮故意激将说:"曹操以百万大军南下,加之网罗足智多谋之士数千人,刚刚平复荆楚之地,正要图谋江东之地了!"孙权说:"若彼有吞并之意,战与不战,请足下为我一决。"

诸葛亮继续以钩箝之辞诱出孙权的内在决心,说:"亮有一言,但不知将军肯不肯听从?"

孙权说:"愿闻其详。"

诸葛亮于是再次激将孙权:"现在曹操平定天下,新近刚破荆州,威震海内,纵使是英雄也无用武之地。刘备也已败走。将军您应量力而处之,假若能够以吴越的民众与中原曹操抗衡,不如趁早与曹操断交,誓决一战。如果不能抗衡,何不按您的谋士出的主意,按兵束甲,向曹操投降去呢?将军您如意欲投降,应当早做决断,否则祸至无日了。"

孙权说:"既然如您所说,刘备为何不投降曹操呢?"诸葛亮说:"您知道田横的故事吧,田横是齐国的壮士,却坚持忠义不愿受辱。况且刘备是王室遗胄,英才盖世,为世人仰慕。即使事业难成,也是天意。哪里能屈居他人之下呢?"

孙权十分生气,拂袖而去。后鲁肃劝孙权说:"主公不必生气,孔明不肯轻言破曹之策也。"孙权说:"原来他是故意以言词激我,几误大事。"于是再次请诸葛亮陈述良策。

诸葛亮于是再次施展钩箝之术,陈述刘、吴的优势,指出曹操的弱点,以消除孙权疑虑。诸葛亮说:"刘军虽刚失败,却有关云长率领的精兵万余人,有刘琦在江夏的战士万余人。曹操之众,远来疲惫,而且一直追击刘军,轻骑一日夜行进三百里,这就是所谓的强弩之末,其势不能穿鲁缟。并且北方之人,不习水战,荆州民众也是被迫降附曹操。如果将军您能与刘军同心协力,一定能够打败曹军。成败之机,在于今日,一切全由您裁夺。"诸葛亮这一番慷慨陈词,令孙权心中大动。

孙权听后,激动地表示:"先生之言,使我茅塞顿开。我已决意起兵抗击曹军了。"

就这样,诸葛亮依照自己事先设定的办法,一步步诱致孙权接受了自己的计谋。此后,刘、孙联军大破曹军,三国鼎立之势因此形成。

茅焦飞箝制秦王

语言交往是人类交流的重要方面。语言使用得当,就会给人留下极其深刻的印象,甚至语言行为可以吸引、感染和控制一个人。战国时的茅焦就是抓住了秦王的心理,用"箝"的方法控制住了对方,使游说得以成功。

秦王政九年的时候,虽然国势强盛,但尚未兼并六国,有位名叫茅焦的沧州人,到了秦国的首都咸阳,住进了一家旅舍,一进门却发现店里一些客人交头接耳,好像是在谈论一件重大的事情,看到茅焦走近,却立即停止,不再交谈。

茅焦深感奇怪,向店家询问,店主也不肯说,经他再三央求,店主才压低了声音,悄悄告诉他:"秦王今天早朝又杀了一位大臣,而且,这是第二十七位了!死尸都堆在殿前,真是惨呢!"

"啊!杀那么多大臣为了什么事?"茅焦问。

"客官,您是外地人,不知道我们秦国宫廷的丑闻。"店主说:"这事说来话长。"

"你就长话短说吧!"茅焦急于想知道事情的原委。

自从吕不韦将嫪毐假冒太监送进宫去,服侍太后,迁居雍城大郑宫,两人大畅淫欲,连生二子,被秦王察知,缪毐一不做二不休,在秦王加罪之前举兵造反,事败被捕,遭五牛分尸,诛灭三族,他和太后所生的两个孽种,也被装入布袋扑杀,大郑宫内外,尸横遍野,惨不忍睹。

秦王痛恶太后的丑行,又与缪毐同谋叛乱,不堪为国母,所以将她迁入离宫,幽禁了起来。偏偏逢上天气突变,大夫陈忠,听了民间议论,进谏秦王,迎回太后,恪尽孝道,秦王大怒之下,命人剥光他的衣服,放在蒺藜堆上,捶打至死,陈尸阶下。相继有二十六位大臣进谏,也遭到同样的命运。

茅焦听完了店主的话,愤然长叹一声说:"儿子囚禁母亲,岂不是天地反复了!"他思忖了一下向店主吩咐:"你替我准备洗澡水,明天一早,我要上朝去进谏秦王。"

茅焦的话,使店里所有在座的人都大吃一惊,都极力劝阻他不要去送死,但茅焦去意已决,谁也没能劝阻得了。

第二日一早,茅焦来到秦宫,见到殿前堆积的二十七具尸体,伏在尸堆上大声呼叫:"我是齐国的旅客茅焦,要进谏大王!"

内侍跑出来对茅焦说:"你难道没有看到堆积的这么多死人吗?你怎么这样不怕死?"

茅焦说:"我听说天上有二十八宿,降生人间,成为正人;现已经死了二十七位,还缺少一个,我来正好凑满其数。古圣先贤,谁能不死?我又有什么好怕的?"

在这里茅焦先用言语刺激秦王,以便达到面见秦王的目的。内侍将茅焦的话,回报秦王,秦王果然勃然大怒,说:"大胆的狂徒,居然敢故意来犯我不准进谏的禁令!"他挥手向左右侍臣说:"去把大镬架起来烧汤,我要生烹了他,看他怎么能全尸在殿下,跟那二十七人凑够满数?"

侍臣们立刻应命分头去准备,秦王按剑而坐,双眉倒竖,怒不可遏,连声大吼:"召狂徒进殿就烹……"

茅焦到了阶下,再拜叩头之后,向秦王说:"臣听说'有生命的人不讳言死,主国政的人不讳言亡;讳言亡国的人,不可以保全他的国家,讳言死的人,不可以保全他的生命。'这种死生存亡的大计,是贤明的君主必须悉心研究的。不知道大王愿不愿意听?"

秦王听了茅焦的话,心里一愕,怒气不知不觉已消除了不少,遂问:"你有什么计策,可以说出来?"

茅焦从容不迫地说:"一个忠臣,不会向主上说阿谀奉承的话,贤明的君主,也不会有狂悖的行为。如果君主有了狂悖的行为,而为臣属的人不去谏诤,是臣负其君;臣属进忠言而君主不听,是君负其臣。大王有逆天悖行,而自己不知道,小臣有逆耳的忠言,而大王又不愿听,臣恐怕秦国从此将有危亡之祸了!"

秦王神色悚然,半晌没有说话,过了好一阵子,才轻声地问:"你要讲什么事情? 寡人愿意听听。"

在这里,茅焦又用有关国家生死存亡时的话题箍住了秦王。茅焦一见有了转机,遂反问秦王:"大王如今不是正要统一天下吗?"

秦王说:"正是!"

茅焦说:"如今天下之所以尊崇秦国,不单是因为秦国的国富兵强,也是因为大王是当今天下的雄主,忠臣豪杰之士,汇集在秦国朝廷的缘故。如今大王车裂假父缪毐,有不仁之心;扑杀两弟幼儿,有不友之名;迁太后于离宫,有不孝之行;诛戮谏臣,暴尸殿前,有夏桀、商纣之治。既然以统一天下为志而行为如此,何以服天下?"

秦王被茅焦问得哑口无言,茅焦继续说:"古时候,虞舜父顽母嚣,而能恪尽孝道,天下归心! 桀杀龙逢、纣诛比干,而天下叛离。小臣自知必死,唯恐臣死之后,再也没有继二十八人再来进谏的人了,今后必将怨谤日腾,忠臣结舌,内外离心,诸侯背叛,可惜啊! 秦国的帝业垂成,而今却败自大王手中。我的话已说完,请把我烹死吧!"

茅焦起身解开衣服,向装满沸水的大镬走去;秦王见状,急忙走下殿来,左手拉住茅焦,右手向侍臣一挥,喝令:"快撤去汤镬!"

茅焦却神色自若地说:"大王既已颁出拒谏的榜文,不杀臣,何以立信?"

秦王命侍臣把榜文收起,又命左右替茅焦穿上衣服,请茅焦坐下,然后,扮出一副谦和的态度,说:"日前那些进谏的人,只知数落寡人的罪过,却没有说明关系国家存亡的大计,这是上天使先生来开寡人的茅塞,寡人岂敢不听从先生的高见!"

茅焦说:"大王既愿俯听小臣愚见,请速备车驾,往迎太后回宫,殿前死尸,都是忠臣骨骸,应予厚葬!"

秦王立即下令,备齐棺椁,将大夫陈忠等二十七具尸体,合葬在龙首山,为了表扬他们的忠诚,题名叫作"会忠墓"。

秦王并命茅焦替他驾车，亲自率领车马侍卫，前往雍州离宫迎接太后。当他们母子相会的时候，秦王跪地膝行而前，见了太后，叩头大哭，太后也不停地流泪。

秦王特地把茅焦唤到面前，叫他谒见太后，同时向太后指着茅焦说："这是我的颖考叔啊！"

第二天，他们起程回咸阳，一路上浩浩荡荡，看到的百姓，个个都称颂秦王的孝行。

茅焦不是秦国的臣民，他没有职责非要去进谏秦王不可，他之所以挺身而出，所仗恃的是他深知秦王政具有并吞六国、统一天下的野心，这是关键所在，只要一语中的，必然能打开他心里的疙瘩，化险为夷。

他先用危言耸听，箝制住秦王，再说明道理、分析利害和可能发生的后果，一个野心勃勃、豪气万丈的秦王，一听到足以危及他君临天下的帝业，马上就向茅焦投降、屈尊求教了。

范雎侍昭王，建功留英名

鬼谷子认为，用飞箝之术对付他人，要先审察、揣摩他的心意。知道他喜欢什么、讨厌什么，然后再靠上去说些他最为喜欢的话以把他捧得心花怒放，或摆平他最为厌恶的事以便让他把你引为知己。在他心花怒放之际，引你为知己之时，向你敞开心扉，交出老底，这便离受箝制不远了。在审明他的心意、探知他的好恶时，可用飞箝之术，顺着他的话头，顺着他的心愿去搭话，从而探知他的底细而设计箝制他。

实际上，飞箝之术就是动用言词之术及各种谋略技巧收服人心，使对方为我所用的谋略。正确使用它，可以使人纵横驰骋、随心所欲、恣意而行。古往今来许多人凭借三寸不烂之舌，动用飞箝之术，建功立业，身显一时，名垂青史。

范雎，字叔，战国时魏国人。早年家境贫寒，后出使齐国为魏中大夫须贾所诬，历经磨难后辗转入秦。公元前266年出任秦相，辅佐秦昭王。他上承孝公、商鞅变法图强之志，下开秦皇、李斯统一帝业，是秦国历史上继往开来的一代名相，也是我国古代在政治、外交等方面极有建树的谋略家。李斯在《谏逐客书》中曾高度评价范雎对秦国的建树和贡献："昭王得范雎，强公室，杜私门，蚕食诸侯，使秦成帝业。"

范雎入秦时，秦昭王在位已三十六年，国势强盛。秦军南伐楚国，力拔鄢、郢两座重镇，幽死楚怀王于秦；又挥师东指，连连大败强齐；并数困魏、韩、赵"三晋"之兵，使魏、韩二君俯首听命。秦廷上下虽人才济济，但"四贵"掌权，排斥异己；秦昭王深居宫中，又被权臣贵戚所包围。再加上活跃在战国时期政治舞台上的谋士说客多如过江之鲫，难免鱼龙混杂，良莠不分。一时之间，在秦国上层统治集团中对来自诸侯各国的宾客辩士并没有多少好的印象，以为无信者居多。因而，尽管范雎用尽心机，还是难以跻身秦廷，向秦昭王陈述安邦治国之大计。

范雎

有一次，范雎求人向秦昭王举报家门，说道："现有魏国张禄（范雎为避须贾更名张禄）先生，智谋出众，为天下辩士。他要拜见大王，声称'秦国势如累卵，失张禄则危，得张禄则安'，然其言只可面陈，不可代传。"显然，范雎此举分明是故作危言，耸人听闻，意在引起秦昭王的重视。然而秦昭王却以天下策士辩客，往往如此，并不去理睬，任你千条妙策，他就是不闻不问。就这样，范雎住在下等客舍，粗茶淡饭，在焦虑烦躁中挨过了一年的时光。

周赧王四十五年，秦丞相穰侯魏冉举兵跨韩、魏而攻齐，夺取刚、寿二地。以扩大自己的封邑陶，从而进一步增强自己的实力。这就给范雎攻击政敌提供了借题发挥的机会。他在一年来对昭王内心世界的了解、分析和判断的基础上,果断而大胆地再次上书昭王,阐明大义,直刺时弊,又紧紧抓住昭王的心病,飞而箝之。

他在信中说道:"我听说英明的君主执政,对有功于国者给予赏赐,有能力的人委以重任;功大者禄厚,才高者爵尊。故不能者不敢当职,有能者也不得蔽隐。而昏庸的君主则不然,赏其所爱而罚其所恶,全凭一时感情使然……我听说善于使自己殷富者大多取之于国,善于使国家殷富者大多取之于诸侯。天下有了英明的君主,那么诸侯便不能专权专利,这是为什么呢? 因为明主善于分割诸侯的权力。良医可以预知病人之死生,而明主可以预知国事的成败。利则行之,害则舍之,疑则少尝之,即使是舜禹再生,也不能改变呀。有些话,在这封信里我是不便深说的,说浅了又不足以引起大王的注意……我希望大王能牺牲一点游玩的时间,准我望见龙颜。如果我所讲的对于治国兴邦之大业无效,我愿接受最严厉的惩罚。"

范雎的这篇说词,表达了两点颇为可贵的思想。其一,他力主选贤任能,奖励军功、事功,反对用贵任亲。这在血缘关系纽带又粗又长的早期封建社会里,无疑是闪光的思想。其二,他抨击了权贵专权专利的现象,指出了枝繁干弱的危害,这对于加强中央集权,巩固君王的统治地位,无疑是极有见地的。而且,此语击中了秦昭王的心病。秦昭王处在宗亲贵戚的包围中,贵族私家富厚日趋重于王室,早有如芒刺在背之感,对这样的谏词自然十分关切。尤其值得一提的是,范雎在信末所说"语之至者,臣不敢载之以收",故作含蓄隐秘之语,诱使秦昭王浮想联翩,吊起他的胃口;紧接着又信誓旦旦地宣扬其言的绝妙效用,足以振聋发聩,迫使秦昭王不得不召见他。由此可见,范雎不仅胸藏治国韬略,而且工于心计。

可以说,范雎的这篇陈词,正是对飞箝术的有效运用,摸准对方的心理,以言语引诱对方,进而箝制住对方。果然,秦昭王见信大喜,传命用专车召见范雎。

范雎进入秦宫,早已成竹在胸,佯装不知地径直闯进宫闱禁地"永巷"。见秦昭王从对面被人簇拥而来,他故意不趋不避。一个宦官见状,快步趋前,怒斥道:"大王已到,为何还不回避!"范雎并不惧怕,反而反唇相讥道:"秦国何时有王,独有太后和穰侯!"说罢,继续前行不顾。范雎此举,是冒一定风险的。然而,范雎这一句表面上颇似冒犯的话,恰恰击中了昭王的要害,收到了出奇制胜的效果。昭王听出弦外之音,非但不怒,反而将他引入内宫密室,屏退左右,待之以上宾之礼,单独倾谈。

范雎颇善虚实之道,并能恰到好处地一张一弛。秦昭王越是急切地请教高见,范雎越是慢条斯理地故弄玄虚。秦昭王毕恭毕敬地问道:"先生何以教诲寡人?"范雎却一再避实就虚,"唯唯"连声,避而不答,如此者三次。最后,秦昭王深施大礼,苦苦祈求道:"先生难道终不愿赐教吗?"

范雎见昭王求教心切,态度诚恳,可见已经完全控制了他,这才婉言作答:"臣非敢如此。当年吕尚见周文王,所以先栖身为渔父,垂钓于渭水之滨,在于自知与周王交情疏浅;及至同载而归,立为太师,才肯言及深意。其后,文王得功于吕尚,而最终得以王天下。假使文王疏于吕尚,不与之深言,那是周无天子之德,而文王、武王难与之共建王业。"范雎有意把眼前的秦昭王与古代的圣贤相连,既满足了秦昭王的虚荣心,又激励他礼贤下士。范雎还以吕尚自居,把自己置于贤相的位置。昭王却之,即等于自贬到桀、纣行列,这无疑能使对方就范,谈话自然会按着他的意思进行下去。这也是对"飞箝术"的运用。

接着,范雎谈到自己,说道:"臣为羁旅之臣,交疏于王,而所陈之词皆匡君之事。处人骨肉之间,虽然愿效愚忠,却未见大王之心,所以大王三问而不敢作答。臣非畏死而不进言,即使今日言之于前,明日伏诛于后,也在所不辞。然而,大王信臣,用臣之言,可以有补于秦国,臣死不足以为患,亡不足以为忧,漆身为癞,披发为狂不足以为耻。臣独怕天下人见臣尽忠身死,从此杜口不语,裹足不前,莫肯心向秦国。"这番慷慨悲壮之词更进一层,先是披肝沥胆,以情来感召昭王,接着说以利害,以杀贤误国震慑昭王,给自己的人身、地位争取了更大的安全系数。

经过充分的铺垫,范雎最后才接触到实质问题,点出了秦国的弊端隐患:"大王上畏太后之严,下惑奸臣之谄,居深宫之中,不离阿保之手,终身迷惑,难以明断善恶。长此以往,大者宗庙倾覆,小者自身孤危。这是臣最恐惧的。"

其实,上述之弊端虽确有之,但并非治理秦国的当务之急。范雎所以要大论此事,意在用"强干弱枝"来迎合昭王。与此同时,也借以推翻范雎将来立足秦廷的政敌,从而确立自己在秦廷的地位。只要地位确定了,其他一切都可以顺理成章。谋略家们的良苦用心,由此可见一斑。

正因如此,才使范雎言必有中。秦昭王推心置腹地答道:"秦国僻远,寡人愚下。如今得以受命于先生,真是三生有幸。自此以后,事无大小,上至太后,下及大臣,愿先生悉教寡人,万勿疑虑。"

昭王罢免了穰侯魏冉的相位,命其回到封邑。又驱逐其他"三贵",安置太后于深宫,不许与闻政事。又拜范雎为丞相,封之于应城,号为应侯。至此,以秦昭王为首的中央政权更为集中了,而范雎也终于位极人臣。

范雎之所以能够立足于秦国,并成为一代名相,与其聪慧之智、善说之功有着很大的关系。在范雎游说秦昭王的过程中,大量使用了飞箝之术,使君主为其所控制,接受其谋略,而最终也使自己建功立业,名垂青史。

诸葛亮舌战群儒

鬼谷子对语言的运用有着独到的见解。他说:"如果用诱导之术还达不到目的,就先给对方来一个下马威,然后再反复试探;或者先反复试探,然后使对方窘迫而一吐真情。或者在试探中夹杂着凌厉的语言,或者以凌厉的语言反复诘问。"

三国时,诸葛亮舌战群儒,采用的就是鬼谷子的上述"兵法"。

且说诸葛亮随鲁肃来到东吴规劝孙权联刘抗曹。诸葛亮来到朝堂之上,张昭、顾雍等一班文武二十余人,齐集一堂,峨冠博带,整衣端坐,鲁肃引孔明入内,逐一介绍完毕,各自就座。张昭打量孔明丰神潇洒,果然名不虚传,谅他必是来做说客,遂先用话挑他:"我乃江东微末之士,久闻先生高卧隆中,自比管仲、乐毅,有这话吗?"

孔明微笑点头说："是有此说。"

张昭像是抓到了诸葛亮的小辫子,立即追问:"听说刘玄德三顾先生于草庐之中,幸得先生,以为如鱼得水,欲席卷荆、襄,今又却已被曹操占领,不知先生做何解释?"

孔明心想,这张昭乃是孙权手下第一谋士,若不先难倒他,如何说服得了孙权?于是,提高了声音说:"据我看,取汉上之地易如反掌,我主刘豫州躬行仁义,不忍夺同宗基业,不料刘琮孺子,听信妄言,暗自投降,使曹操得以猖獗,现时我主屯兵江夏,别有长远计划,非等闲之辈可知。"

张昭对孔明的解说并不服气,而且,最后那句话,更使他冒火,他立即反击说:"像这样,就是先生的言行相互矛盾了,先生既然自比管、乐,但管仲相桓公,霸诸侯,一匡天下;乐毅扶持微弱的燕国,下齐七十余城,两人都不愧为济世之才;而先生在草庐中,笑傲风月,抱膝危坐;如今既从事刘豫州,则当为生灵兴利除害,剿灭乱贼,大展长才才是。"

"阁下何以见得我不如此做?"孔明反问。

张昭哈哈大笑说:"刘豫州在未得先生之前,尚能纵横寰宇,割据城池,得先生之后,人皆仰望,虽三尺童子,也说是彪虎生翼,将见汉室复兴,曹氏必灭,朝廷旧臣,山林隐士,无不拭目以待,拯斯民于水火,措天下于泰山之安;不料一遇曹兵,竟望风逃窜,弃甲曳兵,弃新野,走樊城,败当阳,奔夏口,无容身之地,管仲、乐毅就是这样的吗?"

张昭的这一阵唇枪舌剑,毫不留情地讥笑孔明,在座的一般谋士,纷纷交头接耳,都为张昭的话感到痛快淋漓!并传出轻慢的冷笑声音,以为诸葛亮可能难堪得无词以对,不知该如何下台了。

孔明听罢,却冷淡地报以哑然一笑说:"鹏飞万里,其志岂是燕雀所能得知?譬如人患重病,当先饮用糜粥,服以温和药物,使其腑脏调和,形体渐安,然后用肉食进补,服以猛药,方可拔除病根,保全生命;否则,假设不待气脉和缓,便投以猛药厚味,要治病保身,就很困难了。"孔明打过比喻,把话题转入正题说:"我主刘豫州,不久以前,兵败于汝南,寄迹刘表时,兵不满千,将止关羽、张飞、赵云而已，正如同人生重病状态；新野山僻小县，人民稀少，粮食缺乏，不过暂借容身，岂能长期坐守？在城郭不坚、甲兵不完、军不经练、粮不继日的极差条件之下，博望烧屯，白河用水，使夏侯惇、曹仁大军心惊胆战，虽管仲、乐毅用兵，也不过如此吧！"孔明在辩解中侃侃而谈，不愠不火，显得非常镇静；他继续辩驳张昭的指责："至于刘琮降曹，刘豫州实不知情，且不忍乘乱夺取同宗之基业，乃是大仁大义的胸襟。当阳兵败，是因为刘豫州见数十万扶老携幼跟随的义民，不忍绝情舍弃，宁肯每日护行十里，不取江陵，甘愿兵败，这也是以仁义为怀；寡不敌众，胜败乃兵家常事，前高皇帝曾经数度败于项羽，垓下一战而成功！国家大计，社稷安危，贵在有长远主谋，不是像夸辩之徒，以虚誉欺人，空谈议论，无人可及，临事随机应变，却百无一能，为天下耻笑罢了！"

　　这一番话，把稳占上风而洋洋得意的张昭，弄得毫无反击的余地，灰头土脸，一言不发。

　　当张昭被孔明反驳得无话可说的时候，席间忽然有人大声问："如今曹公率兵百万，上将千员，虎视眈眈，正将并吞江夏，不知阁下以为如何？"

　　孔明一看，那人原来是江东谋士之一的虞翻，他遂回答说："曹操收袁绍蚁聚残兵，及刘表的乌合之众，虽有数百万也不值得害怕！"

　　虞翻听了，发出一串冷笑说："兵败于当阳，计穷于夏口，区区求救于人，居然还说不害怕，真是说大话欺骗人啊！"

　　孔明仍然保持一副镇静而从容的态度说："刘豫州以数千仁义之师，如何能敌百万残暴之众？退守夏口，是为了要等待时机！可是你们江东兵精粮足，且有长江天险可守，还想劝使孙将军屈膝降贼，不顾天下人耻笑；由此看来，刘豫州才真是不怕曹兵的人呢！"

　　虞翻听孔明这么一反驳，一时却想不出对答的话来。有一位名叫步骘的谋士，突发冷箭问："孔明是想学张仪、苏秦之流，卖弄唇舌，来游说东吴的吧？"

　　孔明说："你以为苏秦、张仪仅是逞口舌的善辩之徒，不知苏秦、张仪也是豪杰人物；苏秦曾佩六国相印，张仪两度相秦，他们都有过匡扶国家的政绩，不像那些畏强凌弱，贪生怕死之徒。你们听到曹操文书上虚声恫吓的话，便吓得要投降，'、还敢耻笑苏秦、张仪吗？"

步骘像是被打了一记闷棍，低下头默默无语。

谋士群里，又有人发问说："孔明以为曹操是一个怎么样的人？"

孔明一看，认得发问的人是薛综，他回答说："曹操乃是汉贼，又何必多此一问？"

薛综说："阁下的话错了！汉朝传到今天，天数将终，今日曹公已有天下三分之二，人心皆望风归顺，刘豫州不识天时，逞强与曹公抗争，正如以卵击石，怎么能不败呢？"

孔明听完薛综的话，顿然把脸色一沉，厉声呵斥："你怎么说出这种无父无君的话来？人生在天地间，应该以忠孝为立身的根本。你既为汉臣，见有不臣之人，便该誓必予以诛戮，才是为臣之道；今日曹操祖先食汉朝俸禄，不图忠以报效，反有篡逆阴谋，使天下人共愤，你居然说天数归曹，真是一个无父无君的叛徒，不配跟我交谈，请不要再说话了！"

薛综被孔明骂得面红耳赤，不敢答话。座上又有一位青年，大声抗辩说："那曹操虽然挟天子以令诸侯，却也是相国曹参的后人；刘豫州虽然说是中山靖王苗裔，但是无可稽考，我们所见到的只不过是一个卖草席草鞋的人罢了，怎么能与曹操抗衡呢！"

孔明打量一下说话的青年，不觉失笑说："你不就是在袁术座前，偷橘子揣在怀里要留给母亲吃的娃娃吗？请你安坐听我说句话。"其实，孔明根本不给陆绩说话的机会，竟自接下去说："那曹操既为曹相国之后，是世为汉朝臣子了，如今他专权横行，欺凌君父，是不唯无君，也是蔑祖；不唯是汉室的乱臣，也是曹氏的贼子。刘豫州堂堂帝胄，当今皇帝，按谱赐爵，怎可说是无可稽考？况且高祖出身为亭长而有天下，织席贩卖草鞋又何足为辱呢？你乃是小儿之见，不足与高士谈话。"

陆绩被孔明抢白了一顿，无话可答了。谋士严峻插嘴提出质问："孔明所说都是强词夺理，皆非正论，不必再说了！我倒要请教孔明，研究什么经典？"

孔明的脸上现出一股不屑的神情回答说："寻章摘句，是一般腐儒的行径，怎么能兴邦立事？古代在有莘乡野种田的伊尹，有渭水河畔垂钓的姜子牙，以及张良、陈平之流，邓禹、耿弇之辈，都有匡扶宇宙的才能，不知道他们生平研究什么经典？难道说也学书生区区于笔砚之间，数黑论黄，舞文弄墨而已吗？"

这一下又把严峻反驳得垂头丧气，无话可答。

原籍汝南的谋士程德枢，对孔明仍然不服气，大声地向孔明说："阁下好说大话，未必真有实学，恐怕正为儒者所笑罢了。"

孔明并不动怒，却坦然地解释说："儒者也有君子小人的分别，君子之儒，忠君爱国，守正恶邪，务使德泽能广被于当时，名留后世；若是小人之儒，则以雕虫小技为务，专工翰墨辞章，皓首穷经，笔下虽有千言，胸中实无一策！如扬雄以文章名世，却屈身事奉王莽，不免投阁而死，这就是小人之儒，即使日赋万言，有何可取？"

江东的谋士群中，张温和骆统两人，正要发言问难，外面却闯进一个人来，大声呵斥："孔明乃当世奇才，你们如此以唇枪舌剑，围攻责难，岂是敬客之道？曹操大军压境，不赶快筹思退敌之计，却在这里斗嘴！"

众人一看，原来是运粮官黄盖，黄盖也不管众人的反应，径自向孔明说："阁下何不将金玉良言向孙将军说，却跟众人在此舌辩？"

孔明一笑说："是他们不识时务，争相问难，不容我不答。"

于是，黄盖和鲁肃乃引孔明入内，会见孙权。

诸葛亮舌战群儒，能逐一个个击败对方，使他们哑口无言，乃是抓住了对方苟安主降的短处，用传统忠君爱国的大义，予以无情的痛击！对方虽然未能心服，却找不出立论的根据及适当言词予以反驳。

现代社会心理学认为，语言的魅力主要在于诚挚、幽默和出奇。诚挚则可给人以信赖感，幽默则可调节气氛，出奇则可震惊对方。诸葛亮十分重视奇言妙语的作用，因此，才得以纵横捭阖，建功立业。

知县飞箝制人心

"飞箝"之术用于游说人时，实际上就是用好听的空话赞美他们，换来实际的利益,借以结交对方,就不会失去他。如果进一步研究对方的言辞,摸准他的本意,就能达到箝制他的目的。

　　清朝的中堂大人李鸿章,位高权重,文武百官都想讨他欢心,以便使他多多提携自己,能升个一官半职,也好光宗耀祖。这一年,中堂大人的夫人要过五十大寿,这自然是个送礼的大好时机,寿辰未到满朝文武早已开始行动了,生怕自己落在别人后面。

　　消息传到了合肥知县那里,知县也想送礼,因为李鸿章祖籍合肥,这可是结攀中堂大人的绝好时机。无奈小小的一个知县囊中羞涩,礼送少了等于没送;送多了吧,又送不起,这下可把知县愁坏了。思来想去拿不定主意,于是请师爷前来商量。

　　师爷看透了知县的心思,满不在乎地说:"这还不好办,交给我了。保准你一两银子也不花,而且送的礼品让李大人刮目相看。"

　　"是吗? 快说送什么礼物?"知县大喜过望,笑成了一朵花。

　　"一副寿联即可。"

　　"寿联? 这,能行吗?"

　　师爷看到知县还有疑虑,便安慰他:"你尽管放心,此事包在我身上。包你从此飞黄腾达。这寿联由我来写,你亲自送去,请中堂大人过目,不能疏忽。"知县满口答应。于是第二天,知县带着师爷写好的对联上路了。他昼夜兼程赶到北京,等到祝寿这一日,知县报了姓名来到李鸿章面前,朝下一跪:"卑职合肥知县,前来给夫人祝寿!"

　　李鸿章看都没看他一眼,随口命人给他沏茶看座,因为来他这里的都是朝廷重臣,区区一七品知县,李鸿章哪能看在眼里。知县连忙取出寿联,双手奉上。李鸿章顺手接过,打开上联:

　　"三月庚辰之前五十大寿"李鸿章心想:这叫什么句子? 天下谁人不知我夫人是二月的生日,这"三月庚辰之前"岂不是废话。于是,李鸿章又打开了下联:

　　"两宫太后以下一品夫人。"

　　"两宫"指当时的慈安、慈禧,李鸿章见"两宫"字样,不敢怠慢,连忙跪了下来,命家人摆好香案,将此联挂在《麻姑上寿图》的两边。

　　这副对联深得李鸿章的赏识,自然对合肥知县另眼相待,称赞有加。而这位知县也因此官运亨通了。

　　一副寿联让这位知县从此飞黄腾达,他这买卖赚大了,但是,有人比他还要厉害。

　　1671年5月,伦敦发生了一起举世震惊的盗窃案,一伙盗贼潜入伦敦市郊的马丁塔,想要抢走英国的"镇国之宝"——英国国王的皇冠。然而,这帮盗贼技艺不高,惊动了守塔的卫队。刚一出塔就被团团围住,束手就擒。

　　事后查明,这伙盗贼共有五个人,是集团作案,为首的是一个叫布勒特的家伙,此人能言善辩,机警诡诈。

　　英国国王查理二世,听说有人去盗"国宝"非常震惊,他决定亲自审问这些胆大包天的狂妄之徒。

　　于是,罪大恶极的首要分子布勒特被押到了国王面前。

　　查理二世看着眼前这位其貌不扬的人,心中暗想:我倒要看看此人究竟有何能耐,居然敢盗国宝,想到这里,便开口问道:"听说你还有男爵的头衔?"

　　"是的,陛下。"布勒特老实地回答。

　　"我还听说你这个头衔是诱杀了一个叫艾默思的人而得来的。"

　　"陛下,我只是想看看他是否配得上您赐给他的那个高位,要是他轻而易举地被我打发掉,陛下就能挑选一个更适合的人来接替他。"

　　查理二世沉思了一会,觉得布勒特不仅胆大包天而且口齿伶俐。于是又厉声问道:"你胆子越来越大,竟然敢来盗我的王冠?"

　　"我知道我这个举动太狂妄了,但是,陛下,我只是想以此来提醒您关心一下我这个生活无依无靠的老兵。"

　　"哦,什么? 你并不是我的部下!"

　　"陛下,我从来不曾对抗过您,现在天下太平,所有的臣民不都是您的部下? 我当然也是您的部下。"

说到这里,查理二世觉得布勒特更像是个无赖,便问道:"那你说吧,该怎么处理你?"

"从法律的角度说,我们应当被处死。但是,我们五个人每一位至少会有两位亲属为此而落泪。从陛下您的角度看,多十个人赞美总比多十个人落泪好得多。"

查理二世没有想到他会如此回答,接着又问:"你觉得自己是个勇士还是懦夫?"

"陛下,我没有一个地方可以安身,到处有人抓我,去年我在家乡搞了一次假出殡,希望大家以为我死了而不再追捕我,这不是一个勇士的行为。因此,尽管在别人面前我是个勇士,但在陛下的权威面前我是个懦夫。"

这番强词夺理的辩解竟然让查理二世大悦,最后他不但赦免了布勒特,还赏给他一笔不小的赏金。

因此,有时候虚心一点,恭维对方,维护和提高对方的自尊心,可以缓和双方的关系。当然,在我们今天的社会中,不可能出现像布勒特这种仅凭三寸不烂之舌就可免去死罪的荒唐事情,人类文明演进到今天,法网恢恢疏而不漏。不过,我们可以从布勒特身上得到一些启发。

当别人称赞自己时,尽管会做出一副谦虚的样子,但心里却由衷地感到高兴,同时也会对称赞自己的人有一种好感。所以,要达到说服他人的目的,不妨先恭维他一番,以此箝制住对方,再进一步达到游说的目的。但要注意的是,不要借贬低别人来恭维对方,否则会让人觉得你乃是小人之心,不怀好意。真是这样,可就麻烦了。

以言语刺激达到目的

俗话说:"请将不如激将。"

在论辩时通过一定的言语或行为刺激对方,激发对方的某种情感,引起对方的情绪波动,心态变化,并且这种情绪波动和心态变化是朝着自己一方所期望的目标发展的心理战术,我们称之为"请将激将法",这一点与鬼谷子的"飞箝"之术也很吻合。

日籍华人,著名经理人夏目志郎先生当推销员的时候,有一次到精密仪器商社推销节目带,面对绰号为"顽固老头"的董事长,他滔滔不绝的雄辩无济于事。这位董事长20分钟之内一直保持沉默,对夏目志郎绘声绘色的攻势无动于衷,夏目志郎先生于是转变方法,开始使用"请将激将法"。

"将您介绍给我的人说得一点儿也没错,您任性、冷酷、严厉,没有朋友。"

董事长的脸色变红,而且抽动着粗大的眉毛,对夏目志郎的话开始有反应了。

"我研究过心理学,所以依我的观察,您是面恶心善、寂寞而软弱的人,您想以严肃和冷淡筑起一道墙来防止外人侵入。"

董事长终于露出了笑容,并说:"我的确是个软弱的人,常常无法控制自己的感情,还有很多缺点。"

董事长又一次露出笑容,真是可爱,刚才那种不和悦的态度也改变了。从这时起,他俩成了朋友。

当天董事长向夏目志郎买了五套节目带,给了夏目志郎384000日元的支票,董事长的侄子也买了一套节目带。一上午,夏目志郎的收入合计460800日元。

"请将激将法"在具体的使用过程中,表现方式多种多样,比如有直激法、偏激法、暗激法、导激法等等。

直激法就是面对面直出直入地贬低对方,刺激之、羞辱之、激怒之,以达到使他"跳起来"的目的。

某造纸厂改革用人制度,决定对中层干部在厂内张榜招贤。

榜贴出后,大家都看着有能力、有技术的技术员小黄。然而由于某种原因,他正在犹豫不决。

一位老工人走了过去,直言相激:"小黄啊,厂里花那么多钱送你去上大学,你不是个优等生吗? 大家巴望着你出息呢,没想到,你连个车间主任的位子都不敢接,你真是个窝囊废!"

"我是个窝囊废?"话音未落,小黄就跳了起来,说:"我非干出个样子不可!"他当场揭榜,出任了车间主任。

还比如暗激法,就是有意识地褒扬对方光荣的过去,从而激起他改变现状的决心。

某化工厂食堂办得不好,工人有意见。

一天,刘书记叫来转业干部、行政科高科长到食堂来,见工人们又敲筷子又敲碗、骂骂咧咧的情景,他视若未见地拉起了家常:

"老高,你的老部队在新疆吧?"

"是的。"

"你在部队是优秀炊事员、优秀司务长?"

"是的。"

"你当军需股长时立过三等功?"

"是的。"

"那,现在呢?"

老高低下了头。

齐书记说:"咱不说别的,就说到转业干部的声誉,你也不能把工作放松到这一步啊,难道连个食堂也搞不好?!"

第二天,老高就像变了个人,下厨房亲自抓。半个月后,食堂大变样。

由此可见,这种暗激式的方式,对那些在思想上、工作上曾经有过光辉一页的人,是十分有效的。

其实,无论是直激法还是暗激法,这都与鬼谷子提出的"飞箝"之术相吻合。"其不可善者,或先征之,而后重累;或先重累,而后毁之;或以重累为毁,或以毁为重累。"

诚恳赞美获成功

美国著名的柯达公司的创始人伊斯曼,捐赠巨款在罗彻斯特建造一座音乐堂,一座纪念馆和一座戏院。为了承接这批建筑物内的坐椅,许多制造商展开了一场激烈的竞争。但是,找伊斯曼谈生意的商人无不高兴而去,败兴而归,一无所获。

正是在这样的情况下,"伏美座位公司"的经理亚当森前往会见伊斯曼,希望能够得到这笔九万美元的生意。

亚当森被引进伊斯曼的办公室后,看见伊斯曼正埋头于桌子上一堆堆文件,于是,他静静地打量起这间办公室来了。

过了一会儿,伊斯曼抬起头来,发现亚当森,便问道:"先生,有何见教?"

这时亚当森没有急于谈生意,而是说:"尹斯曼先生,在我等您的时候,我仔细观察了您的这间办公室。我本人长期从事室内的木工装潢,但从来没见过修得这么精致的办公室。"

伊斯曼回答说:"哎呀!您提醒了我差不多忘记了的事情,这间办公室是我亲自设计的,当初刚装潢好的时候,我喜欢极了。但是后来一忙,一连几个星期都没有机会仔细欣赏一下这个房间。"

亚当森走到墙边,用手在木板上一擦,说:"我想这是英国橡木,是不是?意大利的橡木的质地不是这样的。"

"是的。"伊斯曼高兴地站起身来回答说:"那是从英国进口的橡木,是我一位专门研究室内设计的朋友专程去英国为我订的货。"

伊斯曼心绪极好,便带着亚当森仔细地参观起办公室来了,他把办公室的所有的装饰一件一件地向亚当森做了详细的介绍,从木质谈到比例,又从比例谈到颜色的搭配,从手艺谈到价格,然后又详细地介绍他的设计装潢经过。这时候,亚当森微笑着聆听,饶有兴趣。

直到亚当森将要告别之际,俩人都未谈到生意。但亚当森不仅得到了大批的订单,而且还和伊斯曼结下了终生的友谊。亚当森成功的秘诀何在呢?说起来也许挺简单,就是他了解经营对象,他从伊斯曼的经历入手,赞扬他取得的成就和独具匠心,使伊斯曼的自尊心得到了极大的满足,把他作为知己。这笔生意当然非亚当森莫属了。

由此可见，运用飞箝术，赞美对方、尊重对方也是经营成功之道，有时会取得意想不到的结果。

当然，运用飞箝术，称赞他人时，要注意以下几点：

第一，称赞要发自内心，要诚恳，不要故意做作；

第二，称赞要具体而不要抽象笼统，要有针对性；

第三，要实事求是，不要言过其实；

第四，间接的赞扬比直接的称赞要来得有力；

第五，称赞的机会要选择得当，不可乱发议论；

第六，称赞要适可而止，不可无限拔高。

不计私仇用管仲

公元前687年，齐襄公不理朝政，荒淫无道，以致民怨沸腾，国家大乱。为了避难，鲍叔牙随公子小白流亡莒国，管仲随公子纠逃往鲁国。不久，公孙无知杀襄公自立，后被杀，造成齐国君位空缺。

公子纠和小白听到这个消息都想赶回齐国争夺君位。管仲为了让公子纠当上国君，就带兵埋伏在莒国通向齐国的必经之路上，见到小白乘车而来，就用箭射倒车上的小白。他以为小白必死无疑，就放下心来，带领公子纠慢慢向齐国进发。

实际上，管仲的箭只射在小白的衣带钩上，小白灵机一动，咬破舌头，口吐鲜血，装死骗过了管仲。当管仲离开后，他急忙同鲍叔牙抄近路返齐，昼夜兼程，抢先赶回齐国都城，登上君位，是为桓公。

齐桓公于是准备拜鲍叔牙为相，但鲍叔牙极力推辞，并极力推荐管仲。他说：

"管仲从小就是我的好朋友，他有经天纬地之才，如果拜他为相，齐国很快就能强盛。"

齐桓公不高兴地说："管仲差一点射死我，我怎能重用仇人呢？"

鲍叔牙说:"当初,管仲是为了让公子纠登上君位才这样做的。国君不可只记私仇,而忘掉齐国的大业,失掉这位难得的人才。"

齐桓公见他说得有道理,决定重用管仲。他派人到鲁国,向鲁庄公说:"我们国君要报管仲一箭之仇,请把他交给齐国处治。"

鲁国大臣施伯知道管仲回齐后会被重用,将来肯定对鲁国不利,就极力劝阻鲁庄公不要交人。鲁庄公害怕得罪齐国,便命人把管仲装进囚车,送回齐国。

管仲坐在囚车内,归心似箭。他深知自己返回齐国是好友鲍叔牙的主意,施展才能的机会就要来了。可是押解囚车的士兵行走速度非常慢,管仲心里着急,担心鲁庄公万一醒悟过来,派兵追赶。他就想了个主意,编了一首名叫《黄鹄》的歌曲,唱给士兵们听。唱了两三遍后,他又教士兵一起唱。士兵们边听边唱,忘记了疲劳,行军速度逐渐加快,只一日半就到了齐国。

就在齐国君臣迎接管仲入境的同时,鲁国公子偃也带兵追来了。

原来,鲁庄公突然醒悟,放管仲归齐,等于放虎归山,急忙下令追杀,但已经晚了一步。

飞箝是一种制人之术,"制人"又可以分为两种:一是识人为己所用,这是国君与谋臣必须掌握的基本功;另一种就是利用对方的弱点把其铲除,扫清前进道路上的障碍。在此齐桓公便是运用"制人"的前一种:识人为己用。本篇开始便提到"度权量能",其目的就是要根据每个人的能力大小、所善专长来量才而用,使人尽其才,才尽其用。而不是大材小用,或小材大用。

齐桓公不因一箭之仇而心怀怨恨,其胸襟实在宽广,同时他又能听取鲍叔牙的意见,将管仲封为相国,更是难能可贵。后来管仲一心一意辅佐齐桓公,改革变法,励精图治,最终使齐桓公成为春秋霸主。

宽容之心得良将

公元前606年,楚庄王率领军队一举平定了斗越椒的反叛,天下太平。庄王兴高采烈地设宴招待大臣,庆祝征战胜利,并赏赐功臣,美其名曰"太平宴"。

文武百官都在邀请之列，只见席中觥筹交错，热闹异常。到了日落西山，大家似乎还没有尽兴。楚庄王便下令点上烛火，继续开怀畅饮，并让自己最宠幸的许姬来到酒席上，为在座的宾客斟酒助兴。大家本来喝得差不多了，一见美女频频向自己敬酒，都来了兴致，不觉又喝了半个时辰。

楚庄王

突然，外面一阵大风吹来，宴席上的烛火熄灭了。也许是醉意微醺，也许是看到许姬灿若桃花的笑颜，一个人趁着漆黑，伸手扯住她的衣裙，抚摸她的手。许姬一时受到惊吓，慌乱之中，用力挣扎，不料抓住了那个人的帽缨。她奋力一拉，竟然扯断了。她手握那根帽缨，急急忙忙走到楚王身边，凑到大王耳边委屈地说："请大王为妾做主！我奉大王的旨意为下面的百官敬酒，可是不想竟有人对我无礼，乘着刚才烛灭之际调戏我。"

庄王听后，沉吟片刻。许姬又急又羞，催促他："妾在慌乱之中抓断了他的帽缨，现在还在我手上，只要点上烛火，是谁干的自然一目了然！"

说罢，便要掌灯者立即点灯。楚庄王赶紧阻止，高声对下面的大臣说："且慢！今日喜庆之日难得一逢，寡人要与你们喝个痛快。现在命令你们统统折断帽缨，把官帽放置一旁，毫无顾忌地畅饮。"

众大臣见大王难得有这样的好心情，都投其所好，纷纷照办。等一会儿点烛掌灯，大家都不顾自己做官的形象，拉开架势，尽情狂欢。

许姬对庄王的举措迷惑不解，仍然觉得委屈，便问："我是大王您的人，遇到这种事情，您非但不管不问，反而还替侮辱我的人遮丑，您这不是让别人耻笑您吗？以后您怎么严肃上下之礼呢？妾心中还是不服！"

庄王笑着劝慰说："虽然这个人对你不敬，但那也是酒醉后出现的狂态，并不是恶意而为。再说我请他们来饮酒，邀来百人之欢，庆祝天下太平，又怎么能扫别人兴呢？按你说的，也许可以查出那个人是谁。但是如果今日揭了他的短，日后他怎么立足呢？我不就失去了一个得力助手吗？现在这样不是很好吗？你依然贞洁，宴会又取得了预期的目的，那个人现在说不定如释重负，对你对我感激不尽，以后肯定会对我更效力"。

许姬觉得庄王说得有理，考虑周全，就没再追究。

两年后，楚国率领军队讨伐郑国。主帅襄老手下有一位副将叫唐狡，毛遂自荐，愿意亲自率领百余人在前面开路。他骁勇善战，每战必胜，出师先捷，很快楚军就得以顺利进军。

庄王听到这些好消息后，面见襄老，要嘉奖他的战绩。襄老诚实地回答说："您要犒赏就重奖副将唐狡吧！要不是他在前面冒死打通层层关口，我们也不会这样顺利。"

唐狡站在庄王面前，腼腆地说："大王昔日饶我一命，我唯有以死相报，不敢讨赏！"

楚庄王疑惑地问："我何曾对你有不杀之恩？"

"您还记得'绝缨会'上牵许姬手的人吗？那个人就是我呀！"

楚庄王以宽容之心"制人"，而后使其忠心为己所用。楚庄王揣摩到了臣子只是酒后失态，并非恶意之举，如点灯查办，就会失去一得力助手，于是便以宽容之心不了了之，这就为以后唐狡在讨伐郑国时立下战功埋下了伏笔。可见，智慧不只是表现在运筹帷幄中，而且也体现在简单行动中。楚庄王酒宴上一个简单的举动，不但保全了许姬的名声，而且得了一名尽忠的大将，赢得了一场战争。

投其所好拉广告

有一次，美国《黑檀》月刊的主编约翰逊想要拉到森尼斯公司的广告。当时，该公司的首脑麦唐纳是个极其精明能干的人。

开始，约翰逊先写了一封信给麦唐纳，要求和他当面谈谈森尼斯公司的广告在黑人社会中的重要性。

麦唐纳当即回信说:"来信已经收到,不过我不能见您。我并不主管广告。"

约翰逊并不气馁,他又写了封信给他,问:"我可不可以拜访您,谈谈在黑人社会进行广告宣传的政策。"

麦唐纳回信道:"我决定见您。不过,要是您想谈在您的刊物上登广告的事,我立刻就结束会见。"

约翰逊翻阅了美国名人录,发现麦唐纳是一位探险家,曾到过北极,时间是在汉森和比尔准将于1909年到达北极后的几年间。汉森是黑人,他曾就本身的经历写过一本书。

这是个可以利用的条件,约翰逊本能地觉察到。

于是,他找到汉森,请他在自己的书上签名,以便送给麦唐纳。此外,他又想起汉森是他们写篇文章的好题材,于是,他从还未出版的《黑檀》月刊中抽去一篇文章,而代之以介绍汉森的一篇文章。

麦唐纳在约翰逊走进他的办公室时,第一句话就是:

"看到那边那双雪鞋没有? 那是汉森给我的。我把他当作朋友,你看过他写的那一本书吗?"

"看过,"约翰逊说,"凑巧我这里有一本。他还特地在这本书上签了名。"

麦唐纳翻着那本书,显得很高兴。接着,他又说:"您出版一份黑人杂志,在我看来,黑人杂志上应有一篇介绍像汉森这样的人的文章才对。"

约翰逊对他的意见表示同意,并将一份7月份的杂志递给他。然后告诉他,创办这份杂志的目的,就是为了宣传像汉森这样克服一切障碍而达到最高理想的人。

这时,麦唐纳合上杂志说:"我看不出我们有什么理由不在您的杂志上登广告。"约翰逊终于如愿以偿。

"引钩箝之辞,飞而箝之",当洞悉对方内心的真实感情后,成功便近在咫尺。约翰逊开始拉广告受挫后,并不气馁。他知道每个人都有乐意显示自己辉煌战绩的心理,根据麦唐纳的经历,变换了接近麦唐纳的方法,攻心求同,终于使麦唐纳答应在他的杂志上刊登广告。

巧施借刀杀人计

三国时期,曹操带领 80 万大军,进攻江东孙权。不料初次交锋,便被周瑜杀败,他心里忧闷,便召集文武官员,商量进兵之策。手下蒋干和周瑜是同学,自告奋勇要求去东吴说服周瑜投降,曹操答应了他。

蒋干过江,直奔周瑜的营寨。周瑜正在帐中议事,听说蒋干来见,心中暗道:曹操的说客到了,我要做好准备。接着,周瑜压低声音,把他的计划告诉众人,各位将领听完后就去执行命令。

周瑜迎接蒋干进账,让文武官员和他相见,接着大摆酒席,招待蒋干。周瑜将盔甲和宝剑交给属下,并告诉所有人,蒋干是我的同窗好友,今天只叙友情,不谈军事。如有人违犯,定斩不饶。蒋干一听,吓出一身冷汗,哪里还敢提劝降的事!

宴会结束后,周瑜留蒋干同宿。周瑜脚步踉跄,没脱衣服,就上床睡觉了,只一会儿,便鼾声如雷。蒋干心中有事,望着桌上灯烛,哪里睡得着。三更时分,他悄悄起床,只见桌上放着许多来往的信,里面竟有一封"蔡瑁、张允寄"的信。蒋干大吃一惊,打开一看,竟是曹营水军都督蔡瑁、张允暗中勾结东吴,并打算割了曹操的头来献给周瑜。

这时,周瑜翻了个身,蒋干连忙把信藏在怀里,周瑜含糊地说着梦话。下半夜时,蒋干听到有人进来小声地唤醒周瑜,周瑜迷迷糊糊问:"谁睡在我床上?"来人说:"都督自己请蒋先生一起睡的,怎么倒忘了?"来人又低声说了一句:"江北有人来了。"周瑜连忙喝住,回头轻声叫唤蒋干,蒋干不应,周瑜就悄悄下床,走出屋子和那人说话。蒋干假装睡着,却竖起耳朵,隐隐约约地听到有人说:张、蔡两都督说,一时还不能下手……以后声音越来越低,就听不清楚了。

一会儿,周瑜回来,又唤了几声"蒋干",蒋干仍装睡不应。周瑜见蒋干睡得正香，才放心地上床睡了。蒋干怀揣书信，哪里还睡得着，暗想：周瑜心细，天亮发现书信不见，必然怀疑我。于是连夜渡江向曹操复命，拿出信向他报告。

曹操听过报告，看完信，大怒："叫蔡瑁、张允进来见我。"蔡、张两人进来后，曹操问道："我想让你们领兵攻打东吴。"蔡、张说："水军还没有训练好，不能轻易出战。"曹操厉声说："等水军操练好了，我的脑袋就要搬家了！"不等他们答话，就下令杀了他们。等刀斧手捧着两人脑袋上来，曹操才突然醒悟，知道中了周瑜的反间计。但他死不认错，又令毛玠、于禁做水军都督，代替两人统领水军。

消息传到东吴，周瑜非常高兴，对众人说："这两人久住江东，熟悉水战，不除掉他们，是我的心腹大患啊！"

引诱法成功运用，就必须摸清对方的性格特点和意图。周瑜之所以能够成功，就是预料到了蒋干前来的目的是为了劝降，便提前设下圈套等蒋干来钻。

周瑜在此运用的便是飞箝制人术的另外一种：铲除前进道路上的绊脚石。欲破曹操80万水军，必须先除掉水军都督蔡瑁、张允这两个心腹大患。从飞箝术的运用方法来看，周瑜运用的是引诱法，其计谋成功的关键引诱人物便是蒋干。周瑜先以同学之情留蒋干同宿，引诱其"偷看"书信，而后又在半夜引诱蒋干"偷听"军情，进一步使其深信不疑，并最终借曹操之手杀了蔡瑁与张允。

范雎计逐四家族

秦昭王时，秦国的四大家族穰侯、泾阳君、高陵君、华阴君掌握秦国的内政与外交大权，气势十分嚣张。其中穰侯的权势最大，他依仗太后的威势，飞扬跋扈，不可一世，根本不把秦昭王放在眼里。

昭王三十七年，魏国人范雎入秦游说昭王道：

"远交而近攻，则大王得寸土则为王之寸土，得尺土则为王之尺土。如今中原的韩魏两国强盛无比，大王若要称霸于诸侯，应亲近中原两国，而威慑楚赵两国。楚赵两国如归附秦国则齐国必然畏惧，所以也要归附于秦，韩魏两国就可以趁机征服了。"

昭王听罢,赞赏不已,于是拜范雎为客卿,共谋国事。随后昭王用范雎的谋略,攻城略地,无往不胜,秦国大名威震天下,各诸侯国都害怕他。

昭王四十一年,范雎在4年里通过精心辅佐昭王,已完全得到了他的信任,很多机要事宜都让他去办理。

范雎觉得秦国军事上虽然强大,但由于四大家族党同伐异,内政千疮百孔,所以他决定着手改革内政。不过,要想改革内政,首先就要削夺4人职权,否则寸步难移。

一次,范雎向昭王说:

"早年臣在山东之时,只听说齐国有孟尝君,不闻有齐王;秦国有穰侯、泾阴君、高陵君、华阴君,却不闻有秦王。这是为何呢?"

秦昭王默不作声,范雎接着说:

"能独揽国家大权的才可叫王,能兴除利害的才能叫王,能掌生杀大权的才是王。如今太后专权40余年,穰侯出使,可不报大王;泾阴、华阴二君肆意妄为,目无法纪;高陵君任免官吏,擅作主张,无人敢言。这4个人若在朝中日久,国家一定会灭亡的。"

秦昭王听后大惊失色道:

"原来危机就在眼前啊!那么我该怎么做呢?"

"善治国者,内则威严,外则重权。如今穰侯内仗太后之势,外借大王之威,对各国发号施令,与各国订立盟约,各国没有敢不服从的。如今更有太后同他串通一气,那3人也扶持左右,他们终究会铲除大王的。万一真有变故,恐怕大王来不及准备,就已经被他们砍于刀下了"。

秦昭王于是与范雎秘密商议如何驱逐四大家族和太后。

过了不久,昭王借故收回穰侯相印,将他驱出秦国,又把太后废黜,冷居深宫。没过多久,又把其他3人也驱逐走了。秦昭王大权独握,于是拜范雎为相,治理国家。

范雎在此运用的是引诱法中的以名相诱,他抓住秦昭王的虚荣心,婉言相劝,终于达到了铲除政坛劲敌,执掌大权的目的。王者高高在上,如果居于上位,名声反而不如居下者,是难以容忍的。范雎正是利用了秦昭王这一空隙,高谈治国的方略,最终使自己登上了相位。

夸奖他人戴高帽

袁枚是清朝非常有名的才子,名满天下。他对为人处世之道也很精通,尤其善于给别人戴"高帽子",且每戴一次都是"百发百中"。

他考取功名后,被朝廷任命为地方县令。赴任之前,特地去向老师尹文瑞辞行。老师问他:"你现在年纪轻轻就受到朝廷重用,一定要谨慎行事,做好充分的准备。不知道你此次赴任前都为自己做了哪些准备工作啊?"

袁枚说:"老师,我已准备好了一百顶高帽子,其他方面没有什么。"

尹文瑞是乾隆时期的一位名臣,不仅学问好、知识渊博,而且德行、操守堪称一流。他听了袁枚的话,很不高兴地说:"年轻人怎么搞这一套? 太庸俗了!"

袁枚对老师恭敬地说:"现在社会上人人都喜欢戴高帽子,不准备不行。说句真心话,世上有几个人能像老师这样富有德行和操守,不喜欢别人送高帽子呢?"

尹文瑞一听,不禁频频点头,认为他说的很有道理,脸上也转嗔为喜了。

当袁枚从老师那里回来后,同学纷纷问他与老师谈得怎么样? 袁枚把经过述说一遍,感慨道:"看来,多准备些高帽子的确不错。老师那里我已送出一顶了!"

在飞箝术中,飞的意思就是运用褒扬之辞去夸奖、表扬对方,也就是俗称的"拍马屁""戴高帽"。主要就是使用者以恭维、抬举对方为手段,把不是出自内心实感的话讲给别人,以消除与对方的矛盾与争端。从其运用方法上来看,也是使用的引诱法,其关键便是抓住了世人皆有爱好美名、美食、美色的特点,而美言也不例外。

在给别人戴"高帽子"时,也必须掌握好一定的尺度,既要善于适度地利用戴"高帽子"赢得他人的赞赏和喜爱,也要避免陷入阿谀奉承、一味溜须拍马的境地;既要善于给别人戴"高帽子",也要善于鉴别人家给自己送的"高帽子",尤其要提防被别有用心的人所利用。

陈说利害取范阳

秦朝末年,农民起义军风起云涌。其中武信君率领的起义军攻下赵国的10座城池,继续向前攻取范阳等其他城池。范阳县令死守范阳,誓与武信君抗衡到死。

蒯通前去拜见范阳令,躬着腰说道:"听说您就快要死了,所以我特来吊丧!"

范阳令大怒,命令手下将他拉出去砍掉。蒯通大叫道:"等我把话说完,你再碎我尸体也不迟。"

范阳令便叫他快说理由。

蒯通说:"您当范阳令已有10年了。这10年里由于秦朝法律严酷,所以您依照法律杀死的人已不计其数。虽然您使这么多人成了寡妇、孤儿,但10年里,却没人敢用刀子捅你的肚子,这并不是因为你肚皮厚,而是因为法律严,他们害怕秦法罢了。现在天下大乱,谁曾见秦法的实施?那些被你杀害过亲人的人会甘心让你活吗?他们一定会拿刀子来杀你的,这就是我来吊丧的原因"。

范阳令听完,忙叫侍卫退下,让蒯通坐下,恳求道:"我又何尝不知呢?可又有什么办法呢?"

蒯通说道:"现在各诸侯都背叛朝廷,武信君的大兵即将临城,而您却想坚守范阳,以羸弱之卒,抗百万雄师。您不知道吧,县里有许多人都想杀了你,拿你的人头来投降武信君,谋一份奖赏呢!"

范阳令面露忧色,当即痛哭流涕,请求蒯通帮忙。

蒯陌说:"幸好您遇见我,可以不用死了。您现在马上派人随我去见武信君,您就可以转危为安了。"

范阳令立即命人保护蒯通去武信君驻地。蒯通到了武信君的面前,对武信君说道:"您如果听我的计谋,不发一兵一卒,便可轻易占领许多城池。"

武信君忙问他有什么计策。蒯通小声说道:"您只需传递战书便可平定千里!"

武信君不大相信。然后蒯通又大声说道:"现在范阳令胆怯怕死,贪图富贵,想赶在别人前面先投降,却又怕您像攻下前面 10 座城那样把他杀了。您为什么不让我带着侯印,去拜见范阳令并封他为侯呢?如果他被封侯,那其他城池的守将知道后,都会来投降的。所以,仅靠封一人为侯便可以轻取数城。"

武信君虽不太信,但还是照他说的去做了。

果然,赵国的人们听到范阳令被封侯的消息后,纷纷不战而降。

蒯通在此游说范阳令运用的便是量能立势法,仔细分析到对方单薄的实力无法与武信君抗衡,便向范阳令提出自己劝谏的合理性,从而使其欣然接受了自己的建议。能够成功做到这种游说方法并非轻易就能做到的事,需要准确判断当前形势,分析各方利害,如果没有准确的信息,只凭借脑瓜聪明是不可能做到的。

见缝插针巧进言

三国时期,刘备心怀大志,一心想复兴汉室,灭曹吞吴,进而统一天下。他出身低贱,原是一个贩卖草鞋的乡村农民,但他努力进取,终于在蜀汉之地建立了属于自己的政权。

一开始,他还能克制自己贪图享受的心理,但是越到后来他就越安于现状,没有了以前的斗志。谄媚之徒也都围绕在他身边。这一切都被他的妻子甘夫人看在眼里。

甘夫人是刘备驻守徐州时纳的小妾。刘备对她十分宠爱,一方面因为她貌美异常,身姿优美,肌肤如玉;另一方面,甘夫人知书达理,通晓人情世故。刘备的原配糜夫人去世后,刘备就把甘夫人带在身边,舍不得和她分开。

刘备盘踞在巴蜀之后,把里里外外的事务交由丞相掌管,也不再考虑兴复汉室基业的目标。那些小人见刘备丧失了往日的斗志,便想出各种花招讨他欢心。

一次,一位地方官吏给刘备送来一个用玉雕琢而成的人像。人像有四尺高,质地精良,熠熠生辉;精雕细琢,栩栩如生。刘备一见欣喜不已,拥着甘夫人,指着玉人说:"你的肌肤可以和这个玉人相提并论啊!"

从此,他把玉人安放在自己的卧室里,一边欣赏冰清玉洁的甘夫人,一边把玩玉人,两相对照,爱不释手。

甘夫人见刘备玩物丧志,还为自己寻找冠冕堂皇的理由,心中甚是着急。如果长此以往,刘备就会沉溺于安逸之中,不思进取,最终英雄会沦为平庸之辈。可自己是一个妇道人家,如果向他直言进谏,似有参与政务之嫌;如果摔碎玉人,恐怕刘备会怨恨自己,破坏夫妻关系。这天,她在房中看着玉人,心中一个激灵,想起了"子罕不以玉为宝"的故事。

等到晚上,刘备回来,甘夫人柔声说:"你这样喜欢玉,我来给你讲个有关玉的故事吧!"

刘备也很有兴致,于是催促道:"好啊!快讲!"

"春秋时期,宋国的正卿子罕收到了别人送来的一块宝玉,那玉浑然天成,和你的玉一样,也是人的形状。但是子罕断然拒绝了,说:'你送来的宝物委实罕见。你以玉为宝,而我以廉为宝。如果我接受了,你和我都丢失了各自心爱的东西,你还是拿回去吧!'那个人对子罕敬佩不已,逢人就说'子罕不以玉为宝',这个故事一直流传到今天。"

刘备听后若有所思。甘夫人接着说:"同样是玉石,子罕不以为宝,而你却爱不释手,抚玩不止。玩物必丧志,居安要思危,现在还有两大对手尚未消除,你任重而道远啊!"

刘备惭愧不已,当着夫人的面就把那玉人摔碎了。他从此远离那些奸佞之徒,勤于政务。

国学经典文库

鬼谷子全书

·《鬼谷子》释义通解·

图文珍藏版

甘夫人在劝说刘备之前充分考虑到了自己的智能,怕直言相劝有参与政务之嫌。在权衡利弊的情况下便借故事启示刘备,不但达到了目的,还进一步加深了夫妻间的感情。由此可见,在劝谏别人时,不仅要注意说话的方式,还要讲究策略。在别人不经意间,抓住有利时机,或借用比喻,或委而婉之,或反面论说,都可达到进谏的目的。

文种向越王勾践献策

越王勾践被吴王夫差打败后,一天,大夫文种对越王说:"臣听说,以前有一个聪明的商人,他在夏天时要准备冬天的货物;走旱路时要准备好船只。正是因为他凡事都提前做好了充分准备,所以他的财富越来越多,生意做得越来越顺。大王是一国之君,执掌天下大权,更要像那个商人一样时刻具有防患意识:在国家安定无事的时候,就应该选择贤能的人,管理好国家大事,使国家富强起来。如今打了败仗,绝不可心灰意冷,应该逐步建立防患意识,准备迎接下一战,否则,我们只能一败到底啊!"

越王听了文种的这番话,恍然大悟。

此后,越王为了激励自己,每天睡觉都躺在茅草上。他还在自己卧铺上方挂一个苦胆,每天早、中、晚都要尝一尝苦味,意思是时刻提醒自己不要忘了亡国之苦。由于战后的越国,国土狭小,人口稀少,勾践对此制订了一系列发展人口的政策:女子十七岁必须出嫁,男子二十岁必须娶妻,否则父母就接受处罚;妇女生了孩子,无论男女,国家都会给予奖励,如果生了多胞胎,国家将给予更优厚的补助。就这样,经过十年的努力,越国的人口大量地增加了。

另外,越王为了使越国的农业发达起来,他还亲自种田,收了粮食作为自己的口粮,又叫他的妻子亲自织布,用来做自己的衣服。为了减轻百姓的负担,他决定十年里不向百姓征收赋税。这样,百姓家中都储备了足够三年食用的粮食。

二十年后,人民富有了,国库也充实了。越王勾践又轮番地对男人们进行军事训练,使每一个适龄男人都身体健壮,又教给他们打仗的规则。

虽然国富民强了,但百姓依然没有忘记国家的耻辱,大家向越王勾践提出发兵讨伐吴国的要求,以报仇雪恨。百姓纷纷表示:"目前全国百姓都十分尊敬您,就像尊敬自己的父母一样。现在出兵攻打吴国是大家的愿望,因为儿子都想为父母报仇,臣子都想为您报受辱的仇。大王,请您领导我们战斗吧,大家都会服从您的指挥!"

越王勾践点了点头,他知道迎战的时机已经成熟了,于是,他激昂地对百姓说:"我听说,古代的明君从来不会为兵力不足而担心,担心的是大家的意志不统一,不能齐心协力,共同抵抗外敌。如今,我们大家同心同德,一心一意,我的确没有顾虑了。我只希望大家听从指挥,遵守纪律,英勇作战。虽然夫差有十万人的大军。但是,他们没有统一的意志,无法做到力量和一,是不堪一击的。希望我们这次能够大获全胜,战后,我定会论功行赏,大家要相信我!"

百姓们高喊:"团结一致,抵抗外敌……"

结果,战争打起来了,越国打败了吴国,取得了战争的最后胜利。

"飞箝"之术用于治理天下,必须要考量国君的权谋和才能,观察天地的盛衰,掌握地形的宽窄,山川的险峻和难易,以及人民财富的多少。大夫文种之所以能够一语惊醒越王勾践,使其士气大增,最终得以取胜。正是因为文种深知勾践的愿望和想法,并能够针对对方所重视的问题进行游说,成功地激励了勾践的意志,助其重建信心。

完璧归赵

秦王得知赵王得到和氏璧一事后,立即派使者带了国书前往赵国,告知赵王说,他愿意拿出十五座城池来换取和氏璧。

赵王安排秦国使者稍做休息,就召集大将军廉颇与众臣商量此事。大臣们都认为,若是答应了秦国这一要求,很可能上当;若是不答应,很可能会激怒秦王,遭到秦国的攻击。大家商量了半天,还是确定不出一个两全其美的办法。

赵王心急如焚，问道："难道真的没有办法解决这件事情吗？"

此时，宦官长缪贤的门客蔺相如站出来，对赵王说："秦国提出用城池换取和氏璧的要求，确实让我们很为难，如果大王不应允，那么错在我国；如果我国交了璧而秦国却反悔不给城池，那么错在秦国。所以，依我所见，大王宁可答应秦国，即使他们反悔，也要他们担当不交出城的罪名。"

赵王说："那么，先生能作为赵国使者去秦国走一趟吗？"

蔺相如说："可以。如果秦国交了城，臣就把和氏璧留下；如果秦国不交城池，臣就把和氏璧完整地带回来，交给大王。"

于是，蔺相如就以赵国使者出使秦国。

蔺相如到了秦都咸阳，在离宫别馆向秦王进献了和氏璧。秦王拿到璧，仔细看了会儿，又高兴地把璧传给身旁的美人和臣子们观赏。

蔺相如在一边等了许久，秦王只顾欣赏和氏璧，始终都没有提起交换城池的事，蔺相如知道秦王根本没有诚意交换，于是，他走上前，对秦王说："大王，是否看出这块玉璧上有点儿小毛病？"

秦王惊奇地问："哪里有毛病？"

蔺相如说："请让我指给大王看。"

秦王想都没想就把璧交还给蔺相如。蔺相如拿到玉璧后，便大步后退，直到碰到柱子才停下，他怒吼道："当初，大王派使者带着国书来到赵国，说是愿意拿十五座城池来换取这块和氏璧。赵王虽心有不舍，但仍旧诚心诚意地斋戒了五天，然后派臣把玉璧给您送来。可是，我来到这里，大王却不在朝廷正殿接见我，而是在离宫别馆接见我，而且您的态度十分傲慢，将赵王视为宝贝的玉璧传给周围的美女玩赏，臣在一边耐心等待，却不见您提到交换城池的事情，我看大王根本没有割地的诚意，所以我把玉璧拿回来是没有错的。如果大王对我的直言感到愤怒，那我宁可把我的头和璧同时撞在这根柱子上，以示谢罪！"

蔺相如说完，便高举着璧朝准柱子要摔。

秦王见蔺相如决心已定，便连声道歉，又立即召来管图籍的官吏，让他在地图上指出要割给赵国的城池范围。

蔺相如知道秦王这是"缓兵之计",便对秦王说:"和氏璧乃是闻名天下的珍宝。赵王派我送璧前,已斋戒五天,所以,为了表示大王您的诚意,您也应该斋戒五天,并在大殿上备设隆重的九宾大典,这样我才敢把这块和氏璧献给您。"

秦王见无计可施,只好答应,命人安排蔺相如去休息。

蔺相如心想:现在,秦王虽然答应斋戒,但不会把十五座城池割给赵国。于是,他就命与他一起前来的随从身着破旧的衣裳,把和氏璧藏在怀里,从偏僻的小道,偷偷地逃回赵国。

五天后,秦王完成了斋戒,便按照蔺相如之意,在朝廷中备设了九宾大礼的正式仪式,派人请蔺相如上殿。

秦王知道蔺相如命人把玉璧送回赵国后,大为震怒,他喝令武士把蔺相如绑起来。

蔺相如毫不慌忙,不紧不慢地说:"且慢,让我把话说完再绑我也不迟。秦强赵弱,这是天下诸侯都知道的事实。如果秦国真的能够按照预先的约定,割十五座城池给赵国,那么,赵王一定不会为了一块璧而得罪大王。我知道对大王施行欺骗行为的,一定要接受烹刑,现在我愿意接受大刑,请吧!不过,还是请大王和诸位大臣们仔细思量,再做定夺。"

秦王心想:即使把蔺相如杀了,还是得不到和氏璧,而且两国的关系也会因此而受到破坏,还不如先放他回去。

就这样,蔺相如安全地回到了赵国,此后,还被赵王拜为上大夫。

蔺相如正是一位出色的飞箝术的运用者,他采用了"先重累之"的方法,深明大义,动之以情,迫使秦王不得不斋戒五天。接着,他又采用了"毁之"的办法,完璧归赵,最终自己也得以全身而退。

毛遂以巧言箝住楚王

战国时期,秦王派出重兵攻打赵国,没过多久,就把赵国的国都邯郸团团围住。赵王一面命令将士坚守城池，一面派平原君到楚国请求救兵。

平原君深知，此次楚国之行关系到赵国的生死存亡，他仔细挑选出二十名文武双全的门客随他一道去楚国求救，并讨论合纵抗秦之策。但是，平原君选来选去，只选出十九人，还差一人，怎么也选不出来。

这时，门客中有个叫毛遂的，找到平原君，自荐道："将军此次挑选的人，听说还少一个，我向将军推荐我自己，请您也带上我吧，哪怕是凑个数也行啊！"

平原君一看，此人其貌不扬，面相普通，毫无灵气。平原君对这个人没有一点印象，于是问他："你到我这多少年了？"

毛遂回答说："已经三年了。"

平原君有些气愤地说："你到我门下已经三年了，在这期间，从来没有人在我面前夸过你，可见你并无什么过人之处。一个有才能的人在世上，就好像锥子装在口袋里，锥尖子很快就会穿破口袋钻出来，人们很快就能发现他。但你始终没有胆量展现你的优势，这样一个没有本事的人，怎么能够与我一起去楚国行使如此重大的使命呢？"

毛遂听了这话，也并不生气，他心平气和地对平原君说："我今天要求的正是像锥子一样被放进袋子，如果早能这样，早就刺破袋子显露锋芒了！"

平原君对毛遂的胆量和口才非常佩服，于是就答应毛遂作为自己的随从，连夜赶往楚国。

抵达楚国后，平原君立即拜见楚王，与他商讨出兵救赵的事情。但商谈的过程并不顺利，平原君和楚王谈了整整一上午合纵抗秦的事，可楚王就是不肯出兵。面对这种情况，毛遂当机立断，只见他手按宝剑，走到楚王面前慷慨陈词，面对盛气凌人的楚王，他毫不胆怯。他两眼逼视着楚王，申明大义，他从赵楚两国的关系谈到这次救援赵国的意义，对楚王晓之以理动之以情。

楚王觉得毛遂的话很有道理，对他的凛然正气很是惊叹佩服，最后终于答应联合抗秦，派兵救赵。

赵国得救后，平原君称赞毛遂说："毛遂原来真是了不起的人啊！先生的三寸不烂之舌，真抵得过百万大军呀！可惜我竟没发现他。如果这次不是毛先生挺身而出,我岂不是要埋没一个人才啊?"从这以后,平原君就把毛遂当为上宾对待了。

钩住并箝制对方的语言技巧是要讲策略的,不能完全直言不讳,要懂得因时制宜,时而顺着对方说、时而逆着对方说;时而赞同对方,时而反对对方,在反反复复中寻找最合适的时机,一点一点地箝制对方,不能体现出任何有预谋的迹象。这就要求各个环节都必须衔接顺畅,处处都要体现出顺理成章,合乎情理。毛遂先采用"先征之"的方法,激怒楚王,接着又用"重累之"道出了楚王的切肤之痛,逼得楚王没有退路,只能接受歃血为盟,而毛遂也因此得到平原君的赞赏。

陈轸成功说服昭阳退兵归国

楚国大将昭阳率楚军攻打魏国,歼灭魏军,击杀魏将,占领了八座城池后,又移师攻打齐国。陈轸担任齐王使者,去拜见昭阳。再拜之后祝贺令尹的战事胜利,然后站起来问昭阳:"按照楚国的制度,灭敌杀将能获封什么官爵禄位?"

昭阳答道:"赏赐上柱国的官职,封给上执珪的爵位。"

陈轸接着又问道:"除此之外还有比这更尊贵的官爵吗?"

昭阳说:"那只有令尹了。"

陈轸回答说:"令尹是最显贵的官位,不过,楚王却不可能设两个令尹。臣愿意替将军打一个比方。楚国有个贵族祭过祖先后,想要拿一壶酒请他的门客喝。门客们互相商议的结果是:'给我们这几个人喝不够,一个人享用却太多,让我们在地上画一条蛇,谁先画成谁先喝。'这时,有个门客先画好了蛇,于是就取过酒杯准备先喝,他左手端着酒杯,右手又在地上画了起来,并说:'我能给蛇画上脚。'还没等这个门客把蛇的脚画完,另一门客也画好了蛇,于是夺过他手中的酒杯,说'蛇本来就没有脚,你怎么能给它硬添上脚呢?'于是,这个人就喝了这杯酒,而画蛇添足的人最终没有喝到酒。如今将军辅佐楚王攻打魏国,占领了魏国的八个城池,楚国的将士还很疲惫,而将军却想要继续攻打齐国,取胜的机率自然会降低。即使险胜了齐国，由于将军现在已经立身扬名了，在官位上是无法再加封了。凡是战无不胜却不懂得适可而止的人，都会招致杀身之祸，该得的官爵还是归属别人，这道理正如'画蛇添足'一般。"

昭阳认为陈轸的话很有道理，于是撤兵回国了。

陈轸用"画蛇添足"的寓言故事警醒昭阳，令他深切地体会到攻打齐国对自己没有任何好处，最终昭阳退兵归国，进而使国家和兵力避免遭受到不必要的损失。

鬼谷子的社交谋略告诉我们：若想建立居高临下的态势，左右事物的发展趋向，就要掌握飞箝术的要领：首先要知道对方与自己不同的观点，并区分出观点的正误；然后分析出对方观点的内涵和外延；再进一步判断出对方的真假虚实，随机应变，找到对方的缺口，切入进去；如果已经掌握了主动权，就要隐秘筹划，以便达到自己的目的。

远交近攻，成就霸业

公元前270年，秦昭襄王即位后，大权仍被太后和魏冉所操纵，他常因不得志而不开心，一心想得到有识之士的帮助，以摆脱太后和魏冉的控制。

秦国穰侯魏冉正在谋划发兵攻打齐国一事。此时，下人给秦昭襄王送来一封信，并禀告说："大王，上书人要求晋见大王，那人说有急事。"

秦昭襄王正处于求贤若渴的阶段，所以他立即答应在离宫召见这位上书的人。在秦昭襄王赶去离宫的途中，突然冒出一个大汉，挡着他的轿不肯避让。

秦王的侍从大声吼道："快让开，大王驾到！"

谁知，那个挡道的大汉高声反问说"秦国还有大王吗？我只听说秦国有太后、有穰侯，却从来没有听说秦国有大王呀！"他的这些话被车内的秦昭襄王听见了，他察觉到这位大汉一定不是等闲之辈。于是，秦昭襄王连忙下车，上前一问才知道此人就是上书的范雎。

秦昭襄王请范雎一同前往离宫，到了离宫后，秦王屏退左右，诚恳地向范雎请教治国之道。

其实，范雎挡住秦王的去路，就是想以此试探秦王的诚意。秦王的所作所为让他看见秦王确实至诚至恳，所以，范雎就直言不讳地说："以秦国现在的实力足以征服诸侯，但十多年来，仍没有大的进展，究其原因，不排除掌握秦国大权的太后和穰侯没有尽心尽力，当然大王在治国的策略上也确有不足之处啊！"

秦昭襄王连连点头，表示赞同，谦虚地问道："先生所言极是，请先生分析其中缘由，寡人愿闻其详。"

范雎回答说："我们先不谈太后和穰侯专权一事。这次我们主要讨论一下大王失策的问题。眼下穰侯魏冉正准备出兵攻打齐国，但这一决定缺乏可行性。因为齐国离秦国很远，中间还隔着韩国和魏国。即使把齐国打败了，也无法连接齐、秦两国。而且，如果处理不当，齐国还有得而复失的危险。所以，此时最好的策略是远交近攻，暂时团结齐国，先攻下临近的韩魏两国，再向齐国发兵也不迟，那时再攻打齐国，就易如反掌了。"

对于范雎制定的远交近攻之策，秦昭襄王非常赞赏，还拜范雎为客卿。

秦昭襄王倾力推行范雎的远交近攻的方针，以此击破了其余六国的合纵势力，扩大了疆域，为后来秦始皇统一中国奠定了坚实的基础。

范雎是一个真正的智者，他先以"飞箝"之术引起秦昭襄王的注意，后向秦昭襄王提供"远交近攻"的外交战略，这不仅令秦昭襄王扩大势力，实现霸业，更使得范雎由一介草民一夜之间成为要臣。

将欲取之，必先与之

公元前663年，燕国受到了山戎族的大肆侵扰，为了解除燕国的危机，燕庄公向齐桓公求救，请齐国出师讨伐山戎，最后，在齐国的帮助下，不仅保卫了燕国，齐桓公还把原来山戎盘踞的地区交给燕国。燕庄公对此非常感激，后来在齐桓公撤军回国的时候，不停相送，不知不觉进入了齐国的境内。

这时，齐桓公说："按照规矩，除了天子，诸侯相送是不能越出自己国境的。"于是,齐桓公便把燕庄公所到的齐国境地全都割送给燕国。

中原诸侯得知齐桓公出兵解救燕国,不但没有侵占燕国一寸土地,反而还割送几十里土地给燕国,从此各诸侯都畏惧齐桓公的军威,同时对齐桓公的仁德也十分仰慕。而这一高明的计谋正是来自管仲。

公元前681年,齐桓公与鲁庄公在柯会盟,此前,齐国曾三次打败鲁国,并夺取了大量土地。此次会盟,鲁庄公是"醉翁之意不在酒",他带着大将曹沫一同前来。当齐桓公与鲁庄公在坛上正在准备歃血的时候,曹沫突然从怀中掏出一把匕首,大步向前去抓住齐桓公。众人都被这一幕给惊呆了,大家都不知所措。

这时,站在齐桓公身边的管仲,淡定地问曹沫:"你这是干什么?"

曹沫回答说:"齐国欺软怕硬,夺我土地,如果今天能把侵占我们的地方退还给鲁国,就签订盟约,否则我就与你的主公同归于尽。"说罢,曹沫就向齐桓公举起匕首。

管仲忙向齐桓公示意。齐桓公便对曹沫说:"我答应你的要求。"

于是,曹沫便放开齐桓公,收起匕首,回到随员的座位上。但是,此时的齐桓公深感后悔,他不仅不想把土地退还鲁国,还想把曹沫杀掉。照当时的情况,齐桓公想达到这一目的并不难,因为坛下都是齐国的将士。但这个决定被管仲否决了。

管仲悄悄对齐桓公说:"曹沫劫持大王,您答应了他的要求;现在曹沫放了大王,您却反悔,还要杀他,这样做会弃信于诸侯。以后天下诸侯就没人会相信大王的话了。得不偿失啊,所以大王千万不可这样做的。"

齐桓公听了管仲的这番话,慢慢地冷静下来,在盟会后,把在战争中侵占的鲁地全部退还鲁国。

天下诸侯得知这件事后,都认为齐桓公是一个讲诚信,重承诺之人,所以都来归附他,齐国也越来越繁荣了。

作为领导者,必须以诚信为本,以此籍制下属之心,令其心甘情愿地归附于

鬼谷子全书

·《鬼谷子》释义通解·

图文珍藏版

己,这不仅会帮助自己建立威望,而且有助于事业上的发展。所以说:将欲取之,必先与之,是为政之宝。

任人唯贤

楚国时,有一位名相叫春申君,他与魏国信陵君魏无忌、赵国平原君赵胜、齐国孟尝君田文并称为"战国四公子",曾任楚相。

一天,说客汗明拜见楚相春申君,等候了三个月才见了面。两个人谈完后,春申君非常高兴。汗明想再继续谈,而春申君却说:"我已经了解先生了,先生请回去多休息几天吧。"

汗明很不安地说:"我想问问您,但又怕您责备我孤陋寡闻。不知您和尧相比,谁更圣明一些?"

春申君说:"先生这话太过分了,我怎么敢和尧相提并论呢?"

春申君

汗明说:"那么在您看来,臣可否与舜相比呢?"

春申君说:"先生就是舜的化身啊!"

汗明说:"您的话不对,请让我把话说完吧。您的贤德实在不如尧,而臣的才能也不如舜。可是,让有才能的舜去侍奉圣明的尧,三年后两人才彼此了解。现在您在很短的时间里就了解了我,这说明您比尧还圣明,而臣比舜还有才能。"

春申君说:"先生的话很有道理。"于是,召来门吏把汗明的名字登记在宾客簿上,每隔五天春申君就接见他一次。

汗明说:"千里马的故事您听说过吗?千里马长到能够驾车的时候,拉着载盐的车前往太行山。千里马的四只蹄子伸展,两膝弯曲,它的尾巴低垂夹在两股之间。当走到半山腰时，便驾着车辕，辗转不前，爬不上山。就在这时，伯乐正好遇到千里马，他连忙跳下车拉着马哭了起来，伯乐解开自己的麻衣，盖在千里马的身上。这时千里马向前低下头，喘着粗气，又抬起头嘶鸣着，金属和石器撞击般的声音震动云霄，这是什么原因呢？这是因为千里马知道伯乐是它知己的缘故。现在，敝人没有才干，困厄在底层，居住在穷乡僻壤，已经饱尝了生活的酸楚，可是您就无意为臣洗去污点排除厄运，让我能为您高声说出在梁国受到的冤屈吗？"

春申君听了汪明一番话，恍然大悟。

汪明借用"骥服盐车"的故事，向春申君讲述了一个道理，即如果一个领袖者想要得到真正的贤能之才，则必须要善于识别人才和恰当地使用人才。除此之外，领袖者还应该用伯乐爱护千里马的真实情感去理解和珍惜人才。只有这样，贤能之才才会为国家效力，为人民谋福，为领袖者尽忠。其实，一个职位高的领导者更应具备这种任人唯贤的德行。

郑王颉顺应客观规律终获宽赦

楚襄王二十六年，楚国出兵征讨郑国。当时的楚国国力强大，弱小的郑国实在没有能力抵抗楚国的侵略。结果，郑国大败，郑王颉也成了楚将穿封戌的俘虏。

战事结束后，楚康王的弟弟公子围想冒认俘获郑王颉的功劳，说郑王颉是他所俘获的，于是穿封戌和公子围二人便发生争执，彼此都不肯让步，一时没有办法解决这场矛盾。

后来，楚康王请楚国太宰伯州犁作公证人，判定此功劳到底属于谁。伯州犁的解纷办法是很公正的，他说："如果想知道这是谁的功劳，其实不难，只要问问被俘的郑王颉，答案就自然揭晓了。"

于是，他命人带了郑王颉来，伯州犁向他说明原委，接着抬手向上介绍说："这位是公子围，是楚康王的弟弟。"然后又放手向下介绍说："此人为穿封戌，是北部长城外的县尹。现在,你告诉我到底是谁擒获了你啊?"。

郑王颉见状,立即回答说他是被公子围擒获的。穿封戌听后,非常愤怒,予以争辩,但他的反驳仍然是无效的,最后伯州犁还是判定这是公子围的功劳。不久,郑王颉被释放归国。

原来,伯州犁在问郑王颉谁是楚国立功者的时候,就故意把公子围和穿封戌的身份透露给他,而郑王颉作为楚国战俘,他急于求释,为讨好楚国当权者,他遂顺着伯州犁的暗示去回答,最终得到了宽赦。

鬼谷子的"飞箝"之术,并不总是赞美对方,让对方得意忘形,而后箝制对方;也可以在"审其意,知其所好恶"后,发表反对对方的意见,以逼迫对方陈述反面意见,然后就给自己陈述观点创造了条件,从而寻找机会箝制对方。郑王颉运用的"飞箝"之术就属于后者。

忤合术第六

本篇提要

"忤"是忤逆、反忤的意思,也就是违背了事物发展的要求,与其规律背道而驰的;合则是符合、顺应的意思,即遵循事物的发展要求和变化规律。本篇忤合术讲述的就是关于分合与向背的问题,强调要善于把握两者间相互转化的态势,只要顺势而行,便可纵横自如。

文中首先讲到"忤"与"合"是可以相互转化的,不同的事物都有其各自的变化特点,即使同一事物在不同的发展阶段表现形式也不尽相同,所以对待不同的事物或同一事物的不同阶段就要用不同的方法。凡善于顺应时势、把握机会者,便可随心所欲地选择自己背离的对象或是亲近的对象。

其次,文中说到的是如何运用忤合之术。由于事物不但有共性,还有其个性,所以在实施计谋时且不可千篇一律,还需灵活运用。决策时应充分考虑到实际条件,以符合实际情况和实际问题的要求,要"反复相求,因事为制",在对比中求得自己最合适的位置。

从运用方法来看,要想使决策被游说对象采纳,就必须要应和他的心意。首先要做到因人而异,不同的游说对象要采取不同的游说方法;其次就是确定具体的游说方法,在此要结合上篇飞箝术的运用方法,或引诱,或恫吓,或刚柔并济,有了切合实际的游说对策,才能正确选择是"趋合"还是"倍反"。

最后,文中说到的就是运用者如何才能具备制定合理决策和顺利实施策略的素质。圣人般的高尚品德、勤于思考的探求态度、洞察万物事理的眼光、灵活多变的头脑、善辨真伪的能力都是对运用者不可缺少的素质要求。

总之,无论是谋臣,还是说客,只要能够了解自身的情况和对方的能力,便可成功施展忤合术,使自己"乃可以进,乃可以退,乃可以纵,乃可以横"。

【原文】

凡趋合①倍反②,计有适合③。化转④环属⑤,各有形势,反覆相求⑥,因事为制⑦。是以圣人居天地之间,立身、御世、施教、扬声、明名也,必因事物之会⑧,观天时之宜⑨,因知所多所少,以此先知之,与之转化。

【注释】

①趋合:趋向统一。

②倍反:悖逆对立。

③计有适合:对比运用,使之与理相合。

④化转:变化转移。

⑤环属:像链环一样连接无缝隙。

⑥反覆相求:趋向统一和悖逆对立是相互需求的。

⑦因事为制:根据不同事情具体做出处理。

⑧必因事物之会:必须看清事物的发展变化。

⑨天时之宜:合适的时机。

【译文】

世间之事，无论是有关趋向合一或者背反相逆的事都会有适合各自情况的不同的计谋。事物不断变化运转，就像圆环的旋转变化一样，又各有自己的具体情形、变化形势。因此，谋臣应该根据不同情况，反复去寻求最佳的谋略，并按事物的发展变化而制定不同的制度措施以适应不同的情况。所以圣人生活在天地之间，无论是立身处世、控制世事、施行教化、扩大影响、显扬名望，都必须看清事物的发展变化，抓住有利时机，权衡利弊，来分析一个国家哪些方面是优势，哪些方面是劣势，并能随变化了的形势及时做出调整，促进事态向有利的方面转化。

【原文】

世无常贵，事无常师①。圣人常为无不为，所听无不听②。成于事而合于计谋，与之为主③。合于彼而离于此，计谋不两忠④，必有反忤⑤。反于是，忤于彼；忤于此，反于彼。其术也，用之⑥于天下，必量天下而与之；用之于国。必量国而与之；用之于家，必量家而与之；用之于身，必量身材能气势而与之。大小进退，其用一也。必先谋虑计定，而后行之以飞箝之术。

【注释】

①世无常贵：世上没有永远高贵的事物；常贵，永恒的尊贵。事无常师：事情也没有永远值得效法的榜样；常师，永远的榜样；师，法则，榜样。

②常为无不为：常做他人不愿做的事，"为"当"做"讲。所听无不听：常听他人不愿听的"无稽之谈"，这里是指圣人留心各种在他人眼中看来是不屑一顾的信息，而从中发掘出有价值的情报。

③成于事：办成要办的事。合于计谋：实现预定的计谋。与之为主：都是为了自己的君主。

④合于彼而离于此：合乎这一方必然与那一方相背离。计谋不两忠：事奉

两个国君,不可能做出使两个国君都满意的计谋。

⑤反忤:此处的"反"当指"合",反忤,即是"忤合";反,通"返"。

⑥用之:施行。

【译文】

世上没有什么永远高贵的事物,也没有永远值得效法的榜样。圣人常常是无所不做,无所不听。办成要办的事,实现预定的计谋,都是为了自己的君主。合乎这一方的利益,就要背离那一方的利益。也就是说,不可能同时提供使两个国君都满意的计谋,必然违背某一方的意愿。如果应和这个,必定背叛那个;背叛这个,必定应和那个,这就是"忤合"之术。把"忤合"之术应用于天下,必定要从总的形势方面权衡,然后总揽全局;把它应用到一个诸侯国,必定依据诸侯国的情况来制定实施措施;把它应用到大夫封地,必定衡量那块领地的人文地域状况,再决定对策;把它应用到一个人身上,就必定衡量这个人的才智、能力、气度,之后再量才而用。无论范围大小,不论有进攻之计还是退却之策,"忤合"之术的应用都是相同的。必定先谋划、分析,先制定好实施措施,再用飞钳术来作为补充手段。

【原文】

古之善背向者①,乃协②四海,包③诸侯,忤合之地而化转之,然后求合④。故伊尹五就汤,五就桀,而不能有所明⑤,然后合于汤。吕尚三就文王,三入殷,而不能有所明,然后合于文王。此知天命之箝⑥,故归之不疑也。

【注释】

①善背向者:深知人心向背之理的人。

②协:协和,和洽。

③包:容纳,包容。

④忤合之地而化转之,然后求合:意为驱置到忤合的境地,然后设法变化,

转移形势,开创新王朝。

⑤不能有所明:其意为未能够有所显名,有所作为。

⑥天命之箝:天命的归向。

【译文】

古代善于运用背向之理、反忤之术的人,能够协和天下四方、联合诸侯各国,驱置于忤合之地,然后再设法感化人心、转换形势,使天下归心,求得英雄之主,开创新朝。所以,伊尹五次臣服商汤,五次臣服夏桀,最后顺合于商汤。吕尚三次臣服周文王,三次入事殷纣王,无法施展自己的抱负,最后终于顺合于周文王。他们二人都知晓天命的归宿,所以最终义无反顾,归顺了明主,

【原文】

非至圣①达奥②,不能御世;非劳心苦思,不能原事③;不悉心见情④,不能成名;材质⑤不惠,不能用兵⑥;忠实无实⑦,不能知人。故忤合之道,己必自度材能知睿,量长短远近⑧孰不知,乃可以进,乃可以退,乃可以纵,乃可以横。

【注释】

①至圣:指非凡的圣人。

②达奥:指达到了深奥的境界。

③原事:指了解事物真相。

④悉心见情:尽心努力地考察事物的实情。

⑤材质:才能和素质。材,同"才",才能。

⑥用兵:这里指进行军事运筹。兵,指军事。

⑦忠实无实:意思是忠实却没有真知灼见。

⑧量长短远近:意思是度量自己技能的长短和见识的远近。

【译文】

如果达不到高超的圣人境界,不懂得深奥的道理,是不能驾驭天下的;如果

不用心思考是不可能揭示事物的规律的；如果不尽心努力地考察事物的实情，就不可能功成名就；如果才能、胆量都不足，就不能进行军事运筹；如果只是愚忠而无真知灼见，就不可能有察人之明。所以，"忤合"之术的法则是：首先估量自我聪明才智，度量自身的优劣长短，分析在远近范围内还比不上谁，这样就可以纵横进退，运用自如。

【解析】

本篇是讨论"忤合之术"的，即"以反求合"之术。"忤"，即是相背；"合"即是相向。"忤合"在这里是指以忤求合，先忤后合。

鬼谷子认为，事物变化和转移，就像铁环一样连接而无中断，形成各种各样的发展态势，或是相向归一；或是悖逆相反。所谓的"忤合之术"正是基于"反""合"可以互相转化的原理。本篇中，明确指出互相对立是事物的客观存在，只有精通"以反求合"的原理，才能顺应事物的变化。因此，在施行"忤合之术"以前，必须对具体事物进行多方面的研究，反复寻求内在的原因，再根据实际情况制定相应的策略。若是缺乏针对性的以反求合，不仅实现不了初始意图，还会造成适得其反的后果。在实施"忤合之术"的时候，除了要充分认识万物皆在变化中这一规律之外，还要具备两个必备条件：一是知己知彼，一定要事先估量自己的聪明才智，然后比较自己和他人的优劣长短，只有在知己知彼后，才能进退纵横，游刃有余；二是要在对方不如我方谋略的情况下，施行忤合之术，以使我方获得主动权。

鬼谷子阐述了"忤合"是事物发展变化中的应变常规，正如篇中所言"世无常贵，事无常师"，所以"成于事而合于计谋，与之为主"或"合于彼，而离于此，计谋不两忠，必有反忤"。不管我们要实现的预期目的是"联合"，还是"背反"，都要预先制定出切实可行的谋略。同时，要知道制定出的谋略并不是最终的谋略，因为事物是在不同环境和条件下不断发展变化的，所以谋略也应该根据变化中的事物而不断变化，变化后的谋略要适应变化后的形势。换言之就是"实事求是，因时制宜，与时俱进"。

另外，本篇还进一步讨论了如何利用对立和顺合的规律进行考察、选择适合自己的君主，进而建功立业。圣人生活在天地之间，他们之所以能够立身处世、治理天下、说教众人、宣扬名声、确定名分，就是因为他们始终遵循事物的变化规律行事，并在此基础上制定出了一系列与时俱进的谋略，再按照预先的计划促进事物向有利的方向转化。

【应用事例】

忤合，本意指违背一方的意愿，而合于另一方的意愿。"忤合"的实质是"以忤求合"，指在处事、论辩或游说中，要准确判定形势，灵活决定自己的立场，以求实现自己的目标。鬼谷子认为，万物皆在变化中，变化才有发展，正所谓"世无常贵，事无常师"。因此，做人办事要灵活多变，以发展为终极目标，而不拘泥于固有观念。施用"忤合"之术，首先要认清自己的前途，知道该联合谁，反对谁，同时有针对性地研究具体事物，做到"知己知彼"，这样才能进退自如，游刃有余，将主动权牢牢握在自己手上。

李嘉诚任人唯才建大业

"以貌取人"的选才观会将许多优秀人才阻挡在门槛之外。这样不仅挫伤了求职者的自信心，对他们的成才产生负面的效应；而且这样的企业，随着市场竞争的日趋激烈，路会越走越窄，竞争力也只会越来越弱。

选才时能够做到不以貌取人，任人唯贤是很不容易的。

李嘉诚从创业到华人首富，他的发展是离不开人才的。创业伊始，李嘉诚选用忠心耿耿、埋头苦干的人才，宁损自己也不亏员工，留人先留心，使员工具有极大的积极性，从而企业也具有很强的活力。企业发展壮大后，老员工的知识和业务技能就不能适应企业的发展，李嘉诚又适时任用富于开拓精神的青年专门人才。这时候，李嘉诚对公司的事务不再事必躬亲了，而是将自己的工作重心转移到了人事管理上。他用人不拘一格，唯才是用，并且采用待人从善的管理方法。李嘉诚的得力助手中就有不少是外籍人。收购了不少英资企业以后，他又采用"以夷制夷"的招式，利用洋人来管洋人。这样做，一方面管理者与被管理者彼此间易于沟通；另一方面，在海外业务方面，他们有血缘、语言、文化等天然优势，事半功倍。李嘉诚的董事机构采用"老、中、青"交替、中西结合的方式。

企业在 20 世纪 80 年代得以扩展及壮大，股价由 1984 年的 6 港元上升到 90 港元（相当于旧价）这与李嘉诚不断提拔年轻得力的左右手实在大有关系。

元老重臣经验丰富、老成持重，但拙于开拓、缺乏闯劲。而事业处于上升期，则需要勇于开拓者。企业越发展越壮大，就越需要科学管理，就越需要人才，特别是需要闯劲十足的年轻人。

年轻人有强烈的热情，以及大胆创新和力求上进的精神。他们在前进的道路上跌倒后能够再站起来，继续朝着自己的目标奋斗，这正是企业发展所需要的。

李嘉诚的用人之道是一种创新。其后的事实也证实了他的举才用贤招数十分管用。做领导就是要学会用人才。

"士用则为虎，不用则为鼠。"同时也对李嘉诚不以貌取人，唯才是举的用人风格给予了很高评价。的确，如果年轻人不被赏识，被压制，他们的才能只能埋没于世，而正是李嘉诚的识人术使其能够发挥才能。

鬼谷子用辩证法的哲学思想告诉我们，世界上追求富贵的方法是没有一个公式可以套用的，任何事务也不会有固定不变可以遵循的规律。也就是说，事物是变化的，人的认识也是变化的，要随着变化中的事物而变化。所以，大智慧的人是不会人云亦云、随波逐流的，但是也不是不食人间烟火远离人群的。他们不会什么都听，也不会什么都不听，对有用的成分他们就吸收了，对无用的东西，他们就"左耳朵听右耳朵冒"。归根结底，就是要按照不断变化的事物规律制定应变谋略，谋略一定是与时俱进的、合乎规律的、切实可行的。

鬼谷子的"事无常师""谋无定谋"的思想，还是强调的"一切从实际出发实事求是"的哲学思想。

善于听清弦外之音

人内心的思想,有时会不知不觉在口头上流露出来,因此,与别人交谈时,只要我们留心,就可以从谈话中深知别人的内心世界。

明洪武初年,浙江嘉定安亭有一个名叫万二的人,他是元朝的遗民,在安亭郡堪称首富。一次,有人自京城办事归来,万二问他在京城的见闻。这人说:"皇帝最近做了一首诗。诗是这样的:'百僚未起朕先起,百僚已睡朕未睡。不如江南富足翁,日高丈五犹披被。'"万二一听叹口气道:"唉,迹象已经有了!"他马上将家产托付给仆人掌管,自己买了一艘船,载着妻子,向江湖泛游而去。两年不到,江南大族富户都分别被收缴了财产,门庭破落,唯有万二逃之于外。

俗话说:"说话听声,锣鼓听音",这个"声"指的就是言外之意。通常除说话以外,一个眼神、一个表情、一个动作都可能在特定的语境中表达出明确的意思,就是同一句话也可以听出其弦外之音、言外之意。如果不能掌握和摸透这一点,就有可能遭受他人的伤害或伤害他人。

邓主编约孙教授为刊物写一篇稿子,恰巧邓主编的刊物开座谈会,他也邀请了孙教授。孙教授刚进会场,邓主编就冲了过去:"太好了!太好了!我一直在等您的稿子。"

"糟糕!"孙教授一拍脑袋:"抱歉!抱歉!我留在桌子上,忘记带了。"又拍拍邓主编的肩膀:"明天,明天上午,你派人来拿,好吧?"

"没关系!"邓主编一笑:"也不必等明天,会议结束我开车送您回去,顺便拿。"

孙教授一怔,也笑笑:"可惜散会后我不直接回家,还是明天吧!"

座谈会结束后,邓主编到停车场开车回家。转过街角,他看见孙教授和李编辑在等出租车。

邓主编摇下车窗热心地问:"到哪儿去呀!"

李编辑说:"陪孙教授回家。"

邓主编一听,就停下车将孙教授和李编辑拉上车。邓主编边开车边说:"我送您回家,顺便拿稿子。"

"我家巷子小,尤其这假日,停满车,不容易进去。"孙教授拍拍邓主编:"您还是把我们放在巷口,我明天上午把稿子给您送去。"

谁知邓主编说自己顺路,一定要去。邓主编硬是转过小巷子,一点一点往里挤,开到孙教授的门口。

"我还得找呢! 这巷子不好停车。"孙教授说。

"没关系,您不是说放桌子上吗?"正说着,后面的车大按喇叭催促。

"您还是别等了吧!"孙教授拍着车窗:"告诉您实话,我还没写完呢……"

孙教授再三找借口推辞,邓主编居然没有听出孙教授"我还没有写完呢"的言外之意,结果弄得两人都不愉快。

可见,听出朋友的话外音,从微不足道的细节中发现朋友的态度,和他自己要做些什么,这对你与朋友的交往很有帮助。

一个人的言谈在很大程度上能体现一个人的内心世界。言谈的内容和方式往往是他品性和才智的表现。言谈能告诉你一个人的地位、性格、品质以及流露的内心情绪,因此善听弦外之音是"察言"的关键所在。

分别判断人的言语,善于捕捉"弦外之音",是洞察人的心理奥秘的有效方法。从一定的意义上说,言语是一种现象,人的欲望、需求、目的是本质。现象是表现本质的,本质总要通过现象表现出来。言语作为人的欲望需求和目的的表现,有的是直接明显的,有的是间接隐晦的,甚至是完全相反的。对于那些直接表达内心动向的语言来说,每个人都能理解,正常的、普通的人际交往,就是以这种语言为媒介进行的无须赘述。而那些含蓄隐晦甚至以完全相反的方式表现心理动向的言语,就不是每个人均能理解,人与人的差别,大多也就发生在这里。若能够知一反三、触类旁通,反过来想想,倒过来看看,增加点参照物,减少些虚假的东西等等,最后透过言谈话语,发现人的深层动机,那就说明,你比别人有"心计"得多。而这种方法,也就是言语判断法。

1.由话题知心理

人们常常将情绪从一个话题里不自觉地呈现出来。话题的种类是形形色色的,如果要明白对方的性格、气质、想法,最容易着手的步骤,就是要观察话题与说话者本身的相关状况,从这里能获得很多的信息。

2.措辞的习惯流露出的"秘密"

语言除了社会的、阶层的或地理上的差别外,还有因个人的水平而出现差别的心理性的措辞。人的种种曲折的深层心理就会不知不觉地反映在自我表现的手段——措辞上。即使同自己想表现的自我形象无关,通过分析措辞常常就可以大体上看出这个人的真实形象,在这种意义上,正是本人没意识到的措辞的特征比词语的内容远为雄辩地告诉我们其人自身。

3.说话方式能反映真实想法

一般说来,一个人的感情或意见,都在说话方式里表现得清清楚楚,只要仔细揣摩,即使是弦外之音也能从说话的语气中逐渐透露出来。

(1)说话快慢是看破深层心理的关键如果对于某人心怀不满,或者持有敌意态度时,许多人的说话速度都变得迟缓,而且稍有木讷的感觉。如果有愧于心或者说谎时,说话的速度自然就会快起来。

(2)从音调的抑扬顿挫中看破对方心理

当两个人意见相左时,一个人提高说话的音调,即表示他想压倒对方。

对于那种心怀企图的人,他说话时就一定会有意地抑扬顿挫,制造一种与众不同的感觉,有一种吸引别人注意力的欲望,自我显示欲隐隐约约地透露出来了。

(3)由听话方式看破对方心理

构成谈话的前提包括了两种不同立场的存在者,即说话者与听话者。我们可以根据对方对自己说话后的各种反应,来突破对方的深层心理。

如果一个人很认真地听话,他大致会正襟危坐,视线也一直瞪着对方。反之,他的视线必然会散乱,身体也可能在倾斜或乱动,这是他心情厌烦的表现。

有些人仔细倾听对方的每一句话,等到讲述者快说完时,他也会透露自己的心声,由此看来,这位倾听者完全依靠坚强的耐心再配合一股好奇心,才能最终突破讲话者的秘密。

如果你想套知某人某方面的消息,你就会和他从一个平常的话题切入,然后认真倾听、提问、倾听……一步步达到自己的目的,对方在高兴之余,也忘了提防,相反还会认为你是一个很好的倾听者,善解人意呢。

你去请求朋友帮忙办事,而他始终不正面回答你,躲躲闪闪,"顾左右而言他",那就已经说明他不准备帮助你,你就不要在他那里耽误时间了。

你有朋友商谈一件重要的事,他不公开称赞你的想法,而是说:"完全可以,但是……"这说明他不支持你的想法,甚至反对,只是碍于你的情面,不好意思直说出来。

留神别人的言外之意。善于聆听既可以改变你与别人的关系,还可以帮助你了解别人的内心,避免伤害别人。

办公桌上的心理战

"一叶落而知天下秋",从细节可以知道一个人的成就会有多大,正所谓见微知著,从细节就能看出一些端倪。

事实上办公桌往往是一个人个性的投射,聪明的老板都更愿意信任那些注重细节注重效率的员工,良好的办公习惯是显示一个员工素质的比较明显的客观标志之一。而且你可以看到,越是真正忙碌大事业的成功人士,他的办公桌就越是整洁条理,这表明了他的思路的清晰和工作的效率。

在一个公司,如果老板是以"空桌面表示空脑袋"来衡量一个人是否努力,这招或许管用;但是,现在已有越来越多的公司老板宁可相信"凌乱的桌面显示凌乱的心思"。所以如果你是一个不爱整理自己办公桌的人的话,你就要小心了。

还有一些人也许并不是故意地让人觉得自己重要或忙碌,但他就是没有随时整理办公桌和自己物品的习惯。他的办公桌上永远是乱七八糟的一摊,有用的、没用的,办公用品、私人物件……如果你的对面就坐着这么一位,相信大家都会给予你足够的同情。因为你对面的那位不但显示了自己的无用,而且还在时刻影响你的心情。

事实上办公桌往往是一个人个性的投射,聪明的老板都更愿意信任那些注重细节注重效率的员工,良好的办公习惯是显示一个员工素质的比较明显的客观标志之一。而且你可以看到,越是真正忙碌大事业的成功人士,他的办公桌就越是整洁条理,这表明了他的思路的清晰和工作的效率。对于生活在信息爆炸时代的上班族而言,处理文件确实是一项难题。但是你要知道文件资料必须活用,否则就会变成"死"的东西,反而成为负担,而要真正用好这些文件,就必须学会从整理一张清洁有序的办公桌开始。整理办公桌的这个过程实际上也是我们头脑的整理。

芝加哥和西北铁路公司前总裁罗兰威廉斯曾说:"那些桌上老是堆满东西的人会发现:如果你把桌上清理干净,只保留与手头工作有关的东西,这样会使你的工作进行得更加顺利,而且不容易出错。我把这一点称为好管家,这也是迈向高效率的第一步。"

我们必须把最需要用的东西放在最容易看到或者找到的地方,而且不是所有的文件都需要保存,否则就会丧失保存的意义和价值。根据调查显示,如果你手上的工作是唯一占据你视线的东西,那么你的注意力至少增加百分之二十五。假如这份工作在你下班前你仍然没有完成,你把它放在桌子的正中央,'如此第二天你再开始工作的话,至少可以让你节省 15 分钟。

当你的办公桌上乱七八糟、堆满了待复信件、报告和备忘录时,就会导致你慌乱、紧张、忧虑和烦恼。更为严重的是,一个时常担忧万事待办却无暇办理的人,不仅会感到紧张劳累,而且会引发高血压、心脏病和胃溃疡。

凌乱的办公桌不会让人觉得你重要和忙碌,只会告诉大家你不会工作和效率低下,所以,还是整理好自己的办公桌,养成一个良好高效的办公习惯吧。

叶落知秋,未雨绸缪

做事应该未雨绸缪,居安思危,这样在危险突然降临时,才不至于手忙脚乱。《孙子兵法》有一段关于预见的精妙的论述:"夫未战而妙算胜者,得算多也;未战而妙算不胜者,得算少也。多算胜,少算不胜,而况于无算乎?"孙子关于妙算的思想,道出了运筹帷幄的奥妙。

凡事预则立,不预则废。没有科学的战略预见,你就不可能取得胜利。因此,我们在善于洞察事物的细微变化,见一叶而知天下秋,在此预见之上,为事情做好进退的准备。

"站得高才能看得远",这句古话想必谁都明白,它说的就是会做事的人能够从事物的目前状况准确地预知其将来的发展趋势,能够由事物的局部表现而推知其全体状况,他们具有见微知著的本领,有"窥一斑而知全豹"的智慧,因而能够防微杜渐,防患于未然。

很显然,任何事物的成长都有一个过程,要了解事物的成长发展方向,要从它开始产生的那一刻开始观察,因为刚产生的事物虽弱小,却已经蕴含了它如何发展,将发展到什么程度的诸多因素。于是知道了一个事物的发展趋势,就可以采取适当的应对措施,从而使自己立于不败之地。

这就要求我们做人做事,都不能过于莽撞,一定要看清摆在自己面前的各种利弊,学会变化角度,从最有利于自己的地方开始突破。会处理事情的人,能从事物细微的变化中准确地推知事物未来的发展趋势,他们会未雨绸缪,先人一步。

春秋末期,齐国的大臣隰斯弥去拜见权臣田成子,田成子和他一起登上高台向四面张望。只见三面的视线都畅通无阻,唯有南面被一片树木所挡住,而这片树木正是隰斯弥家的。

田成子也看着那一片树木,也没有多说话,只随口说:"怎么样,风景还

"是啊,是很好。"隰斯弥若有所思地说。

回到家里,隰斯弥马上让仆人把树砍倒。他的侍妾说:"你今天怎么啦,刚回家就要砍树。"

斧头刚砍了几下,隰斯弥眉头一皱,又不让砍了。侍妾愈加不解:"你今天到底是怎么啦? 一会儿砍,一会儿又不砍的。"

隰斯弥说:"谚语云:'知渊中之鱼者不祥'。田成子将要发动大事变了,大事发动之前,而我要是显示出知道他的细微想法,我必然要危险了。不砍树,还不会有什么罪;知道人所不能明言的事情,那罪过就大了。所以,我不能砍这树啊。"

此后,他绝口不提砍树的事。后来,田成子于公元前481年发动武装政变,杀了齐简公和许多强宗贵族,另立齐平公,自己一手把握了国家大权。而隰斯弥一家,没在被杀之列。

隰斯弥这是知而不为,自有其一番心机。田成子邀请隰斯弥登上高台去看风景,也许是在暗示隰斯弥他们的树挡住了自己的视线。明知自己的树木挡住了视野,令田成子不悦,但隰斯弥仍然大智若拙,置若罔闻,为什么?

田成子带隰斯弥看风景,自是意不在树,而在以此测试隰斯弥能否看出自己的心思。一个能看出自己微妙心思的人,也很可能会揣测出自己的谋反意图。幸亏隰斯弥想到了更深一层,装作对田成子所动心思懵然无知,靠自己的明察老到躲过了一场杀身灭门之祸。

在今天看来,任何深远的预见都不是无根据的随意猜测,更不是狂想,而是建立在对客观事物洞察细微、正确认识的基础之上。

英国人莱恩,年轻时就继承了伯父的事业,出任希德出版社的董事。但在当时,出版社的处境已是举步维艰,莱恩绞尽脑汁,试图另辟蹊径,使出版社"柳暗花明"。终于有一次,当莱恩在一个候车室旁的书摊上漫无目的地扫视时,他突然发现,书摊上除了高价新版书、庸俗读物外,几乎没什么真正值得阅读的好书，即便是好书，这些书大部分都是价格昂贵的精装书。

这个发现触动了莱恩的灵感："要想赚大钱，出版价格低廉的平装书是个好办法。"因为精装价格很贵，一般老百姓根本买不起。莱恩出版廉价丛书的计划在英国出版界引起了强烈的反响。有人说这会严重影响整个图书界，有人说这是自取灭亡。但莱恩认定之后，毫不动摇。

第一套平装系列丛书共 10 本，规格也比精装本缩小了。这不仅节省了封面制作的成本，也节省了纸张，再加上莱恩决定以购买再版图书重印权的方式出版这 10 本书，因而大大降低了成本费。莱恩把每本书的价钱压到 6 便士，这样，人们只要少吸 6 支香烟就可买到一本书。此外，他还来了个新奇的创举，在这套书的封面上设计了一个逗人喜爱的丛书标志物——一只翘首站立的小企鹅，以此吸引读者的注意。因此，莱恩把这套丛书起名为《企鹅丛书》。莱恩还用颜色表示图书的类别：紫色为剧本，浅蓝色为传记，橘红色为小说，灰色为时事政治读书，绿色为侦探类作品，黄色为其他类别读物。这一系列的改革使这套书不仅在外观上鲜艳明快、让人耳目一新，而且在装订上显得简单朴实，印刷上更是字迹工整。

1935 年 7 月，第一批 10 卷本《企鹅丛书》正式问世，在不到半年时间里，这套书就销售了 10 万册。

莱恩另辟蹊径，使祖上流传下来的图书家业"柳暗花明"。我们做人做事，都不能太莽撞，一定要看清摆在自己面前的各种利弊，学会变化角度，从最有利于自己的角度开始突破。

策略是什么？是为了达到成功、实现目标的工具，是建功立业、成大事的资本，是圆融通达的处事智慧。凡能做大事者，皆能攻防兼备，擒住难题，迎势而动。在无声无息中扑向成功的界碑。天下大事都是人做出来的，从来不会从天上掉下来，因此，你只有在大事中动尽脑筋，用最智慧的策略，才能够为自己打开人生的一扇扇大门。策略是做事的技巧，善用策略才能成大事。做人做事更离不开策略和手段，本书中的所谓策略和手段非阴谋诡计，而是攻克难关的一种制胜之法,这就是说,没有策略和手段的做人做事,一定是做到哪儿算哪儿,做到怎样算怎样,全凭自己的运气来,失败率自然不少。

成功人士时刻都充满了危机感。因为他知道,人生充满了变数,风险无处不在,各种风险因素是自己所不能完全控制的。这就意味着人生不可能总是平平安安,一帆风顺。一旦有一天某个因素发生变化,就有可能遭遇危险乃至失败。古语云:"人无远虑,必有近忧",如果你没有远虑,没有危机感,没有及早做好充分的准备,对于可能发生的事情缺少应对的策略,一旦生活出现危机,你就只能仓促应对,甚至变得惊慌失措,束手无策。孟子说过:"生于忧患,死于安乐",没有一点远虑的人最终会被眼前的安乐所葬送。在生活中如此,在商场上就更是如此。一位外国巨商这样说道:"在今天,你不只是与国内的业者竞争,世界各地都有跃跃欲试的敌人,随时向你传来致命的一击,而且,你还得主要和自我竞赛。"

学会居安思危,能够使人们在人生道路上怡然自得,欢乐度过人生。我们在生活中难免会遇到这样或那样的困难与挫折,甚至有时会祸从天降。面对这一切,对于没有准备的人来说,他只能是抱头痛哭,怨天尤人;而对有准备的人来说,却可能会因祸得福,柳暗花明,走出一片新天地来。如果说机遇只偏爱那些有准备的人,那么祸神就只光临那些没有准备的人。会居安思危的人在困难降临时,甩甩头,耸耸肩,让困难离他而去,没有半点恐慌。让我们学会居安思危,它会让你转危为安,预做安排,从容面对一切事物。这样,我们的生活中也就会,怡然自得,欢乐度过一生。

做事应该未雨绸缪,居安思危,这样在危险突然降临时,才不至于手忙脚乱。很多人不论干什么事情都喜欢临时抱佛脚,其实如果平常不做好充分的准备,就算临时抱佛脚也无济于事。因此,我们必须做到居安思危,未雨绸缪,提高自己的预见能力,防患于未然,使自己始终掌握竞争的主动权。

《孙子兵法》有一段关于预见的精妙的论述:"夫未战而妙算胜者,得算多也;未战而妙算不胜者,得算少也。多算胜,少算不胜,而况于无算乎?"孙子关于妙算的思想，道出了运筹帷幄的奥妙。

做事有分寸，交友要慎重

在待人处世中，尤其是对摸不清底细的人，切记做到"逢人只说三分话，未可全抛一片心。"否则，吃亏受伤害的将是你自己。

刘经理出差的时候在火车上遇见一位"台商"，二人一见如故，互换了名片。这位"台商"举手投足之间都显示出一种贵族气质，这使刘经理对其身份毫不怀疑。恰巧二人的目的地相同，"台商"又对刘经理的产品非常感兴趣，似有合作意向，便与之同住一个宾馆。吃饭、出行几乎都在一起。这一天，刘经理与一客户谈成了一笔生意，取出大笔现金放在包里。午饭后与"台商"在自己屋里聊天，不久刘经理起身去卫生间，回来时吓出一身冷汗："台商"和那个装满钱的皮包都不见了！刘经理赶紧报警，几天后案子破了，罪犯被抓获后才知道，原来他并不是什么"台商"，而是一个职业骗子。这让刘经理对自己的轻易相信他人、交出自己底细的做法痛悔不已。

像刘经理这种被人摸清底细钻了空子的事情几乎时有所闻。而"台商"的骗术仅在于：他交出"假心"，以此诱骗你交出"真心"。而你不知江湖险恶，就心实厚道的什么都对他说了。所以，在这一点上我们有必要吸取教训。

碰上老实的人，你们一见如故，把"老底"全都抖给对方，也许会因此成为知心朋友；但在现实中，更多可能的情况是：你把心交给他，他却因此而小看你，更有甚者会因此打起坏主意，暗算于你。

和人初次见面，或才只见到几次面，就算你觉得这个人不错，而你也喜欢他，也不该把你的心一下子就掏出来。对还不了解的人，无论说话或行为，都要有所保留，不可一厢情愿。

人性复杂，你若一下子就把心掏出来给对方，用心和他交往，那么就有可能"受伤"。把心掏出来，这代表你的真诚和热情，但见你把心掏出来，他也把心掏出来的人不大多，而且也有掏的是"假心"的人。若这种人又别有居心，刚好利用了你的弱点，那么你的日子就不好过了；而会玩手段的人，更可以因此把你玩弄于股掌之中。

另外还有一种情况，你一下子就把心掏出来，如果对方是个谨慎的人，那么你反倒会吓着了他，因为他怀疑你这么坦诚是另有目的的。如果是这样，你可能会弄巧成拙，断送了有可能发展的情谊。

在与人交往中，与其把心一下子掏出来，不如慢慢观察对方，有了了解之后再"交心"。你可以不虚伪，坦坦荡荡，但绝不可把感情放进去，要留些空间作为思考、缓冲——不掺杂感情因素，那么一切就好办了。

鬼谷子说："没有深入了解对方的具体情况，没有深入调查对方的准备情况，没有足够的兵源，没有足够的器械，没有足够的粮饷，是不能用兵的打仗的。"

没有忠心诚实的待人，也得不到别人的诚信回报，这样永远也无法了解别人。

所以"忤合"之道，在于自己必须认真分析自己的智慧才能，认真分析别人难以想象的细节，制定出别人想象不到的谋略，这样就可以进退、纵横任驰骋了。

看到别人看不到的机会

聪明人不会轻易放过每一个有效的信息和资源，他们能及时地发现并抓住它，于是便多了一次成功的机会。

面对扑面而来的信息大潮，有人无动于衷，有人不知所措，只有极少数胸怀大志的人，才会开动自己的感官，去接纳它，去占有它，去利用它。真是"凭借东风，直上青云"。信息就是机遇，就是效益，就是创意与金钱。

1865年4月，美国的南北战争快接近尾声了。那时，市场上的物质很匮乏，猪肉的价格很贵。美国实业家亚默尔知道，这种情况只是暂时的，战争一旦结束，猪肉的价格就会很快降下来。所以他对战争的重视绝不亚于正在打仗的军人。他天天读报纸,听收音机,打探着最新的消息。从最新的消息可以推算,南军的败局已定。

一天,他被一条新闻吸引住了,这条新闻说:

在南军高级将领罗伯特·李将军的营地附近,一个神父遇到了一群孩子。孩子们手里拿着钱,问神父什么地方可以买到面包和巧克力。

孩子们说:"我们已经两天没有吃到面包了!"

神父问:"你们的父亲呢?"

"我们的父亲都是李将军手下的军官,他们也是几天没有吃到面包了。他们给我们带回来的马肉太难吃了,嚼都嚼不动。"

在战争期间,有关人们缺穿少吃的新闻到处都是,对这条新闻,开始的时候,亚默尔也没太在意。可是他突然感觉到有什么不对。他立即意识到,这是一条非同小可的消息,这里面有很重要的关于南北战争的信息!

他是这样分析的:南军供给缺乏是大家都知道的消息,不足为奇,但是南军的大本营里发生这样的事情却是很重要的事情。俗话说,兵马未动,粮草先行,现在已经到宰杀战马的地步,不用说,形势已经十分危急。

他的结论是:战争马上就要结束了!

时机来了,必须马上行动。他马上与东部市场签订了一份以低于市场2%价格的卖出猪肉的合同,交货期限是 10 天以后。合同刚一签订,当地所有经销商都大骂亚默尔疯了,把猪肉的价格压得这么低! 在这些人的眼里,亚默尔的行为是不可思议的。这样做,毫无疑问,是把大把的美元往别人的口袋里扔,只有疯子才会这样做。于是,很多人都想趁机大捞一把,纷纷找亚默尔订合同。亚默尔来者不拒,几天之内,又签订了一批合同。

亚默尔的这一赌注可算是押对了地方:就在合同签订的几天之后,战局和市场都发生了根本性的变化,猪肉的价格一下子降到比亚默尔卖出的猪肉的价格低 25%。那些经销商们一时间目瞪口呆,后悔莫及。

就是这一笔交易,亚默尔就赚了 100 万美元!

亚默尔说:"我准时地抓住了那条消息所反映出来的信息。要是我有一点犹豫,这100万美元就进别人的腰包了。我的法宝有两个,一是信息,二是快捷。"

一条小小的信息有时候就蕴藏着无限的商机。有的人及时地发现并抓住了它,有的人则熟视无睹,视而不见。亚默尔的商机和灵感都来源于报纸上的一条新闻。每天阅读报纸上新闻的人何止千万,但是真正抓住了商机的却只有亚默尔。原因很简单,因为他是一个"有心人",用发现的眼光在各个新闻之间寻找着有利于自己的新闻信息。他首先是博览,所以能知道南方的战况,然后再结合另一条消息的实际情况,从而挖掘了商机。

要想做聪明的自己,就要留意观察周围的事物,哪怕是不起眼的小事情,也要仔细观察,深入思考。能抓住有效的信息,就意味着为成功开辟了一片新的领域,而在那个领域中,你是唯一的开拓者。

抢先开口巧妙拒绝

当你预知别人将要说一些对你不利的话或让你办一些你不想办的事时,你可抢先开口,给予明确的暗示,把对方的要求堵在嘴里,达到拒绝的目的。

曹操准备攻打吴国。吴国主将周瑜足智多谋,精通兵法,是曹操灭吴的一大障碍。于是曹操派蒋干去东吴说降周瑜。

蒋干风尘仆仆到了江东。周瑜听说蒋干来了,便知道他来干什么。于是决定来个先发制人,挫败蒋干的企图。

一见面,周瑜便开门见山地说:"子翼不辞辛苦远道而来,是为曹操做说客的吧?"蒋干没有料到周瑜竟有这一手,支吾了好久,才说:"我们老朋友相逢,怎能说到这些呢?"席间,周瑜又对众将说:"这是我的同窗好友,虽然从江北来,却不是曹操的说客——你们不要怀疑。"并解下佩剑交给太史慈说:"你佩上我的剑作监酒,今天宴饮,只叙朋友交情,如有谁提起曹操与东吴军旅之事,就斩了他。"蒋干大吃了一惊,始终不敢开口提劝降之事。宴后,周瑜拉着蒋干的手说："大丈夫生于世上，遇到知己之主，外托君臣之义，内结骨肉之恩，言必听，计必从，祸福与共，即使是苏秦、张仪、陆贾、郦生那样的人再生，又怎么能说动我的心呢？"就这样，周瑜采用抢先开口的策略先发制人，使蒋干始终不敢提起半句劝降的话头。

周瑜

抢先开口重在一个"抢"字，贵在一个"先"字。当你了解别人将要说一些对你不利的话或让你办一些你不想办的事时，你可抢先开口，或封、或堵、或围、或压、或劝（明确告知对方免于开口）、或截（打断对方的话题，用其他话语岔开）。这样就能牢牢掌握交际的主动权，达到拒绝的目的。

细析起来，周瑜抢先开口的策略可谓颇有"心计"：

先封——抢先一步，单刀直入，直接点破蒋干来吴的企图，先封死蒋干的口，使之不便开口。

再压——在酒席上，派太史慈作监酒官，并且明定"只叙朋友交情，如有谁提起曹操与东吴军旅之事，就斩了他"，使蒋干慑于酒令而不敢开口。

后围——以"大丈夫生于世上……祸福与共"等话来堵蒋干。这番话慷慨激昂，晓之以义，导之以理，就等于告诉蒋干，是大丈夫就当如此，只有小人才会反其道而为之。如果蒋干不识时务，硬要说出劝降的话来，岂不是把周瑜和他自己都当成小人吗？又使蒋干难以启齿。

紧接着前几句话，顺势说出了"即使是苏秦、张仪……又怎能说动我的心呢？"暗示蒋干不需开口，不必枉费心机白费口舌了。这样一环扣一环，自始至终压着蒋干，使他欲说不能，欲说无词，计划全盘落空。

多数情况下,拒绝别人是需要用语言表达出来的。采用抢先开口的技巧,有时并不需要实际开口说什么,而只需要把自己所想表达的信息,巧妙地传达给对方,就能收到"此时无声胜有声"的效果。

很多女白领把订婚戒指或结婚戒指戴在手上,就是这种用意。她希望不被人误会,让那些不清楚她的婚恋状况的异性尽早打消不适宜的念头——在男女关系上,有些话一旦说出口,双方都会很难堪。

对那些有"心计"的推销人员来说,推销最重要的原则是"不要让对方先说出'不'字来"。也就是说,即使明知对方可能不会接受我们的推销,但我们也一定要以"他迟早会接受"为心理暗示,从不很相关的话题开始,多谈些能达成共识的问题,坚决不给对方机会拒绝自己,直到最后对方在心理上接受了自己和所推销的商品,再具体谈主干问题。

一旦人们说出了自己的考虑,他就会在潜意识中坚持这一立场,并对反驳其立场和主张的人抱有敌意,无论他是说"不",还是说"是"。换句话说,如果对方已经向我们提出了要求,我们再拒绝就会很麻烦,弄不好还会伤害别人的感情,令对方很不舒服。

这样我们就需要先发制人,把对方的要求堵在嘴里,不让他说出来。

如果对方不容分说,把自己的要求一股脑全说了出来,而我们又无法办到,就要马上表示自己毫无办法打住话头,不再继续讨论下去,向对方表示不是自己不愿意答应,只是自己心有余而力不足。

我们可以连续不断地说"让人头疼","怎么办呢"? 这含有很想答应你委托的事的意思,但又没有说出来,所以打出头疼或不知如何是好的理由来。时间在不断地流逝,结果仍然是"让人头疼",最后对方不得不自行告退。

又比如:"这种事情我还从来没有办过呢! 唉,真头疼,怎么办呢?""您这样高看我,真使我感动,不过做起来真是让人头疼。"由于不讨论具体原因,所以,对方也不知道该如何说服自己。

即使对方要追根究底地盘问你头疼的理由,我们也可以说:"你要问头疼的理由,我一言难尽呀,真是头疼。"如果在强调自己实在没有办法的基础上,对于提出要求的对方,反问他"你说应该怎么办才好呢?"则对方势必会降低要求的条件,或放弃要求。

由于将"球"踢了回去,把裁决权交给对方,对方自己做出否定的结论,则对被要求的人就没有怨言了。

拒绝回答是语言交际中的一种逆势状态,必然在对方心理上造成失望与不快,大者令人暴跳如雷,小者令人微微颦眉。掌握拒绝回答的方法,就是要把由于拒绝回答而造成的失望与不快控制在最小的限度之内,即使自己能从无法回答的困境中解脱出来,又使对方能够接受拒绝而无可挑剔。

目光远大,弗里德里克创造冷饮奇迹

高瞻远瞩,将目光放长远,才能把握趋势,统筹全局。有心于善心吗?否,当然是事出有因。因为曹操在谋士司马懿的指点之下,看到了厚葬关羽对自己的有利之处,高瞻远瞩,让曹操避免了与刘备的一场争战。

弗里德里克出生于美国旧金山的一个中产阶级家庭,少年时期便梦想成为一个成功的商人,由于没有什么太好的机遇,他常常闷闷不乐。

在一个很偶然的机会里,他发现,常常被人们废弃的冰块的用途实际上是非常广泛的。它的主要用途是食用,冰块加入水中,或者化为水,就可以成为冷饮,他立即敏锐地发现在气候炎热的地方,这种饮料一定会有广阔的市场前景。

弗里德里克由此看到了一个潜在的商机。但是,他发现自己的当务之急是改变人们的饮用习惯,用冷饮取代人们习以为常的热饮,创造一种冷饮流行的市场局面才可能使冰块销售业务有长足进展。

于是,弗里德里克开始不断地实验创造消费。他试着利用冰块做各种各样的冷饮,并将冰块加入各种酒中勾兑出各种口味的鸡尾酒。经过多次试验,他终于试制出适合于多数人饮用的冷饮。

实验成功之后,他开始思索怎样才能让冷饮自动地成为一种时尚,成为一种人们趋之若鹜的消费倾向,而不靠自己挨家挨户地去劝说顾客呢?

渐渐地,他观察到人们一般情况下只是在酒店或者热饮店里喝饮料或酒。到了夏天天气炎热的时候,这些酒店生意都不太好,店主也为之烦恼不已。于是,他决定从酒店入手,宣传自己创造的时尚。

开始时,他免费给一些小酒店提供冰块,并且教会他们用冰块去做各种冰镇饮品及勾兑各种鸡尾酒,因为这些冷饮在炎热天气下有解暑降温的作用,经冰镇过的各种液体又会变得十分可口,这些饮品便立即在各个地方,尤其是那些气温高而又缺水的地区率先风行起来。

于是,许多店主开始纷纷仿效他的做法,大量购买冰块制作冷饮。

弗里德里克也不失时机地亲自经营起了一家冷饮店,专营冷饮。一时间,冷饮蔚然成风,人们渐渐改变了以往只喝热饮的饮食习惯,学会了在热天里饮用冷饮止渴。于是,喝冷饮开始在全美国广泛地流行起来,成为一种时尚。

冷饮的风行大大地带动了冰块的销售,一切都如弗里德里克所预料的那样,冰块的销售业务得到了巨大的发展,弗里德里克的一番努力终于使冰块的市场得到第一次的充分发掘,他的心态开始稳定下来,事业也逐渐从起步的低谷中转入快速发展期。

世界上有许多事业有成的人,不一定是因为上帝给了他更多机会,而是他自己懂得创造机遇,通过奋斗创造时尚,扩大自己的生存空间。弗里德里克便是这样的例子。

万事万物都是在不停地变化的,在这无穷的变化中蕴藏着许多的机遇。熟视无睹或无力抓住机会者,将会遗恨一生;而接受挑战,勇于尝试者,则会有所作为,大显神通,最终一步步地走向了成功。可见,成功者在机遇面前总是主人,而成功的主人也都是有谋略之人。

先发制人巧占先机

世事无常,如果不能先为自己找到保身之策,定会处于被动。所以要争取主动权。在日常管理中也是这样，不能老是被动地听上级的安排，要为成功主动创造机会！

汉文帝时，朝中出了个直言敢谏的大臣叫袁盎。上至皇帝，下至皇亲国戚，只要有触犯国家利益的，袁盎照谏不误，所以满朝忠直大臣都称赞佩服他，而奸邪小人都嫉恨排挤他。誉否毁否，袁盎依旧直谏不止。

汉文帝原为庶出，所以在皇亲国戚中没有靠山，只有依靠宦官。袁盎对此事十分不满，几次上疏劝谏，说宦官不可干预朝政。因此，宦官们都对袁盎怒目切齿。特别是宦官头目赵同，一有机会就在文帝面前说坏话，诋毁袁盎。

袁盎有个侄子叫袁种，是文帝的侍从，见到这种情况，就告诉了叔叔。袁盎说，"不怕，当今皇上还算个明君，不会听信小人谗言的。"袁种说："不怕一万，就怕万一。若一旦皇上听信了谗言，那将对您不利呀！"袁盎觉得此话也有道理，但自己又不能堵住别人的嘴，因而苦思不得良策。袁种说："叔叔不能堵住赵同的嘴，却可以掩住皇上的耳。"袁盎忙问："此话怎讲？"袁种说："叔叔可选一皇上在场的公开场合让赵同下不来台，给皇上造成错觉，那么以后赵同再诋毁您，皇上就以为他在泄私愤，不就掩住皇上的耳朵了吗？"袁盎一听大喜。

机会终于来了。有一天，文帝出游，让赵同陪车参乘。赵同得此炫耀机会，在皇舆上得意扬扬。众大臣见了，觉得太不像话，但谁也不愿得罪赵同，给自己招来麻烦。这时，袁盎却迈出队列，跪在皇舆前，拦马劝谏，说："臣闻与天子同车者，皆天下豪杰之士。我朝虽乏俊杰之才，但无论如何也轮不到刑余阉竖与皇上同车。"文帝一听，也醒悟过来此事有损自己声名，但赵同参乘是自己批准的，怎么处理呢？文帝沉吟了一会儿，装出不在乎的玩笑样子对赵同说："既然这样，那么你就下车步随吧！"赵同一听皇上不给自己撑腰，让自己在众臣面前输了脸面，觉得十分难堪，哭着下了车。众臣都佩服袁盎的胆量。

赵同当然对袁盎恨之入骨了。一回宫，就急不可待地说袁盎坏话，哪知文帝不再像以前那样注意倾听，而是淡淡一笑说："袁大夫是个忠直人，今天的事您别放在心上。"赵同一听，明白文帝是在认为自己泄私愤了，从此再也不敢说袁盎的坏话了。

袁种此计,利用人受了打击必定报复的常识,制造圈套,不但给文帝"掩上了耳",而且也给赵同封住了嘴。这样能够先发制人,保住了自己也牵制了对手,实属智者所为!

晏婴以反求合获崔杼认可

春秋时期,齐国的国君被大臣崔杼杀死了,崔杼控制了齐国的国政后,便在自己的家中召集大臣们歃血为盟,想借此机会扩张自己的势力,巩固自己的地位。

盟誓的时候,崔杼盟誓道:"凡是不亲附崔氏而亲附齐国公室的人,将会死无葬身之地!"很多大臣都按照崔杼的话发了誓。但是,当轮到晏婴时,他却低下头歃了血,仰起头高呼:"凡是不亲附齐国公室而亲附崔氏的人,也将会死无葬身之地!"

崔杼听了晏婴的誓言,非常愤怒,随即拿起矛顶住了晏婴的胸膛说:"我劝你还是把刚才的誓言收回吧,这样我才可以和你共享齐国,否则,你马上就会没了性命。"

这时,气氛一下子紧张了起来,空气都好像凝固了一样,周围的大臣们都为晏婴捏了一把汗。然而,晏婴本人却冷静沉着,从容地对崔杼说道:"你难道没有学过《诗经》吗?《诗经》中记载:'密密麻麻的葛藤,爬上树木枝头。和悦近人的君子,不以邪道求福。'而我当然不会以邪道求福了,请您仔细揣摩我的话吧。"

崔杼听晏婴一席之言,不禁有些惶恐,他思考了片刻,叹息道:"这是一位难得的贤德之才,我怎能杀他啊。"

于是,崔杼放下手中的兵器,转身离开了。

晏婴见崔杼离开,为防后患,也随即走出了崔杼的家门。这时,晏婴的车夫闻讯赶来接他。

在回去的路上，车夫快马加鞭，晏婴拍着车夫的肩膀说："不要如此匆忙而失去常态，快了不一定就能活，慢了也不一定就会死。一切顺其自然为好。"车夫听了晏婴的话，平稳地驾车回到晏婴的家中，晏婴最终还是安然无恙。

晏婴之所以能够成功地脱身，保住自己的性命，并让崔杼心悦诚服，就是因为他精通"以反求合"的原理，起初晏婴不肯违心发誓，以和悦近人的君子不以邪道求福之理镇住崔杼，这是"忤"的运用；当晏婴离开崔杼家后，车夫想要快行，晏婴则劝阻他一切顺其自然为好，于是平稳慢行，这是"合"的运用。可见，晏婴将"忤合之术"运用得如此精妙，实在令人佩服。

曹刿以忤合之术取胜

齐桓公时，鲍叔牙奉命亲自督军去攻打鲁国。危急之时，鲁国谋士施伯向鲁庄公献策，他建议请出一位隐士曹刿指挥鲁国军队。在这之前，齐国曾把鲁国的军队打退，士气正旺。两军对阵于长勺，一开始鲍叔牙就下令击鼓进军。

鲁庄公一听，齐军战鼓如雷，立即下令击鼓，但受到了曹刿的阻止。他不让击鼓，也不许将士叫嚷，更不许出击，只叫弓箭手守住阵脚，不让齐军冲过来。齐军第一次冲锋没遇上敌手，但还是攻不进鲁军阵地，便退了回去。

过了一会儿，齐军再次擂鼓呐喊，第二次冲锋开始了。这一次，曹刿还是不让鲁军出兵迎战，只是吩咐鲁军弓箭手守住阵脚。齐军一时找不到对手交战，又攻不进敌阵，只能再次撤回。但与第一次相比，齐军的士气削减了很多。

没有多久，齐军统领再次下令击鼓呐喊，发动了第三次冲锋。而这一次曹刿还是坚守不出，齐军将士在屡次进击受挫后，士气大减，个个无精打采，提不起精神。

这时，鲁军阵中突然战鼓齐鸣，鲁军的将士如猛虎出笼，向齐军冲了过来，齐军一时乱了章法，来不及列阵，乱作一团，顷刻间就被鲁军打垮了，齐军仓皇而逃。

鲁庄公见状，高兴极了，便下令马上追击，但曹刿又一次阻止了他。这让鲁庄公大为不悦，还没等他说出话，只见曹刿跳下了车，看了一阵齐军的战车轮印，又站到车上瞭望一阵，这才下令追击。鲁军一鼓作气追出三十里，大获全胜。

打了大胜仗，鲁庄公仍然想不通其中的道理，便向曹刿请教。

曹刿说："临阵交兵全凭一股士气。敌军第一次击鼓进攻，士气正旺，倘若我军这时与之交锋，取胜会有很大的困难。"

鲁庄公认为有道理，又继续问道："那么，第二次又为什么不能进攻呢？"

曹刿说："第二次击鼓进攻的时候，齐军的士气比第一次削减了很多。等到了第三次的时候，其士气已经消磨殆尽了。而此时我军将士的士气却是一鼓再鼓，斗志昂扬，这时进军一定事半功倍。所以，在敌军士气衰竭时，突然侵袭，出其不意，这样一来，哪有不胜的道理？"

鲁庄公和众将士点头称是。又问道："齐军溃败的时候，为什么不立即追击呢？"

曹刿回答说："齐军逃跑不一定是真败，也很可能是佯装出来的，其真正的目的可能是想引我军上当。所以，我先仔细观察了齐军的车轮印，确实已乱了，又观察敌军旗帜，确实已倒了，这证明齐军确实是败逃，这才下令追击，万事想周详了，才能确保万无一失啊！"

曹刿的这番话让鲁庄公和众将士心悦诚服。

任何事物都有正反逆顺的发展形式，有些事情顺势去做可以成功，而有些事情逆反去做也可以成功。故事中的曹刿不仅是一位智勇双全的高士，更是一位出色的"忤合之术"的运用者。在齐鲁两国的征战中，鲁国之所以能够战胜实力强大的齐国，就是因为有曹刿这样的谋士，他不仅做到了"反覆相求，因事为制"，而且做到了"因事物之会，观天时之宜，因知所多所少，以此先知之，与之转化。"如此一来，鲁国的胜利就是必然的。

知己知彼，百战不殆

石达开是太平天国的著名将领。早年加入拜上帝会，与洪秀全、冯云山等共谋举义。金田起义后，被封为左军主将，旋封翼王。

当时，西征军在湖南湘潭为曾国藩的湘军所败，节节后撤，武汉失守，九江危急。石达开奉命率援军赴湖口，指挥九江、梅家洲守军顽强抗敌。太平军面对强大的湘军水师节节败退，石达开命令水师继续战斗，只许败，不许胜。

石达开在仔细观察了水战的情况后，立即下令停止战斗。而此时，曾国藩的部下将领早已被胜利冲昏了头脑，一致要求出船夺粮，曾国藩同意了，并交代他们要速战速决。

结果，当曾国藩派出的两百多艘快船抵达湖口时，石达开的数百只战船一拥而入，封住了湖口，万炮齐轰，大破敌军的战船。曾国藩见状，深知自己大势已去，无奈之下便投湖自尽，后来又被心腹爱将彭玉麟救起，这才保住了性命。

石达开不愧为著名将领，他懂得在战斗前观察敌情，真正做到了知己知彼，进退有度，这正是他取得胜利的关键。

将计就计，顺势而为

东汉时，刘备到东吴联姻，与夫人一起平安地回到了荆州。此时，孙权以"招亲"的名义谋取荆州之计惨遭失败，怒火正旺，为了报仇，孙权决定大举进攻刘备。但是，这个决定遭到了谋士张昭的阻拦，张昭劝孙权说："现在曹操一心想报赤壁之仇，之所以没有任何动静，是因为他担心我们同刘备联合。如果主公轻举妄动，举兵攻打刘备，就等于宣告没有与之联合的可能，那么，曹操必定乘虚进攻，如此一来，东吴就危险了。"

孙权觉得张昭说得有理，问道："那该如何是好啊？"

这时，谋士顾雍献计道："依我所见，应该派人到许都去，推荐刘备为荆州牧。如果曹操得知此事，必定会认为我们很团结，那他就不敢轻易出兵攻打东吴，而且刘备也不会怨恨主公了。事后，再用反间计，派出使者分别游说曹操和刘备，使他们相互猜忌，乃至吞并，这样我们就可以乘虚谋利，取得荆州就大有可能了。"

孙权认为此计可行，便立即派华歆带着奏表前往许都。

曹操接见华歆后，惊慌失措，顿时无计可施。身边的谋士程昱建议道："丞相在矢石交攻之时，也未曾如此害怕过，怎么今天听到刘备占领了荆州的消息就如此惊慌呢？"

曹操说："刘备乃人中之龙，平生未曾得水。如今，他占领了荆州，则是困龙跃入大海，无人可敌，你说，我怎能不心惊胆战呢？"

程昱接着问道："丞相是否知道华歆的来意？"

曹操说："不太清楚。"

程昱说："其实，孙权对刘备是有恨的，就是现在还是欲发兵攻击他，但他担心丞相会乘虚袭击东吴，所以才派华歆前来推荐刘备为荆州牧，这样一方面能够安抚刘备，另一方面可以断绝丞相'渔翁得利'的企图，此乃一箭双雕之计谋啊！"

曹操听了程昱的话，恍然大悟道："原来是这样！"

程昱说："丞相，臣到时有一个计策，能够让孙权和刘备相互火并，丞相也可以乘虚而入，将他们逐个击破。"

曹操听了很是高兴，忙问："请将此计详细说来吧。"

程昱说："我们知道，周瑜是东吴最倚重的将领。所以，丞相可以利用这一点，先向皇帝推荐周瑜为南郡太守，再推荐程普为江夏太守，并把华歆留在朝廷重用。这样一来，为了争得南郡、江夏一带，孙权、周瑜定会兴兵攻伐刘备。此时，我们就乘虚进攻，一定会达到预期目的。"

曹操认为此计可行，便按照程昱的建议一一实行了。结果，周瑜接到南郡太守的任命后，果然向孙权提出兴兵夺回荆州的要求。而孙、刘两家的争战也由此拉开了序幕。

鬼谷子认为,事物变化和转移,就像铁环一样连接而无中断,形成各种各样的发展态势,或是相向归一;或是悖逆相反。在施行"忤合之术"以前,必须对具体事物进行多方面的研究,反复寻求内在的原因,再根据实际情况制定相应的策略。曹操在得知孙权举荐刘备为"荆州牧",是为了就此引起曹刘大战,自己坐山观虎斗的意图后,他将计就计,采纳了程昱的建议,推荐周瑜为南郡太守,程普为江夏太守,又把矛盾交还给孙权。最后,他成了坐收渔利的最大赢家。

因时制宜,克敌制胜

公元1604年,我国的领土澎湖列岛被荷兰殖民者入侵,二十年后,台湾岛也相继被侵犯,而且荷兰殖民者还对台湾人民实行残暴的统治。长此以往,由于老百姓无法忍受荷兰殖民统治的暴行和掠夺,便发起了反抗起义。

为了巩固殖民统治,荷兰殖民统治者大力加强武装力量,特别是在各港口加修炮台,安放了威力强大的大炮,同时增加了铁甲战舰,并派重兵守卫。所以,在台湾登陆是很困难的。

郑成功带领义军抗清,北伐失败后,他就决定要收复台湾,建立抗清根据地。他经过多方面的调查,并派人潜入侦察,全面掌握了台湾方面的敌情,了解了台湾海峡的气象、海情等有关资料。

公元1661年春天,郑成功渡台湾海峡到台湾登陆,风向是关键,春末夏初是最合适的时节。鹿耳门位于台湾岛的西南部的安平港,此港的内港叫台江。这是荷兰殖民统治的重要据点,敌军在港口地区修建了台湾城。如果想要从外海进入台江,只有两条通道,即经过鹿耳门和经过一鲲身和北线尾之间的大港。大港海口宽水深,便于航行。不过,这里有荷兰人的重兵把守。而鹿耳门的水很浅,涨潮时水深只有一丈四五尺,退潮时则不足一丈,但这个航道非常狭窄,而且海底的沙石浅滩也很多,航行并不容易。荷兰人为了增加了航行的难度,还把一些损坏了甲板的船只沉入海底。

荷兰人把鹿耳门称作"攻不进的天险",根本不必设防。但令人不解的是,郑成功偏偏把登陆点选在了这个"天险"之地,大家都认为,他这无疑是自投死路。但事实并非如此,郑成功早已派人实地探测过,并在航道中找到了一条合适的通道,在水位达到最高点的时候便能顺利通过。每月初一、十五是鹿耳门水位最高的时间。

后来,经过一番衡量,郑成功把登陆时间选在四月初一。当天中午,鹿耳门外果然潮水大涨,比平时高了好几尺。郑成功立即带领船队快速驶入通向鹿耳门的航道。船队果然顺利地到达鹿耳门,很快切断了敌军的交通要道。郑成功的军队突然袭来,让荷兰人手足无措,章法大乱,只能出动铁甲船阻击。

敌军炮火十分猛烈,而且船坚体大,实在不好对付。不过,郑成功对此早有准备,他利用自己的船小灵活的特点,灵活地和敌舰周旋,让敌舰不能发挥威力。同时,他把一些小船上早就装好的引火之物点燃,让这些行驶如飞的"火艇"冲向敌舰,一旦两舰相靠,中国水手便把"火艇"和敌舰钉在一起。钉好后,水兵立即点燃船上火药,引线后便跳海游走。

"火艇"上的炸药爆炸后,火势非常旺,顷刻间就烧到敌舰。结果,敌舰被烧毁,一举击败敌军,郑成功率领的义军大获全胜。

郑成功大获全胜的关键就在于,他能够在战前充分了解敌情、天时、地利等情况,懂得利用风向,遵循自然之物的发展规律,并依此制定了切实可行的作战计划。战术正确,选择了有利时机,扬长避短出敌不意,突然袭击,克敌制胜。可见,郑成功的确是一位出色的"忤合之术"的运用者。

子贡献策

春秋战国时期,鲁国宰相孔子得报:齐国想要发兵攻打鲁国。

孔子得知消息,十分着急,立即找来弟子子贡商量对策,子贡说:"老师只管在国内操心国事,外部的事情交给我来办。"

子贡到了吴国，对吴王说："大王，您可知道自己的霸主地位快要保不住了？"

吴王诧异地问："为什么不保？"

子贡回答说："齐国将要出兵攻打鲁国，齐国强大，而鲁国弱小，一旦打起来，鲁国必然失败。鲁国被灭掉后，齐国就会更加强大，这样一来，齐国必然与大王争夺霸权。"

吴王问："那该怎么办呢？"

子贡说："为今之计，就应该趁着齐国出兵，国内空虚之际，发兵攻打他，一定会取胜。"

吴王听后，很高兴地答应了。

后来，子贡又来到了越国，对国王勾践说："臣此次前来是为了给大王道喜的！"

越王说："喜从何来啊？"

子贡回答说："吴国将要出兵攻打齐国，国内空虚，此时发兵攻打吴国，正好可以报当初卧薪尝胆之仇啊。"

越王说："好，就这么办！"

子贡离开越国，又来到晋国，对晋王说："大王可知灾难就要到来了啊？"

晋王说："灾从何来？"

子贡回答说："吴国将要出兵攻打齐国，齐国一定会失败，而吴王是七国的霸主，打败齐国后，一定不会放过晋国。"

晋王说："这该如何是好啊？"

子贡回答说："整兵备战、以逸待劳、顺势而发。"

晋王说："好，就这么办！"

结果，一切都如子贡所愿，齐国一发兵，吴国就攻伐了，齐国大败。吴王取胜后，立即发兵攻打晋国，晋国以逸待劳将吴国打败。同时，越国发兵攻打吴国，打败了吴国。而鲁国没有消耗一兵一卒，得了全利。

国学经典文库

鬼谷子全书

·《鬼谷子》释义通解·

图文珍藏版

子贡只是用了一种"献策"之计，就使鲁国尽享渔翁之利。不过，子贡每到一个国家所献出的计策确实是为了各国着想，这样才会被各国的国王接受。从这一点来讲，凡事只要站在对方的利益上考虑，为对方着想，一定不会被对方拒绝，而且还会得到善待，进而自己也会受益。可见，"反覆相求，因事为制"是立身、御世、施教、扬声、明名、结交的关键所在。

聪明的领导者懂得重视人才

公元前 655 年，晋献公打败了虞国，不仅缴获了很多财物，还俘虏了虞国的国君和虞国的大夫百里奚。

晋献公知道百里奚是一个忠实之士，很想让他为自己效忠。于是，晋献公就派大臣去劝说，可是百里奚的态度十分强硬，拒绝投降。这时，正赶上秦穆公派的使者抵达晋国，向晋献公的长女伯姬求婚。晋献公心想：百里奚如此坚决，不愿归顺，倒不如把他作为陪嫁奴隶送到秦国。可是，百里奚在去秦国的途中跑掉了。当他逃到楚国的领地宛城的时候，不小心被本地人当作奸细抓获了。

秦穆公在翻看晋献公送来的礼单时，看到了陪嫁奴隶中有百里奚的名字，却不见其人，便问护送礼物的人员："为何礼单上有百里奚的名字，却没有见到这个人啊？"

护送礼物的人员禀告秦穆公说："此人乃是虞国的臣子，在路上乘机逃跑了。"

穆公觉得事有蹊跷，便仔细询问了百里奚的情况。

这时，堂上的一位大臣说："听说，此人是一位才德兼备的贤人，只可惜没有遇到好时机。"

秦穆公求贤若渴，便马上派人去打听百里奚的下落。后来，秦穆公得知百里奚在楚国为奴后，就想以重金赎回他。

就在这时，有个大臣对秦穆公说："楚国正是因为不知道此人是一位贤才，所以才把百里奚当作奴隶看待。假如主公以重金将其赎回，岂不是告诉楚国的国君百里奚是个有贤能的人吗？这样一来，楚国的国君很可能任用他，百里奚就无法归秦，为您效力了。"

秦穆公听后，觉得有理，便改变了主意，他派人到楚国，对楚王说："百里奚是我国的一个陪嫁奴隶，没承想他逃到了贵国，请让我用五张黑羊皮把他赎回吧。"

楚王想：放掉一个奴隶，却得到了五张黑羊皮，简直太划算了，就同意了。

当百里奚刚一进到秦国的领地时，秦穆公就派使者前往迎接，把他从囚车中释放出来，并视为上宾。

秦穆公得知百里奚已经到了秦国，便立即召见他，并向他请教治国之道。

百里奚谦虚地说："我只是一个陪嫁的奴隶，哪里有资格谈论治国之道呢？"

秦穆公说："虞国的国君因为没有重用先生，没有听取先生的建议，所以虞国灭亡了，那不是先生的过错，而是虞国的国君不识先生的才能所导致的后果。"

百里奚见秦穆公的态度非常诚恳，便畅所欲言了，两个人推心置腹地谈了整整三天，谈得十分投机。

谈话中，秦穆公高兴之余，就问到了百里奚的年龄。

百里奚回答说："今年已经七十了。"

秦穆公说："可惜先生年迈了。"

百里奚笑着说："如果主公派我去追逐飞鸟，骑马射箭，我的确老了。但是，如果主公信任我，让我给您出谋划策，那我还年轻呢！当年吕尚八十岁遇文王，今天我遇主公，不是比吕尚还早十年吗？"

秦穆公听后大喜，欲给百里奚处理国事的大权，被百里奚婉言拒绝了，他说："其实，我的才能远不及我的好友蹇叔，此人之贤为世人所不知。倘若主公想治理好国家，就请他前来辅佐您吧。"

秦穆公从未听说过此人，便向百里奚询问蹇叔的情况。

百里奚告诉他说:"当初我为了寻找明君,建功立业,不惜离开妻儿,远离故土。后来我游说到齐国,却因没有人向齐襄公引荐我而失败,无奈开始流浪,时间一长我的路费也用光了,便流落街头。我在乞食的时候,遇到了蹇叔,他收留了我,并与我结为兄弟,他的家境也十分贫寒,我不能拖累人家,便替人养牛糊口。没过多久,齐国公子无知杀了襄公自立为国君,为了巩固势力,便到处张榜招贤纳士,我当时很想去应招,被蹇叔阻止了,他认为无知杀君夺位,必然自取灭亡,跟了这样的君主,无异于自毁前程。结果,一个月后,无知在一次出游时遭人杀害。正是因为蹇叔的劝告,我才幸免于难。后来,我想做周王子家臣,也被蹇叔劝阻了,这一次让我避开了周室内乱发生的灾祸。不过,后来为了摆脱贫困,我没有听他的劝告,执意去辅佐虞国君,结果差点丧了命。您说,蹇叔的才干是不是很难得啊?"

秦穆公听了百里奚的这番话,认为蹇叔的确是一个难得的人才,便派人以重礼请蹇叔来到秦国,并任命百里奚和蹇叔为上大夫。在两位贤人的辅佐下,秦穆公如日中天,顺风顺水,这便是他重视人才,知人善任的结果。

事物总是在变化中,正如本篇所说"世无常贵,事无常师",所以"成于事而合于计谋,与之为主"。任何事物都有正反逆顺的发展形式,施用"忤合"之术的前提是必须对具体事物多方面地进行研究,从而采取具体的应变方法。无论把这种"忤合"之术用在大的方面,还是用在小的方面,用在进取,还是用在退却,其功用是相同的。秦穆公是一位深谋远虑的明君,他知人善任,重视人才,懂得巧用人才,在"谋虑计定"后,"行之以飞箝之术",不仅收服了百里奚,还在百里奚的推荐下又得一贤才蹇叔为自己效忠。

李世民忍辱负重摆脱困境

公元629年,腥风血雨的"玄武门之变"降下帷幕,唐高祖李渊次子、秦王李世民成为唐王朝的第二代皇帝,立年号"贞观",史称唐太宗。然而,当时"树欲静而风不止",李世民即位后面临内忧外患,危机四伏。

在唐朝的内部，很多隐太子李建成的部属一直没有安生。而在北部草原，更是不平静：少数民族首领颉利窥视中原已久，他认为太宗甫立根基还没有扎稳，这正给了他逐鹿中原的一个好机会，所以他亲自率领二十万铁骑南下。

当大军兵临长安城下的时候，唐军都闻风丧胆，而李世民在社稷存亡的关头仍然处变不惊。李世民忍辱负重，力排众议，做出了倾其府库向颉利讲和的抉择，目的是换取国家足够的生养时间。面对大唐军民的同仇敌忾，又受制于自己内部的离心离德，颉利不得不暂时打消一举灭唐的狂妄念头，接受唐太宗的讲和建议，率兵北撤而去，一场使唐王朝覆亡的危机至此终得以化解。

但颉利的气焰极其嚣张跋扈，这激发起李世民雪洗前耻的雄心，他决心振兴大唐。李世民用三年的时间整顿唐朝内部，他励精图治，劝课农桑，以增强国力，同时全力整兵待发，不断加强军队训练，打造出一支能够与颉利铁骑争锋的强大骑兵。分化瓦解颉利的阵营，李世民还与突利、夷男诸部缔结盟约，这为最终战胜颉利创造了良好的条件。

待一切准备就绪后，李世民按照他的精心部署，揭开了全面反击颉利的战争序幕。他派名将李靖和李绩统率精锐骑兵奔赴千里，迅速迂回到颉利大军侧后发起突然袭击，大唐将士以一当十，势不可挡，最终大败颉利军。

至此，唐太宗统帅唐军一举战胜强大宿敌，生擒颉利，平定北陲，成就统一大业。

李世民的成功源于他能够顺应事物发展变化的规律，随机应变，做到了以大局为重，忍一时之辱，为的是寻找最佳时机攻破对方，这符合忤合之道，最终成就霸业。

平原君杀姬得才

平原君，名胜，是赵惠文王的弟弟，以喜欢养士而闻名诸侯。他曾在赵惠文王和孝成王时为相，三次被罢相，又三次官复原职，历经三起三落而不倒。

赵胜出身王室，家财充盈，个人又喜欢交友，所以他就散财养士，多达几千人,每天到他家来的客人络绎不绝。一天,来了一位奇怪的客人要见赵胜。赵胜到门口迎接,一看认识,这人跛脚驼背,人称跛子,就住在赵胜家的旁边。每天早晨他都经过赵胜家门口,一瘸一拐地到城东的井里提水。赵胜把他请进正屋,让到正座上,问道:"高邻找我有何见教?"

跛子怒气冲冲地说:"听说公子礼贤下士,重友轻色,天下寒士皆蜂拥而至。而我与公子近邻多年,却发现公子沽名钓誉,徒有虚名。我现在向公子讨一颗美人头,不知可否?"

赵胜有点莫名其妙,摸不着头脑,便问:"愿听先生详说仔细。"

跛子说:"我自幼患病致残,驼背跛脚。每每路过公子家门,皆受公子美姬艳妃的取笑,使我蒙受耻辱和精神折磨。可我虽然驼背跛脚,却未曾有损公子名利。今请公子杀了美人,为我补偿名誉和尊严。"

赵胜说:"原来如此! 先生暂且息怒,明日即送美人头向先生谢罪。"

跛子一走,赵胜即对门客说:"一个跛子,竟因一笑换人头,也未免太过分了!"说完,就把这事置之脑后。

事情过去不久,就有门客陆续离开赵胜,另投他处。到了年底,门客走掉了一半。

赵胜甚觉奇怪,便对剩下的门客说:"我对门客,未曾失礼,为什么都纷纷离我而去呢?"

一位门客说:"先生还记得那位跛子吗?"

赵胜连说:"记得,记得。"

门客说:"当初跛子请您杀了美人,维护尊严,可您舍不得。宾客们以为您重色轻友,在您门下不会有什么前程,因此生离去之心,另择明主。若先生不能忍痛割爱,过几天,我们也要走了。"

赵胜如梦初醒,心想,我不能因为一个美人而失去众多才士,坏我一世美名,于是下决心把取笑跛子的美姬杀了,并提了美人头亲自到跛子家登门道歉。

跛子见赵胜杀了美姬,非常感动,自动投到赵胜门下为他效劳。

原先走了的门客听说赵胜杀姬买士，重才尚义，又纷纷回来了。赵胜斩姬留士的名声不胫而走，前来投奔的人比以前更多了。

"良禽择木而居，贤臣择主而事"，有远见的谋臣善于观察眼前的形势对己是有利还是有弊，从而选择适合自己的君主，才有可能得到重用，成就大事。平原君开始没把跛子的请求落到实处，而失信于手下谋士，使诸多门客离他而去。在得知原因后，提美人之头向跛子道歉，又重新赢得人心，从而招来了更多的门客。这个由"忤"转"合"的过程正是平原君的信誉造就的。

偷梁换柱吞戴国

周桓王三年(公元前715年)，郑庄公假托周天子之命，纠合齐鲁两国攻打宋国。宋殇公听说此事，大惊失色，急忙召司马孔父嘉问计。孔父嘉奏道："我已派人打听清楚，周天子并无讨伐宋国之命，齐鲁两国是受郑庄公的欺骗才出兵的。现在三国合兵而来，其锋甚锐，不可与它正面争战。但其国内防守必然空虚，只要我们以重金收买卫国，要卫国联合蔡国，以轻兵袭击郑国本土，威胁郑都荥阳，这样，郑庄公就自然会退兵。而郑兵一退，便群龙无首，齐鲁两国也必退"。

宋殇公听从了孔父嘉的献策，卫宣公果真派右宰丑领兵与孔父嘉会合，经由间道，出其不意，直逼郑都荥阳城下。郑世子忽和大夫祭足急忙守城，右宰丑便要趁势攻城，孔父嘉说："我们袭击荥阳得手，只是乘其不备，如果继续攻城，万一郑庄公回兵救援，将会对我形成内外夹攻之势，那是很危险的，不如就此借道戴国，胜利回师。我估计当我军离开时，郑庄公的兵马也该从宋国撤退了。"于是，按照孔父嘉的布置，宋卫两国向戴国进发，想从戴国假道。不料，戴国国君以为宋卫是来攻打戴国的，便关上城门死守。孔父嘉大怒之下，多次攻城，但总也攻不下来。

郑庄公领兵攻打宋国，忽然听说宋卫两国正进逼郑都，便传令班师。当大军回到半路时，又接到国内送来的军报，说是宋卫已撤离荥阳，转向戴国，庄公便命令军队向戴国进发。

孔父嘉正率联军攻打戴国,听说郑国领兵救戴,已在离城 50 里处下寨。接着,又听说戴君得知郑兵来救,已打开城门将郑军接到城内。孔父嘉和右宰丑出来观战,忽然见城楼上竟遍插郑军旗号,郑将站在城楼上,大声说多谢二位将军,我们已经取得戴城了。

原来郑庄公设"偷梁换柱"计,假说救戴,一进城,便吞并戴军。孔父嘉在城外见庄公不费吹灰之力便占了戴城,义愤填膺,决心要与庄公决一死战。

第二天,他刚把寨营安好,忽听寨后一声炮响,火光冲天,都说是郑兵到了,孔父嘉刚要出寨迎战,火光却熄了。方要回营,左边炮声又响,又是火光不绝。刚要看个究竟,左边火光已灭,右边火光又起。孔父嘉认为这是庄公的疑兵计,命令全军不许动乱。

不一会儿,左边火光又起,而且喊声震天。孔父嘉正想前往营救,忽然右边火光再起,一时分不清是谁的人马,孔父嘉只挥军向左,慌忙间迷失方向,遇上一队兵马便互相厮杀起来,结果发现竟是卫国的人马! 于是两军合在一起,赶回中营,却发现中营已被郑将占领,孔父嘉无心恋战,夺路而走,遇上伏兵,只得弃车徒步,逃回宋国。跟随的只有 20 多人,右宰丑阵亡,三国兵马辎重,也全被郑军俘获。

有些事反其道而行之比按部就班去做倒能得到更佳的效果,也就是所说的"忤合之而转化之",其成功运用的关键在于灵活变通地把握,才可找到克敌制胜的办法。

宋卫两国只是想从戴国借道而行,本无"忤"意,却被戴国误解,发展到兵戎相见;郑庄公表面打着救戴的"合"意,实际上利用了宋卫两国攻宋的机会灭掉了戴国,其"合"是假,其"忤"才是最终目的。郑庄公成功的原因就是适时利用了忤合相互转化的条件。

让人三分化干戈

清代中期,当朝宰相张英是安徽桐城人。他素来注重修身养性,颇得他人的喜欢和尊重。同时他也非常孝敬父母,在朝廷任官时,把母亲安顿在家乡,并经常回家探望。张老夫人的邻居是一位姓叶的侍郎。张英在一次回家看望母亲时,觉得家中的房子呈现出破败之象,就命令下人起屋造房,整修一番。安排好一切后,他又回到了京城。

很巧的是,侍郎家也正打算扩建房屋,并想占用两家中间的一块地方。张家也想利用那块地方做回廊。于是,两家发生了争执。张家开始挖地基时,叶家就派人在后面用土填上;叶家打算动工,拿尺子去量那块地,张家就一哄而上把工具夺走。两家争吵过多次,有几次险些动武,双方都不肯让步。

张老夫人一怒之下,便命人给张英写信,希望他马上回家处理这件事情。张英看罢来信,不急不躁,抖起如椽大笔写下一首短诗:"千里家书只为墙,再让三尺又何妨?万里长城今犹在,不见当年秦始皇。"封好后派人迅速送回。

张老夫人满以为儿子会回来为自家争夺那块地皮,没想到左等右等只盼回了一封回书。张母看完信后,顿时恍然大悟,明白了儿子的意思。为了三尺地既伤了两家的和气又气坏了自己的身体,这样太不值得了。老夫人想明白了,立即主动把墙退后三尺。邻居见状,深感惭愧,也把墙让后三尺,并且登门道歉。这样一来,以前两家争夺的三尺地反而形成了一条六尺宽的巷子。

当地人纷纷传颂这件事情,引为美谈,并且给这条巷子取了一个特别的名字——六尺巷。有人还据此作了一首打油诗:"争一争,行不通;让一让,六尺巷。"

可以利用"合"转变为"忤",同样也可以利用"忤"转化为"合"。张英以宽广的胸怀不仅化解了邻里之间的矛盾,还融洽了双方的关系,从而更有利于事情的圆满解决。张英在此并没有运用什么高超的计谋,而是以博大的胸怀化解了争端,以圣人般的高尚品德去化"忤"求"合",这是上上之策,对我们处世为人也有着很好的启迪。古语有"小不忍则乱大谋"之言,如今又有"退一步海阔天空,忍一时风平浪静"的说法。可见忍让有时是一种策略,它的目的是为了更好地进。

退货赢得众客户

上海某鞋厂与日本株式会社做成一笔布鞋生意,价值达160万日元,但因习方市场预测失误,加上运期长,布鞋抵日后已错过销售季节造成大量积压,日方请求退货。按惯例这显然是行不通的,但中方却原则上同意了。

消息传开,有关部门哗然,不少人表示不理解,然而中方同意退货的考虑还是颇有道理的。首先。货退回后,在国内销售并不赔钱,"出口转内销"还是具有一定吸引力的,而且日方支付所有退货运杂费用,中方没受任何损失。其次,这批货虽退回,但可用同等价值的一批畅销货替代,于是重新做成一笔买卖。再次,日方答应,以后再购货首先考虑此鞋厂产品。中方借以稳定了贸易伙伴。第四,日方如不退货会社就要破产,其不利影响必然波及并损害中方的利益。日方对中方的合作十分钦佩与感谢,鞋厂又保质保量地很快出口了替代的一批货,使日方大赚其钱,名声大振。中方的信誉也由此传播开去,日本几家客户纷纷来人来函洽谈。鞋厂于是身价倍增,产品供不应求。

这家株式会社还要求充当中方在国外销售的总代理,包销合同一订就是几年,并主动向中方提供国际市场的有关信息,两家合作得很好。

"反复相求,因事为制"是指谋臣在制定策略时,应该根据循环往复的实际情况的变化,反复寻求最佳的计策,并且制定不同的措施去适应不断变化的情况。即所谓"文无定法,计无长施"。所以,在商业往来中,只要摈弃"你败我胜,你输我赢"的争斗心理,双方都遵循互惠互利原则,就可以找到一条共同受益,长期合作的途径。

远交"好友"近攻敌

春秋初期,周天子的地位实际上已经架空,群雄并起,逐鹿中原。郑庄公在此混乱局势下,巧妙地运用"远交近攻"策略,取得当时称霸的地位。当时,郑国的近邻宋国、卫国与郑国积怨很深,矛盾十分尖锐,郑国时刻都有被两国夹击的危险。

于是,郑国在外交上采取主动,接连与较远的邾、鲁等国结盟,不久又与更远的实力强大的齐国签订盟约。

公元前 719 年,宋、卫联合陈、蔡两国共同攻打郑国,鲁国也派兵助战,将郑都东门围困了 5 天 5 夜。虽未攻下,但郑国已感到本国与鲁国的关系存在问题,便千方百计想与鲁国重新修好,共同对付宋、卫。

公元前 717 年,郑国以帮邹国雪耻为名,攻打宋国。同时,向鲁国积极发动外交攻势,主动派使臣到鲁国,商议把郑国在鲁国境内的一块地方交归鲁国。果然,鲁国与郑国重修旧谊。齐国当时出面调停郑国和宋国的关系,郑庄公又表示尊重齐国的意见,暂时与宋国修好。齐国因此也对郑国加深了"感情"。

公元前 714 年,郑庄公以宋国不朝拜周天子为由,代周天子发令攻打宋国。郑、齐、鲁三国大军很快地攻占了宋国大片土地。宋、卫军队避开联军锋芒,乘虚攻入郑国。郑庄公把占领宋国的土地全部送与齐、鲁两国,迅速回兵,大败宋、卫大军。郑国乘胜追击,击败宋国,卫国被迫求和。这样,郑庄公努力扩张,霸主地位形成了。

下面还有一则以远交近攻为计来忤合离间的例子。

赵匡胤上台后,杯酒释了老战友们的兵权,驯服了节度使"十兄弟",杀了兵变时为他开门放行的封邱守门官,这一些均为近攻。

与近攻同时,赵匡胤也十分善于注重远交。他很注意发现人才,起用了很多没有资历但很有才学的人担当重任。

陈桥兵变时,陈桥守门官忠于后周,闭门防守,不放赵军通过。赵军改走封邱,封邱守官开门放行。赵匡胤当皇帝后,杀了封邱守门官,起用了陈桥守门官。

一次,赵宴请群臣,翰林学士王着喝醉了酒,当众痛哭后周故主。有人上奏说应当严惩。赵说:"在世宗时,我和他同为朝臣。一个书生,哭哭故主,没有什么问题,让他哭吧!"王着什么事也没有。

陈桥兵变

一次,赵匡胤乘驾出游,突然,有人向他射来一箭,正中黄龙旗。禁卫军大惊,有人上奏追捕杀手。赵说:"谢谢他教我箭法。"下令不准禁卫军追捕射箭人。

赵匡胤的近攻,有效地抑制了功臣和皇亲国戚的势力的不良发展;远交网络了大批人才,营造了宽松的政治气氛与社会环境,促进了国家的发展。

"合与彼而离于此,计谋不两忠"的意思是说运用的计谋使双方的利益产生了冲突,在维护一方利益的同时,就会损害到另一方的利益,这时就要运用到忤合离间术,其特点就是表面上合于此方,为此方做打算,其实得利的是彼方。郑庄公远交鲁、齐,表面是合好,好像有利于齐鲁两国的发展,其实是在为自己能够一心一意地"近攻"创造条件,其计谋的使用还是更有利于自己,在强大自己的同时,相对削弱了远交之国。

赵匡胤近攻巩固皇位,但远交曾经对自己不利的人,这是为何? 表面仍是打着"合"的旗号,实际上又网络了一批对自己忠心耿耿的人才,使他们为己所用,其利还是更多地在自己一方。

离间胜长平之战

秦国在统一六国的进程中,首先是对邻国魏、韩大肆攻伐,夺取土地后,经过精心谋划,开始了对赵国的攻伐。公元前261年秦攻取赵国上党;公元前260年,秦将王龁率军攻打赵国长平。长平是秦军进入赵国的门户,地理位置十分重要,两国对此都十分清楚,因此都派出了主力和精锐。赵国派经验丰富的老将廉颇镇守长平,无论秦军怎样攻打,就是不肯出战。尽管开始秦军取得了一些小胜,斩杀了几名赵将,夺取了几座城池,但始终无法取得决定性的胜利。

战局的发展引起赵国内部的争论,一方主张求和,一方坚持主战。最后主战派占了上风。赵国派人前往魏国,劝魏王与赵国合纵抗秦。秦国也怕魏国与赵联合,也派人到魏国连横。魏国这时候大耍两面派,表面上答应援赵,实际上是挑动赵国与秦国一战再战,试图待双方元气大伤后,自己坐收渔翁之利,操纵关东局势。赵人自以为魏国真会帮助自己,于是下定决心与秦国血战到底。

秦国发誓要拿下长平,在国内征召15岁以上男子从军上前线,摆开与赵国决战到底的阵势。从历史上也可以得到证明,长平之战实际上是秦国与关东诸侯命运的大决战。这年七月,秦军又夺取了赵国的许多土地。足智多谋、能征善战的老将军廉颇看秦国锐气日益消耗,战斗力大不如前的时机,便突然发动反击,夺回部分失地。然后选择有利地形坚守不出。秦军数次挑战,廉颇仍坚壁固守,秦军无法前进半步。战役进入相持阶段,呈胶着状态。时间一久,毕竟对补给线太长的秦军不利。秦王急忙召集群臣商议对策。

秦国此时听说赵王对廉颇据守不出十分不满,多次派人到前方督战,而廉颇以"将在外,君命有所不受",坚持固守。听到这个消息,范雎觉得机会来了。他立即向秦王进献反间之计,派奸细潜入赵国,散布流言蜚语,说廉颇害怕秦国,担心失败会毁了自己一世声誉,所以只是坚守不出。还说,秦国人不怕廉颇,只怕饱读兵书的赵奢的儿子赵括。这些奸细还用重金收买赵国大臣,让他们请求赵王派赵括接替廉颇,速战速决。这一招儿果然奏效,赵王在亲秦大臣的煽动下,撤回廉颇,而任命赵括为大将,率兵迎敌。

赵括的母亲听说了,赶到宫中对赵王说:"赵括的父亲在世时,常说赵括只会纸上谈兵,不能用于实战,不宜用他为将"。赵王以为赵母惜子,不愿让儿子上前线，所以仍坚持用赵括。

赵王中计之后，赵括便来到长平指挥军队，他立即更换将吏，另立规矩，使赵军人心大散。秦人得到这个消息，立即任久经沙场的名将白起为主将，王齕为副将，并严密封锁消息，有泄露者斩首。

经过紧锣密鼓的暗中安排，秦军准备一举取胜。赵括一改廉颇的坚壁固守战术，尽起全军攻秦。白起诈败，有意让赵括尝到一点甜头，使他的军队取得几次小胜。而自己败退时兵分三路，左右两路布下口袋阵，中路诱敌深入，待赵括军追赶至秦军阵地前，白起又坚壁固守，只等合围形成。赵括完全为眼前的胜利冲昏了头脑，根本不知道自己已成瓮中之鳖。白起待口袋阵形成后，立即反攻，三路军一起出动，将赵军断为两截，绝其粮道。形势急转直下，赵军坚守待援。与此同时，秦国内新军源源不断开到长平参战，将赵军围得水泄不通。可怜赵军被围 46 天，粮草用尽，杀人而食。赵括无奈，领兵强行突围，没有成功，竟被秦军乱箭射死。主将一死，兵败如山倒，40 万赵军全部投降。白起怕赵国降兵作乱，也借此威慑诸侯，下令将 240 名 15 岁以下的童子军放回赵国，其余全部活埋，成为历史上最残酷的大屠杀。这个赵括，只会"纸上谈兵"。在真正的战场上，一下子就中了敌军"关门捉贼"计，损失 40 万大军，使赵国从此一蹶不振。

长平之战，前后历时 3 年之久，以赵国的惨败而告结束。自此，关东诸侯再也无力抗击秦国了。

纵观长平之战的全过程，其根本败因便是赵王听了范雎所散布的流言，用只会"纸上谈兵"的赵括代替了经验丰富的老将廉颇。其中决定战役成败的另一个关键人物便是范雎，虽然此中很少提及，但他以离间之计蒙蔽赵王更换主将可以看作是战争的转折点。散布流言表面好像是在为赵国出谋划策，实际上还是在为秦国取胜创造条件，这也就是所说的"计谋不两忠"，计谋的使用只会有利于一方，而有害于另一方。

介绍顾客给对手

俗话说的"同行是冤家"这句话并不是绝对的。企业在处理与竞争对手的关系时,应尽量主动创造良好的竞争氛围。那些破坏良好关系的不正常做法,其实于竞争双方都是有百害而无一利的。

美国最大的百货公司——纽约梅瑞公司的购物大厅里,有一个小小的咨询服务亭。它的服务有一项内容是令人奇怪而很不寻常的。如果你在梅瑞公司没有买到自己想要的商品,它会指引你去另一家有这种商品的商店,也就是说,它把你介绍到自己的竞争对手那里。

梅瑞公司之所以这样做,除了是为满足顾客需求以便更多招徕顾客外,主要是向竞争对手表示一种友谊,以此协调竞争关系。这种一反常态的做法,取得了意想不到的效果,既获得顾客的普遍好感,又争取了许多竞争对手的友谊与回报。因此,该公司生意日趋兴隆。

"世无常师"是说做事没有可以永远师法的榜样;"圣人常为无不为,所听无不听"是说圣人所常做的事就是"无所不做",所常听的事就是"无所不听"。在商战中不要拘泥于某种既定的策略,取胜的关键在于依据现实环境,依据对方的计谋,制定一种控制对方的措施,改变斗争形势,变被动为主动,争取有利时机,从而一举克敌制胜。

解散湘军求自保

曾国藩的老家在湖南。太平天国起义爆发后不久,他在家乡的母亲就去世了。于是曾国藩回家安排老人的后事,尽孝守丧。

当时,清朝政府编练的八旗兵和绿营兵,正在镇压太平军,却连连败北。无奈之下,清政府命令各省组织地方团练,成立地方武装,用来镇压太平军。

曾国藩得知这一命令后,立即组织湖南团练。他起用自己的亲朋好友、同乡、同学和门生做营官,然后由营官亲自选募哨官,哨官再选拔士兵。这样逐层选募,创建了湘军水师和陆师。两军皆由曾国藩掌管,兵为将有,不接受政府的调遣,只服从曾国藩一个人的命令。因此,湘军具有强烈的封建个人隶属关系,清政府很难拥有军权。

但是,湘军军纪严明,操练所用的军械都是洋枪洋炮,战斗力比较强。与朝廷的八旗兵和绿营兵相比,富有生气和活力。在曾国藩的指挥下,湘军攻占了太平天国的部分地区。

清朝政府看到曾国藩团练有功,为鼓励他继续镇压太平军,就把江苏、安徽、江西和浙江四省的军务都委托给曾国藩。从 1861 年 11 月起,曾国藩管辖四省的巡抚、提督及其以下的文武官员。

这是清政府有史以来给予汉族官员最大的权力,以往汉族督抚最多辖制三个省。当曾国藩的亲朋好友纷纷向他表示祝贺时,曾国藩并未得意扬扬,他深谙仕途变幻莫测,因此常常如履薄冰,一直怀着戒慎戒惧之心。

咸丰帝得知湘军攻占了湖北武昌城后,喜形于色,对曾国藩大加赞赏:"曾国藩一介书生,没想到还有这等军事上的才能! 他立下大功,等太平军镇压完毕,我一定要好好犒赏犒赏他!"

但有一位大臣却上前提醒咸丰帝说:"在他家乡,曾国藩以在籍侍郎的身份竟能振臂一呼,应者云集,从者万人,皇上您还是多多提防。是福是祸,恐怕一时之间难以判断。"

咸丰帝听着,脸色渐变,沉默良久,再也没有在大臣面前夸奖过曾国藩。

曾国藩很快镇压了太平天国起义。咸丰帝遵守诺言,封他为一等毅勇侯,并且可以世袭。曾国藩的家人和亲朋好友都欣喜不已,以为曾氏家族从此可以一劳永逸。但曾国藩并没有因此春风得意,反而担心树大招风,招致其他人的嫉妒和皇上的怀疑,落得兔死狗烹的下场。因此曾国藩只想如何明哲保身、急流勇退,以免落得前功覆没、名声受损。

他立刻写信给弟弟,嘱咐他见机抽身而退,以免招致不必要的排挤。他也察觉到咸丰帝已心生芥蒂,为了表明自己无心揽权,他上折给皇上说:湘军成立的时间很长了,已经沾染上一些军队的恶习,有些混乱。现在镇压太平军的目的已经达到,奏请朝廷裁兵,遣散自己编练的湘军。

对自己的去留,曾国藩却左右为难。如果说明要留在朝廷效力,恐怕皇上以为贪恋权位;如果请求告老还乡,皇上会以为不愿为国效力,甚至还会招来自组军队、图谋皇位的嫌疑。因此在奏折上,他对这个问题避而不谈。

由于裁汰湘军是咸丰帝首先要处理的,因此,他一边感叹曾国藩"善解人意",一边立即下令解散部分湘军,让他仍担任两江总督。

"非至圣达奥,不能御世",意思是如果不能像圣人那样穷尽世理,探求事物本质,就不能立身处世、治理天下。为官要居安思危,功成名就要及时抽身而退,同时要善于察言观色和揣度人心。曾国藩作为中国古代封建社会最为出色的官员之一,他深知官场之道。一生为官,小心谨慎,如履薄冰,居功不自傲,为人不自高,终成大业。

曾国藩在功成名就后,以裁汰湘军明哲保身,运用的时机与方法恰到好处,不仅避免了被皇帝猜疑,还进一步得到了"善解人意"的信任。

忍辱负重报兄仇

东汉末年,王莽篡权,统治腐朽,天下大乱。各地农民纷纷起义,南阳蔡阳(今湖北省枣阳西南)人刘演、刘秀兄弟乘机起兵,以重建汉朝为旗帜,四处招兵买马。

两人后来率领自己的队伍加入了绿林军。他们的同族人刘玄,起初参加平林兵,被推为更始将军,后来也与绿林军合并。

公元23年,刘玄称帝,年号更始。随着王莽统治的灭亡,他迁都长安,很快就背叛绿林军起义,调转矛头杀戮农民军。刘秀的兄长刘演,就在这时被刘玄杀害。

刘玄知道,刘秀肯定不会放过自己,一定会找他报杀兄之仇,所以他心里一直希望刘秀尽快替兄报仇,他自己便可以找到理由杀掉刘秀。

可是他一直未能如愿。因为刘秀有自己的考虑,他不但没有找刘玄算账,反而表面上不动声色,若无其事。当他朝见刘玄时,表情如平时,低声相应,从来没有提过关于兄长的一句话。而且他不穿孝服,不举丧事,言谈饮食也犹如平日。所以刘玄一直没有找到借口除掉刘秀。

刘秀心中当然清楚,他的哥哥本是有功之臣,只因争权被杀,他内心一直愤愤不平,深为兄长难过。他虽然白天淡如平常,但夜晚却常常泪流不止,心中发誓一定要完成兄长未完成的事业。

可是刘秀知道目前他毕竟是刘玄的属臣,如果不能克制自己,质问刘玄,以自己现在的实力,还不是刘玄的对手。如果贸然行事,很可能就会失败被杀,落得与兄长一样的下场。那样更没有什么大业可图了!为兄报仇的目的又怎能实现?

同时他也知道自己是有功之臣,在昆阳大战中,他亲率13人突围求援,为刘玄建立奇功。刘玄也很清楚这一点,不会贸然杀掉自己。此时如果重提那段历史,或许会讨好刘玄,增加他对自己的信任程度,但刘秀却只字不提。这正是一种无为无不为的策略。

刘玄见刘秀如此宽宏大量,深感惭愧,于是下令任命刘秀为破虏大将军,加封琥信侯。

刘秀见此,趁机扩充自己的军事势力。公元23年,刘秀到河北一带活动,废除王莽苛政,释放囚徒,深得民心。接着,他以恢复汉家天下为号召,取得当地官僚、地主的支持,势力越来越强。他同时镇压并收编铜马等农民起义军,力量不断壮大。刘秀觉得实现自己宏图大志的时机已到,便与刘玄决裂,起兵讨伐刘玄。

经过长期斗争,刘秀终于打败刘玄,替兄长报仇并最终取得天下,建立东汉王朝,是为光武帝。

"材质不惠,不能用兵",就是要有聪明灵活、明于事理的素质,能够抓住关键,不拘小节。刘秀深知自己势单力孤,如果立即向刘玄报杀兄之仇,只会性命难保,于是便忍辱负重,坐待有利时机。这不仅保全了性命,还给了自己积蓄力量的时间,从而最终杀掉刘玄,登上帝位。

转移市场谋发展

网景通信公司是1994年4月由当时还是伊利诺伊大学刚毕业的学生吉姆·克拉克和马克·安德里森创立的。

在1994年初,网景航海家1.0版也许是市场中最好的浏览器,但其优势不是很明显,但是几项行动一下子把网景推上了顶峰。

网景的第一个行动是瞄准一个被所有的竞争者都忽略了的市场。大多数早期的浏览器都提供一套完整的互联网工具,包括拨号上网、一个浏览器和一个电子邮箱。设计者们坚信最大的需求就来自于产品能牵住消费者的手,引导他们迈开上网的第一步。相反,网景提供了一个初始时只能通过互联网获得的简单的、单独的浏览器。这一行动使得网景瞄准了早期的用户——相对高级的已有上网经验的电脑用户。同时,网景干净利落地回避了它在建立完整的互联网产品体系方面经验不足的缺陷。

网景的第二步行动是设计了一个创新性的定价模式,马克·安德里森将它称为"免费又不免费"的定价模式,航海家1.0版的正式定价是39美元,但它对教育和非营利性用途是免费的,而且任何人都可以下载它免费试用90天。网景的管理层对这一策略并没有抱多大幻想:有些消费者也许会在试用期满后付钱购买,但大多数不会。但是"免费又不免费"的策略使得网景迅速确立起它的市场份额,而且如公司所愿,有助于使市场标准化。"免费又不免费"的策略也使网景成功地敲开了许多企业的大门,这些企业一旦发现功能良好的软件最终就会购买它。同时,网景的网络服务器分别定价为1500美元和5000美元,可以补偿其中的费用。

网景的第三步行动是探索出了产品测试和销售的新途径。作为一个起步者,网景缺乏足够的资金来雇用大量的质量维护方面的工程技术人员,或是一次性地为一个企业或地点建立备用的测试服务人员。庞大的、富有经验的销售队伍和共同的营销基金的缺乏在战斗中会作为不利条件妨碍企业占领传统的销售渠道,因此,网景通过把测试和销售搬到网络上,从而开拓出一个新的天地。

在1994年10月,网景通过它的主页推出了航海家的第2版。经过对第2版的下载、试用,然后提出他们的意见,消费者就充当了——有时是不知不觉地——网景实质上的质量保证队伍。以网络为载体的测试和销售方式如今应用得相当普遍了,但网景是第一个以这种方法充分开发网络优势的公司。

网景的竞争对手们发现很难对抗这些行动。因为许多公司的经营模式严重依赖于得自浏览器的收入,所以,很多经营者认为使高昂的零售价格显得合理的唯一途径就是把他们的浏览器捆绑进一个多样的产品包里。但由于他们的产品都要求较大数额的前期投资,这样他们就更加不可能是免费的了。更不用谈什么"免费又不免费"。另外,网景的大部分对手都要为他们在推出的每一个浏览器中使用了"马赛克"代码而支付许可费。而网景公司本身就是"马赛克"的开发商,所以,当网景生产浏览器时,其边际成本几乎为零。

一些企业试图通过在网上提供免费的浏览器来与网景对抗。但由于担心与零售环节发生冲突,这些努力最多也是半心半意的,等到大多数企业意识到网景模式的力量时,想阻止网景的飞跃也已经为时太晚了。

正如一个当时的竞争者回忆的:"我们机警地发现了浏览器是一个不可思议的工具,很早就涉足了这个领域,然后设计了一个进入市场的有力途径。但是我们无法想象把它泄露出去,让它可以通过网络免费下载。回过头去再看。我深悔自己没有具备这种远见去说:'现在我们确实需要打破这一模式了'"。

网景在浏览器大战的第一回合中成功地使得大多数公司的竞争行动丧失了功效。然而,在接下来始于1995年来的回合中,网景不得不面对一个更加强硬的对手:微软。微软可以与网景采取的任何一个关键行动相对抗。微软于

1995 年 8 月发行的浏览器 IE,是一个与 Windows95 捆绑在一起的免费产品,而且也可以通过网络下载。实际上,微软看到了网景设下的赌局,并通过使 IE 对包括企业在内的所有用户都免费来加大赌注。

微软的挑衅行为进一步加剧了网景已经面临的问题;"免费又不免费"的策略意味着网景从消费者那里能够获得的利润是微乎其微的。在充分考虑自身情况后,网景的管理层认为不宜与对手进行直接的对抗,把战场转移到对手的优势相对较小的、防守较弱的领域,闯进企业市场。

网景认为微软的真正实力是集中在消费者和企业的桌面系统市场上的,但企业的办公支持系统市场是脆弱易攻的,所以,网景试图在那里确立它的企业市场基础。网景一开始是瞄准内部网市场,后来就逐渐将重点扩展到外围的外部网和电子商务的相关产品和服务上。最近,网景已经探索出一条支撑其电子商务战略的途径,就是在万维网的主要终端上建立中心网站。

通过不断地向新领域的转移,网景找到了避免直接对抗的方法。英特尔公司的总裁安迪·格鲁夫把网景比拟成一个与集团军作战的游击队:"他们的优势来自他们能够在丛林中生存,远离陆地而又非常机动灵活,而且能做出一些对职业军队来说永远无法想象的举动。考虑到这些,网景已经构成了对微软的有力挑战……问题是,他们缺乏活动空间、装备和食物。"正如格鲁夫所指出的,快速行动时起步者的帮助也就仅限于此了。最后,大多数队伍和企业都被迫停下脚步。但是在大约三年的时间里,网景对竞争的诠释就是向新的无人争夺的市场转移。

"非劳心苦思,不能原事"就是说如果不费心苦思,就不能了解事物的本来面目。网景公司通过对市场的深入洞察,发现并移动到了无人占领的领域,从而占得先机。在市场竞争中,面对实力强大的对手,是直接与之对抗还是避其锋芒,企业需要根据自身的实力灵活机动地加以考虑,不能不假思索,不考虑自己的情况胡干蛮干。网景公司的可贵之处即在于"自度才能、知睿,量长短、远近、孰不如",成功地另辟蹊径,培育新的市场和发展空间。

·《鬼谷子》释义通解·

图文珍藏版

苏秦激张仪入秦

"忤合"之术就是以反求合的方法,认为要达到某一目的,实现自己意愿,必须曲折求之,以此求彼,欲取先予。历史上运用忤合之术达到自己目的的事例很多,其中苏秦就曾运用此术,以致连他的同学张仪也落入此圈套之中。

苏秦和张仪同是鬼谷先生的学生,又一起辞师下山。苏秦游说燕赵,得到重用,这时正做赵国宰相,得意得很。可是秦国伐魏得手后,继续向赵边境进兵,大有乘胜攻赵之势。苏秦于是心生一计,想要他的同学张仪去秦国,制止秦兵冒险东进。但是如若明请张仪,也许张仪仅只依附他得一官半职就罢了,就达不到目的,于是就运用了反忤之计。

苏秦派一位门人贾舍人悄悄将张仪接到邯郸之后,让张仪自去相府。可是张仪到了相府,门人却不让他进去,张仪心想必是门人不知我与苏秦关系,第二天,张仪拿了自己名帖再次去相府拜见,可是门人看了看名帖,不愿替他通报。张仪心中不免生气,这么一连几天,都不让见,到了第五天,门人才将张仪名帖送进去,过了一会儿,里面却传话说宰相公务繁忙,改日再见。张仪第二天再去,仍未见到苏秦,心中不免动怒。过了几天,张仪准备到相府去辞行,苏秦却传话说,明日有空,可以来见。

第二天,张仪穿戴整齐,一大清早就来到相府等候。等了好半天,才被领着从侧门进入相府,苏秦正在堂上,张仪待要上前,却被相府手下人制止,要他等候。可是苏秦接见了一批又一批客人,只是不召见他。张仪站得腰酸腿软,才听见苏秦在堂上问道:"客人在哪里?"张仪气得不行,仍拱手执礼上前相会,可苏秦端坐不动不予还礼,只是说,饭后再谈吧。张仪和苏秦各自坐到案前,只见苏秦案上山珍海味,自己桌上却粗茶淡饭,张仪忍气咽了几口饭菜。待苏秦吃完,传张仪来说话,张仪忍不住大骂苏秦说,想当初你我同学,情同手足,如今我前来拜会,你先是借故不见,继以冷漠相待,想不到你才发达,就如此势利。苏秦却不恼不怒,缓缓说道:"我曾说过张兄才胜于我,不想今日你却是志大才疏。

要我荐一个人岂不容易，可是只怕您难有作为，给我丢脸。你不要怪我。"张仪大骂："大丈夫岂要人荐，我自有本事。"苏秦说："那好，我就赐些黄金给你，请自便吧。"

张仪拂袖而去，回到旅店，满心恼怒。正好，他在路上又碰见贾舍人，遂满心倾诉自己的委屈。贾舍人即说，我正要到秦国去，你不妨坐我的马车一起去秦谋个职位。张仪遂与贾舍人一路同行，一路上贾舍人对张仪关怀备至，拿出许多金帛供他使用，到了秦国，又多以金帛珠宝贿赂秦王左右。

张仪在贾舍人的帮助下，凭其智慧谋略，终于得到秦王重用，封为客卿。过了些时，贾舍人借故要回国，来向张仪辞行。张仪对资助自己的恩人满怀感激，深情言谢。

可是贾舍人却说，先生不要谢我，您应该谢苏秦先生。张仪大为惊愕，贾舍人于是说："这一切都是苏秦先生故意安排的。苏秦先生感到掌握秦朝权柄的人，非君莫属，他希望你握权之后，能阻止秦国进攻赵国。"张仪满面羞愧地说："我竟错怪了苏秦的提携之恩了。再说，我陷入苏秦计谋中竟不能知，自愧弗如。苏秦既为赵国宰相，我怎么能让秦国去进攻赵国呢？"

之后，张仪分析形势，晓以利害，力劝秦王不要伐赵。苏秦利用反忤之计，终于达到了自己的目的。

张良处世利中见弊

"忤合"讲的就是灵活应变的谋略，鬼谷子先生认为世间的事物没有永远高贵的，也没有永远属于权威地位的，圣人应该"无所不为"，"无所不听"。主张"因事为制"，善于"向背"，精于"忤合"。事情往往有正必有反，有顺必有逆，有利就有不利，有直便有曲。政治家要善于从曲中见直，从直中见曲，从利中见不利，从不利中见利。西汉初年的张良在帮助刘邦灭秦除楚后杜门谢客，假托神道，就是因为他深知福极祸来的道理，这就是从直中见曲，从利中见不利。

大凡以高尚道德立身处世的伟大人物，在其走上社会，施展抱负之际，就已经对历史的发展规律了然于胸,既能预测未来的趋势,又能洞悉兴亡成败、治乱去留的玄机了。由于对主观和客观的规律、时事变幻的奥秘洞若观火,所以天下的兴亡仿佛就掌握在他的手中一样。

秦末汉初的张良也算是一位奇人,他奇有四处:一是散尽家财,誓为韩国报仇,寻访刺客,在博浪沙行刺秦始皇。虽未成功,但其勇烈刚毅,不能不叫人啧啧称奇。其二是他得遇奇缘,学得兵法。其三是他屡出奇计,助刘邦脱困危、胜项羽,成为西汉的开国功臣。其四是能功成身退,不贪名利,既躲过了刘邦、吕雉对功臣的诛戮之祸,又免去了像萧何那样的屈身之辱,只是洁身远引,钻研兵法,恰如清溪湍湍,避世而流。

汉高祖登基称帝的第二年,分封功臣二十多人,未受封赏的将领议论纷纷,每天都有人在朝廷里三五成群地窃窃私语。刘邦看到这种情况,惊愕不已,问张良该怎么办? 张良建议他封赏有功且有隙的将领雍齿。此计一出,诸将人人都兴高采烈。张良略施小计,不仅纠正了刘邦徇私行赏的弊端,而且轻而易举就收服了人心,稳定了政局。这种安一仇而坚众心的权术,极为后世欣赏。因张良的盖世功勋,汉高祖让他自己任意从齐地选择富饶的三万户封邑。然而张良委婉地谢绝了刘邦的厚赐,只选了一个万户左右的留县,受封为"留侯"。他深知任何封建王朝的最高统治阶层都充满风云莫测的倾轧和残杀,稍有不慎,就会被政治斗争的漩涡吞没。因此,天下一定,他就闭门谢客,辞病不朝,练气功,学辟谷,要一步步刻意退出凡尘世界。

留侯最后一次被迫用计是请出"商山四皓"帮助吕后之子刘盈得到太子之位,此后他再也没有过问国事,修行养道之外,就是潜心研究整理古代兵法,并根据亲身实践删修编订。后世流传的《奇门遁甲》《太公兵法》等兵书,都经过他的精心完善和发展。

纵观张良一生为刘邦策定的计谋也罢,他自己功成身退的全身之计也罢,背后都隐藏着一个"忍"字,正如苏轼所说:

观夫高祖之所以胜,项籍之所以败者,在能忍与不能忍之间而已矣。项籍唯不能忍,是以百战百胜而轻用其锋;高祖忍之,养其全锋而待其敝,此子房教之也。

听其神奇经历,人人以为他必是魁梧奇伟的大丈夫,其实是一个"状貌如妇人好女"的翩翩公子。当其怒火中烧时,也以纤纤之躯袭击威加四海的暴君;恬静休闲时,能忍气吞声地礼敬刁钻古怪的老人;龙争虎斗时,又奇计迭出地辅佐从善如流的明君;功成名遂后,以洞察世态的睿智毅然退出凡尘。千古名臣,恐怕唯其子房一人!

苏秦择木而栖

如鬼谷子先生所说:"古之善背向者,乃协四海,包诸侯,忤合之地而化转之,然后求合。故伊尹五就汤,五就桀,然后合于汤。吕尚三就文王,三入殷,而不能有所明,然后合于文王。此知天命之箝,故归之不疑也。"

战国时代的纵横家苏秦是以合纵抗秦成名的,但最初他是主张连横的。(当时,齐、楚、燕、赵、韩、魏六国联合抗秦,称为合纵;而秦与齐、楚等国的个别国家联合打击其他国家,则被称为连横。)

苏秦开始想见周天子,可是,周天子的近臣侍从瞧不起他,周天子更是拒他于门外。他只得改变主意,打算到秦国去求见秦惠文王。因为他分析了当时列国纷争的形势,认为天下之强莫过于秦国了,如果能联合一两个国家,一个个地去攻破其他国家,就有可能使秦王成就帝王之业。因此,如果能够得到秦王的重用,乃是自己平生之一大幸。于是,为了实现自己的连横的战略思想,他决定马上前往秦国。

在那年冬天里一个雪后初晴的日子,他穿着新买的黑貂皮袍,怀揣着变卖家产的钱财,背着简单的行装,辞别了双亲和妻子,满怀信心地踏上通往秦国的大路。他日夜兼程,马不停蹄地来到了秦国的都城,稍做安顿后,便急着求见秦惠文王。秦惠文王还算给了他个面子,在偏殿里接见了他。

苏秦口若悬河、慷慨激昂地陈说了他的主张,可惜秦惠文王并不欣赏,因为当时秦国刚刚诛杀了商鞅,对游说之客都很憎恨、反感,秦惠文王也认为苏秦似乎也同商鞅一样,是个夸夸其谈、华而不实的游说之客,就欠身做礼道:"先生的宏论深奥之极,请容寡人再思考思考。"

苏秦只得回到客馆里,等待秦惠文王的答复,可一连数天也不见秦王召见他,于是,他又一连写了十封献策的报告,呈上去以后也如石沉大海,杳无音信。这时他的生活也出现了困难,皮袍穿破了,钱也用完了,他只好将就穿着草鞋,面有菜色,状极狼狈地离开秦国步向家园。

苏秦此次回家后,既不访友,也不接客,关起门来发愤苦读,他翻了几十个书箱,找到了专讲谋略的《太公阴符》。每天伏案攻读,选择其中重要的章节仔细揣摩,当夜里读书困乏得要打瞌睡时,他就用锥子刺击自己的大腿,以至血流淌到脚跟都不理会(所谓"悬梁刺股"中的"刺股"者,即是苏秦也)。他常常自言自语地说道:"哪有用这些智谋说服人主称王称霸者,而换不来高官厚禄的呢?"一年后,他自以为掌握了太公的全部智谋,十分自信地说道:"这次一定能够说服那些高明的国君了。"

鉴于上次游说秦王的失败,他决定改变一下游说策略,由主张秦吞天下而改为连横抗秦。于是,他下决心说服列国的君王同心协力,孤立强秦。他先去投奔赵国,当时正当赵肃侯在位,赵王的弟弟公子成做相国,号称秦阳君。苏秦先去游说秦阳君,但秦阳君不听他的游说,苏秦只好离开赵国前去燕国。

苏秦刚到燕国时,还没有机会见到燕文侯,于是,他广交朋友,结识社会名流,经过一年多的时间,才得以拜见燕文侯。他对燕文侯说:"贵国乃是天府之地,没有战争之患,人民也安居乐业,这样的和平环境是中原哪一个国家都比不上的。可是,大王可知道为什么燕国没有受到西方强大的秦国的侵略吗?"

燕文侯坦诚地承认道:"寡人不知道。"

"这是因为中间有一个赵国作为屏障,挡住了秦国。试想,秦国怎敢历经几千里,越过赵国来攻打燕国呢? 可是,赵国要打燕国,那就再容易不过了。只要赵王一声令下,赵国的几十万军队就会马上渡过滹沱河,涉过易水,不到四五天,就可抵达燕国的都城。因此,鄙人希望大王能同赵王亲善,燕、赵两国结为一体,然后再联络中原各诸侯的国家共同抗秦,那么,燕国就可以高枕无忧了。"

燕文侯听后,高兴地说:"先生的主意实在是太好了。寡人知道吾国弱小,西面与赵国交界,南面与齐国交界,而齐、赵都是两个大国,您打算合纵而使吾国安宁,寡人愿意以国相从。"

苏秦见燕文侯接受自己的主张,心里也非常高兴,便毛遂自荐地试探道:"大王如果愿意与赵王结盟,鄙人愿去赵国说服赵王。"于是,燕文侯资助他一些车马和金银丝帛,并封他以燕国的使者的身份去跟赵国联络。

苏秦辞别燕文侯后,踏上了去赵国的旅途。经过十几天的日夜兼程,来到了赵国。这时秦阳君已故去,赵肃侯听说燕国的使者到来,亲自到郊外去迎接,谦恭地向苏秦请教。

苏秦开始对赵肃侯着力地拍了一通"马屁",很快转入正题道:"国家安定的根本大计,在于选择盟友。当今列国纷争,诸侯并立,盟友选择得当,自己的国家才能平安无事,人民才能安居乐业,否则,必然祸患无穷。大王,恕臣直言,赵国现在的外交政策就不大妥当,赵国是不应该臣服于秦国的。"

赵肃侯感叹道:"秦国太强大了,吾国无力与之为敌呀!"

苏秦说:"固然仅靠赵国一国之力,当然是无法战胜秦国的。臣仔细研究过,中原列国的土地比秦国大五倍,军队比秦国多十倍,诸国若能结成为一个整体,合力向西攻打秦国,秦国是一定会被打败的。可是,那些主张连横的人,都想要各国割让自己的土地拱手让给秦国,以贪图一时之安宁。他们似乎忘了,这样做只会使秦国越来越强大,而中原各国被一一吞并的危险也就越来越大。所以,依臣之愚见,各国莫不如用合纵联盟统一中原六国的方法,合力去抵抗秦国。无论秦国攻打哪一个国家,六国便一起出兵讨伐秦国。这样,孤立的秦国就一定不敢轻举妄动而危害中原各国了。"

赵肃侯也完全赞同苏秦合纵抗秦的主张,于是,他慷慨资助了苏秦一百辆马车,二万两黄金,一百双玉璧,上千匹精美华丽的丝绣品,请他继续去联络其他各国的诸侯。

苏秦辞别了赵肃侯，又先后拜见了韩宣王、魏襄王、齐宣王、楚威王，也向他们详细说明了向秦国割地求和的危害和联合抗秦的益处，使这四个君王也赞同他的合纵联盟的意见。至此，他完成了合纵联盟的游说。不久，六国诸侯在苏秦的安排下，云集在赵国的洹水开会，正式签订了合纵抗秦的盟约，并且公推苏秦为"纵约长"，还把六国的相印都交给了他。

苏秦回到赵国，赵肃侯封他为武安君。苏秦还没忘报当年秦王轻蔑他之仇，派人将合纵盟约送一份副本给秦王，好长时间，秦国的军队果然不再敢轻举妄动了。苏秦遂完心愿，自然感到十分快活和自豪。

古语云："良禽择木而居，贤臣择主而事，"高明的谋臣要善于看清形势，根据实际情况而选择适合自己的君主，才会建功立业，成就大事。一代纵横家苏秦在周、秦得不到重用后，转而游说燕王，终被启用，进而缔结了合纵之盟，其对"忤合术"的运用已到极致。

叔孙通大显儒生的作用

世界上"趋合"与"倍反"是普遍存在的，运用到不同的事件上有不同的方法，而且同一事件的不同阶段也应用不同的方法。"趋合"与"倍反"有时又互相转化，圣明的人应该掌握这一规律，把握反忤之道，或者合于此忤于彼，或者合于彼忤于此，这种反忤之术大而言之可以协四海、包诸侯，小而言之可以运用到与人的交往。

叔孙通对人类文化和封建政治做出了较大的贡献。

叔孙通是秦始皇征召的文学博士。秦始皇统一中国后，把各地文化名人收罗到咸阳，组成了相当于现代国家元首身边的智囊团。焚书坑儒时，这个智囊团的多数成员被杀害，叔孙通却逃过了劫难。史书没有讲到他劫后余生的原因，但从中可知道，他与一般儒生不同；也许有侥幸的成分，但也有着不该亡的必然。

秦二世即位后,陈胜、吴广造反,秦二世胡亥召集剩下来的三十名博士问:"听说有人造反,是吗?"其他博士答"是",并献计献策。唯独叔孙通说:"不过是些小毛贼。郡守正在捉拿他们,不足为虑。"秦二世听了很高兴,下令追查"造谣"的博士,对叔孙通反而嘉奖。无端遭殃的博士们回到舍馆后责问叔孙通:"先生怎么可以这样昧着良心说话呢?"叔孙通说:"诸位不明白,我是虎口逃生啊!"

看见秦王朝没有希望了,叔孙通赶紧收拾行装溜之大吉。

后来叔孙通投奔到刘邦帐下。刘邦本是粗人,历来看不起读书人,拿儒生的帽子当便壶,见到读书人就大骂。叔孙通刚到的日子里,连饭都吃不饱,什么气都受。刘邦看见叔孙通一身儒服就生气,叔孙通马上换成楚人的短装,刘邦才露出了笑容。

跟随叔孙通投奔刘邦的,还有他的一百多个弟子,他只拣那些出身强盗的健壮之徒加以推荐,弟子们偷偷抱怨:"跟从先生这么些年,却不推荐我们,一味举荐那些强盗,这是怎么回事儿呀?"叔孙通听到后说:"汉王在冒死打天下,你们手无缚鸡之力,能打吗?会打吗?现在还用不着咱们读书人。大家耐心些,会有办法的。"

公元前201年,刘邦统一天下后,分封了二十多个功高劳苦的武将,未得封赏的开始争论不休。刘邦在楼上望见大小将官坐在宫中沙地上指手画脚,情绪激昂,问张良:"他们在争论什么?"张良说:"陛下还不知道?他们在商量造反。"刘邦很奇怪:"现在天下已经太平了,为什么要造反呢?"张良说:"封赏的都是你的亲近之人,这些人没得到封赏,心中不服,又担心你计较他们平生的过失,害怕性命难保,所以就想聚众谋反。""那该怎么办呢?""选一个你平常憎恨而大家又都知道的,马上封赏他,大家就安心了。"刘邦就封了功劳大、又最不满意的雍齿,众武将才平静下来。

论功封赏的事解决了,但朝政秩序混乱,大臣们乱七八糟的,喝了酒就说胡话,甚至拔剑砍破柱子。刘邦深以为忧。

国学经典文库

鬼谷子全书

·《鬼谷子》释义通解·

图文珍藏版

叔孙通见时机已到，去见刘邦，建议制定礼法规矩。刘邦立刻呵斥他："我在马上得来天下，你们读书人算什么东西？"叔孙通没再像以前那样畏缩，反而顶撞道："从马上得来的天下，可以在马上治理吗？"刘邦一听有理，问叔孙通该怎么办。叔孙通提出了制定上朝礼仪的计划。刘邦说行，命他去操办。

叔孙通用了几个月的时间，把他规划的"朝班"礼制演习好，请刘邦出来坐朝。那一天，天还没有亮，朝拜仪式就开始了。准备上朝的文武百官按照官职大小，在宫外排队等候。宫门外立着刀枪铠甲雪亮齐整的卫士，飘着各色彩旗。传令官发出号令，大臣们肃穆恭敬地按着顺序快步上殿，跪拜山呼："吾皇万岁万万岁！"刘邦见到这等声势，这等壮观，说："我今天才知道做皇帝的乐趣和威风，我今天才知道做皇帝的尊贵。"从此改变对读书人的态度，任命叔孙通为太常，赏黄金五百两。追随叔孙通的那些儒生也苦尽甘来，各有封赏。

叔孙通制定的"朝班"礼制延续了两千年，直到清末才结束，可以说他对封建礼制和文化产生了巨大的影响。

叔孙通可以说很好地运用了"忤合"之术，他首先没有对失道的秦二世一味愚忠，而是另择明主而事，转投到刘邦帐下。在与刘邦的交往中，他也有效地使用了"忤合术"，先是苟合于刘邦，取得刘邦的好感，保持自己，进而寻求变化，终于在朝政秩序混乱之时发现了机会，先是忤逆刘邦之意，而最终通过礼法扭转了刘邦的态度。

鲁肃多次比较择明主

鬼谷子认为，谋臣应该根据具体的事物和对象，确定具体的应对方法。实事求是，灵活应变，"反复相求，因事为制"。在正反的比较中求得自己合适的位置。

鲁肃，字子敬，临淮东城人。公元172年出生在一个大户人家中，生下来不久，父亲就不幸逝世。鲁肃的祖母和他住在一起，非常喜爱这个聪明伶俐的小孙子，经常给他讲各种各样的故事。鲁肃最喜欢听的，是那些关于古代英雄豪杰的故事。

大概是因为没有父亲的严厉管教,鲁肃从小就养成了一种狂放不羁、轻财好义的性格。到了十七八岁,鲁肃已长成一个英俊潇洒、魁伟不凡的男子汉了。他拜名师,学剑术骑射,招聚了上百名青少年,供给他们衣服和食物,经常去南山打猎,把豺狼虎豹等猛兽当作敌人一样进行围歼,讲武习兵,号令严明,就像军事演习一样。为了将来干一番大事业,鲁肃还刻苦读书,广泛地学习政治、军事、经济、历史、文学等方面的知识,尤其喜爱研究《孙子兵法》。

像鲁肃这样的豪杰,虽然有非凡的才能和一定影响,但在社会上并没有很高的地位,还不足以号召天下称雄一方。因此,选择英明的君主,是他们能否实现理想和施展才能的一个关键问题。

当时势力强盛的是袁术,一听说鲁肃的名声,就派人请他出来代理东城县长,鲁肃见袁术做事没有一套原则和办法,而且心胸狭窄,目光短浅,认为不值得跟这样的人共事,便毅然加以谢绝。然后,带着全家老小和归附于他的具有侠气武艺的青少年共三百余人,南来居巢县投靠周瑜。

鲁肃

周瑜东渡长江,投奔"威震江东"的孙策。鲁肃跟他同行,把家小留在曲阿。恰逢祖母去世,鲁肃就护送灵柩,回到东城老家安葬。这时有个叫刘子扬的人,与鲁肃平时很有交情,写信给鲁肃说:"当今天下的英雄豪杰纷纷崛起,像您这样的匡世之才,正好可以大用于今日,望您赶快把堂上老母接来,不要滞留在东城。近来有个名叫郑宝的人,在巢湖聚众起兵,手下已有一万多人,占据的地方又很肥沃富饶。庐江很多读书和闲散的人都去依附他,何况咱们呢?我看郑宝的发展势头还很兴旺,时机不可丢失,您还是赶快去吧!"

鲁肃觉得刘子扬的话很有道理,但究竟投靠谁,他还在犹豫。将祖母安葬完毕,鲁肃回到曲阿,正巧碰上周瑜已把鲁肃的母亲接到东吴去了。于是,鲁肃也到了东吴。他把听到的事情告诉周瑜,征求周瑜的意见。

这时是公元200年,孙策被人刺死,孙权还住在吴郡。周瑜劝鲁肃不要听刘子扬的话,鲁肃听从了周瑜的劝告,没有去投奔郑宝,而是留在东吴。过了不久,郑宝果然兵败,被刘晔杀死,这是后话。

周瑜向孙权说:"鲁肃是个难得的匡时佐世之才,您千万不能让他投向别处去啊!"

孙权听了周瑜的推荐,马上举行宴会接见鲁肃。两人一见面就谈得十分投机,孙权心中大喜。宴会结束时,群臣纷纷告退,鲁肃也起身准备告辞。孙权却单独把他留下,合并座席,面对面地继续饮酒。孙权与鲁肃密议道:"现今汉朝危机四伏,天下大乱,我继承父兄遗业,很想建立像齐桓公和晋文公那样的功业。您既然来到我这里,打算怎样辅佐我呢?"

鲁肃回答说:"过去汉高祖刘邦一心想拥戴义帝,最终不得实现,原因就在于项羽起破坏作用。今天的曹操,犹如往日的项羽,您怎么能建立像齐桓公、晋文公那样拥护天子、号令天下的霸业呢?我私下分析,汉朝皇室不可能再复兴,曹操也不可能立即铲除。替将军您打算,只有立足江东这块地方,观察和等待天下局势的变化。江东的规模虽然不大,但也不要嫌它太小。为什么呢?北方现在是多事之秋,曹操自顾不暇,我们就可以趁机铲除黄祖,进伐刘表,把整个长江流域统统纳入我们的版图,然后打出帝王的旗号以谋取天下,这正是汉高祖的功业啊!"

孙权想了一下,说:"如今我在东南一隅竭尽力量,只是希望辅佐汉室而已,您刚才说的话,不是我所要做的。"这时孙权控制的地盘不大,只有会稽、丹阳、吴、豫章、庐江等五郡,而其中比较偏远和险要之地,还没有完全归附。哥哥孙策刚死不久,由他继承遗业,尚未完全站稳脚跟。当时东吴不少士大夫,对局势都持观望动摇态度，各自心里打着自己的小算盘。只有周瑜、鲁肃、张昭等人坚决拥护孙权。

鲁肃的一席话，对当时全国的形势作了精辟的分析，提出了一个首先巩固江东，然后夺取荆州，最后统一全国的战略方针。这同诸葛亮"隆中对"中的战略决策，在基本精神上可说是英雄所见略同，只是各为其主，立足点不同罢了。孙权起先只是想"挟天子以令诸侯"，在拥护汉室的前提下建立齐桓公、晋文公那样的霸业。鲁肃却指出汉室已不可能再复兴，明确提出要孙权学习汉高祖刘邦，成就统一中国的大业。这就显示出鲁肃的见识和眼光，比孙权略高一筹。当时在孙权和文臣武将中，明确提出逐步统一全国的战略方针的，只有鲁肃一人。这时鲁肃年仅29岁，第一次见孙权，就为东吴未来的发展规划了一幅宏伟蓝图。虽然统一全国的愿望最后没能实现，但巩固江东，夺取荆州，孙权在吴国称帝的战略目标毕竟都达到了。这些足以显示鲁肃作为一个谋士的远见卓识，以及运筹帷幄的政治军事才能。

也许孙权当时确实没想到要当皇帝，也许想到了故意不露声色，所以才说出相反的话来。不管怎样，反正从此以后孙权对鲁肃确实格外赏识，另眼相看。

鲁肃最终效力于孙权也是通过反复比较、权衡才做的决定，这一系列过程正是对"反忤术"的运用。

范雎用计，智取长平

周赧王五十五年，秦军大举北进，进攻赵国。老将廉颇率赵兵迎敌，秦、赵两军对峙于长平。秦兵虽然勇武善战，怎奈廉颇行军持重，坚筑营垒，等待时机与变化，迟迟不与秦兵决战。这样一来，两军相持近两年，仍难分胜负。秦国君臣将士个个焦躁万分，却又束手无策。

秦昭王问计于范雎，说："廉颇多智，面对秦军强而不轻易出战。秦兵劳师袭远，难以持久，战事如此久拖不决，秦军必将深陷泥淖，无力自拔，为之奈何？"范雎早已清醒地认识到问题的严重性，作为出色的谋略家，他很快找到了问题的症结。他对赵国文臣武将的优劣了如指掌,深知秦军若想速战速决,必须设计除掉廉颇。于是,他沉吟片刻,向昭王献了一条奇妙的反间计。

范雎遣一心腹门客,从便道进入赵国都城邯郸,用千金贿赂赵王左右亲近的人,散布流言道:"秦军最惧怕的是赵将赵奢之子赵括,年轻有为且精通兵法,如若为将,恐难胜之。廉颇老而怯,屡战屡败,现已不敢出战,又为秦兵所迫,不日即降。"

赵王闻之,将信将疑。派人催战,廉颇仍行"坚壁"之谋,不肯出战。赵王对廉颇先前损兵折将本已不满,今派人催战,廉颇却又固守不战,又不能驱敌于国门之外。于是轻信流言,顿时疑心大起,竟不辨真伪,匆忙拜赵括为上将,赐以黄金彩帛,增调二十万精兵,前往代替廉颇。

赵括虽为赵国名将赵奢之子,确也精通兵法。但徒读经文书传,不知变通,只会坐而论道,纸上谈兵,而且骄傲自大。一旦代将,立即东向而朝,威临军吏,致使将士无敢仰视。他还把赵王所赐黄金、财物悉数藏于家中,日日寻思购买便利田宅。

赵括来到长平前线,尽改廉颇往日约束,易置将校,调换防位,一时弄得全军上下人心浮动,紊乱不堪。范雎探知赵国已入圈套,便与昭王奏议,暗派武安君白起为上将军,火速驰往长平,并约令军中:"有敢泄露武安君为将者斩!"

这白起是战国时期无与伦比的久经沙场的名将,一向能征惯战,智勇双全。论帅才,赵括远不能与白起相比;论兵力,赵军绝难与秦兵抗衡。范雎之所以秘行其事,目的就是使敌松懈其志,以期出奇制胜。两军交战,白起佯败,赵括大喜过望,率兵穷追不舍,结果被秦军左右包抄,断了粮草,团团围困于长平。秦昭王闻报,亲自来到长平附近,尽发农家壮丁,分路掠夺赵人粮草,遏绝救兵。赵军陷于重围达四十六天,粮尽援绝,士兵自相杀戮以取食,惨不忍睹。赵括迫不得已,把全军分为四队,轮番突围,均被秦军乱箭击退,赵括本人也被乱箭射死。

长平一战,秦军获得了空前的胜利,俘虏赵兵四十万,除年老年幼者二百四十人放还外,其余全部坑杀。这次战役,秦军先后消灭赵军四十五万,大大挫败了雄踞北方的赵国的元气,使其从此一蹶不振。战后,秦军乘胜进围赵都邯郸。虽曾有赵国名士毛遂自荐,赴楚征援,又有魏国信陵君窃符救赵,也只能是争一时之生存,无法挽回赵国败亡的厄运。

纵观长平之战的全过程,其根本败因便是赵王听了范雎所散布的流言,用只会"纸上谈兵"的赵括代替了经验丰富的老将廉颇。其中决定战役成败的另一个关键人物便是范雎,虽然此中很少提及,但他以离间之计蒙蔽赵王更换主将可以看作是战争的转折点。散布流言表面好像是在为赵国出谋划策,实际上还是在为秦国取胜创造条件,这也就是所说的"计谋不两忠",计谋的使用只会有利于一方,而有害于另一方。

抓住特点,因事为制

《鬼谷子·忤合篇》中提出:"凡趋合倍反,计有适合。化转环属,各有形势,反覆相求,因事为制。"

大凡在世上进行纵横捭阖的合纵连横斗争,想翻手为云、覆手为雨,就一定要制定适合当前现实情况的奇谋妙计。事物是不断发展变化的,就像连环套一样环环相扣,互为因果。这样,就要对所面临的事件加以考察探索,弄明白事物的特点和背景,反复探查事物的连续性和特殊性的成因,抓住不同事物的不同特点,依据它的特点制定相应的计谋对策。

运用鬼谷子"因事为制"的谋略思想,最好是效仿古代那位惩治吹嘘自己所卖的矛"没有攻不破的盾"、自己所卖的盾"没有能刺穿的矛"的吹牛大王的高人办法,让他以自己所卖的矛攻其所卖的盾,从而抓住对方言行、计谋中的自相矛盾之处,制定相应的策略,把事情处理好。

上世纪60年代,沙特阿拉伯因石油的大量发现和开采,现代工业逐渐发展起来。这给千百年来在沙漠中艰难生活的游牧民族带来了新的生活,昔日骑着骆驼行走在沙漠上的牧民坐上了现代化的汽车。他们的物质生活富裕了,对国外丰富的文化生活也开始向往。沙特百姓希望国王能让他们像国外一样看上电影和电视。

沙特国王费萨尔曾留学国外,思想开明。他决心满足平民百姓的一点微小希望。但是当他把自己的想法提交御前会议讨论时,一批守旧的王公大臣和宗教人士强烈反对他的想法。他们因循守旧,搬出祖训,甚至援引《古兰经》来反对开放电影和电视。之后,又讨论几次,但都因守旧派的反对而无法实现国王的想法。

费萨尔国王看正面讨论无法开动这些人的脑筋,就想了一个办法使他们让步,他因事为制,利用当时炎夏的气候,在这些守旧者们的小车上略施小计,使他们明白《古兰经》上没有的现代化的东西对于人们是不可缺少的。

一天,费萨尔国王召集大臣们开会,那些元老重臣们一个个都乘坐着装有空调的豪华汽车来到王宫。开会期间,费萨尔国王命令卫队将这些汽车上的空调设备全部破坏。当会议开完时,正值中午,沙漠上赤日炎炎,热气蒸人。王公大臣们坐上他们的车不久,就发觉里面闷热难熬,个个汗流浃背。下午一进王宫开会,个个都在骂那个破坏空调的“坏蛋”。

这时,费萨尔国王说话了:“既然空调汽车在《古兰经》上没有记载,你们都可以乘坐,为什么电影和电视在《古兰经》中无记载就不能开放?”他的问话使这些守旧者们瞠目结舌,无人敢言。不久,在沙特阿拉伯,老百姓看上了电影和电视。

费萨尔国王正是运用了“以子之矛,攻子之盾”的办法,用那些大臣们自己的行为攻击他们的言论,其策略可谓妙哉。

1934年12月8日,在华盛顿格里迪罗俱乐部的一次大会上,罗斯福总统和门肯都对在座的记者发表了演说。

门肯先发言。他作了一个虽然简短却是彻头彻尾反对罗斯福新政的演说。轮到罗斯福演讲时,他对“我的老朋友亨利·门肯”笑了一笑,然后就对美国新闻界进行大肆谩骂,听众大吃一惊。

罗斯福指责记者"愚蠢"和"傲慢",说许多编辑和记者十分无知,连大学的入学考试都通不过。随着他的继续攻击,门肯的脸色变得越来越红,记者们的心也越来越冷。但是,慢慢地,记者们终于明白过来了,罗斯福是在引述门肯的散文《美国新闻界》。他们开始逗趣地端详着那位满面涨得通红的巴尔的摩人。

总统讲完后,被人用轮椅推出宴会厅时,微笑着停下来,和门肯握了握手。

处世与交际中,攻击对手的最好办法,莫过于以子之矛,攻子之盾,这种方法,往往更容易切中要害。罗斯福因事为制,巧妙地借用门肯的话来攻击记者,无疑使门肯置身在一个十分难堪的境地。在场的记者们会想,门肯对记者的评论尚且如此荒谬,那他对总统的攻击又有多少可信的成分呢?

掌握主动,方可取胜

反忤术的要点在于:"成于事而合于谋,与之为主。合于彼而离于此,计谋不两忠。"首先应明确,在斗智中,主客双方处于矛盾地位,无可调和,取胜的关键,在于依据现实环境,依据对方的计谋,制定一种控制对方的措施,改变斗争形势,变被动为主动,争取有利时机,掌握斗争中的主动权,从而一举克敌制胜。

变被动为主动、善抓主动权的"反忤术"事例,古代比比皆是。在现代商战中,作为一个经营者,不管是在商业谈判中,还是在市场竞争中,都要善抓主动权,学会运用反忤术。

克罗原先是美国的一个穷光蛋,没读完中学就出来做工了,后来在一家工厂当推销员,认识了快餐店的麦克唐纳兄弟。他很想对美国的快餐行业做一番改革,以满足亿万美国人对快餐的需求。可是他一贫如洗,哪里有钱来开餐馆呢?于是他决定打入麦克唐纳快餐店。他找到麦氏兄弟,要求留在快餐店里工作,哪怕当一名跑堂的小伙计也行。他掌握了这两位老板的心理特点,提出在当小伙计期间兼做原来的推销工作,并把推销收入的5%让利给老板。老板见有利可图,便答应了他的要求。

克罗进入麦氏快餐店后,很快就摸清了餐馆的实力和条件。他为了取得老板信任,工作异常勤奋。他曾多次建议老板改善营业环境,提出配制份饭,轻便包装,送饭上门;建议在店里安装音响,使顾客更加舒适;他还大力改善食品卫生,严格挑选服务员。当然,每项改革都使老板感到很满意。因为他总是表现得坦诚、可信,给人留下了谦虚谨慎的极好印象。由于他为店里招揽了不少顾客,生意越做越大,老板对他更是言听计从,百依百顺。六年过后,他的经验越来越丰富,头脑中的新点子也越来越多,渐渐露出喧宾夺主的势头。而麦克唐纳快餐店经过六年的发展,在美国也有了一些名气。此时的克罗,也通过各种途径筹集到了一大笔贷款,他认为时机成熟,该与麦氏兄弟分道扬镳了。

在1961年的一个晚上,克罗与麦氏进行了一次艰难的谈判。开始时,克罗先提出较为苛刻的条件,再稍做让步,最后以270万美元的现金,买下麦氏快餐店,由他自己独立经营。麦氏兄弟尽管有种种忧虑和不安,但面对诱人的价格,还是动了心,其实他们也有不得已的苦衷。第二天麦克唐纳快餐店发生了引人注目的主仆易位事件,店员居然炒了老板的鱿鱼。克罗入主后,其快餐店迅速发生了变化,以崭新的面貌享誉全美,在不长的时间里就捞回了270万美元。

在这一实例中,克罗就是巧妙地利用了"反忤术"。他先借助麦氏兄弟的财力、物力来发展,充实自己,最后反客为主,获得了胜利。

揣术第七

本篇提要

本篇讲述的是如何揣摩他人的心思,从对方的外在表现去了解他内心的思想活动。

所谓"揣"就是指揣摩、估计、推断等等,通过这些方法对游说对象做出较为准确的判断,以达到自己的目的。

揣的范围有两种：一是"权量"，也就是考察一国的综合国力，包括财富的多少、民众的贫富、地形的利弊、谋士的忠奸、君臣的关系，以及百姓的向背等等；二是"揣情"，也就是揣度游说对象的内心思想，了解对方的喜好与厌恶，以求应和其心意，有利自己下一步的游说计划，以便制定出具体的切实可行的游说之策。

那么如何才能做好"揣情"这个至关重要的游说环节呢？《鬼谷子》强调了两方面的内容：

一是可以顺着对手的性情去"揣摩"，简言之也就是投其所好。文中举例说道："揣情者，必以其甚喜之时，往而极其欲也，其有欲也，不能隐其情；必以其甚惧之时，往而极其恶也，其有恶心，不能隐其情。"意思即是根据游说对象的情绪来进行交流，引诱对方情不自禁地说出实情。

二是采用旁敲侧击的手段去"揣摩"。对于有一定控制力的游说对象，先不要急于与其进行直接的沟通，最好通过其身边的人来间接进行了解，就如文中所言："感动而不知其变者，乃且错其人勿与语，而更问其所亲，知其所安。"利用游说对象的亲近之人来达到目的。

三是采用见微知著的方法去"揣摩"。能够在观察到对方小的漏洞后，便可乘虚而入，进而了解其更多的内心活动，这需要运用者有敏锐的眼光和灵活的头脑，有"窥一斑而全豹"的能力，如文中所说"故观蜎飞蠕动，无不有利害，可以生事美。生事者，几之势也"。

在揣测游说对象时，要眼耳并用，从对方的言辞中，从对方的表情变化上，细细揣摩，加以思考，同时还要在谈话过程中注意诱导和试探，使对方表现朝着自己需要的方向深入，有了切实可行的游说之策，把握住了游说的时机，再加上具体的揣情方法，我们便可成功揣摩到对方的心理变化。

【原文】

古之善用天下者，必量①天下之权②，而揣③诸侯之情④。量权不审⑤，不知强弱轻重之称⑥；揣情不审，不知隐匿变化之动静⑦。

国学经典文库

鬼谷子全书

·《鬼谷子》释义通解·

图文珍藏版

【注释】

①量：称量，引申为衡量。

②权：权势。

③揣：推测，琢磨。

④情：真实情况。

⑤审：周密、详尽。

⑥称：称量，衡量。

⑦动静：指情况。

【译文】

古代善于运用游说国君而统治天下的人，必然要衡量天下的权势，揣摩各个诸侯的实情。如果衡量权势不准确，就不可能了解诸侯之间力量强弱虚实的差别；如果揣测情形不精确，就不可能了解隐藏的情况和事物暗中变化的征兆。

【原文】

何谓量权？曰：度于大小①，谋于众寡②；称货财③有无之数，料④人民多少、饶⑤乏⑥，有余不足几何⑦？辨地形之险⑧易⑨，孰利孰害？谋虑孰长⑩孰短⑪？揆君臣之亲疏，孰贤孰不肖⑫？与宾客⑬之智慧，孰多孰少？观天时之祸福，孰吉孰凶？诸侯之交，孰用孰不用？百姓之心，孰安孰危？孰好孰憎？反侧⑭孰辨？能知此者，是谓量权。

【注释】

①大小：指地域的大小。

②众寡：指人口的多少。

③货财：财物。

④料：估量。

⑤饶:多,指富足。

⑥乏:缺乏,不足。

⑦几何:多少。

⑧险:险峻。

⑨易:平坦。

⑩长:指优点。

⑪短:指弱点,缺点。

⑫不肖:原指子女长相不像父母,引申为没有才能。

⑬宾客:战国时贵族官僚所养的食客,后泛指谋士。

⑭反侧:指百姓反叛和倾斜。

【译文】

什么是"量权"呢?答曰:"量权"就是测量尺寸大小,计算数量多少;称量有多少钱财货物,估量有多少人口、是富有还是贫乏,富有和贫乏到了什么样的程度?分辨地形险易,哪里有利,哪里有害?判断各方的谋虑,哪个是优,哪个是劣?考察君主大臣,与谁亲近,与谁疏远,哪些贤德,哪些奸诈?考核谋士的智慧,谁多谁少?观察天时祸福,什么时候吉,什么时候凶?考察诸侯之间的关系,哪个可以利用,哪个不可以利用?老百姓的人心向背如何变化,是安定还是危急?他们喜好什么,憎恶什么?反复推测,如何分辨清楚?能够了解这些,就是所谓的"量权"。

【原文】

揣①情者,必以其甚喜之时,往而极②其欲也;其有欲也,不能隐其情。必以其甚惧之时,往而极其恶也;其有恶也,不能隐其情。情欲③必出其变。感动④而不知其变者,乃且错⑤其人勿与语,而更问所亲,知其所安⑥。夫情变于内者,形见于外。故常必以其见者而知其隐者,此所谓测深揣情。

【注释】

①揣:揣度。《史记·虞卿列传》:"虞卿料事揣情,为赵策划,何其工也。"这里是指揣度情理。

②极:尽。

③情欲:欲望,欲念。

④感动:指情感受到触动。

⑤错:通"措",放置。

⑥所安:指情感不变的原因。

【译文】

所谓揣情,就是必须在对方最高兴的时候,前去见他,并设法刺激他的欲望;只要欲望表现出来,实情就难以隐藏。一定要在对方最恐惧的时候,前去见他,并设法加重他的恐惧;只要恐惧表现出来,实情就难以隐瞒。人的情欲往往在特别高兴或特别悲伤的时候发生变化。对于那些已经触动情感仍看不出有异常变化的人,就要暂时离开不再与他交谈,而后转向与他亲近的人,去了解他情感不变的原因。感情从内部发生变化,必然要通过形态显现于外表。所以,一定要通过显露出来的表面现象,去了解隐藏在内部的真情。这就是所说的揣测内心的方法。

【原文】

故计国事者①,则当审权量;说②人主,则当审揣情。谋虑情欲,必出于此,乃可贵,乃可贱,乃可重,乃可轻,乃可利,乃可害,乃可成,乃可败;其数③一也。故虽有先王之道、圣智之谋,非揣情隐匿,无所索之。此谋之大本④也,而说之法也。常有事于人,人莫能先,先事而生,此最难为。故曰:揣情最难守司,言必时⑤其谋虑。故观蜎飞蠕动⑥,无不有利害,可以生事⑦变。生事者,几⑧之势也。此揣情饰言⑨,成文章⑩而后论之也。

【注释】

①计国事者:谋划国事的人。

②说:游说,说服。

③数:法术,这里指办法、策略。

④本:基础。

⑤时:通"伺",等候。

⑥蛸飞蠕动:泛指昆虫的飞动。蛸是没有骨头的昆虫,爬行时都必须屈伸身体,就叫蠕动。

⑦生事:成事。

⑧几:事物微小变化的征兆。

⑨饰言:指修饰言辞。

⑩文章:指言辞有文采,华美。

【译文】

所以,谋划国家大事,就应当详细地衡量权势;游说君主,则应当全面揣测实情。探知对方的谋划、想法、情感和欲望,必须以这种谋略为主。谋士们可能富贵,也可能贫贱,可能受到尊敬,也可能被轻视,可能获利,也可能遭到损害,可能成全他人,也可能败坏他人,其使用的办法都是一致的。因此,即使有古代先王的治国之道,有圣人的高超智谋,不通过揣度实情,也就无法探测出所有隐匿的情况。这是谋略的基础,游说的通用法则。对某些事情突然发生,人们不能事先预料,是因为提前预料是最难的。所以说:揣测实情,最难把握,游说进言必须深谋远虑。因此观察昆虫蠕动,无不藏有利害,可以引发事物的变化。任何事情在刚刚变化之时,都呈现一种微小的态势。这就是揣情的时候,需要先修饰言辞,或使之富有文采,出口成章,这样才能进行游说之道。

【解析】

"揣"是指揣情,即揣度、琢磨对方的心理和真实情况,以便推测出事物发展的方向,权衡事物的利弊与得失。揣情是谋略的根本,也是游说的主要方法。

本篇主要论述了"量权"与"揣情"两部分内容。量权是指衡量比较天下权势的强弱;揣情则是指揣度诸侯内情的真伪,是谋士游说诸侯国君所用的方法。

春秋战国时代,那些善于掌控天下的智者都会通过认真比较和审定天下的真实权势,来掌握诸侯各国的强弱、轻重情况,进而揣测诸侯各国的真实情况。他们不断审视变化的情况,以便知道一些隐秘的事态变化情况,从而判断出表面现象中的内在本质。正如文中所言,若要掌握天下大事,必须善于"量天下之权,而揣诸侯之情";若想准确地权衡天下的强弱,就要从地域、人口、财富、地理险易、人才多寡,乃至于物产、资源等国情方面入手。若要揣测诸侯的内情,就要善于把握有利时机,仔细揣摩对方的内心和思想,进而掌握住对方情感的变化,并以此为根据制定出相应的征服策略。如果衡量权势不准确,就不可能了解诸侯之间力量强弱虚实的差别;如果揣测情形不精确,就不可能了解隐藏的情况和事物暗中变化的征兆。

当然,作为一个出色的谋士除了会"量权"之外,还必须善于"揣情",即懂得察言观色,揣测内心:在对方最高兴的时候,前去见他,设法刺激他的欲望,只要欲望表现出来,实情就难以隐藏;在对方最恐惧的时候,前去见他,设法加重他的恐惧,只要恐惧表现出来,实情就难以隐瞒。由于人的情欲往往在特别高兴或特别悲伤的时候发生变化。所以,对于那些已经触动情感,却仍看不出有异常变化的人,就要暂时撇开不再与他交谈,而应转向他所亲近的人,去了解隐藏在内部的真情。实践证明,"揣情"对象是极为丰富的,所以在实施计谋的时候,一定要做到因人制宜,因事而异,只有揣术运用恰当出奇,方可出奇制胜。

【应用事例】

"知己知彼"是兵战的根本法宝,对于"舌战"也是最大的奥秘。要想客观了解对手的实际情况,那么一定要对关键人物的客观环境和物质条件进行体察和分析,再通过对他人的外在表现而了解对方内心深处的真实想法从而推行自己的主张。所谓的"凡说之难,在知所说之心"。鬼谷子将"量权"和"揣情"看作是"某之本,说之法"。说服者要仔细慎重的分析对方的实际情况,最忌不了解客观情况而盲目的说,一定要在"知彼"的情况下设计出有针对性的谋略计划,终而使得自己"百战百胜"。

陈军巧答上级问顺利晋升

在当下日益竞争激烈的社会,一个人要想在职场游刃有余,想在事业上蒸蒸日上,就必须学会洞彻人心的敏锐观察力。能否知人识人是事业成功的一个关键因素,学会看准人,摸透其内心的本意,就能快人一步。

世上凡事都有规律可循,有端倪可察。人也是一样,一个无意识的动作,一句不经意的话语,都能流露其本意。所谓"喜形于色"就是这个道理。只要你留心观察,学会识人内心的技巧,看透一个人内心深处隐藏的玄机,就能看透周围的人和事,让你以不变应万变,做事游刃有余。

刘副经理一直很喜欢销售部的两名干事,陈军和周强。但一直手里没有实权,同时也在犹豫二人中哪个更适合做他的助理。荣升经理后便立即任命陈军为"左丞相",周强为"右丞相"找一个合适的机会分出二人的高低。

有一次,刘经理把陈军和周强叫到办公室问以前公司的财政情况。问周强:"小周啊,你是咱们公司的老员工了。你是否知道以往咱们公司一年的纯营业额是多少?"

周强低声回答:"我不知。"

刘经理接着问:"那你可知公司一年收入和支出各是多少?"

周强还是摇了摇头。

周强是属于那种有什么说什么的人,对工作向来认真对待,不会因为揩油、拿回扣等动作而给自己惹麻烦,原经理就是很看重周强这点就一直很器重他,准备在合适的机会调用他做自己的助理。所以一直让老经理称心的周强在公司重组的情况下推荐给了新任的经理。刘经理固然也喜欢老实忠诚的员工,但是助理一直是否适合这样的人,他还是要做出一番对比后才做决定。

国学经典文库

鬼谷子全书

《鬼谷子》释义通解

图文珍藏版

此时，问一句答一句让刘经理心里大为不快。什么也不懂，只是忠诚又能怎么样呢？还是不能重用啊！便转过脸来问"左丞相"陈军："小陈啊，我以前总听张经理（以前的经理）夸你聪明机智、细心周全。刚说的这两个问题，你可知道？"

陈军很有信心地说："刘经理，恕我直言。经理要想知道财务方面的大事和以往公司的收入和支出，请问财务或者会计李主任。"

刘经理听罢，心中更加不悦，心想："怎么着？我堂堂一个经理问问财务方面的事不可以？再说我这也为公司以后的发展先做一个大概的了解啊！但又转念想，二人是自己比较赏识的人还是不能立马把关系弄僵了。"但脸还是阴了一半说道："小陈真是高见！既然各自有主管的官员，要你这位助理干什么？"

陈军看出了经理的不悦，很冷静地回答："刘经理您不要生气，原谅我的坦言直率，做助理的，对上要辅佐上级料理公司大事，顺应老板的各种想法，同时还不能太对员工苛刻了；对下级要理顺和各部门经理打好关系，使每个部门各司其职。每个人把自己的职责搞好了一切都会很顺利。要是总向其他部门打听与自己工作没有很直接的事情，别人就会视你为有心计、爱打报告的人。这样以后即使是真正工作上需要的数据时都不好获取。"

听罢此言，刘经理低头沉思，这陈军不仅机智、擅长辞令，更深悟职场要诀——审时度势，把握关键！纵然也不是很懂财务但会巧妙的言语交谈，做助理还是比较合适，哪天出去谈个业务啥的，还是能比较顾全大局，能上手的。想到这儿，刘经理脸色立马"阴转晴"，赞不绝口："小陈果然是单位的老员工啊，处处想的周全。不久，经理助理一职，由陈军担任。"

鬼谷子说："故计国事者，则当审权量；说人主，则当审揣情；谋虑情欲，必出于此；夫情变于内者，形见于外"陈军深通此道。刘经理出的难题的确很考人，一般人很难回答，特别是向周强这样的搞外部采购的，公司的全年纯收入谁能知道？更难应对。而陈军却能及时回复并回避正面应答问题，还让刘经理觉得他不仅聪明，还觉得他顾全大局、事事周全。最后得到晋升。

眼力就是谋略

做事的谋略有时就体现在独特的眼光之中。有眼光的人观察事物有远见卓识,关键时候的判断和抉择也更正确,所以做起事来也更容易成功。

1934 年,美国总统罗斯福为挽救美国历史上最严重的经济危机而采取新政。实业家哈默密切地注视着形势的发展,他觉得自己事业大发展的时候可能到了,因为新政一旦实施,那么禁酒令就会被废除。

早在 1922 年的时候,美国议会通过了《沃尔斯台德法案》,法案规定不许酿造和销售酒精含量超过 5‰的饮料。而到了 20 世纪 30 年代,由于经济危机,罗斯福总统不得不推行一系列改革的新政策。随着新政策一个接一个地出台,哈默凭自己多年经商的眼光判断,认为罗斯福总统会取消已经不合时宜的禁酒令。而一旦禁酒令被解除,全美国对啤酒和威士忌酒的需求将会出现一个高潮。

然而市场上却没有酒桶,于是哈默把眼光盯住了白橡木酒桶。

事不宜迟,哈默很快就从苏联订购了几船的桶板。当货物运到美国时,却发现苏联人搞错了,他们运来的不是成型的桶板,而是一块块晾干的白橡木板。等不及追究谁的责任,哈默马上就近租用了纽约船坞公司的一个码头,修建起一座临时的桶板加工厂,日夜不停地加工这些白橡木板。

哈默的眼光是正确的。如他所料,很快,禁酒令被解除了。当禁酒令解除时,哈默的酒桶也正从生产线上源源不断地下线,这些酒桶很快被各大酒厂抢购一空,因为供不应求,哈默又在新泽西州建立了一个现代化的加工酒桶的工厂。钞票源源不断地流入了哈默的口袋。

哈默为什么能把公司的规模越做越大呢?是他拥有特别雄厚的资金吗?不是!是他有什么后台支持他吗?也不是!他唯一具有的就是超前意识和预见未来市场机会的眼光,正是这一眼光,使他的事业踏上了一个又一个新的台阶,最终成为美国的巨富。

一位年轻人乘火车去西北某地。火车行驶在一片荒无人烟的山野之中,人们一个个百无聊赖地望着窗外。到了一个拐弯处,随着火车慢慢地减速,有一幢简陋的平房缓缓地进入了人们的视野。也就在这时,几乎所有乘客都睁大眼睛"欣赏"起寂寞旅途中这道特别的风景。有的乘客开始窃窃议论起来这幢房子来。

年轻人的心为之一动。返程时,他特意在中途下了车,不辞辛劳地找到了这幢房子。主人告诉他,每天,火车都要从门前"隆隆"驶过,噪音实在让他们受不了,房主很想以低价卖掉房屋,但多年以来一直无人问津。

不久,年轻人用3万元买下了这幢平房,他觉得这幢房子处在火车转弯处,火车经过这里时都要减速,在荒凉的旅途中,乘客冷不丁看到这幢房子都会精神为之一振,用来做广告是再好不过了。他开始和一些大公司联系,推荐这道极好的"广告墙"。后来,可口可乐公司看中了它,在3年租期内,支付给年轻人18万元租金。只是举手之劳,效益就痛痛快快地翻了6倍。

看到上面这个故事后,有的人会在心里暗暗地和这个年轻人比较,最后得出结论了:这样的"点子",我其实也能想到啊。但是,"第一个做的是天才,第二个做的是庸才,第三个做的是蠢材。"只有具有独到的眼光,看到别人所不能看到的机会,才是真正具有谋略。

人生有小成功,也有大成功,如果你只想一辈子生活得比较好,努力真的很重要;但是你要做大一个事业,最重要的是眼光!

能在别人看来平常或不习惯的东西上看到价值的所在,这就是眼光。有谋略的人看问题,不是只看到眼前,他还能运筹帷幄,看得更远;没有谋略的人做事情,总是喜欢跟着潮流跑。当大家一窝蜂"下海"的时候他也去"下海",当大家一窝蜂炒股的时候他也去炒股,当大家一窝蜂开网吧的时候他也去开网吧,这叫作人云亦云。人云亦云的反面是与众不同。与众不同,才可能有眼光。所以,在别人都没有看到的时候你看到了,这才叫"有眼光";在别人只看到眼前利益时你看到了长远目标,这才叫"有眼光";在别人纠缠于问题的细枝末节累得疲惫不堪时,你一下子抓住问题的主要矛盾,这才叫"有眼光"。看一想一的人,一辈子不可能有大出息;看一想二的人,事业上一定有发展;看一想三的人,这一生追求的是大抱负。

一个没有眼光的人,不具备做事的谋略,即使机遇就在身边,也对它视而不见。而有眼光的人,不仅能够看到机会,而且善于把握机会。

审时度势,发现你身边的宝藏

做事有谋略的人,在做事的过程中,善于充分挖掘自己的已有资源,并让它们发挥出最大的作用。

从前,有个人名叫阿里·哈法德,住在距离印度河不远的地方,他拥有大片的兰花花园、稻谷良田和繁盛的园林。他是一位知足而富有的人。

有一天,一位年老的佛教僧侣来拜访阿里·哈法德,他坐在阿里·哈法德的火炉边,向他讲述钻石是如何形成的。最后,这位僧侣说:"如果一个人拥有满满一手的钻石,他就可以买下整个国家的土地。要是他拥有一座钻石矿场,他就可以利用这笔巨额财富,把孩子送至王位。"

那天晚上,阿里·哈法德感觉自己变成了一个穷人——不是因为他失去了一切,而是因为他开始变得不满足。他想:"我要拥有一座钻石矿。"因此,他整夜难以入眠,第二天一大早,阿里·哈法德就跑去询问那位僧侣在什么地方可以找到钻石。

"只要你能在高山之间找到一条河流,而这条河流是流淌在白沙之上的,那么,你就可以在白沙中找到钻石。"僧侣说。

于是他卖掉了农场,把家交给了一位邻居照看,然后就出发去寻找钻石了。

在人们看来,他寻找的方向是十分明确的,他先是前往月亮山区寻找,然后来到巴勒斯坦地区,接着又流浪到了欧洲,最后他身上带的钱全部花光了,衣服又脏又破。

在旅途的最后一站,这位历经沧桑、痛苦万分的可怜人站在西班牙巴塞罗那海湾的岸边,怀着那位僧侣所激起的得到庞大财富的诱惑,将自己投入了迎面而来的巨浪中,从此永沉海底。

几年后的一天,当阿里·哈法德的继承人(继承并居住在阿里·哈法德的庄园)牵着他的骆驼到花园里去饮水时,他突然发现,在那浅浅的溪底白沙中闪烁着一道奇异的光芒,他伸手下去,摸起一块黑石头,石头上有一道闪亮的地方,发出彩虹般的美丽色彩。他把这块怪异的石头拿进屋里,放在壁炉的架子上,继续去忙他的工作,把这件事完全忘掉了。

几天后,那位曾经告诉阿里·哈法德钻石是如何形成的僧侣,前来拜访阿里·哈法德的继承人。当看到架子上的石头所发出的光芒时,他立即奔上前去,惊奇地叫道:"这是一颗钻石! 这是一颗钻石! 阿里·哈法德已经回来了吗?"

"没有,还没有,阿里·哈法德还没回来。那块石头是在我家的后花园里发现的。"

"我只要看一眼,就知道它是钻石,"这位僧侣说,"这确实是一颗钻石!"然后,他们一起奔向花园,用手捧起河底的白沙,发现了许多比第一颗更漂亮更有价值的钻石。

很多时候,我们费尽心思去远方寻找,希望能找到一个充满矿藏的宝库,但是,却忘记了珍惜和开发自己身边的矿藏。同样的道理,我们经常去羡慕别人的优点和长处,而忽略了自身可以发挥的优势。其实,任何一个人,无论他是普通劳动者,还是有一定实力的企业家,都拥有自己的"超级矿藏",只要努力去挖掘,就能发现其中的无价之宝。

李扬是中国著名配音演员,被戏称为"天生爱叫的唐老鸭"。李扬在初中毕业后参军,在部队当一名工程兵,他的任务是挖土,打坑道,运灰浆,建房屋。可李扬却明白,自己身上的潜在的"超级宝藏"是影视文艺和文学艺术。在一般人看来,这两种工作简直是风马牛不相及。但李扬却通过智慧的灵光感应了自己的潜力,他决心把这座"宝藏"开发出来。于是他抓紧时间工作,在业余时间认真读书看报，博览众多的名著剧本，并且自己尝试着搞创作。退伍后李扬成为一名普通工人，但他仍然矢志不渝地追求自己的目标。没有多久，大学恢复招生，他考上了北京工业大学机械系，成了一名大学生。从此，他用来开发自己身上的"超级宝藏"——影视艺术的机会增多了。经几个朋友的介绍，李扬在短短五年中参加了数部外国影片的译制录音工作。这个业余爱好者凭借着生动、俏皮的配音风格，参加了《西游记》中美猴王的配音。1986年初，他迎来了自己事业中的辉煌时刻，风靡世界的动画片《米老鼠和唐老鸭》招聘汉语配音演员，风格独特的李扬被美国迪斯尼公司相中，给唐老鸭配音，从此一举成名。李扬说，自己之所以成功，是因为一直没有停止过挖掘自己的潜能。

有的人在做事的过程中，到处去找可用的资源，包括人际关系、物质支持等，但是对自己身边的资源却熟视无睹，没有充分地去挖掘，结果，浪费了很多的精力与时间。其实，只要好好地挖掘——全面盘点自己的已有资源，就能找到属于自己的"钻石"，从而提高自己的做事能力，达到自己的目标，包括职位的上升和财富的增加。

在每个人的心灵中，都有一座"超级矿藏"被埋藏着，不管你有多"矮"，都拥有这么一座"矿藏"。问题的关键在于，你能否把它开发出来。成功地进行开采的，便是强者；惰于进行挖掘的，便是弱者。每个人都有一笔丰富的资产，如果你不善于去发现它，运用它，它就沉睡在被人遗忘的角落。盘点生命的资产，会让你感到自己并非一无所有，会让你看到自己的生活中还有无穷的、可以支持你的力量。只要你把自己所有的资产都清点起来，你会发现，你还有很多可以运用的资本。

每个人都有自己的资源和优势，有谋略的人善于利用这些优势，所以做起事来能更快、更有效。

练就敏锐的观察力

做事的谋略来源于敏锐的观察力。细致的观察能使人产生设想，引人去创新,促使人去探索未知,从而创造杰出的成就。

细致敏锐的观察力是做大事的前提。只有练就敏锐的观察力,才能对整件事情有准确的把握,才能从细微处发现不可忽视的机会。很多大事业的成功都是从细致的观察开始的。

在科学领域中,细致观察尤其有着特殊的意义和价值。科学的原理起源于实验和观察,观察是第一步,没有观察就不会有接踵而来的突破。在科学技术发展史上,由于细致的观察而引出了很多新发现。

在物理学中发现电流的不是物理学家而是一位解剖学家。1780 年,意大利医生、解剖学家伽伐克在做青蛙解剖过程中,偶然地观察到,在放电火花附近或在雷雨来临之际,与金属相接触的蛙腿会发生痉挛。这使他感到十分惊奇。于是他又做了大量实验,终于发现了电流。

在化学方面,1774 年 8 月,英国化学普利斯特列得到了一个直径一英尺的大聚光镜,在闲玩时用来聚集日光,照射各种物质。当他照射氧化汞时,发现放出的气体能助燃,氧气就这样意外地被发现了。

梅达沃在牛津大学学习动物学,毕业后,在诺贝尔奖获得者弗洛里博士指导下从事病理学研究,从此对医学产生了浓厚的兴趣。在第二次世界大战中,梅达沃受政府委托,研究烧伤病人的植皮手术,为此,他必须与外科医生合作,共同研究。在研究中,他注意到第二次的植皮比第一次的植皮脱落得更快。这个现象对外科医生来说是众所周知的,不是什么新鲜事。可是梅达沃对这一现象没有忽略,而是进行了进一步的观察和研究。梅达沃不断深入地对皮肤移植进行研究,直到用兔子和白鼠做试验,发现了免疫耐受性。梅达沃因发现获得性免疫耐受性现象,1960 年与提出"获得性免疫的无性繁殖选择学说"的伯内特一起获诺贝尔生理学医学奖。

瑞典著名化学家诺贝尔因发明安全烈性炸药而闻名于世,而这种炸药正是他进行观察实验时的意外猎物。1867 年,诺贝尔在进行一次普通火药的物理化学性能研究的实验中不小心割破了手指,便在伤口涂上棉胶止血,无意中把剩余的棉胶丢落到硝化甘油里。诺贝尔仔细观察了棉胶和硝化甘油所起的化学反应,并继续研究这一现象,结果发明了一种安全烈性炸药——胶状炸药。这一偶然发现为诺贝尔的毕生事业奠定了基础。

19世纪的英国物理学家瑞利从日常生活中观察到一个现象,他发现端茶时茶杯会在碟子里滑动和倾斜,有时茶杯里的茶水也会洒一些,但当茶水稍洒出一点弄湿了茶碟时会突然变得不易在碟上滑动了。瑞利对此现象做了进一步研究,做了许多相类似的实验,结果得到一种计算摩擦力的方法——倾斜法,获得了成功。

1895年,德国物理学家伦琴有一次在研究阴极射线管的放电现象时,偶然发现放在旁边的一包密封在黑纸里的照相底片走了光。他分析可能有某种射线在起作用,并把它称为X射线。经过进一步实验后,这一设想被证实了,于是x射线被意外发现。伦琴也因此于1901年获得了首届诺贝尔奖奖金。然而事实上,在伦琴前面有不少人碰到这样的情况,如1890年的美国人兹皮德以及1892年的德国另外一些物理学家都有过同样的情况,但他们都把这一意外忽视了,因此错过了发现X射线的机会。

敏锐的观察给我们提供了从偶然性背后找出必然性的条件,从而提供了新的视角与机会。

达尔文说:我既没有突出的理解力,也没有过人的机智,只是在观察那些稍纵即逝的事物并对其进行精细观察的能力方面,我可能在众人之上。达尔文通过不断地观察实践激发了对自然观察的兴趣,他具有一种捕捉例外情况的特殊天性。

观察得来的社会、自然的现象,又促使人去寻根究底,激发探索精神。科学家巴斯德在观察引起醋酸发酵的细菌运动中,看到接近滴液边缘时,有机物停止了运动。从这一点出发,他认为没有氧气生命也能存在,进而阐明了发酵是一种代谢过程,通过这一代谢过程,微生物从有机物质中得到氧气。

做事有谋略的人大多是具有细致的观察力的人。对事物观察的广度和深

·《鬼谷子》释义通解·

图文珍藏版

度,决定认识事物的程度。观察能力强,在同样的事物面前就会有较多不同的发现,发现越多对事物了解得就越全面、越深刻,对做事也就越有利。

观察是掌握知识的一个首要步骤或最初阶段,是人的活动的源泉。正如罗伯特所说:真理存在于我们之中,并且只有通过观察才能认识。俄国著名生理学家巴甫洛夫把"观察、观察、再观察"作为自己的座右铭。观察是了解世界的窗口,观察能力是人们认识世界和帮助我们"做事"的望远镜和显微镜。

"观察"不仅需用眼睛"看",还需要运用脑袋来"看"。"看"和"观察",有很大区别。每天,映入我们眼帘的信息极其丰富,但却很少留下印象,更难说有什么发现和收获了。这是因为,"观察"和"看"虽然都是用眼睛,但是,"观察"是有目的的,是要寻找,要发现,要认识;而"看"的目的性不太强,主要的动机还只是有所感觉,并不追求一种理性的认为。正是这种差别,使得"观察"的印象特别深刻,而"看"的印象则比较淡漠。

做事有谋略的人时刻不忘培养自己细致的观察力,为自己培养出洞察机会的眼光,并且运用这种独特的眼光,为自己的事业创造难得的机会。

做事要洞察"先机"

要想事业有长远的发展,就必须要有远见卓识。只有具备洞察事情的"先机"的能力,才能有努力的方向、明确的目标,才能变被动为主动。

清朝雍正年间的大将军年羹尧镇守西安之时,广求天下士,厚养幕僚。有一位孝廉叫蒋衡,应聘前往。年羹尧甚爱其才,对他说:"下科状元一定是你的。"年羹尧说话语气如此之大,正是依仗他自己的功劳以及与皇帝的特殊关系。蒋衡见他刚愎自用,骄奢之极,就对他的一个同僚说:"年羹尧德不胜威,当今万岁英明神武,年羹尧大祸必至,我们不可久居于此。"他的同僚不以为然,年羹尧的权势正如日中天,多少人巴不得投奔他的门下呢。

蒋衡不顾同僚的劝阻,执意称病回家。年羹尧挽留不住,取 1000 两黄金相赠,蒋衡坚辞不受,最后在年羹尧的坚持下,只接受了 100 两。蒋衡回家后不久,年羹尧果然出事了,牵连了不少人。因年羹尧一向奢华,送人钱财不到500两黄金的,从来不登记,蒋衡因只接受百两之赠,从而确保自己平安无事。

蒋衡从年羹尧的骄横言行中预见到他所存在的危机,及时地与他拉开距离,避免了祸及自身。可见,对事情的发展方向的预见是非常重要的,好的预见能力可以避免重大决策和方向上的偏差和错误。

要有超常的敏锐并及时做出科学预见,就必须比一般人看得早一点,想得深一些。这种先见之明,并非靠一时灵感,而是来自对规律的正确认识和把握。

战国时期,魏国的范雎受中大夫须贾迫害,逃匿民间。一次秦使王稽来魏,听说范雎很有才干,便暗中带他回秦。进入秦境时,一队人马迎面驰来,范雎问来人是谁,王稽说可能是秦相穰侯魏冉东巡县邑。范雎说:"我耳闻穰侯专擅秦政,不容外人,今天被他碰上,轻则受辱,重则被驱。我还是躲到车底吧。"

顷刻,魏冉来到车前,问车中有无别国宾客,王稽说没有,魏冉就走了。范雎从车中出来,说:"魏冉是聪明人,只是遇事反应慢点,刚才他怀疑车中有人,你说没有,他未搜查,过后一定不放心,会派人回来搜查的,我要避一避。"说完下车从小路向前走去。果然,过了一会儿,魏冉派人到车上翻找,见确实没人才作罢。

范雎通过分析魏冉的性格,知道他是一个多疑的人。所以在采取对策的时候,不但预先推断魏冉会有可能要搜查马车,而且还预见到魏冉可能会派人重新再搜一遍。正是他高超的预见能力,使他能防患于未然,逃避了被抓捕的命运。

做事的谋略有时就体现在对事情的预见之中。有预见能力的人能及早地预测到事情发生的原因和发展的方向,所以能够提前防范,未雨绸缪,把事情引导向有利于自己的方向发展。做事没有谋略的人,不懂得洞察事情的"先机",只能任由事物发展,所以,在做事的过程中可能遭遇到更多的挫折和困难。

科学预见的主要表现是:其一,准确判断形势。对事物的产生、发展有全面的了解,善于把握各种矛盾之间的联系,善于抓住主要矛盾。其二,做出科学预测。既能预先推测或测定可能发生的事情,善抓苗头,思路清晰,头脑敏锐,把问题解决在萌芽状态;又能独具慧眼,发现和扶持新生事物,营造事业发展的有利态势。

要想成大事,就要培养自己洞察"先机"的眼光。拿破仑说过:"如果我总是表现得胸有成竹,那是因为在提出任何承诺前,我都是经过长期深思熟虑,并预见可能发生的情况。"

要想成就大事,就要养成看准时机再行动的习惯。做事有谋略的人在做事的时候,总是先看准时机再行动。

有位记者曾经问老演员查尔斯·科伯恩一个问题:"一个人如果要想在生活中做成大事,最需要的是什么?大脑?精力?还是教育?"

查尔斯·科伯恩摇摇头。"这些东西都可以帮助你成大事。但是我觉得有一件事甚至更为重要,那就是:看准时机。"

"这个时机,"他接着说,"就是行动——或者按兵不动,说话——或是缄默不语的时机。在舞台上,每个演员都知道,把握时间是最重要的因素。我相信在生活中它也是个关键。如果你掌握了审时度势的艺术,在你的婚姻、你的工作以及你与他人的关系上,就不必去追求幸福和成大事,它们会自动找上门来!"

这位老演员是正确的。如果你能学会在时机来临时识别它,在时机溜走之前就采取行动,生活中的问题就会大大简化。

把自己的目标深深地埋在心里,然后静待时机,也是高度智慧的体现之一。

公司调来了一位新主管,大多数的员工都很兴奋,因为据说新来的主管是一个能人,所以被派来专门整顿业务。可是,日子一天天过去,新来的主管却毫无作为,每天彬彬有礼地进办公室,便坐在里面难得出门。那些紧张得要死的懒员工,现在反而更猖獗了。"他哪里是个能人,根本就是个老好人,比以前的主管更容易唬",大家几乎都这么认为。

三个月过去了,新来的主管发威了,工作不合格的员工一律开除,能者则获得提升。下手之快,断事之准,与三个月中表现保守的他,简直像换了一个人。

年终聚餐时,新来的主管在酒后致辞:相信大家对我新上任后的表现和后来的大刀阔斧一定感到不解,现在听我说个故事,各位就明白了:

我有一位朋友,买了栋带着院子的房子,他一搬进去,就对院子全面整顿,杂草杂树一律清除,改种自己新买的花卉。某日,原先的房主回访,进门大吃一惊地问,那些名贵的牡丹哪里去了。我这位朋友才发现,他居然把牡丹当成野草给割了,他很后悔,觉得自己不该不分良莠一起除掉了。后来他又买了一栋房子,虽然院子更是杂乱,他却是按兵不动,果然,冬天以为是杂树的植物,春天里开了繁花;春天以为是野草的,夏天却是花团锦簇;半年都没有动静的小树,秋天居然红了叶。直到暮秋,他才认清哪些是无用的植物而大力铲除,并使所有珍贵的草木得以保存。

说到这儿,主管举起杯来:"让我敬在座的每一位!如果这个办公室是个花园,你们就是其间的珍木,珍木不可能一年到头都开花结果,只有经过长期的观察才认得出啊。"

这位新来的主管是真正懂得做大事的人。他能在新来的三个月中充分地摸清底细,熟悉办公室的环境和员工的能力大小,然后再在合适的时机,采取重大的措施,实施自己的管理方案。既保证了公司的精英员工得到重用,也裁了公司的不合格员工。他的策略就是等待时机,而这个策略就是做事的谋略。

许多人以为会看时机是一种天分,是生来就具备的能力,就像是具有音乐细胞的耳朵一样。但事实并非如此,观察那些似乎有幸具备这种天分的人,你会发现这是一种任何人只要努力培养就能获得的技能。

要具备做事看准时机的能力,必须注意以下几点:

1.增强自己的预见能力。未来并不是一本合上了的书,大多数将要发生的事都是由正在发生的事所决定的。所以,在做事的时候,要对当前的形势和情况做准确的分析和把握,设计今后的计划和方案,预测计划和方案的可行性。

2.要不断地提醒自己把握时机。莎士比亚曾经写道:"人间万事都有一个

·《鬼谷子》释义通解·

图文珍藏版

涨潮时刻,如果把握住潮头,就会领你走向好运。"一旦你明确了"看准时机"的重要意义,你就会朝着这个目标而努力。

3.学会忍耐。你必须明白,过早地行动往往是欲速则不达。当你被愤怒、恐惧、嫉妒或者怨恨的漩涡所驱使时,千万不要做什么或者说什么。这些情绪的破坏力量可以毁坏你精心建立起来的"观时机制"。古希腊哲学家亚里士多德有一段著名的话:"任何人都会发火的——那很容易;但是要做到对适当的对象,以适当的程度,在适当的时机,为适当的目的,以及按适当的方式发火就不是每个人都能做到的了。这不是一件容易事。"

做事有谋略的人时刻不忘磨炼自己看准时机的眼力。如果能在做事的过程中真正做到看准时机做事,做事就会容易很多。

看到别人看不到的希望

当别人看不到希望的时候,有谋略的人能够看到希望,并听到了自己的笑声。当他的笑声吸引了别人时,他又看到了危机。这种人是很少失败的,因为他的眼力指引着他前进。

希尔顿一生中最重要的成就是买了华尔道夫旅馆。如果没有希尔顿高瞻远瞩的眼光和正确的决策,华尔道夫旅馆的辉煌也许只是一小段鲜为人知的历史。

华尔道夫旅馆曾住过许多皇族。当别人打电话过来找"国王",华尔道夫的电话接线生一定要问"请问找哪一位国王"。但是1942年这家旅馆破产了,华尔道夫的股票暴跌。

希尔顿决定要买下华尔道夫。当他把这个决定向希尔顿董事会宣布的时候,有人惊叫起来:"你是不是疯了? 花钱去买这个赔大钱的累赘?"

然而希尔顿向来相信自己的商业直觉和眼光,他说:"如果你仅仅看到它现在的艰难处境就拒绝了它,那只能说明你是一个商业上的短视者。你应该看得更远一点!"但是无论他怎样反复阐述自己的意见,希尔顿董事会的董事们都不能分享他的狂热,他们不相信华尔道夫这个落魄到如此境地的旅馆还会东山再起。身为希尔顿旅馆公司的董事长,没有董事们的同意,他也不能以公司的名义买下华尔道夫。

希尔顿没有因此而退却,因为他相信这家旅馆将会给自己带来想象不到的价值和地位。他想:"我可以自己买下来,然后把我的看法再推销给那些能够接受我的意见的人。"

于是,他开始行动了。他首先打电话给华尔街上拥有华尔道夫股票的老大。

"我今天就能开个价钱,"希尔顿说,"我什么时候可以过来呢?"

当天下午,他走进那位老大的办公室,要买下控制股的数目,并当场开出了一张10万美元的支票当押金。华尔道夫的股东们正为拿着一大把廉价的股票抛不出去大伤脑筋,听说希尔顿要以12元一股的高价收购,马上同意了这个计划。

几天后,华尔道夫旅馆便改名为"希尔顿"。如他所料,华尔道夫带给他意想不到的财富和荣誉,使他戴上了"世界旅店大王"的桂冠。

做事有谋略的人之所以能够取得成功,并不是因为幸运之神偏爱他们,而是因为他们具有一双捕捉机遇的慧眼,能看到别人看不到的机会,并能迅速做出反应,从而把机遇牢牢地抓在自己的手中。一些人之所以做事不成功,是因为他们眼力不够,没有看到希望。因此,对于这些人来说,就必须擦亮自己的双眼,使自己的双眼不要蒙上任何灰尘。

处处留心皆希望,人生的机会常以多种方式显现在我们面前。要捕捉它,你就得在平时练就一双慧眼,时时刻刻全身心地准备着去迎接、拥抱每一次光顾你的希望之神。

鬼谷子谋略告诉我们:看到别人看不到的希望,从别人最绝望的地方起航,驶向成功的彼岸。

国学经典文库

鬼谷子全书

·《鬼谷子》释义通解·

图文珍藏版

汪经理奇特而有效的用人之道

当下这个社会要想在职场能一帆风顺,不经历挫折是不可能的事,即使你有满腹的才华,但你的做人做事如果不受你的上级所欣赏,那么你想晋升是相当困难的。现如今不是"酒香不怕巷子深"的年代了,一旦你"这坛香酒"不能漂出香,那你还指望能被抬上桌面吗?还有机会面见天下吗?因此在这个众多"香酒"中,一定要学会掌握其中的技巧。了解上级的内心的真实意图,从而达到自己做事做到点子上的目的,此时察言观色便显得极其重要。

单位的每个老员工都知道汪经理有喜欢古董的爱好,私下还给他起了一个外号叫"古董癖"。当时一些职工为了讨好巴结汪经理,特意整一些稀奇的古玩给汪经理,同时也通过他的秘书有机会就在汪经理面前美言几句。

不巧的是,汪经理竟然知道这事,在一次会议上,就非常严肃的提出反对大家买古董。他说:"现在好多人都在跟风的买古董,不是怕大家发财,是因为毕竟懂古董这些有历史的物件是需要一定知识奠基的,弄不好自己会倾家荡产,还买一个很不值钱的东西。同时我认为,一个人想得到上级的好评和认可,最主要的是把自己的本职工作做好,将自己的业绩搞上去,做出成绩你的上级自然是会看在眼里的,而不是通过一些溜须拍马的手段来赢得上级的欣赏。"听完汪经理的话后那些溜须拍马的职员们个个脸红不已。

同时汪经理在用人之道上还有一个奇特且有效的方法。每当他准备提升某些职员之前,总会先提升之前先面见一次,聊上一聊。人事部的主管人员都会把那些备选升职的人员的相关文件准备齐全摆放其办公桌上供其查阅。

在汪经理到办公室前,准备面谈的人员,都由人事部的人员带领到"总经理"会客室等候。

等汪经理到办公室后就会先阅读这些预备提升的员工的相关资料之后再通知相关的人员。

在汪经理办公室的入口处,有一道矮门槛,高约3厘米,有的人由于第一次见汪经理,加上汪经理自然而然流露出的威严,所以就会霎时紧张,发生被门槛相绊的情况,于是相关职工就会更加地紧张。

而汪经理通常会通过面谈人员的长相、气质、神情和答话内容上,去考查一个人能否赋予重任。比如一个人平时表现相当出色,但要是在面谈当天表现失衡的话,那这个人就前功尽弃了。

被选人员进入办公室后,汪经理会闲谈一些家常,比如他会问你的贵庚,你的爱好、平日喜读什么书等问题。由于有的人员听不习惯汪经理的口音或者有的听不懂,便呆着那不作答,那这个人的成绩和晋升的机会就会受到很大的影响。有的人比较清楚汪经理的个性,在面谈之前就会做一些汪经理家乡的调查,包括习俗、方言等,等到真正面见"真佛"的时候即使所提的问题答不上来,最起码可以知道上级在提问什么,从而随机应变临场发挥。那自然就好得到汪经理好的映像。那么那个人晋升的机会基本上就成功一半了⋯⋯

量权不审,不知强弱轻重之称;揣情不审,不知隐匿变化之动静。因此一个人学会察言观色,在同样的机会面前就能给胜算的概率多加一些分值,例如事例中,虽说汪经理的用人不仅仅是要看一个人的长相、气度、神情和答话情况的表现,但注重上级面试的偏重,终归是会给你带来一份胜算的筹码。同样是被汪经理召见的人,为什么大家水平相当,汪经理选择他人而不是选择你呢? 关键之处就在于对汪经理所关注的事情能答出他的心意,你不胜出谁胜出。

王翦度势用兵,揣情待人

鬼谷子认为,揣情最重要,但也是最难的,能在事情发生之前就加以预见和防范,难度是很大的。但秦大将王翦却能很好地做到这一点,不仅对秦楚的形势分析透彻,还对秦王的性格揣测的十分清楚,为此,他才能放心攻楚而取胜。

公元前 228 年,秦王政以燕太子丹派荆轲谋刺一事为借口,命王翦率军攻燕。燕军联合代国进行抵抗。王翦在易水,大败燕代联军。翌年冬十月,王翦率军攻占燕都蓟,赶走燕王喜,灭亡了燕国。

国学经典文库

鬼谷子全书

·《鬼谷子》释义通解·

图文珍藏版

王翦在军事上不仅善于出奇制胜，而且能审时度势，根据敌情的变化，灵活地制定作战方针。他这一特点，突出地表现在秦始皇二十三年发起的灭楚战争中。

战前，秦王政问年轻壮勇的李信："吾欲取荆，李将军度用几何人而足?"李信说："不过用二十万。"秦王政又问王翦，王翦答："非六十万人不可。"于是，秦始皇武断地认为："王将军老矣，

王翦

何怯也! 李将军果势壮勇，其言是也。"因而命李信和蒙恬率兵二十万攻楚。

其实，王翦的"非六十万人不可"的主张，是建立在对秦楚形势周密分析的基础上的。从当时情况看，楚国地广人多，兵力雄厚。早在春秋时代，就问鼎中原，称霸一时。战国中期以后，虽兵挫地削，日渐衰落，但还具有相当的军事力量，是当时唯一能同秦国较量的国家。

秦灭掉燕、代、赵、魏以后，楚国感到形势岌岌可危，决心倾全国之力同秦国决一死战，以挽救危局。况且，楚国还有良将项燕，不可小视。

李信率二十万秦军分兵两路攻楚。蒙恬率军攻寝。李信率军攻平舆，初战获胜。于是，李信又挥军西进，与蒙恬会合攻城父。项燕率领楚军，在秦军攻城略地时一直尾随其后，伺机而动。当秦军会师城父，立足未稳之时，项燕率领楚军经过两天三夜的强行军，出其不意地在背后发起攻击，大败秦军。

秦王见李信果然战败，追悔莫及。他亲自去王翦家中，诚恳地说："我悔不听将军之言，导致秦军大败。现在楚军向西逼近，威胁秦国，将军虽有病，能丢下我不管吗?"王翦推辞说："老臣疲病悖乱，唯大王更择贤将。"秦王卑辞恭请，定要王翦复出将兵。王翦见无法推辞，再说："大王逼不得已而用臣，非六十万人不可。"秦王只好拨兵六十万人攻楚。

　　六十万人，这几乎是秦国的全部军队。王翦手握重兵，深恐秦王猜疑，当秦王来到灞上来送行时，他故意请求秦王赐给大量的田宅园地。秦王不解地问："将军出征，还怕家里贫穷吗？"王翦说："作为大王的将领，有功也不能封侯，我想请点田宅作为子孙的产业。"王翦在部队就要出关时，又五次派人回咸阳向秦王要求赐封良田美宅。有人对王翦说："将军向大王这样乞求赏赐，未免太过分了吧？"王翦解释说："不然，秦王性骄而不信人，今空秦王甲士而专委于我，我不多请田宅为子孙业以自坚，顾令秦王坐而疑我啊？"

　　王翦乞封，用心可谓良苦。他清楚地看到，秦王其人骄而多疑。向秦王请赐田园，根本之意不在福荫子孙，而是为了表示自己忠于秦王，没有叛逆之心，借以消除秦王的疑忌。唯其如此，也才能放手指挥国事，保证对楚作战的顺利进行。

　　楚王闻王翦率领大军压境，也倾国中之兵，命项燕率领同秦军决战。王翦见楚军来势凶猛，就采取了"坚壁而守"的作战方针，任楚军挑战，始终闭营不战，王翦每天只让士卒洗浴休息，吃饱吃好。这时楚军寻不到战机，斗志松懈，遂向东转移。王翦抓住战机，乘势挥兵追击，至蕲以南，大败楚军。

　　秦国所以能战胜六国，统一天下，王翦等将领起了极为重要的作用，其中与王翦善于揣情待人、度势用兵是分不开的。

吕不韦权衡利弊定方向

　　善于治理国家的人，必须要权衡天下的轻重缓急，同时揣摩诸侯的实情。也就是要测度事情的大与小，考虑兵力的多与少，计算国家的经济实力，了解人民的生活水平，辨别天时地利谁得谁不得，观察君臣之间的亲疏情况以及老百姓的心态……能够知道以上情况，就叫作权衡利弊。古往今来，那些有所成就之人大多善于权衡利弊，审时度势，谋划自己的人生，吕不韦可算是其中的代表。

　　春秋战国时期，诸侯混战讲究的是弱肉强食，那些弱小的诸侯国或很早就被吞并,或依附强国苟延残喘。它们能被接受为附庸,也只不过是因为其处于两国或多国的交接之处,允许其存在能给各方提供一个缓冲地带。因此,其灭亡也仅仅是时间问题而已。

卫国早先也是个大国。在春秋战国的四百余年中,卫国的国君一个比一个昏庸无能,卫国国势江河日下。到战国中期,卫国已成为任人宰割的小国,衰落日甚一日。而此时的各大国之间正在以"合纵"和"连横"的策略相互攻伐。而小小的卫国处于各国"合纵""连横"的夹缝之中,常常是被凌辱、被兼并和蚕食的对象。

大约在吕不韦一二岁时,卫国的国君卫怀君去朝拜魏昭王。这原是小国讨好大国的表示,不料怀君一去即被魏国囚禁起来,随即被杀掉。然后,魏国竟擅自做主立元君为卫国国君。因为元君乃是魏昭王的女婿。魏国在强大的秦国进攻面前虽节节败退,而在弱小的卫国面前却称王称霸,这正是战国时代各国之间的外交准则。此时的卫国已成了魏国的附庸。而卫国的国土实际上也只剩下濮阳一地了。

在这种形势下,有远见的人已对卫国失去希望,连卫国本国的一些王公贵族和政治家都纷纷流向其他诸侯国,对于有意在发家致富后结交权贵以登仕途的吕不韦来说,在卫国这种环境下是没有发展前途的。因此,当赵国使者提出购买百件圭璧之器时,吕不韦很快就做出决断接下了这单生意。当时圭璧是用以礼定王公贵戚的爵位的礼器,在卫国属于严禁运进和出售的商品,违者全家斩首。在这种风险之下,吕不韦仍然敢接这单生意,固然是因为其利润极高,更重要的是吕不韦已经决定离开卫国去大国发展。

吕不韦选择去韩国的首都阳翟。他之所以如此选择,是因为阳翟乃是当时最大的玉器交易中心,各国商人都从此进购玉器,吕不韦在这里做生意,赢利丰厚。但是,吕不韦很快又发现了韩国也非久留之地。

韩国源于晋国。晋国在春秋时期势力庞大,曾一度争霸中原,后来由于内乱,势力日渐衰弱。

吕不韦在韩国之时，秦昭襄王执政，他任用范雎为相，实行"远交近攻"的策略。此时，吕不韦对天下形势已经有了更为清楚的认识，他预见到，韩国会首先成为秦国鲸吞蚕食的目标，这个诸侯国将像秋风中的残枝败叶一样衰微下去。秦国的地理位置是，北部是魏国，南部是楚国，西部是蜀国，东部是韩国。在这四个诸侯国中，韩国与秦国的土地纵深交错，相连最紧，成为秦国的心腹之患。所以秦国定会首先大动干戈，攻势凌厉地向韩国发动军事进攻。

吕不韦清楚地看到，韩国政局动荡不安，人民流离失所。他觉得在韩国，别说是封侯拜将，就是贵为韩王，最终也将成为亡国之君。

看清楚了各国形势后，吕不韦决定离开阳翟，另觅去处。当时赵国乃是七国中仅次于秦的强国，兵强马壮，实力雄厚，而且有蔺相如、平原君赵胜等贤臣辅佐，加上吕不韦玉店的最大一个分号就在邯郸，他决定迁移到赵国。

吕不韦赴赵国时，赵国取得阏于之战胜利不久，国力正强。吕不韦的生意越做越大，他巧妙地结识了在赵国当人质的秦王孙异人，动了去秦国发展的念头。他决心将异人捧为秦王，从而实现自己的梦想。其间，他又通过平原君成为赵王的座上宾客。他发现赵王处事刚愎自用，目光短浅。他断定赵王不足以成大事，正在此时，秦赵又起战端，更加验证了其看法，也坚定了其离开赵国的意愿。

吕不韦为立异人为太子嫡嗣之事而远赴咸阳。一进入秦国的境内，吕不韦就感受到这里与关东地区迥然不同的风土民情。吕不韦是个商人，能看出秦国的关中地区是个土地肥美、物产丰富的地方。一路上，吕不韦所见到的秦国人，也都保留着先民周人的遗风，对种田、稼穑之事十分认真，这一点与他的老家濮阳和他到过的邯郸完全不同。

吕不韦回到邯郸后，回想秦国的富饶和强大，再反观赵国，那种繁华、奢靡只是一种黄昏前的辉煌而已，背后隐藏的是赵国国力的衰退。战争的发展证明了吕不韦的眼光。

长达三年的持久战，显然对远途出击的秦军十分不利。秦国君臣为破坏赵军"以逸待劳"坚守不出的战略,使用了反间计,到赵国四处散播消息,说秦军并不怕廉颇,只怕赵奢之子赵括。

愚蠢的赵孝成王轻信了谣言,不顾蔺相如等大臣以及赵母的劝阻,以只会纸上谈兵而毫无实战经验的赵括代替了廉颇。赵括一上任即下令全面出击,中秦军圈套自己被乱箭射死,四十万赵军向秦军投降,结果被秦将白起全部坑杀。赵国元气大伤,势力越来越弱。秦军包围了邯郸,被信陵君率魏、楚联军击败。

吕不韦带着异人趁乱逃出邯郸到了秦国。从此,吕不韦开始了他在秦国的仕途之路。

纵观吕不韦的择国经历,可以说他把鬼谷子的"揣术"已经发挥到淋漓尽致,正因为如此,他才一次次逃离险地,而选择了更有发展的秦地,开始了他的政治谋划。

诸葛亮洞察大势,三分天下

"古之善用天下者,必量天下之权,而揣诸侯之情。"谋臣策士如果想要说服国君、左右天下局势,必须通晓天下的形势,揣摩诸侯国君的真实意向。只有这样,才能牢牢把握住机会,施展自己的抱负。诸葛亮就是生逢乱世的智慧之士,他洞察大势,最终帮助刘备争得三分天下。

汉末,天下大乱,群雄割据,世事扰攘,前途难卜。诸葛亮以布衣之身,"躬耕南阳",但是怀有远大的抱负和雄心。他自比于管仲,以管仲辅佐齐桓公成就霸业自许;他自比乐毅,以乐毅的军事才能自期。他身在隆中,胸怀天下,不断研究世事,对当时的天下有清楚的认识。

建安十二年,在"水镜先生"司马徽和谋士徐庶的一致推荐下,刘备三顾茅庐,向诸葛亮请教如何在乱世称雄、崛起一方的计策。诸葛亮感于刘备的知遇之恩,遂托身于他,竭智效力,将自己平时对天下大势的分析、思考,以及乱世逐鹿中原的谋略展示给刘备,这就是历史上著名的"隆中对策"。

诸葛亮在明辨当时大势的前提下,量身定做,为刘备提出了"兼弱攻昧"的外交谋略。

诸葛亮仔细地分析了历史的发展走向。认为自从董卓专权乱政以来，各地英雄豪杰纷纷涌现，乘机割据，势力跨州连郡的人不可胜数。最大的两个割据集团分别是曹操和袁绍。曹操家世、声望都很低微，而且兵力薄弱，但是曹操利用时机，依靠谋略，终于以弱胜强，官渡之战一举击败袁绍。如今曹操统帅百万大军，又挟天子以令诸侯，在政治、军事、外交、地理处于绝对优势，确实无法和他相争。

孙权占据江东，经过父子三代人的经营，又有长江天险屏障，而且百姓归顺，大批贤能之士为他效劳，所以只能和他结盟而不可以打他的主意。荆州北临汉水、沔水，可以便利地直通海上，东边连接东吴，西边可通巴蜀，是兵家必争的战略重地。而刘表却懦弱无谋，不懂军事，虽有地方千里、兵甲十多万，却没有能力守住，这是上天有意提供的，应有攻取的打算。

益州有险关要塞，而且沃野千里，可谓天府之国，汉高祖正是凭借这里的条件成就了帝业。占据这里的益州牧刘璋昏庸无能，提供了争夺的良机。

张鲁占据着北部的汉中地区，虽然人口众多，地方富足，但却不知道珍惜和爱护，所以有才能的人都渴望能有英明的君主来统治。

如果能同时占据荆州和益州，守住险关要塞，西边与各部落和好，南边安抚夷、越民族，对外与孙权结盟，对内精心治理，一旦天下形势发生变化，可派一员得力大将率荆州的军队向南阳、洛阳一带进军；主力人马出兵秦川，在战略上形成东西并举、左右呼应之势，这样，不但霸业可以成就，汉朝也可以复兴了。

根据当时的形势，诸葛亮为刘备量身定做了这条"兼弱攻昧"的谋略。首先对天下形势进行全面而准确的观察分析，对各种政治势力的现状及其组合分化的趋势做出正确的估计，制定出积极稳妥的战略方针和具体的行动方案，然后根据情况的发展变化与政治上的需要，相机削弱、兼并或攻取弱小的、腐败没落的势力，从而实现自己的战略目的，变不利为有利，从弱小者变为强大者。

后来三国的历史发展证明，诸葛亮为刘备设计的争夺天下的总策略，即联孙抗曹,夺取荆州、益州作为基地,以等待局势的变化,出兵夺取中原,完全合乎客观形势的演变,非常正确。由于这条战略得以实施,终于使刘备三分天下有其一,形成了三国鼎立的局面。

张良摸透人心争主动

人们在做事时,必定要先了解自己所处的具体环境,掌握与自己打交道者的真情、想法和底细,量权揣势,依据实际情况去制定解决措施。这一点,汉时的张良做得很到位。

张良,字子房,安徽亳州人。陈胜、吴广农民起义爆发后,他聚众起兵反秦,后依附刘邦,成为刘邦的重要谋士。张良曾为刘邦出了不少好主意,他建议刘邦联合英布、彭越,重用韩信,劝刘邦不要立六国之后,主张刘邦追杀项羽歼灭楚军。

当时,刘邦一面下令做好加紧进攻武关的准备,同时请张良前来密商有关入关的事宜。张良向刘邦提出应先派遣一人,潜入关中,为刘邦入关进行游说,以为内应。张良向刘邦推荐了一位魏国人名叫宁昌,此人胆大机敏、善于应变。刘邦十分赞赏这一举措。

天明,刘邦的大军就向武关进发。这武关在陕西丹凤县东八十五里,是秦关中的重要门户,也是东西交通的枢纽。但这位武关守将,西望咸阳,赵高专权,滥杀王公大臣;二世昏庸,耽于声色犬马;东望中原,王离败、章邯降,大势已去。眼看刘邦大军骤至,守关的残兵败将根本难以抵御。再加上风闻刘邦一路上仁厚信义,不杀降官,便干脆打开关门迎入了刘邦。

刘邦万万没有想到,一座雄关就这么兵不血刃地攻了下来,眼看前面就是峣关,便下令督促大军直逼峣关。

张良忙对刘邦说:"沛公切勿急躁,武关虽然得手容易,若不加强防卫,项羽大军随后就到,你能抵挡得住吗?"

刘邦恍然大悟:"子房以为应该如何防守?"

张良说："现在就是要关门谢客。立即加固关防,使它固若金汤,并派重兵良将镇守,以拒各路诸侯于关外。这样,沛公便可以领兵从容击杀秦军于关中,直捣咸阳,何愁暴秦不灭?"

于是刘邦依照张良的计谋,令士卒加固武关,并派一员得力的将领守关,才驱兵来到骁关下。

扎营之后,刘邦带着张良等一班谋士,前往观看地形。这骁关在关中蓝田县境内,故又名蓝田关,气势雄伟,地形险要,易守难攻,再加上有重兵把守,看来绝非武关那么容易攻下了,张良建议还不如干脆退守武关,可以观望东西两面的形势。

然而,刘邦深深明白,滞留武关无疑是坐以待毙。

他请来了张良,决心强攻骁关,不是鱼死,就是网破!

张良告诉他:不可!

他说:"《太公兵法》告诉我们,战当然要靠勇气才能取胜,但也不是单靠勇气就能够取胜的。骁关,固若金汤,子婴把他全部赌注都押在了骁关。骁关一破,他即成为瓮中之鳖,因此他不得不拼着性命死守。更何况秦兵还十分强大,并没有到不堪一击的时候。因此现在先不要忙于进攻,可以派兵在骁关对面的山上,遍插沛公旗帜以为疑兵,让他们有如临大敌的感觉,先摧垮他们的士气。另外,现今秦将眼见秦大势已去,灭亡在即,早已斗志涣散,各谋前程,可以派郦食其和陆贾等善辩之士,诱之以利,晓之以理,暗中联络,以为内应。这样,何愁骁关不破!"

于是,刘邦派了郦食其和陆贾,带了黄金珍宝,暗中去拜见守关秦将。这些将领果然早已人心惶惶,都愿与刘邦讲和,这使刘邦去掉了一块心病。他问张良:"现在攻打骁关没有问题了吧?"

"我以为条件还没有成熟,"张良答道,"郦食其和陆贾虽然买通了个别将领,但是还应该看到,秦军的士兵大部分都是关中人,他们的父老和妻室儿女都在那里,他们绝不会让别人攻进他们的家园、杀戮他们的亲人,因此,他们一定会奋不顾身地抵抗。与其和他们拼杀,还不如等到他们松懈疲惫之时,迂回包抄,前后夹击。"

于是,刘邦率主力绕过骁关,悄悄翻越蓝田东南二十五里的黄山,突然出现在秦军背后,在蓝田的南部大破秦军,并进一步占领蓝田,这样骁关的后路被切断,前后夹击,不攻自破。

这样,关中大门洞开,秦都咸阳已无险可守。刘邦十万大军压境,破咸阳如探囊取物。秦始皇万万没有想到,他十年征战统一的国家,又苦心经营了十载的强大帝国,在他死后不到三年,就这般迅速地倾覆了。

两军相逢,智者胜。智者能审时度势,运筹帷幄,使自己的弱势变成强势,牢牢掌握主动权,张良看出了这一点,也摸透了据险守关人的心思,故他用"攻心"之术,取得了主动权。

张仪善于揣情脱困境

揣情之术的运用是非常广泛的,无论在政治斗争、军事对抗或是外交斡旋中,都需揣测对方心理与实情,做出正确的判断。孙子所云"知己知彼"与鬼谷子提出的"揣术"有异曲同工之妙。春秋战国时期,各国都有善于运用揣术的谋略家出现,其中张仪可以说是运用得炉火纯青。

张仪刚出道时,还不知名,由于家境不富裕,极想游说各王侯,捞得一官半职,借机发达。他第一站到了郢都,向楚王递上了自己的名帖,要求进见。楚王对张仪十分冷淡,接见张仪后也未有所表示。张仪小住几日,心中十分恼火,而且盘缠也用完,手头十分拮据。他决意要戏弄楚王,于是胸有成竹再次求见。

张仪又受到楚王召见,当时楚王一边接见张仪,一边左拥美人南后,右拥美人郑袖。张仪知道楚王十分好色,而且南后、郑袖正十分得宠,于是说:"我在楚国也停留了一段日子,一直没有什么成就。如果大王没有用得着我的地方,我想到三晋去看看。"

楚王说:"那么先生请便。"

张仪说:"大王对三晋之地有何需求吗?"

楚王说:"在我们楚地,黄金、美玉、珍珠,各种珍宝都有,寡人还要三晋的什么呢?"

张仪说:"那么,大王难道不喜欢美女吗?"

楚王一听,精神大振,问道:"三晋的美女如何呢?"

张仪回答说:"中原各国的美女,肤白貌美,艳丽动人,宛若仙女下凡。"

楚王感叹说:"那我真想弄来看看。"于是命令手下赏给张仪许多金银财宝,请他到三晋之地物色几个漂亮女子来。

张仪收到了许多珍宝,并不急于起程,而是继续施展他的许策。果然如他所料,不久南后派人来为张仪送行,并奉送金帛珠玉给他路上使用,郑袖也派人给张仪送来黄金千斤,并捎话请张仪多住一段时间再走。南后和郑袖如此盛情,正是担心中原之地物色到漂亮女子,影响她们受宠的地位。就这样,张仪不仅得到楚王赏赐,也得到南后、郑袖的大量财宝,解除困境。

过了几天,张仪又假意去向楚王辞行,对楚王说:"我马上要离开楚地,感谢您的厚待。"楚王说:"哪里,我还要拜托您多物色几名美女哩。"楚王于是设宴为张仪饯行。张仪请求说:"能否斗胆请楚王所宠爱的人来一同饮酒助兴呢?"

楚王一听,欣然应允,即请郑袖和南后出来陪酒。张仪仔细地瞧了瞧她们,突然向楚王施礼说:"我对大王犯了死罪,请求宽恕。"

楚王不解地问:"这是何故啊!"张仪叩头说:"臣前日说要为大王物色美女,可是见了南后和郑袖,我才知道她们是天下最美的了,臣真是自不量力。"

楚王一听,大笑:"是啊,是啊,我也觉得她们是世界上最美的女子。"南后和郑妃也欢喜得抿嘴而笑,待张仪退下后,又私下赏赐许多钱财相谢。

就这样,张仪既摸透了楚王的心思,也揣摩透了郑袖和南后的心理,成功地使自己摆脱了困境。

审时度势,身价倍增

鬼谷子说:"何谓量权?曰:度于大小,谋于众寡;称货财之有无,料人民多少、饶乏,有余不足几何?辨地形之险易,孰利孰害?谋虑孰长孰短?揆君臣之亲疏,孰贤孰不肖?与宾客之智睿,孰多孰少?观天时之祸福,孰吉孰凶?诸侯之亲,孰用孰不用?百姓之心,去就变化,孰安孰危?孰好孰憎?反侧孰辩?能知此者,是谓量权。"

民国初期,统治山西的土皇帝——阎锡山趁着当时军阀混战、无暇顾他的时机,看风使舵,倚强凌弱,大打出手,很快地扩充了自己的势力,成为国民党不可忽视的封建军阀割据势力之一。

国民党在北伐战争前,曾一度派人游说阎锡山参与北伐,但他一直观望不前,按兵不动。北伐战争时,广东国民政府又曾几次派人与他联系,要求他出兵配合,但他也只是虚与委蛇,坐观虎斗。不久,北伐军很快占领了两湖,军事上节节胜利,善观政治市场行情的阎锡山,看到中国的政治行情在急剧变化,于是马上更帆换向,声言响应北伐,愿在北方作反奉张的先锋。蒋介石建立了南京反动政权后,阎锡山就位"北方国民革命军总司令"的职务,挂起了国民党的青天白日旗。

1928年2月,阎锡山就任国民革命军第三集团军总司令,参加了对张作霖奉军作战的北伐战争。在战争中,他把势力扩展到冀、察、绥、平、津等地。政治上也大有收获,国民党政府任命他为中央政治会议太原分会主席和北平分会代理主席,年底,又任命他为内政部长、禁烟委员会委员、晋冀察绥赈灾委员会主席、蒙藏委员会委员长。

国民革命军克复北平后,1928年6月,蒋介石偕吴稚晖等,由南京启程,绕道汉口,邀李宗仁偕同北上,途中又先后邀冯玉祥、阎锡山偕至北平。7月6日上午,蒋介石等,在香山碧云寺孙中山灵前,举行了北伐完成之祭告典礼。11日,蒋介石邀集冯、阎、李等,在汤山讨论整理军事方案及军事意见书,提请国民党二届五中全会通过，以为各集团军一致遵行之准绳。

会前，阎锡山充分估计了他在四巨头中的地位。论实力，他在四个集团军中排老末；论功劳，他出力最少，但所得的地盘最大。他明白老蒋之所以给他这么大的实惠，无非是拉他压冯桂两个集团军。而他决定媚蒋但不压冯桂，而且还要千方百计地扩大蒋与冯桂军的矛盾，从中作调停，让他们都围着自己转。这时，四个集团军对于他们各自地盘的分配，也各有各的打算。第一集团军蒋介石占有广东及华东富庶地区，第二集团军冯玉祥占有山东、河南、陕西、甘肃，第三集团军阎锡山占有山西、河北、察哈尔、绥远及平、津两市，第四集团军李宗仁、白崇禧占有广西、湖南、湖北及汉口市。这样一来，矛盾就来了，除蒋、阎的地盘较为理想之外，冯的大部分为贫瘠地区，而且山东的胶东和胶南尚在日本人的手上，基本上没有一个出海口，李、白也嫌地盘太小。但由于北伐刚结束，都不好意思公然争夺，只好隐忍不谈。

在汤山会议上，蒋介石提出：由于战争基本结束，现已进入和平建设时期，而中国现阶段较为落后的经济状况，不可能负担如此庞大的军需费用。因此必须精兵简政。原则是：各个集团军战斗力等较强的，应该分别编成若干个师，作为中国的国防力量；而其余老弱则应大加淘汰，分别遣散，以节省国库的开支。至于如何具体实施精兵简政计划，他主张于中央政府机构改组的同时，举行一个编遣会议，并当面邀请冯、阎、李等人同他一路到南京共商国是。

会后，7月20日，蒋介石又提出了一个《军事整理案》，具体主要有以下几条：一，国防会议为最高军事统率机关，隶属于国民政府；二，国军之编成，一、二、三、四集团军及后方部队，先抽最精锐及立有战功的各师，归中央直辖，先编60个师，再求精简为50个师；三，编遣部队的裁遣方法，另设国军编练部、宪兵编练部、警保设计部、工兵设计部及屯垦设计部等五部来接纳裁遣的部队等等。

对于蒋介石提出的"编遣"主张，冯、阎、李等人因蒋说得冠冕堂皇，没有理由公开反对，但彼此心里都很明白，这是蒋介石打算削弱其他三个集团军的兵力，壮大自己的势力，好使其权力凌驾在各个集团军之上，以便等待时机，各个击破。当然,冯、阎、李等人也想利用编遣的机会,造成进一步对自己有利的形势,尤其是冯、李等人早就对地盘的划分表示不满,更是想借机调整一下。所以,当蒋介石提出编遣的主张后,冯、李等人意见颇多,而只有阎锡山一个人自始至终很少发言,而对蒋介石的主张唯唯诺诺,表现出一副十分恭顺的态度。

8月8日至15日,蒋介石在南京主持召开了国民党二届五中全会。会上,蒋介石被推举为国民政府主席,谭延闿被任命为行政院院长、冯玉祥为行政院副院长兼军政部部长、阎锡山为蒙藏委员会委员长兼内政部部长、李宗仁为军事参议院院长。蒋介石希望冯、阎、李三人长期住在南京,这实际上是蒋介石采取的"调虎离山"的"削藩"之举。

根据汤山会议和国民党二届五中全会的有关精神,四巨头在南京讨论了军队编遣的问题。当时各集团军的人数是:第一集团军为最多,约20个军,4个独立师,共50余万人;第二集团军共10个军,8个独立师,共40万人。因此,蒋介石的第一集团军与冯玉祥的第二集团军,就成为会议中争夺的主要两家。冯玉祥提了个方案,主张他的集团军与蒋介石的第一集团军各编12个师,而第三、四集团军各编8个师,杂牌军编8个师。这个方案显然是违背蒋介石的意旨的。于是,在蒋介石的授意下,阎锡山私下搞了一个方案:50个师不变,第一、二集团军各编10个师,第三、四集团军各编8个师,其余6到8个师由中央实际上是由蒋控制。

1929年1月1日,国军编遣委员会在南京举行成立典礼,吴稚晖代表国民党中央致训辞,蒋介石以国军编遣委员会会长的身份致了答词。典礼后,四巨头等又连续开了一个月的编遣会议,具体商议如何编遣问题。会议上,蒋、冯两家又针锋相对、互不相让地争斗起来。结果在议过来议过去的过程中,多数赞同阎锡山的提案。很显然,阎锡山在会上充当个和事佬,他既要讨好蒋介石,但又不能得罪冯玉祥,还一再表示自己的第三集团军也要裁减。阎的方案对蒋有利,蒋当然默许以示支持。李宗仁看到阎锡山的方案带有离间蒋、冯的性质,相对来说减弱蒋对自己的攻势,因此,也倾向于阎的方案。只有冯玉祥很不满意便称病请假,既不到军政处办公,编遣会议也不派代表参加。这样一来,编遣会议由于地方实力派的反对不仅无结果散了场,而且大大激化了蒋介石与冯等地方实力派的矛盾。

阎锡山显然是编遣会议的赢家,他审时度势,既不公开地得罪冯玉祥,又巧妙地提出了有利于蒋介石的方案,最后成功地离间了蒋与冯的关系,使这两个盟兄盟弟仇隙大增,势同水火,互不相容,火并已是指日可待。在北方,只要有冯玉祥在,他就是蒋介石的最大敌人,蒋介石就得依靠阎锡山压冯玉祥;而冯玉祥是无力单独与蒋对抗的,也得拉阎锡山打蒋介石。在南方,桂系的李宗仁等也成为蒋介石扩充势力范围的最大障碍,在蒋、桂争权夺利的过程中,双方都得拉阎锡山做其后援。于是,阎锡山一下子在中国新军阀混战的政治市场上,价值倍增,成为各路诸侯称王称霸必须依靠的不可多得的重要势力。

量权揣势,占领市场

在经商活动中,经营者也要善于量权揣势,制定合理的投资计划和竞争策略。常言道,有多大财作多大事。投资超出了自己的财力,就会出现危机四伏的状况,在整个投资过程中,一旦遇到资金障碍,就可能导致前功尽弃,鸡飞蛋打。同样,与竞争对手较量更应量权揣势,权衡自己的实力,揣度、掌握竞争对手的详细情况,这样才不至于陷入困境。

市场竞争中的量权揣势有着广泛的意义。与同行对手之间竞争时,在掌握和研究对方生产规模、发展计划、产品质量等情况的基础上,分析出生产经营方面的优劣长短,由此使自己循优而动,因短而作,打开销路,占领市场。1981年,IBM 公司以其高价的个人电脑,席卷美国 14.4 亿美元的个人电脑市场,这种强大的竞争力,就产生于该电脑公司的量权揣势。

首先,反复研究电脑市场处于霸主地位的“苹果”公司的经营、计划、技术等情况,从中了解到其优劣,认为其存在的“劣”主要有三个方面:一是生产的型号与“信息处理将在办公室桌上进行”的发展趋势不相适应;二是所生产的

"苹果机"在技术上并不完善;三是"苹果"公司自恃实力雄厚,在经营上还缺乏广泛的联合,使其"单枪匹马"而影响了发展速度。而这三点,正是IBM公司可以选择的与"苹果"公司相竞争的突破口。

其次,IBM公司着手从上述三个方面开始,研制出个人使用的微型机,这个因素使该公司在办公室市场占尽优势。与此同时,"IBM"的个人电脑是用英特尔公司十六比特微处理机所造的,比起"苹果"机用八比特微处理机所制造的电脑,功能强得多。

除此之外,为了广泛利用其他公司的技术和借此加强宣传,"IBM"还积极地向制造商宣传其个人电脑规格,使各个软件设计公司可以按此规格来设计软件程序,并允许微软公司("IBM"基本作业系统的供应商)将软件程序授权给其他公司使用,其他软件公司于是一窝蜂地撰写与"IBM"相容的软件程序。结果,不但使得"IBM"个人电脑的销售更为兴旺,而且也使"IBM"软件成为个人电脑业的标准,硬件制造商也感到"IBM"个人电脑有巨大的销售潜力,于是便马不停蹄地发展和销售与"IBM"相容的硬件及周边设备——这些行情无疑地使"IBM"在电脑市场的竞争中遥遥领先。至1982年底,IBM公司在14.4亿美元的个人电脑市场中占有率达17%。

IBM公司的成功,可以说是得益于量权揣势。在具体应用的实践中,可以给我们以诸多的启示:

一是全面地、系统地、准确地了解竞争对手的各种情况,包括了解产品的技术、类型、数量、质量、成本等与市场竞争并产生经济效益的所有内容;也要了解该产品的市场销售、消费者的反映、需求量及发展趋势;还要了解对手的生产控制,经营方式、方法,与其他同行业和辅助行业的联系以及对产品的生产、销售的影响等。

二是详尽地、辩证地分析所了解的情况,特别是在掌握其特点、优点的基础上,分析出在生产、质量、管理、经营等各环节上存在的优劣长短,为本企业制定竞争的方向和选择发展道路,提供基本依据。

三是周密地、完善的制定用以同对手的劣势或弱点相竞争的方案,在此方面异军突起,拓展市场,争得主动。

四是严格地、全面地实施生产、经营中的全程控制监督,掌握各环节,研究在市场竞争中的趋势,及时调整竞争中的差距,保持正确的竞争方向。

正因为 IBM 公司细致、缜密地做到了以上几点,所以才得以迅速占领市场,增强了竞争力。

量权揣势不仅是竞争的手段,也是绝处求生的必要方法。

赤壁之战胜曹操

三国时期,曹操在官渡之战中击败袁绍,统一了北方,而后兴兵向南。在强敌压境、存亡未卜的危急关头,孙权和刘备为了避免彻底覆灭,终于结成了联合抗曹的军事同盟。

公元 208 年 10 月,周瑜率兵沿长江西上到樊口与刘备会师。尔后继续挺进,在赤壁与曹军遭遇,曹军受挫,退回江北,屯军乌林,与孙、刘联军隔江对峙。

孙、刘联军虽占有天时、地利、人和方面的优势,但毕竟力量弱小,要打败强大的曹军谈何容易! 当时曹军疾病流行,又多是北方人,不习水性,只好把战船用铁环首尾相接起来。周瑜的部将黄盖针对敌强我弱、不宜持久及曹军士气低落、战船连接的实际情况,建议采取火攻,奇袭曹军战船。周瑜采纳了这一建议,制定了"借助风势,以火佐攻",因乱而击之的作战方略。

周瑜利用曹操骄傲轻敌的弱点,先让黄盖写信向曹操诈降,并与曹操事先约定了投降的时间。曹操不知是计,欣然应允。于是,黄盖率蒙冲(一种快速突击的小船)、斗舰数十艘,满载干草,灌以油脂,并巧加伪装,插上旌旗,同时预备快船系挂在大船之后,以便放火后换乘,然后扬帆出发。当时,江上正猛刮着东南风,战船迅速向曹军阵地接近。曹军望见江上船来,均以为这是黄盖如约前来投降,皆"延颈观望",丝毫不加戒备。

黄盖在距曹军不到一里时,下令各船同时点火。一时间火烈风猛,船往如箭,直冲曹军战船。曹军船只首尾相连,分散不开,移动不得,顿时便成了一片火海。这时,风还是一个劲地猛刮,熊熊烈火一直向岸上蔓延,烧到了岸上的曹军营寨。

曹军将士被这突如其来的大火烧得惊慌失措、鬼哭狼嚎、溃不成军,烧死、溺死者不计其数。在长江南岸的孙、刘主力舰队乘机擂鼓前进,横渡长江,大败曹军。

曹操被迫率军由陆路经华容道向江陵方向仓皇撤退,行至云梦时曾一度迷失道路,又遇上大风暴雨,道路泥泞不堪,以草垫路,才使得骑兵得以通过。一路上,人马自相践踏,死伤累累。孙、刘联军乘胜水陆并进,穷追猛打,扩大战果,一直追击到南郡。曹操留曹仁、徐晃驻守江陵,乐进驻守襄阳,自己则率领残兵败将逃回到北方。这场赤壁大鏖兵至此以孙权、刘备大获全胜而宣告结束。

"辨地形之险易孰利、孰害"提到的是如何辨别地形的利弊,从而为自己谋划策略创造有利条件。赤壁之战是历史上著名的以少胜多的战役。分析曹操失败的原因,除了个人的骄傲轻敌之外,更重要的一个原因就是对地形分析不够。北方人不善水战的致命弱点被孙刘联军加以利用,从而以火攻导致了魏军的惨败。

体察民情筹粮草

李膺是南朝宋时涪县(今四川绵阳市)的县令,公元 501 年,萧衍在襄阳起兵讨伐南齐,立萧宝融为帝。此后,萧衍又联合邓元起进攻郢州城。不久便攻下郢州,萧衍便让邓元起任益州刺史,代替原益州刺史刘季连。

刘季连原是南齐皇帝萧宝卷任命的,萧衍起兵讨伐萧宝卷时,刘季连犹豫不定,左右摇摆。当他得知自己将被取代时,就征召士兵,誓守益州。

邓元起得到刘季连誓守益州的消息后,便先进兵巴西(今四川绵阳),太守禾士略开城投降,听从指挥。于是他开始招兵买马,一时间便增至三万人。可是四川长期战乱频繁，人们大多逃亡，田地荒芜，无人耕种，三万人马的粮草供应竟成为问题。邓元起对此一筹莫展，不知如何是好。

这时有人出主意说："蜀地政治混乱，连年争战，很少有人想在这获取东西。他们认为这里的百姓已所剩无几，即使有，也是伤残带病的，没有丝毫用处。实际上并非如此，老百姓往往趁政治混乱、管理松懈的时机，在户籍上假装残疾，以欺骗官府、逃避赋税，这种情况在巴西郡尤为严重。如果您现在下令核实户籍，把那些假装残疾的人给以重罚，粮草之事，几天便可解决。"

邓元起听从了这个意见，准备派人核查户籍，以筹备粮草。

涪县县令李膺知道了这个消息后，连忙拜见邓元起说："请大人先不要这样做，我对巴西的情况很熟悉，让我来告诉您怎么办吧。"

邓元起见李膺相貌堂堂，一股浩然正气，便下令先不要核查户籍，看看这位涪县县令有什么高明之策。李膺说："刘季连拥兵誓守益州，又派出强将准备来讨伐大人，现在您是前有强敌，后无增援。如今又处在粮草短缺的境地，巴西人们刚刚依附于您，正在观望您的德政如何。这时候如果核查户籍，对隐瞒的人，施以重罚，势必会造成他们的不满。他们忍无可忍，便会趁机作乱，对您有百害而无一利。万一离心离德，您后悔都来不及了。孟子说过'为渊驱鱼者，獭也；为丛驱雀者，鹯也；为汤武驱民者，桀与纣也。'大人该不会不懂这个道理吧！"

邓元起听了之后高兴地说："我差点听信小人之言啊！既然你能分析透这件事情，又对巴西很了解，那粮草之事，就交给你去办吧！"

于是李膺答应邓元起，五天之内筹备齐粮草。他命人把当地的富户找来，对他们说道：

"如今形势朝不保夕，谁能预料到第二天还能不能活！难道你们不想过太平日子吗？现在邓元起将军领兵接任益州刺史，而原益州刺史刘季连却陈兵反对。邓元起将军一心要为民造福，却因粮草短缺不能实现。我劝各位往长远处着想，帮邓灭刘，如果到时天下太平了，我们巴西也可沾光；如果死守财物，说不定哪天就会被乱兵抢夺一空啊！"

国学经典文库

鬼谷子全书

·《鬼谷子》释义通解·

图文珍藏版

众人听了，都连声说："正应如此，正应如此。"

不到三天，李膺便将粮草如数交给邓元起。

"称货财之有无，料人民之多少、饶乏、有余不足几何"说的就是在制定策略时要考虑到百姓钱财的多少、民众的反应如何。在战乱纷纷的年代，百姓深受其害，所以才假装残疾以逃避征兵和纳税。这是他们谋求生存的最后一道防线，如果把它也打破了，后果不堪设想。李膺深明此理，所以不向穷苦的百姓筹粮，只从富户身上想主意。富户虽然爱钱，但是毕竟性命重要，为了保住生命，就只能拿钱来换了。

洞察秋毫息争斗

宋仁宗时期，富弼采用了李仲旦的计策，从澶州的商胡河开凿六漯渠流入横陇的故道，以增加宋朝的水利灌溉渠道。贾昌朝素来憎恨富弼，于是暗地勾结宦官武继隆，想置富弼于死地。正在这时候，宋仁宗生病，不能上朝理政，贾昌朝便密令两个司天官趁朝中官员商讨国事时上奏道：

"国家不应该在北方开河，以致皇上身体不安。"

众大臣听了，都不以为然。

文彦博知道他们是别有用心，但当时无法制止。

数天之后，这两个人又上疏请皇后一同听政，并罗列许多理由来证明皇后听政是上策。

史志聪把他们的奏疏交给宰相文彦博，文彦博看后默不作声，把它收藏在怀中，没有给任何大臣看，脸上却露出得意的神色。诸大臣都很奇怪，问他上面写的是什么，他只字不提，只是命人把那两个司天官召来责问：

"你们两人的职责是静观天象，只要略有动静，应马上上报朝廷。可是现在你们怎么想干预国家大事啊？你们的所作所为按法律应当灭族！"

两人听后非常害怕，脸色惨白，浑身发抖。

文彦博又说：

"我看你们只不过是自作聪明，所以不想治你们的罪，从今以后不准再如此狂妄了。"

两个连忙退出，文彦博这才取出奏疏让诸位大臣观看。

大臣们看后全都愤怒地说：

"这两个人如此大胆滥讲，为什么不斩首呢？"

文彦博说：

"把这两个人斩首，事情就会张扬开来，对皇后和在宫中养病的皇上都不是好事，一定会影响他们。"

诸位大臣连忙说：

"你说得有道理。"

接下来他们一同商议派遣司天官去测定六漯渠方位，文彦博便指名让那两人前去。

武继隆请求把他们留下，文彦博说道：

"他们只不过是小小的司天官，竟敢如此胆大妄为，议论国事，这其中一定是有人在暗中教唆！"

武继隆铁青着脸，一言不发。

那两个人到了六漯渠以后，恐怕朝廷治他们的罪，于是就改口说：

"六漯渠在京师的东北方向，不是正北方向，开河之事根本没有什么害处。"

后来宋仁宗的病渐渐好了，精神也渐渐地恢复，这件事就这样化于无形之中。

"君臣之亲疏孰贤、孰不肖。"文彦博不但明察秋毫，还有一双善辩忠奸的眼睛。为了平息这场风波，他尽量把大事化小，小事化了，以免事态扩大而导致无可挽回的损失。面对两个司天官的无理，他丝毫没有动怒，而是在平静中制止了一场争斗，同时又让皇上、皇后得到了安宁，而武继隆也受到了震慑，真可谓一箭三雕。

神奇的基因猎手

托尼·怀特在辞职后不久,出人意料地选择了濒临倒闭,惨淡经营多年的实验仪器制造企业——帕金艾默公司。

怀特入主帕金艾默首先面临的是公司董事们一致的诘问:"世界上有那么多前景看好的公司你不去,怎么选择了帕金艾默?"的确,帕金艾默已每况愈下,产品造价高昂,销售已成为最大的难题。然而,怀特看好这家公司的理由是:帕金艾默拥有极具开发价值的聚合酶链反应技术专利,即 PCR 技术,这是一种已广泛应用于法医鉴定和研究领域的 DNA 复制技术,此外基因分析仪器在生物制药领域已得到越来越广泛的应用,该公司可转型生产用于基因和糖精核酸(DNA)的编码分析仪。在其他企业家都没有看到生物技术正处于方兴未艾,是一个潜力巨大的朝阳行业时,怀特使公司悄无声息地进入了这一领域并从另一破产的公司手中买下了一个实验设备厂。

怀特开始大刀阔斧地改革。他首先招兵买马,笼络技术领域的人才。为降低费用,他聘用退休技术人员,辞退 80% 的非研究人员。他甚至将帕金艾默的商标卖掉,以补足急需的项目资金。他将总公司更名为"PE 生物技术控股公司",对企业内部进行了改组和资产置换,筹集到大笔资金,然后把帕金艾默一分为二,即 PEBio 和塞雷拉公司,使其双双上市筹集资金。消息不胫而走,投资者蜂拥而来,他们如发现新大陆一样看好其发展前景。PEBio 和塞雷拉公司的股票开始双双攀升,许多职员一夜之间成为百万富翁。

塞雷拉公司与 PEBio 就像两匹战马一样并驾齐驱。塞雷拉以绘制基因编码图谱为主,向所有的生物制药企业提供基因编码信息;PEBio 生物系统仪器公司为塞雷拉提供绘制所需的成套设备,它号称拥有世界上运行最快,能绘制所有生物共生群种基因图谱的 BEl3700 系统,不仅如此,它还能为多种类基因编码排序,因此受到众多生物公司的青睐。这两匹战马相辅相成,共同完成绘制基因编码图谱的任务。

塞雷拉公司的商业动机是不言而喻的,他们将向制药商索取巨额资金,以向其提供重要的基因数据。如今,诸如辉瑞公司、诺威蒂斯公司等世界知名制药商每年要向塞雷拉支付至少500万美元才能获取生物制药急需的基因编码数据。而原来对塞雷拉持否定态度的批评家们发现,怀特看中的是基因编码市场切入口的潜在价值,他投下的赌注是不无道理的。

"善用天下者,必量天下之权,而揣诸侯之情",就是说做大事的人,一定要善于把握天下局势的变化,并善于揣测各路诸侯的发展趋势和需求。而在做事时,必定要先了解自己所处的具体环境,自己的优势是什么,有没有"王牌"可握。怀特正是看中基因编码市场切入口的潜在价值,才敢于投下巨大的赌注的。

投其所好谏文侯

战国时期,魏国发兵大举进攻中山国。魏文侯的弟弟任主帅,仅用三个月,便把中山国消灭了。

魏文侯于是大摆宴席,热烈庆贺,并决定由自己的儿子去管理中山国的土地。

众大臣们惊愕不已,面面相觑,不做一声。因为按照当时魏国惯例,中山国应该交给文侯的弟弟管理,这是对功臣的一种奖励。文侯的弟弟听了这个宣布后,也起身拂袖而去。

魏文侯做了这件事后,自己心虚,害怕人们议论自己,就召集大臣们故意问:"我是个什么样的君主呢?请大家直说无妨。"

魏文侯

许多大臣都恭维地说道:"大王功在千秋,百姓们爱戴,当然是仁君了。"

　　魏文侯听了，半信半疑，瞅着各位大臣笑着说道："是吗？难道我就没有一点过错吗？"

　　众大臣又附和着说："大王英明神武，哪里会有过错呢？"

　　大臣任痤说道："国君夺取了中山国之后，不封给有功的弟弟，却封给了自己的儿子，这怎么可以称为仁君呢？"

　　魏文侯一听，正好触到自己的痛处，顿时满脸生出愤怒之色，任痤见文侯恼羞成怒，急忙离座而去。

　　"你认为我是一个什么样的君主呢？"文侯又问身边的大臣翟璜。

　　翟璜平静地施了一礼说道："我认为您是仁君。"

　　"你为什么这样认为呢？"

　　翟璜知道大王必有这一问，于是把准备好的回答全盘托出：

　　"我听说，哪个国家的君主贤明仁厚，哪个国家的大臣就正直不二，从不隐瞒自己的观点。刚才任痤说话十分坦率，句句在理，所以我认为您是位贤明仁厚的君主。"

　　魏文侯听完，方才悔悟，便立即派人把任痤请回，又亲自下堂迎接，待为上宾。

　　翟璜在此劝谏文侯时并没有直接指出他的过错，而是顺着任痤的言辞与其展开交流，以赞扬之语去警示魏文侯，让其从内心深处认识到自己的错误，并及时得以改正。可见翟璜巧托他语，委婉劝诫，深得迂回之精髓。

汲黯直谏进良言

　　"略输文采"的汉武帝常常不拘小节，有时连最基本的礼仪都不管不顾。他在接见大臣时常常衣冠不整，甚至还在厕所里接见大将军卫青。

　　尽管皇上"陋习"难改，但他唯独对主爵都尉汲黯毕恭毕敬，不敢有丝毫的怠慢，如果没有穿戴整齐，是绝不会接见他的。有时，汲黯有要事启奏，由于来得太突然，皇上还没有梳洗完毕，无奈之中，汉武帝宁肯稳坐帐中也绝不随随便便出来相见。皇上之所以如此尊重他，是因为汲黯不畏高权尊位，不顾自己的得失，敢于直言进谏。并且汲黯向来很自重，从来没有做过瞒上欺下、有损自己人格的事。

原来，汉武帝一世英名，常常招纳各个方面的人才，可谓求贤若渴。但他生性脾气暴躁，如果有人偶尔犯个小错，或者他自己觉得不合心意，即使是那些素来宠信的大臣，他也不讲任何情面，一律问斩。对此，汲黯早就觉得皇上做得过火了，只是苦于没有机会说出来。

一天，武帝正打算退朝，汲黯上前一步说："臣还有话要说！"皇上只好耐着性子听他说，汲黯借机一吐为快。

"陛下求贤可谓不厌其烦，可是您毁才可谓不计其数，那些未尽其用的贤才实在是可惜。人才毕竟有限，这样长此以往，臣恐怕会有人才穷尽的那一天。臣恳请陛下以后要三思而后行，拥有贤能之士才有助于治国啊！"

汲黯一番话语重心长，但可能他确实惋惜那些死去的人才，因此语气并不冷静，并且面带怒容。在场的大臣都为他捏着一把汗，心想，如果汉武帝觉得下不了台阶，说不定一怒之下会把自己素来尊重的汲黯也给杀了。

只见汉武帝强忍着心中的怒火，反而笑着说："我堂堂大汉朝人才济济，还怕没有人才吗？只怕是没人能识别人才！我要的人才就要能为我所用，如果他们不能发挥作用，或者派不上用场，那就形同废品。要我白白养活着，还不如杀了，留着又有何用？"

汲黯觉得皇上这套理论简直不可理喻，心中不服，于是梗着脖子继续说："虽然我不能说服陛下，但还是以为陛下说得不对。臣恳请陛下从今以后能爱惜人才，不要滥杀无辜！不要以为臣不懂道理，胡搅蛮缠！"

汉武帝很是恼怒汲黯咬住不放，和自己针锋相对，不过他也认为汲黯说得很有道理，于是竭力忍住心头旺盛的怒火，避开这个话题，冷笑一声说："要说汲黯喜好揭短，我看倒也不是，不过他说自己糊涂，倒还真是这样。"

皇上"王顾左右而言它"，居然没有龙颜大怒，也没有给汲黯任何惩罚。

汲黯在此劝谏汉武帝所用的言辞就是顺着情理游说的。汲黯是深得汉武帝信任的重臣，所以便理直气壮地采用了直言的方式陈说利弊，直指汉武帝的不当之处，从而激怒了汉武帝，接着顺着其情绪把言辞一说到底，以求达到劝谏的目的。

刘伯温巧言解梦

朱元璋好不容易得了天下。他深深地知道江山易夺，守住却难的事实，常常为之忧虑，生怕自己的皇位朝不保夕。

"日有所思，夜有所梦"，有一天晚上，他做了一个奇怪的梦。在梦中，俘虏们被捆绑得牢牢实实，排成一队队，挤向又矮又小的牢房。他们愤怒的目光注视着朱元璋，他从梦中惊醒，吓得满头大汗。此后，他心里就有了一个解不开的疙瘩，总觉得那些愤怒的眼睛仍然盯着自己，尤其担心会有人谋反。第二天，朱元璋就下令监狱主管把牢里的俘虏全杀了。

军师刘伯温闻讯后大吃一惊，如此滥杀无辜，必定引来怨恨，导致不得民心。急忙赶来，问道："皇上现在大开杀戒，不知究竟为了什么？"

朱元璋便将昨晚的梦境讲与刘伯温听，然后说："俗话说'梦反为吉，梦正为凶'，那小牢房不正表示我的土地将越来越小，而俘虏往里面挤，不正表示他们都要跑掉了吗？显然他们跑后对我心怀敌意，不如现在杀了他们，以绝后患。"

刘伯温一听，原来是一个梦引发了皇上的杀人之心，刚才的忧虑便消失殆尽。他知道打消朱元璋的念头不是一件简单的事情，估计原因是他对自己的江山太过紧张，于是想出了一个主意。刘伯温满脸欣慰之情，对朱元璋说："恭喜皇上！恭喜皇上！"

"现在我正烦着呢！那些俘虏的眼睛时不时地闪现在我的脑海里，何喜之有？"朱元璋不耐烦地说。

"皇上的梦乃大吉大利之梦也！"刘伯温毕恭毕敬地回答。

国学经典文库

鬼谷子全书

·《鬼谷子》释义通解·

图文珍藏版

朱元璋说:"何以见得? 难道我刚才解的梦没有道理吗? 那你给我解释解释!"

刘伯温解释道:"如果'梦正为凶,梦反为吉',则那些硬挤入牢房的囚犯,正是安居乐业,极力拥护您的百姓;那些又窄又小的牢房正预示着您的江山将越来越雄壮,而且还会不断地扩大;俘虏们被牢牢实实地押绑,则表示那些还不服从的民族必将归顺于您。这个梦实在是太吉利了。皇上还有什么值得担心的呢?!"

朱元璋听后龙心大悦,频频点头,马上收回成令。

刘伯温顺势而谏,抓住的正好是朱元璋在噩梦中惊醒后的恐惧情绪,在对方失去理智的情况下明白了欲杀俘虏的原因。而后巧言圆梦,使朱元璋的情绪稳定了下来,并高兴地接纳了他的劝谏,收回了命令,轻而易举地避免了一场血光之灾。

吕不韦奇货可居

战国末年,大政治家吕不韦堪称是这样一位精通"隐己成事术"的权谋术士。吕不韦,阳翟(今河南禹县)人,善于把握时机,贱买贵卖,积蓄了不少钱财。但他并不仅仅满足物质追求,还想凭借自己的智谋和金钱,在政治上试试身手。

某年,他到赵都邯郸(今河北邯郸)经商,遇到一年轻公子,仪表堂堂,举止文雅有礼,一派贵胄之气,却衣着寒酸,不觉暗暗称奇。

暗中询问,才知此人原是秦王太子安国君的次子,名曰异人,委质于赵。因如今秦赵交恶,故赵王不供他车马仆从及生活费用,落到这般地步。吕不韦眼睛一亮,心里说:"机会来了! 此奇货可居以生利千百倍!"他在心中如此这般,制定了一套"隐己成事"、需暗中活动数年才能实现目的的长远计划。

于是,他先利用自己的金钱和巴结逢迎的商人看家本领,去结交赵王派来监视异人的大夫公孙乾,直至把公孙乾收买得如同亲兄弟,才在一次公孙乾招待他的家宴上问起秦王孙异人的情况，求公孙乾让异人同饮酒。席间，吕不韦又瞅公孙乾上厕所的机会，问异人："当今秦王老，作为继承人，您的父亲有二十几位儿子，而您的父亲又未选定继人，您不心动吗？"异人叹了口气，说："我远拘异国，有何办法。"

吕不韦表示自己愿帮忙。异人大喜，许诺："若得王位，我与你富与共。"话虽这么说，但狡猾的吕不韦并不十分相信，于是施展第二计谋。

他设下家宴，请来公孙乾和秦王孙异人，让自己最宠信而又刚怀孕的美妾赵姬出来陪酒。异人正在情心萌动之年，对赵姬当然频频注目。

赵姬又受了吕不韦指使，使出浑身手段，把异人勾得心动神摇，魂魄皆失。吕不韦看在眼里，喜在心里，赶忙把公孙乾灌醉，亲口把赵姬许给异人。异人喜不自禁，等二人共同使手段买得公孙乾答应后，便正式在公孙乾府上与赵姬成亲。吕不韦见拴住了异人，便给异人两口子留下五百金作花费，自己带上珠宝玉器，到秦国实施第三步计谋。到了秦国。他在安国君宠姬、自己无亲生儿子的华阳夫人身上用功夫，花费了若干金银珠宝，终于买通这位安国君的"内当家"。她便在安国君那里吹了"枕头风"，让安国君把异人收为她的嗣子，正式立为安国君的继承人。

三步计谋已妥，吕不韦便"隐"在赵国等待时机。不久，赵姬生下一个"不足月"的孩子，异人满面喜色，吕不韦更是暗中高兴，当这位孩子三岁时，机会来了，秦兵围困赵都邯郸，一出城门便是"秦人的天下"。于是吕不韦出三百金活动好南城门守门将士，说自己思家心切，想回家看看，求个方便。将士们见钱眼开，答应乘夜色放吕不韦出城。吕不韦又到公孙乾处辞行，把公孙乾及其亲近之人灌得大醉不醒，借机让异人化装成他的仆人，载上赵姬、婴儿及珠宝，从南门出了城。等公孙乾醒后不见了人质异人时，吕不韦已与异人、赵姬、婴儿到达了秦营中，辗转回到秦国，正赶上秦昭襄王驾崩，安国君即位，异人于是被封为太子，成了国君的继承人。

这时，吕不韦又"快马加鞭"，实施起第四步计谋，在四年之内先后设计害死了秦昭襄王的继承人秦孝文王（安国君）和秦孝文王的继承人秦庄襄王（异人），把幼小的赵姬之子（秦王嬴政）扶上王位，而自己独揽秦国大权，实现了自己"居奇货以生利千万倍"的夙愿，成了"不在位的君王"。

谋得秦国大权是吕不韦的内心愿望，但他并没有公开招兵买马，起事夺权。在当时的社会背景下，这样做是肯定不会成功的。他采取了"偷梁换柱"手法，运用"隐己成事"权术，把自己"隐"在幕后，看准时机，操纵、拨动秦国继承人选取问题，经过长期的幕后活动，终于达到目的。这是我国历史上成功地使用"隐己成事术"的突出事例之一。

况钟懵懂整吏治

明朝宣德年间，苏州（今江苏苏州）以难治闻名，于是杨溥、杨士奇，杨荣三位辅国大臣推荐足智多谋的况钟任苏州太守。

赴任前，宣德皇帝鉴于苏州难治的现状，赐给况钟"便宜行事"，自作主张以治之的圣旨。况钟揣旨前去赴任，到了苏州，却装出一副懵懵懂懂的样子，属吏送来文书，不加细审，一律照准。那些奸猾吏员见状，更加肆无忌惮，无法无天，把苏州搅得乌烟瘴气。过了月余，况钟对属员的忠奸摸了个了如指掌，便突然宣布摆好香烛，命司礼官当众宣读圣旨。众属吏闻知有圣旨，心中大惊，当听到圣旨中"若僚属行为不法，可径自拿问治罪"等词句时，不法属吏们吓得面如土色。圣旨读完，况钟当众升堂，拿出判笔，一一列数不法属吏们一个月来的不法罪行，并命手下人将他们脱去衣服，当众摔死在大堂之前。

自此，苏州吏员洗心革面，痛改前非，境内大治。

有时候，"隐己"是为了摸清情况，查明虚实，以便分别对待。但"人莫先事而至，此最难为"，所以成功的关键在于筹划好切实可行的实施措施，而不被人看破。况钟揣旨前去苏州赴任，却装出一副懵懵懂懂的样子，就是为了麻痹对手，然后在暗中摸清了实情。

"死对头"却是兄弟

在美国西部的某城,有两家专卖廉价商品的商店,一家名叫美国廉价商店,而另一家则称纽约廉价商店。这两家的店面相邻,但店主却是死对头。长期以来,一直就各自商店的销售进行着激烈的"战斗"。

一天,纽约廉价商店的橱窗中挂出一幅广告,上书:出售亚麻布被单,瑕微疵小,价格低廉,每床售价6.50美元。

居民们看到这则消息,纷纷奔走相告,趋之若鹜。但同往常一样,没过多久,隔壁美国廉价商店的橱窗里赫然出现了这样一则广告:我店的被单与隔壁的相比,犹如罗密欧与朱丽叶的亲密关系一样,注意价格:每床5.95美元。

这样一来,拥向纽约廉价商店的人们看到隔壁卖得比这里更便宜,马上放弃了这里的交易,转而拥向美国廉价商店,一齐挤进店内,只消片刻,被单就被蜂拥而至的人们抢买一空。

像这样的竞争在这两家商店之间可以说从未间断过。忽而东风压倒西风,忽而西风压倒东风,无尽无休。而当地的居民也总在盼望他们之间的竞争。因为他们的竞争会给人们带来好处,可以用很少的钱就买到十分"便宜"的商品。

除了利用广告相互压价竞争外,两家商店的老板还常常站在各自的商店门口,相互指责对骂,甚至拳脚相加,场面十分激烈,但最终总有一方败下阵来,才能停止这场残酷的"战斗"。这时等待已久的市民们则好比在比赛场上听到起跑令一般拥向胜利一方的商店,将店内的商品一抢而空,不论能买到什么样的商品,他们都感到很惬意。

就这样,两家商店的矛盾在当地最为著名、最为紧张,也最为持久。而附近的居民却从中获得了巨大的利益,买到了各种物美价廉的商品。他们总在盼望着两家商店的"战斗"再起,好使自己从中获益。这已经成了他们生活中不可缺少的一部分。

一晃几十年过去了,两家商店的主人也老了。突然有一天,美国廉价商店的老板失踪了,铺面上了锁。大家再也看不到他们相互竞争的精彩场面了。大家突然感到很茫然,心里好像缺点什么。每一天都在盼望出现奇迹:铺面又开张了,两家店主人开始"战斗",但奇迹没有出现。

过了一段时间,纽约廉价商店的老板也将自己的商店拍卖了,随后也搬走了。从此,附近的居民再也没有见到过这两个带给他们刺激和利益的怪人。

终于有一天,商店的新主人前来清理财产时,发现了一桩令人费解的事情:两家商店间有一条秘密通道相连,在楼上,还有一道门连接两家老板的卧室。

这是怎么回事?大家都有些惊讶,猜不透昔日"仇敌"的卧室为什么会相通。

经过调查得出了一个让人哗然的结果:这两个死敌原来竟是一对亲兄弟,他们平时的咒骂、威胁、互相攻击都是特意扮演的。所有的"战斗"都是骗局。因为在他们两个人的"战斗"中,不论哪一方胜利了,只不过是由胜利一方把失败一方的货物一齐卖掉罢了。

几十年来,他们利用了人们的求廉心理,通过不间断地"战斗"蒙蔽了当地的消费者。

"隐己成事术"用于商业经营之中常常是经营者为了掩盖自己的企图,常以假痴来迷惑众人,宁可有为示无为,聪明装糊涂;无为示有为,糊涂装聪明。上述两位经营廉价商店的兄弟,就是借激烈的"战斗"给想占小便宜的消费者造成一种错觉来促销商品的。

大树为喻谏太祖

自唐末以后,数十年之间,换了八姓的帝王,争战一直不停,直到宋太祖重新统一中国。

一天,宋太祖召见赵普,有意问道:

"天下自唐末以来,朝代频繁更迭,帝王换了八姓,一直战乱不止,生灵涂炭。我想罢息干戈,为国家作长久的打算,应当怎样做呢?"

赵普沉思了一会儿,乘机回答:

"向来方镇之权太重,所以天下不安。现在应削夺其权,削其钱谷,收其精兵。如此天下自然就安定了。"

赵普还以大树为喻,说如果树枝过大就应削减,始终保持强干弱枝,树干支配树枝,大树自然越长越繁茂。他还向赵匡胤提出了朝廷集中政、军、财权的三大纲领。

太祖听罢,良久不语。原来,赵匡胤做了皇帝后,在陈桥兵变中支持他并出了大力的结拜兄弟石守信、王审琦等人各自分典禁军。赵普出于对他们手握重兵的忧虑,建议赵匡胤削夺他们的兵权。

赵匡胤认为这些结拜兄弟多年来与自己出生入死,情同手足,怎么会背叛自己呢?于是,赵普委婉而振振有词地对他说:

"我并不是怕他们本人背叛,只是石守信、王审琦等人没有统御部下之才,万一军中有着孽煽动之人要拥立他们做皇帝,到那时他们也身不由己了。陛下当年不也是这样吗?"

他的话锋利无比,正触到赵匡胤的痛处,使他下定决心削夺石守信等人的兵权。

不久,赵匡胤召集石守信等人宴饮。君臣无间,好不畅欢。在酒醉耳热之际,赵匡胤长吁短叹,显得忧心忡忡,很不开心。他屏退左右随员,对石守信等人说:

"我没有你们这般兄弟的力量,不会有今天这个地位。然而,天子非常难当,还不如当个节度使快活;当天子每天担惊受怕,连睡觉都睡不安稳。"

石守信等人大惊,忙回其故。赵匡胤说:

"这并不难知,天子这个职位,谁不想谋取呢?"

石守信等人一听酒意去了大半,连忙叩头跪拜说:

"陛下怎么说这样的话呢?如今天下已安定,谁还敢再有异心。"

赵匡胤面带醉意回答说:

"你们当然不会,但假如你们的部下,有贪图富贵的,一旦把黄袍披在了你们身上,你们虽不想当天子,但能办得到吗?"

石守信等人听了心惊肉跳,痛哭流涕,跪求赵匡胤替他们指点迷津。赵匡胤附耳低语道:

"你们为什么不放弃兵权,外出做一地方大员,买些良田美宅,为子孙多办些家业,再多弄些歌妓舞女,每日饮酒作乐,以终天年。我再与大家结成儿女亲家,君臣之间没有猜疑,上下相安,不是很好吗?!"

石守信等人听罢感恩拜谢。第二天,都称病交出了兵权。这就是历史上著名的"杯酒释兵权"。通过这种方法,赵匡胤解除了石守信等人统领禁军的职务,并命他们到外地去做官。以后,他又以同样的手段将一批节度使免去职务,给以无实权的"奉朝请"之类的闲散职务。这样,赵匡胤就牢牢控制了军队的权力,消除了将领拥兵自大、谋求皇位的后患。

赵普在此劝谏宋太祖解除手下大将的兵权,用的就是旁敲侧击的言辞。他不急于直接进言,而是以大树为喻,让太祖自己去领悟。虽然赵普读书不多,但却是以"半部《论语》巧治天下"出名的。他的"巧",在于他善于思索,为了使宋太祖的统治得以巩固,他以史为鉴,联系实际,触动往事,促使宋太祖做出了"杯酒释兵权"的决策。

诸葛亮献策助刘备大获全胜

东汉末年,刘备驻扎在襄阳时,曾三次亲往隆中向诸葛亮请教复兴汉室,一统天下的大计。

诸葛亮对刘备说:"自从董卓专权以来,各地豪杰之士跃跃欲试,想乘机起兵称雄一方,跨州连郡的割据者多得数不胜数。曹操同袁绍相比,就显得名望低微且兵力弱小,然而曹操竟然能够战胜袁绍,由弱变强,这不仅是依靠良好时机,而且也依靠人的计谋。

"如今曹操已经拥有百万大军,并且挟制汉献帝,借着皇帝的名义向诸侯发号施令,这实在是不能同他直接较量了。孙权占据江东一带,其统治已经历了三代人的经营,那里地势险要,百姓归附,贤能之人都愿意替他出力效命,所以,可以把他作为外援,必要时相互救护,而不能打他的主意。

"荆州北面有汉水、沔水作屏障,南方直到海边有丰富资源可供利用,东面与吴郡、会稽郡相连,西面可以通向巴郡和蜀郡,这里可以作为用兵的战略要地。但现在占据荆州的统治者刘表却无力守住它,这大概是上天拿它来赏赐给将军您的,将军可有意于此吗?

"还有,益州地势险要,土地肥沃而辽阔,物资丰富,应有尽有,是天然富饶之地。汉高祖刘邦就是依靠这块地方成就了帝业。可现在的益州牧刘璋昏庸无能,张鲁又在北边和他作对,尽管这里人口众多,资源富庶,但因其不知爱惜体恤民力,有识之士都渴望得到一位贤明的君主。

"将军您既是汉皇室的后代,且又信义闻名于天下,应该广泛收揽天下英雄豪杰,如饥似渴地访求贤人,倘若一旦占领荆州和益州,就在险要的地方布军设防,西方和各个少数民族和睦为邻,南面安抚夷越诸侯,对外和孙权结成联盟,对内改革政务,天下形势一旦发生变化,就伺机派遣一员大将率领荆州的部队通过南阳指向洛阳,而将军您要亲自率领益州的大军向秦川进军,所过地区的百姓谁敢不预备丰盛的酒食来迎接将军您呢?如果真正能够做到这样,那么,统一全国的大业就可以成功,汉朝的江山就可以复兴了。"

刘备听后高兴地说:"讲得太好啦,就照你说的办!"

后来形势的发展果然像诸葛亮预料的一样。

诸葛亮依据对曹操、刘备、孙权、刘表等方的政治、军事、经济、地理等诸种条件的精辟分析,为刘备制订了"联孙抗曹"的作战计划和军事部署。后来,刘备虽然因条件所限而未能实现统一中国的计划,但他正是根据诸葛亮"联孙抗曹"的战略谋划,建立了蜀汉政权。

林则徐虎门销烟

19 世纪 30 年代末,西方资本主义国家为了一己之私,毫无顾忌地向中国输入大量毒品,据统计,每年多达三万余箱的鸦片流入中国。这一行为不仅赚取了中国大量白银,而且瓦解了清政府的统治。此外,还造成了更大的恶劣影响,使中国出现了一大批吸食鸦片的成瘾者,这些人心甘情愿地成为鸦片的奴隶,为了吸食鸦片烟,他们竭尽所能,甚至不惜倾家荡产购买鸦片,因此损害了身体,消耗了财物,失去了家庭。

面对这一残酷的社会现实,许多爱国官员和爱国人士纷纷向清政府请求大范围禁烟。为了维护封建统治,道光皇帝任命湖广总督林则徐为钦差大臣,亲自前往西方资本主义国家对我国走私鸦片的重要集散地——广东查禁鸦片。

1839 年 3 月,林则徐抵达广州,他很清楚外国的鸦片烟贩子与中国鸦片走私者,乃至那些被贿买的地方官、水师将台等势力,早已形成了一个严密的贩毒网。想要将其攻破,根本不容易,所以,必须部署周详,随机应变才能有机会将其歼灭。

起初,林则徐的到来并没有引起外国鸦片烟贩子和中国走私贩卖鸦片者的注意,这些不法之徒根本没有把林则徐放在心上,他们以为此次禁烟与以往没有区别,都是风声大,雨点小,走走形式,摆摆样子罢了。但事实上,行事认真,为人正直的林则徐与以往的禁烟大臣不同,他不是走形式,更不是摆样子,而是要竭尽全力完成禁烟的任务。

林则徐在了解了当地烟贩子的情况后,便把钦差大臣的行辕设在越华书院,接着又以钦差大臣之名把广州越华、粤秀、羊城书院的肄业生召集起来,总共有数百人。林则徐声言要亲自出题考试,他说此次考试的目的是为了检查肄业生近来的学习成绩。但实际上,林则徐是为了进一步了解有关鸦片的情况。他在每张试卷内都夹了一个条子,上面写着:"请你就个人所知道的有关鸦片问题全部写出来,越详细越好。例如走私贩卖鸦片的人和地点,以及贩毒时间、位

国学经典文库

鬼谷子全书

·《鬼谷子》释义通解·

图文珍藏版

置、途径、数量、手段等；或是提出你认为切实可行的禁烟策略；或者提供你所知道何人有行贿、受贿等行为。”

林则徐的做法得到了比预期还要好的效果，不仅激发了学生的爱国热情，还有助于林则徐了解掌握很多的实际情况。

经过精密的部署和调查后，林则徐一面与两广总督邓廷桢和广东水师提督关天培等人捉拿中国贩卖、走私鸦片的不法之徒；同时，他还组织力量，通令严密监视英、美等国的大批鸦片烟商人，命他们在三日内交出运来的鸦片，并保证日后不再贩运鸦片。在林则徐的震慑下，许多外国鸦片烟商都要逃出中国，避避风头，却被林则徐派出的清兵和当地的爱国人士截住。

结果，在英、美鸦片商那里，共缴获了二百三十七万多斤鸦片烟。1839 年 6 月 3 日，由林则徐亲自指挥，在广州虎门海滩烧毁全部收缴的鸦片烟。

林则徐能够不辱使命，成功禁烟的原因就在于，他谋事在先，在掌握了大量关于贩卖鸦片者及鸦片的情况后，实事求是，“揣”实情，并根据洋人、官吏、百姓的心理而巧施招法，又以迅雷不及掩耳之势突然行动，收缴了大量鸦片烟，令敌人胆战心惊，百姓拍手称快。

臧孙子察言观色推知未来

春秋末期，宋国由于统治者治理无方，势力日益薄弱，所以经常受到其他诸侯国的侵略欺辱。

有一次，齐国与楚国作战，约了宋国，但宋国并没有如期赴约，这让齐王非常愤怒，于是，齐王便发兵攻打宋国。宋君得知此事后，立即派臧孙子赶赴楚国求救。

楚王得知臧孙子是来请求救援的，非常高兴。盛情款待了臧孙子一顿，并答应马上就会出兵前去营救宋军。臧孙子便辞楚返国报信。

途中，臧孙子一直愁眉不展，长吁短叹。为他驾车的人见状，好奇地问道："您奉命出来搬救兵，一出马就完成了任务，为何还是忧心忡忡啊？"

臧孙子长叹一声道:"我担心楚国不出救兵,那宋国就没有办法对付兵力强势的齐国了。"

驾车人感到很惊奇,又问道:"怎么会呢?楚王在朝堂上不是很高兴地答应了出兵相救吗?"

臧孙子说道:"正是因为楚王如此爽快地答应了援救宋国的请求,才让人觉得可疑啊。众所周知,宋国弱小,齐国强大,为了弱小的宋国而去得罪强大的齐国,这应该是一件令人忧虑的事情,而楚王却十分高兴,这说明他一定不是真心要救我们,而是以答应救助来鼓舞我们的斗志,我们的斗争越强,战争就越激烈,这样一来,齐国就越疲惫,这正是楚国所希望的事情。"

臧孙子回国后,如实向宋君汇报了一切,宋君却不大相信臧孙子的话。

结果,在齐军已经夺取了宋国的五座城池之时,楚国的救兵还是没有到。

臧孙子能够通过察人神色推知预测其未来,见微知著,以小见大,可谓是贤人也,只可惜宋国气数已尽,即使有此贤人,也无法逃此一劫了。

周亚夫平定叛乱

汉景帝时期,吴国、楚国等七国发动武装叛乱,景帝任命周亚夫为太尉,率领大部队东征。

周亚夫向景帝建议说:"楚军勇猛凶悍,行动敏捷,一时难以速胜。臣打算暂时放弃梁国,牵制敌军,并切断他们的运粮道路,这样才可以制服楚军。"

景帝认为周亚夫说的有道理,说:"那好吧。"

于是,周亚夫立即率军到达楚国,要在荥阳会战。吴国军队正在进攻梁国,梁国危急,向周亚夫请求援救。周亚夫向东北进军占据昌邑后,便坚守城堡,暂不出战。由于情况紧急,梁王派遣使者前往请求周亚夫出兵救助,但周亚夫还是坚守要害之处,不肯前往救援梁国。

梁王无奈上诉于景帝这一情况,景帝得知后,立即诏令周亚夫救援梁国,周亚夫拒不奉命,仍然坚守壁垒而不出兵,只派弓高侯等人率领轻骑兵出击,切断了吴、楚军后方的运粮道路。

吴、楚军由于军队粮食短缺，士兵饥饿，多次向周亚夫部队挑战，而周亚夫始终不应。一天夜里，周亚夫军营发生骚动，自相残杀，动乱扩及中军帐旁，周亚夫仍是静卧不起。没过多久，动乱平静下来了。后来，吴军攻袭周亚夫军营的东南角，周亚夫却令部队防备西北角。

不久，吴军的精锐主力果然向西北角发起强攻，但未能攻破。吴国和楚国由于军营严重缺粮，便引兵撤退了。周亚夫乘机挥兵追击，大败吴、楚联军。吴王刘濞为了逃命，把大部队丢弃在后，乘夜逃走，逃到了江南的丹徒。

汉军乘胜扩大战果，迅速追击，消灭了全部的楚军，并降服了吴国所辖之郡县。周亚夫因为没有捉到吴王刘濞，便下悬赏令说："有捉住吴王来献者，重赏黄金千两。"一个多月以后，东越人便斩了吴王的首级前来报功请赏。这场战役，从进兵到结束，只用了短短的三个月时间。

在西汉名将周亚夫平定吴、楚七国叛乱之战中，周亚夫之所以能够以弱胜强，以一当十，正是因为他能以静制动，不急于求成，稳扎稳打，同时能正确分析楚军剽悍、吴军精锐的实际情况，采取了积极的固守防御战略，打了漂亮的一仗。

作战中，指挥者也需要具备衡量天下权势、揣摩各个诸侯实情的智慧。如果衡量权势不准确，就不可能了解诸侯之间力量强弱虚实的差别；如果揣测情形不精确，就不可能了解隐藏的情况和事物暗中变化的征兆。周亚夫当初的弃梁不战是为了保汉平叛大战，此计的确高明。

晏婴以"揣术"谏景公

齐景公时，大夫弦章听说景公不理朝政，整日沉迷酒色，在宫中一连喝了七天七夜，把厨师和宫女们都累得体力不支了。弦章心想，如果一直这样下去，那么齐国岂不是要毁于景公之手！

于是，弦章来到王宫，想要劝劝齐景公。弦章刚一走进宫殿，就被浓烈的酒气呛得透不过气来,他稳了稳神,只见齐景公正在一边喝酒,一边观看宫女们跳舞,眼前的这一情景让他深感愤怒,他大踏步地向景公走去。

　　齐景公见弦章来了,高兴地说:"弦章来得正好,寡人喝得十分痛快,心情大好,你来陪我痛饮三杯吧!"景公喷着酒腥气,一把拉住弦章。于是,齐景公就命一位宫女为弦章斟满酒杯,将满满的一杯酒递给他。

　　弦章见状,既不去接酒杯,也不谢恩,只是愣愣地站在景公面前,不悦地说:"主公,酒饮得太多,不仅会损害身体,也会荒废政事,臣斗胆,说一句肺腑之言,请您为了齐国大业,停止饮酒、宴舞吧!"

　　齐景公一听,大为不悦,冷冷地对弦章说:"你说的是什么话,如今我国风调雨顺,国泰民安,寡人喝几杯酒,看几段舞蹈,就能废业亡国吗?"

　　弦章是个直性子人,听了景公的话忍不住怒火冲天,大叫大嚷起来:"国君如果不听劝告继续沉溺酒色,那么,你就下道命令杀死我吧!"

　　齐景公越听越气,他正要处罚弦章的放肆,此时晏婴走进宫来。

　　齐景公见到晏婴,便把弦章的冒犯之处说了一遍,问他:"你说,寡人应该如何惩治这个敢于当面顶撞国君之人啊?"

　　晏婴听后,仰天大笑,对弦章说道:"恭喜恭喜啊。"晏婴的这句话把景公和弦章两人都弄糊涂了。

　　晏婴看出齐景公和弦章的不明神情,便解释说:"你能够遇到像主公这样贤明的人,是你的福气啊,因为主公擅长倾听臣子的意见,所以国家才如此安定祥和。如果你遇上了夏桀和殷纣那样的昏君,恐怕早就身首异处了。这就是我要恭贺你的原因啊!"

　　晏婴的这一席话,表面上是说给弦章听的,其实是暗示齐景公不能处罚进谏的弦章,否则就成了昏君。景公当然听出其中的玄妙,他为了掩饰自己的窘态,大笑说道:"晏相国说得有理!寡人应该听取你和弦章大夫的劝告,以后寡人再也不饮酒了。"

　　晏婴见状,知道到了直言不讳的时机了,于是他诚恳地对齐景公说道:"主公能够这样做，正符合臣的心意。古人云：饮酒适当可以沟通感情，但若是贪杯就会误事，所以不论男女老少，也不论君臣，饮酒不能超过五杯，否则就要受到惩罚。当时，就是因为实行了这样的礼法，所以朝廷内外都很太平。但可惜的是，主公现在喝酒没有节制，竟然连喝了七天七夜，许多大臣为了与您同步，便跟着您狂欢滥饮。这样一来，主公和大臣都荒废了朝政，如此下去，我们国家只会越来越衰弱，根本不会日益强大啊！"

晏婴的一番话，让齐景公恍然大悟，便立即传下命令，撤掉宴席，让妃子和宫女们退下，并向弦章道歉。

此后，齐景公戒了酒，把心都放在了朝政上，日理万机，大臣们看到齐景公如此兢兢业业，大家都安心了，每个人都尽心尽力为国家出力，老百姓也过上了安居乐业的生活。

弦章的个性直爽，但可惜他不懂得"揣情"之术，所以向君主谏言时，言辞过于平直，结果差点丢了性命。而晏婴则不然，用一语双关的话既给弦章解了围，又给足了齐景公面子，同时还启发了齐景公，可谓一举多得。

任何事态的变化，都是从细微的变化开始的，要果断的捕捉细微变化，通过细微变化制定应变措施。因此，"揣情"必须要通过变化的情况，随机应变，在明了变化情况的基础上，制定出新的应变策略，但这个策略必须在合乎时机的情况下，编排出合乎情理的言辞，以免适得其反。这在社交中，也十分重要，懂得运用"揣术"，则会在人际交往中，游刃有余，有利于扩大自己的交际网。

蒍贾揣度实情

春秋时，楚君出兵围攻宋国，子文奉命在睽地练兵，他只用一个早晨就完成了任务，且没有惩罚任何一个士兵。

后来，子文派子玉在蒍地练兵，子玉却用了一整天才完成练兵任务，而且练兵过程中，共鞭打七个人，还将其中三人的耳朵刺穿。

国中大臣得知子玉练兵有素，因为子玉是子文推荐的，所以他们都纷纷前来恭贺子文,认为他推荐得人。蒍贾恭贺来迟,见到子文也不向他道贺。

子文问蒍贾:"您为什么不为我道喜呢?"

蒍贾回答说:"您以'为了使国家安泰'为由,把政权传给子玉。在这件事上,我真的不知道有什么值得祝贺的。如果国内安泰而对外作战失败,这不是真正的胜利;如果子玉失败了,就完全可以证明您用人不当,由于您的疏忽才导致国家败亡,这两种状况的结果都不值得可喜可贺,不是吗? 况且,子玉为人蛮横无理,真的难以想象百姓在他的治理下会是什么样子。我敢断言,如果让他指挥三百部以上的兵车作战,他一定吃败仗,回不了国门;但是,如果我判断错误,他能侥幸回得来,到时我一定前来诚心祝贺。"

结果证明蒍贾的推断是正确的,城濮之战时,晋文公兑现承诺,退避楚兵九十里,子玉带兵进击,最后大败,因无颜回国,只好自杀。

实施"揣术"时,最难把握的则是揣测实情,因此游说者必须深谋远虑,善于量权,才可以引发事物的变化。蒍贾是一位真正的智者,他根据对子玉的为人和能力的权衡,做出了精准的推断,结果证明他的推断是正确的。

李命深谙"揣术"获信赖

东汉和帝时,窦宪是一位有名的权臣,由于他的妹妹是皇后,所以他在朝中骄横跋扈。文武百官都惧他三分,人人都想方设法奉承他。

一年,窦宪纳了一个小妾,各地官员得知后,都借此机会前来送礼庆贺。汉中郡太守也准备了一份厚礼。李命是汉中郡太守手下的一名官员,此人行事稳妥、认真、细心,而且十分聪慧。在李命看来,窦宪仗势欺人,已经得罪了很多人,日后一定会招来杀身之祸。所以,李命劝阻汉中郡太守说:"自古以来,手握专权、独揽大权的外戚,都没有好下场。窦宪依仗自己的妹妹是皇后,经常以皇亲国戚自居,胆大妄为,如此嚣张定会引起正义之士的不满,所以他的倒霉日子马上就要到了。所以,希望大人还是不要与窦将军走得太近,这份厚礼也不必送了,以免日后遭到牵连啊。"

汉中郡太守听了李命的这番话，感到很为难，但他还是担心不送贺礼会得罪窦宪，所以最后他决定派人前去将那份厚礼送到窦宪的府上。

李命见汉中郡太守没有听自己的建议，便主动请求说："大人，您若是执意要给窦将军送礼，我也无话可说。不过，请您把送礼的差事交给我吧，我保证办得妥妥当当的。"

汉中郡太守素来欣赏李命的才能，所以欣然同意了。

于是，李命便带着礼品上路了，临行前，他就派人先行前去打探京城里的情况。半途中，派去打探消息的人回来报告说："目前，朝廷中的外戚势力与宦官势力之间有很深的矛盾，而且城里还流传着皇帝对外戚的积怨很深。"李命得知这一情况后，他料想：不用多久，朝中定会有一场变故。于是，他命随从人员放慢脚步，缓慢行驶，以便拖延时间，静观其变。

几日后，当他们走到扶风的时候，从京城就传来了窦宪已经自杀身亡的消息。原来，汉和帝在得知外戚集团中有人预谋要杀害自己后，就秘密派遣中常侍宦官郑众捕杀窦宪的同党，窦宪知道自己精心策划的一切都被摧毁了，自己一定也活不成了，便自杀了。

李命听说此事后，淡淡一笑，随即便带领随从人员一同返回，向汉中郡太守复命。

后来，由于窦宪的事被昭告天下，他的亲信以及与他交往密切的人都在被疑者之列，汉和帝为了彻底打击外戚集团，对这些被疑者一一审判，根据其罪行的大小，分别给予杀、关、管的惩罚。只有汉中郡太守安然无恙，而且受到了汉和帝的信赖。

汉中郡太守经过此事，对李命的为人和机智更加钦佩，对他也倍加信任。

李命是一位德才兼备的贤人，他能够根据窦宪的为人和行事作风等实情，揣测出这种仗势欺人的外戚必定劫数难逃，在向汉中郡太守谏言失败后，又主动请求亲自给窦宪送去贺礼。由于他懂得根据事情的发展变化而制定出相应的谋略，真正做到了静观其变，随机应变，最后助汉中郡太守免遭汉和帝的怀疑,而他自己也因此受到了上司汉中郡太守的信赖和重用。可见,李命的确是一位深谙"揣术"的智者,令人佩服不已。

陈平巧言应对汉文帝

汉文帝刘恒即位时,汉高祖刘邦时的股肱之臣陈平和周勃分别被任命为左右丞相。汉文帝对他们的才识和忠心极为欣赏,所以很重用他们。

一次,汉文帝临朝的时候,笑着问右丞相周勃说:"周爱卿,你是先帝托孤之臣。你可知大汉朝的一年要办理多少案件啊?"

周勃

周勃被汉文帝的这个问题惊得一愣,慌忙答道:"回陛下,臣实在是不清楚。"

汉文帝对周勃的回答非常不满意,皱着眉头又问了一句:"那,周爱卿可知我大汉朝的一年有多少钱币和粮食要进进出出啊?"

周勃对这个问题仍然不知,只能硬着头皮回答道:"回陛下,臣也不清楚。"

这次,汉文帝心中大为不快,表情也十分严肃。于是,他转过脸,问左丞相陈平说:"陈爱卿,先帝在时,经常夸你深谋远虑,神机妙算。刚才寡人问周爱卿的两笔账,你可知道啊?"

陈平对汉文帝行礼后,便利索地回答道:"陛下,恕臣直言,如果陛下真的想要了解判刑的大事,请陛下问廷尉;如果陛下想要打听钱币和粮食的事情,请陛下问治粟内史。"

汉文帝听后,怒火冲天,冷着脸说:"陈爱卿的回答实在巧妙!如此说来,这刑事和钱币粮食之事都各有主管的官员,那么寡人还要你这位丞相何用啊?"

陈平见文帝大为不悦,连忙快步走出大臣的行列,深施一礼,接着高声回答道:"请陛下息怒,恕臣直言之过。臣斗胆,再进一言,陛下英明,臣身为宰相,有许多要事在身:对上,臣要辅佐陛下料理国家大事,顺应四季天时考虑方方面面的大事;对内,臣要体察民情,使民心归附,亲如一家,还要使卿大夫们各司其职,恪尽职守;对外,臣要安抚外邦和各路诸侯。"

汉文帝听了陈平这番话,手抚龙椅,心想:这陈平不仅聪明过人,而且擅长辞令,更深悟从政要诀。想到这儿,汉文帝对陈平大赞道:"陈爱卿所言极是!"说罢,文帝又转过脸问周勃:"周爱卿,你认为呢?"

周勃的脸涨得通红,不好意思地低下了头,心中自叹不如。没过多久,周勃称病辞相。丞相一职便由陈平一人担任。

所谓的"揣测内心法",就是要通过显露出来的表面现象,去了解隐藏在内部的真情。因为感情是从内部发生变化的,所以必然要通过形态显现于外表。陈平深通此术,汉文帝的问题的确很难,因为那些问题不在职责范畴内,要回答起来不容易,尤其是周勃这样的武将,更是难以应对,但陈平却能机智应对,既回避了勉强回答不准确的尴尬,又说得汉文帝心悦诚服,究其原因就是陈平懂得"测深揣情"。

摩术第八

本篇提要

本篇是对揣篇所获得的信息进行加工处理的过程,实际是上篇所讲"揣情"的继续。揣篇侧重的是掌握世情和"人情",获得与游说对象有关的外部信息,而本篇侧重将通过"揣情"得到的外部信息加以分析、总结、推敲、检验,从外部的信息中得到了解对方的性格特点等重要消息,从而把握对方的喜好与厌恶,能够更好地使自己制定更有效的说服方法。

关于"揣"与"摩"的关系,鬼谷子开篇点题:"摩者,揣之术也。内符者,揣之主也"。可见,"摩意"之术是揣情的一种方法,而且还是一种最基本的方法。从两者的区别来看:揣是由表及里、由外到内,通过对方的外在表现去了解他的心理变化,只是合乎实际的逻辑推理,处于静态的观察阶段;摩是积极主动地运用诸多攻心战术去引诱对方表露自己的内心情感,以检验自己揣的判断是否与事实相符,所以摩篇可以说讲述的是攻心战术的具体运用,其目的是以"摩意"之术让对方内心难以探知的情感也表现出来。

在运用过程中,首先做到的就是分析信息,即对揣篇得来的外部信息进行加工整理,来判断对方的心性,主要有以下十种:"其摩也,有以平,有以正,有以喜,有以怒,有以名,有以行,有以廉,有以信,有以利,有以卑"。正是因为游说对象性格的不同,在运用"摩"术时就必须做到因人而异,只有了解到"平者,静也。正者,直也。喜者,悦也。怒者,动也。名者,发也。行者,成也。廉者,洁也。信者,明也。利者,求也。卑者,谄也"后,才会在揣摩对方心意时做到见机行事,灵活掌握。

揣测出对方的真实意图后,还要进行检验,判断所推得的结果是否正确。文中认为,试着根据对方的好恶期望,提出建议和言辞,来仔细观察对方有怎样的表现,如有反应,再顺势诱导;如无反应,再另谋方法。文中提到三个成功游说的条件:"故谋莫难于周密,说莫难于悉听,事莫难于必成,此三者,唯圣人然后能之",如果能够让三者有机结合起来,便可达到预期的目的。

【原文】

摩①者,揣之术也。内符者,揣之主也②。用之有道,其道必隐③。微摩之以其所欲,测而探之④,内符必应⑤;其应也,必有为之⑥。故微而去之,是谓塞窌⑦、匿端⑧、隐貌、逃情,而人不知,故能成其事而无患⑨。摩之在此,符之在彼。从而应之,事无不可。

【注释】

①摩:悉意试探、诱动之意。摩,是揣情的一种办法。揣摩,合而言之,意为

反复思考、推求、揣度。分而言之,揣是以己之心度人之腹,测知其内情;摩则为以己之言探人之心使其外露。揣,是主观推测;摩,是语言试探。

②内,指内心情感活动。符,指内情的外在表现。主,指事物的根本、主流。

③用,运用。之,指摩。有道,符合一定法则。隐,隐秘、隐蔽、潜在的。

④测而探之:估测然后试探其中奥妙。

⑤内符必应:内外必然呼应。

⑥必有为之:一定有所作用。

⑦窌:藏粮食的地窖。

⑧端:头绪。

⑨无患:没有忧虑。

【译文】

摩是揣摩内心情感的一种权术。内心情感与其外在表现,是揣情之术的主体。运用摩术有一定的法则,而且这一法则是在隐秘中进行。当初步揣摩时,必须有一定的目的,然后进行侦察刺探,其内部必然暗合呼应。内外既然相呼应,就会在行动上有所表现。所以稍加排除,就是所说的堵塞地窖、隐匿头绪、隐蔽实情,他人就无从知晓。这样,事业得以成功而又不会留下后患。隐秘的揣情之术在此处运用,而显著的表现却应在彼处,两相呼应,就没有什么事情不可以成功了。

【原文】

古之善摩者,如操钩而临深渊,饵而投之①,必得鱼焉。故曰:主事日成,而人不知②;主兵日胜,而人不畏也③。圣人谋之于阴,故曰神;成之于阳④,故曰明。所谓主事日成者,积德也,而民安之,不知其所以利⑤;积善也,而民道之,不知其所以然;而天下比之神明也。主兵日胜者,常战于不争不费⑥,而民不知所以服,不知所以畏,而天下比之神明。

【注释】

①钩：钓钩。饵：诱饵，此处指安装上诱饵。

②主事日成，而人不知：事情很快成功了，但人们还不知不觉。

③主兵日胜，而人不畏：战争很快取胜了，但敌人还蒙在鼓里，不知畏惧。

④阴：隐蔽。神：神妙。阳：公开。

⑤不知其所以利：不知为什么获取了利益和好处。

⑥不争：不用打仗。不费：不耗费资财。

【译文】

　　古代那些善于揣情摩意的人，就像在深泽大湖垂钓的老翁，投饵藏钩，必能钓到大鱼。所以说，掌握了摩意术，主持国家政治、经济大事，日渐成功，但人们还不知不觉；主持国家军事大事，很快就要胜利了，敌人还蒙在鼓里，不知畏惧。圣智之人都是在暗中运筹谋划，所以称作"神"；而立功于世上，被人所知，所以叫作"明"。所谓主持政治、经济大事一天比一天取得成效，就是积累德政，让人民安于德政环境中，日以为常而不知为什么获取了利益和好处；所谓主持军事大事很快就取得胜利，就是积累善行，人民自然跟从，却并不知道长久处在这种和平安定环境中的原因。因此，天下人才把这样的圣智之士称作"神明"。所谓主持军事大事很快就取得胜利，是说经常把战争消灭在萌芽状态，使国家不用花费资财，使人民不知不觉地顺服、不知不觉地畏惧，还不知道为什么顺服、为什么畏惧，因此，天下人就把使用摩意术的圣智之士称作"神明"。

【原文】

　　其摩者①，有以平，有以正；有以喜，有以怒；有以名，有以行；有以廉，有以信；有以利，有以卑②。平者，静也。正者，直也。喜者，悦也。怒者，动也。名者，发也③。行者，成也。廉者，洁也。信者，明也。利者，求也。卑者，谄也④。故圣人所以独用⑤者，众人皆有之⑥；然无成功者，其用之非也⑦。

【注释】

①其摩者:指具体"摩"的方法。

②该句意为:平、正、喜、怒、名、行、廉、信、利、卑分别是揣摩情意的十种方法。

③名者,发也:声望在于发扬。

④卑者,谄也:谦卑,是为了谄媚。

⑤独用:独自使用。

⑥皆有之:都能运用。

⑦用之非也:使用不得法,不恰当。

【译文】

在实施"摩意术"时,根据不同对象采用不同的方法。有用平和态度的,有用正义责难的;有用讨好方式的,有用愤怒激将的;有用名声威吓的,有用行为逼迫的;有用廉洁感化的,有用信义说服的;有用利害诱惑的,有用谦卑套取的。平和就是安静,正义就是刚直,娱乐就是喜悦,愤怒就是激动,名望就是声誉,行为就是实施,廉洁就是清明,利益就是需求,谦卑就是谄媚。所以说圣人善用的"摩意术",平常人也可以运用。然而,有的人运用未能成功,那是因为他们运用不得法。

【原文】

故谋莫难于周密,说莫难于悉听,事莫难于必成,此三者唯圣人然后能之。故谋必欲周密,必择其所与通者①说也,故曰:或结而无隙②也。夫事成必合于数③,故曰:道数与时相偶④者也。说者听必合于情,故曰:情合者听。故物归类,抱薪趋火,燥者先燃;平地注水,湿者先濡⑤。此物类相应⑥,于势譬犹是也。此言内符之应外摩也如是⑦,故曰:摩之以其类,焉有不相应者;乃摩之以其欲,焉有不听者。故曰:独行之道⑧。夫几者不晚⑨,成而不抱⑩,久而化成。

【注释】

①其所与通者:指那些可以沟通的志同道合者。

②结而无隙:意思是结交朋友要亲密无间。

③数:天数,即自然规律。

④道数与时相偶:意思是天道、术数与天时相配合才可以保证成功。偶,偶合,配合。

⑤濡:浸、沾湿。

⑥物类相应:同类事物互相接受。

⑦内符之应外摩也如是:内心情感与外部揣摩相呼应也是这样。

⑧独行之道:很少能做到揣摩之术。

⑨几者不晚:通晓几微之势的人不错失良机。

⑩成而不抱:成功了,却不占为己有。

【译文】

因此,谋划策略,最困难的就是周到缜密;进行游说,最困难的就是让对方全部听从自己的说辞;办理事情,最困难的就是一定成功。这三个方面只有圣人才能做到。所以说谋划必须周到缜密,游说要选择与自己观点相通的对象,所以说结交朋友要亲密无间。要想使所主持之事取得成功,必须要合乎天数即自然规律,所以说"天道、术数与天时相配合才可以保证成功"。进行游说的人必须使自己的说辞合于情理,所以说:"情意相合才能够被入听从"。世界上万事万物都归属各自的种类,抱着柴去救火,干燥的部分先烧着;平地上注水,低洼的地方先湿。这些都是与事物的性质相适应的。以此类推,其他事物也是这样的。这就是内符与外摩相适应的道理。所以说:"按着事物的不同特性来实行摩意术,哪有不发生反应的呢?"根据被游说者的欲望而施行摩意术,哪有不听从游说的呢? 所以说:"只有圣人能实行揣摩之术。"大凡通晓机妙的人都会把握好时机,有成绩也不居功,天长日久一定会取得成功。

【解析】

　　本篇是"揣"篇的姊妹篇。本文开篇所言："摩者，符也；内符者，揣之主也。"内心情感的外在表现，这是揣情的根本宗旨。"摩"意为揣摩、体会，指反复观察对方，以推测实情，是"揣"的一种具体方法。换言之，"揣"是要通过"摩"来实现的。

　　"揣"是分析、探索之术，"摩"则是顺应、符合之术，二者之和就是"揣摩术"，就是通过别人表现出来的情况去了解他们掩饰的情况。

　　若想成功的"揣情"，就必须顺应对方的心意，而"摩"就是如何顺应对方心意之术，只有通过对话和观察，从对方的表述和行为中悟出对方的意愿，而后顺着对方的意愿展开，如此一来，双方的"话匣子"就被打开了，只要话投机，就为进一步深入了解内情打下了基础。

　　那么，应该如何成功地顺应对方的心意呢？

　　鬼谷子认为："用之有道，其道必隐"，所以首要条件就是要隐秘，不能暴露自己的意图。其次，要知道隐微之道的关键，即"隐貌逃情，而人不知，故成事无患。"总之，"揣情"和"摩意"的规律，都是秘中成事。古时，善于运用"摩术"的人，善于独立思考，能辨察对象的内心欲求，他们就如同湖边垂钓的渔翁一样，投饵藏钩、稳健自得，鱼必上钩。他们之所以能够达到这个境界，是因为熟知"摩术"的具体运用方法——万事从"隐"。顺应对方不可直言不讳，不能就事论事，更不能暴露任何蛛丝马迹。圣人谋事非常隐蔽，神不知鬼不觉，事情就办成了，还不会留下任何后患，这就是"摩术"的高明所在。由于圣人是从道从德之贤者，因此他们在事成后，即使旁人受惠无穷，也无法察觉其原因所在，因为人们无法识破他们的谋略。

　　如果揣不出对方的实情，就要进一步试探对方，通过对方的反应了解实情。本篇列举了十种"摩"的基本法则，即平、正、喜、怒、名、行、廉、信、利、卑。只要恰当地运用这十种法则，再把规律、技巧和时机紧密结合起来，灵活运用，随机应变，根据对方的情感、秉性进行试探观察，将心比心，将事比事，把握良机付诸行动,就一定能够驾驭他人,乃至驾驭天下。

其实,"摩"的行为方式也是有规律的:首先要顺着对方的话题阐述,找到对方感兴趣的点,断然切入,而后再顺着对方话题,阐述符合对方心意的观点,从中观察对方的实情,把握对方的内心,一旦揣测到对方的真实意图,就要立即制定出相应的策略,并将其准确实施,这样就一定能够办成大事。

总而言之,运用"揣摩之术"的关键就是,在不知不觉中符合对方,巧妙隐藏自己想法,不能让对方知道自己的真实意图,以免事成后留下后患。

【应用事例】

世界一切事物都是按照一定的客观规律发展的,相互间有一定的关联性且互相包容的,每种事物的变化都是顺应事物发展规律都反映"内符"与"外摩"的道理。

善于"揣摩"者,是自身达到了一定境界。鬼谷子曰:"圣人谋之于阴,故曰神,成之于阳,故曰明。"神明是智者崇仰的概念,从韬略的角度观察,神明是与阴谋为一体的。按着事物的不同特性来实施揣摩对方内心,根据被游说者的喜好而善于独立思考,能辩察对象的内心欲求就能很敏锐地注意到事物的细微变化,把握好时机,天长日久就一定能化育天下,取得最后成功。

真正了解上级的真实意图

有句俗话叫"锣鼓听声,听话听音。"上级的一句话背后,可能包含着不止一种意思,你作为下级要想真正了解上级的意思,就必须用心分析上级的用意。要想真正了解到上级的真实意图就需要对其静观、揣测,探求出他平日的喜好和做事风格,就不难了解到他的内心需求和想法。清楚此道,你不管是在职场还是在现实生活中都会游刃有余。

张某是企业人力资源部的经理,在他多年的工作经历中对于"如何听上级的话"已经磨砺得差不多了。但有的人就因为不懂其中奥妙,领悟错上级的意图的事遇到的太多了。

张某一开始也只能听懂老板的表面意思,结果和老板的内心真实意图背道而驰是经常的事。结果可想而知必然失去了一次又一次的机会。于是他开始总结失败的教训,在平时经常观察老板的一举一动,用心分析老板的言谈习惯,最终能准确了解老板的内心动机。很快他的事业开始一路绿灯顺利晋升为现在的人事经理。

在他做人事经理前,有一次,老板将他叫入办公室,首先给予他业绩的肯定,并说准备让他担当更重要的职责,然后紧接着说近日行业不景气,利润相比去年下滑得很厉害,最后就问他若他是部门经理的话这种情况下会不会选择裁员?当时张某某一下就愣住了,第一反应时说自己不会,不知道裁员是不是一个好方法。毕竟单位有很多同事都是一起奋斗过的。他清楚地记得当时老板脸色马上就变了。后来,张某的同事晋升了部门主管的职位。事后他仔细琢磨了好几日才想明白,原来老板的意思本就是想裁员。如果一开始他就能用心分析企业的现状,不凭个人感情用事,而是从老板的心理出发,并站老板的角度分析企业的发展问题,那么升职那个人可能就是他了。

经过这次教训后,他遇事多了一些思量,在不违背自己做人原则的前提下,开始习惯性地用心分析老板的心思。辨别老板的话中之话。有一次老板要去国外出差,出发之前问他:"你的英文和老外的正常交流没问题吧?"经过上次的教训张某心想:"老板这次的潜意就是指,如果可以正常交流自己就能和老板一起去国外。"纵然此时的他对英语熟练程度还不那么自信,但他还是说没问题。结果可想而知,张某获得了这次公干的机会,而英文上的欠缺他去报了一个英语快速培训课。

与老板在国外一起,拜访一些客户,其中一位客户的产品老板显然很感兴趣,但价格有一点点偏高。老板便用咨询的口吻问张某,张某给老板的回答是:值得购买。其实他能看出老板心底的早已做好了购买的决定,老板此时问只是确定一下,此时是千千万万不能老板扫兴的,张某清楚的了解此时自己需要做的就是满足老板的这种心理需求。果不其然，老板最后还兴致勃勃地与这家公司签约了订单。

鬼谷子中提到"微摩之以其索欲，测而探之，内符必应"其实在现在生活中很多时候，听着老板的说的话，要联系他前面的语言，看着他的表面现象，你就必须了解到他内心的真实想法。只有这样你办事的成功率就会提升不少。作为下级，学会察言观色，通过上级的言谈举止等外在表现探测出上级的内心的真实心理，才是真正的成功。

楚军心浮气躁验证骄兵必败

"谦虚使人进步，骄傲使人落后"，伟人的教诲不能忘记。商场如战场，要充分运用战术，在战略上轻视对方，在战术上重视对方。只有这样，知己知彼，才能百战不殆。

楚帅成得臣得知晋楚城濮决战，楚军初战失利，气得七窍生烟，暴跳如雷："你们这帮废物，晋军的几张老虎皮就让你们吓破了胆，楚国的军威全都丢尽了！陈、蔡两国的军队，兵力上远远超过晋军，全都是窝囊废，这么轻而易举地断送了楚军进攻线，让本帅如何向大王复命？你们知道，这次出兵，我曾有言在先：'如不能获胜，甘当军令。'明日与晋军再战，诸将当全力死战，兵败者请就地自裁，不要污了本帅的斧钺！"发完脾气，他又分析说："从楚军进攻失利教训中不难看出，晋军并没有强大的军事实力，只借助诡计侥幸获胜。我们决不可畏敌如虎，临阵退却，一定要严明军纪。凡是作战中奋勇争先者，受上赏；如有临战脱逃，折我楚军威风者，立斩不赦！"主帅声色俱厉的训话，为骄悍不可一世的楚军将领鼓了劲头，他们把命令一一传达给自己的下属，人人憋住怒气要挽回失利的耻辱。

次日，楚国大军在城濮左面与晋军全线对阵。主帅成得臣登高远望，嘴角明显地露出一丝冷笑，晋军果然兵力不济。"靠这么区区几队人马与我大楚劲旅交战，晋国君臣太不自量力了。真是天赐良机，本帅此战定要生擒重耳，押回郢都，创建盖世奇功。"成得臣料定晋军要左右两路分兵，于是传令各将，立即全线进军，试图一举破敌。

军令一下，身经百战的楚军将士便勇猛地向晋军冲杀过去，军威雄壮，杀声盈耳。那些晋兵看来也真不经打，不几个回合，便丢盔弃甲地向后败退。晋军官兵纷纷逃遁，显然是慌不择路，北逃途中扬起一片烟雾尘土。

成得臣凭轼远望，不由得喜形于色，料定已是胜券稳操了。他又下令乘胜追击，亲自驾车追赶溃败的晋军。当大军追至莘山下一片洼地时，前方目标突然消失了。"不好，主帅，此地似有埋伏。"楚军一位副将回马报告说。"来不及后退了，生擒晋文公重耳就算大获全胜！"

楚帅话音刚落，突闻战鼓响彻，洼地四周同时杀出了几路晋军，左有晋国大将先轸，右有狐毛、胥臣，就连刚刚败逃的晋军主将栾枝也调转车乘，重新杀了回来。莘山丛林中，一路精兵堵截住楚军后路，团团把楚国大军围得水泄不通。成得臣为稳定军心，振臂大呼："今日若让晋军一人生还，誓不回军！"晋军如同铜墙铁壁，围裹而来，不管怎样左冲右突，也无法冲出包围。原来，左路晋军将领栾枝为了诱敌深入，特意设下了一个谜敌之计。先以弱兵临阵，助长楚军骄气，诈败后又让士兵砍来树枝拖在战车后面，腾起漫天烟尘，哄得楚军贪功冒进。同时，还让少数官兵丢弃车马器械，装作逃命的样子爬山远去，连身经百战的成得臣也以为晋军真的败退了，这才误入伏击圈，成了瓮中之鳖。

晋文公在莘山上见晋军获全胜，传谕各军只将楚军赶出宋、卫之境，不必多事擒杀，免伤两国之情。楚帅成得臣收拾残兵败将，所存十之一二，仰天叹息道："纵楚王赦我，得臣也无颜见楚国父老了……"于是面向楚国再拜，拔剑自刎而死。

晋军正是抓住对方骄兵的弱点，一击制其死地。所以在竞争中一定要全面地分析形势，做出准确的判断，才能取得最后的胜利。

总监顺应上级心意达目的

一个人要想被上级所欣赏首先要有才华,有了一身的才华也就有了资本。但你有了这身资本并不代表你已经成功,要想真正的获得成功还要学会在上级欣赏之时并将你重要。只有这样伯乐遇见了千里马,识别了千里马,并对其重要,才是真正的成功。那么怎么才可以在上级对自己欣赏的时候并得到重用呢? 这就需要通过"揣情"了解上级每次的意图,不要造成上级是欣赏你的一身才华,而自己总是不能领悟上级的意图,久而久之,原来的欣赏都会大打折扣,更不用说重用了。因此一定要在自己受欣赏的同时符合上级的心意,那么你成功的步伐会越走越顺。

有一家赫赫有名的大公司,在用人上总裁最器重两个人,一个是被众人公认的"人事天才"大军,另一个为销售总监大年。

人过中年的总裁逐渐开始变得有些独裁,"惟我独尊"的个性越发的凸显。他几乎不能允许公司有其他的人比他更高明,几乎容忍不下下属对自己的观点、战略持有不同的意见。

总裁这种过分的"自我尊严"感使销售业绩不断下滑,好多原来的客户也有的不再与之合作。遭受了许多原本就可以避免的巨大损失和重创。曾经大军提出的正确建议一度被总裁否决,双方虽在私下交换过一些看法,但是自持的总裁怎能一而再再而三受大军的"不同观点"。一次意见冲突后,总裁一怒之下将大军开除。但一个人善于静观,且揣测总裁内心的人却大受总裁的认可和喜欢。他就是销售总监大年。

销售总监大年的观点其实多半的时候也会和总裁产生分歧,但往往都能使总裁在不知不觉中倾听他的论述,并采纳他的正确的商业计划,从而发挥着杰出的作用。

销售总监大年的巧妙之处就是在通过静观总裁的喜好、偏爱,先说一些总裁愿意听的商战策略,比如哪次谈判总裁的什么决策使谈判大获全胜,然后再潜移默化地在总裁的喜悦中将自己的一些商战策略说给总裁听,并问总裁认为是不是可以使哪次谈判一样出奇制胜。长此以往,总裁总会觉得自己很被看重,即使大年的有些观点不对,也会讨教他的看法,这使总裁对大年的观点都在不知不觉中受到影响。

在总裁的办公室中,大年很喜欢同总裁谈天说地地"闲聊",聊一些总裁关注的话题,聊一些以前的成功案例。并且常常会"不经意"地"顺便"说说生意上当时所面临的问题,既不很郑重其事地与总裁大谈特谈,叙述的内容也不一定很在理。但奇怪的是每每大年讲过之后,总裁就会想到一个很符合实际情况又能解决问题的好计划。不多久,总裁便会在会议上宣布他的商战策略。此时大家总会纷纷称赞总裁的深谋远虑,足智多谋。当然只有总裁和大年心里最清楚,谁是真正的智者。

大年正是利用在平日与总裁的"闲聊"中,获得总裁对自己的认可以及愿意倾听其商业战略、营销策略,为大年是自己的用自己的才将,大年的思想一次次地启发总裁的思想,以至于总裁本人也认为这些好主意正是他自己想出来的。满足了自己内心的欲望。正如此大年达到了他的目的,他的建议得到总裁的认可和采纳。最终成为总裁最为器重的人。

鬼谷子说:"故谋必欲周密;必择其所与通者说也"大年就是懂得这个道理,不仅仅让"唯我独尊"的总裁所欣赏并能得到重要,这时相当不容易的。现实生活中也是如此,受到一个人的欣赏且这个人自己来讲是相当重要的人,那么已经是件不容易的事情,欣赏还能被重要是难上加难,但要是达不到这样的效果岂不是枉费了自己一身的才华和能力? 此时学会与自己重要的人沟通,在揣测清楚其心中的想法,并让其愿意倾听自己的言论,那你的才华将会受到无穷的展现。

持之以恒才能气定神闲笑到最后

很多时候我们做事不能坚持到底,经常会犯心浮气躁的毛病,当我们失败了的时候才恍然悔悟，然而为时已晚。所以，我们一定要牢记这样一个真理，坚持到底——做最后的赢家。

公元29年，耿弇受光武帝刘秀的派遣，去征讨东部割据势力张步，然而耿弇首先要消灭的敌人是张步的部将费邑。

费邑老谋深算，用兵一向谨慎。他屯兵历下拒敌，历下城池坚固，依山临水，易守难攻。强攻取胜肯定是行不通，于是耿弇召集部将商议作战策略。

"将军，对费邑我们只能引蛇出洞，然后加以围歼。"一个部将说。"我们如何才能做到引蛇出洞呢？""可以用围魏救赵的战法。我军首先……"那位部将侃侃而谈。他的战术恰与耿弇心里盘算的不谋而合，因此便付诸实施。

而费邑的策略是，屯兵历下，待机而发。他知道耿弇是个不可小觑的劲敌。所以一切须得谨慎从事。费邑命令部队日夜修筑工事，加固营垒，要全体将士做好长期坚守的准备。

一日，费邑正在军中巡视。忽然，一位偏将赶来禀报说：俘虏了一批耿弇的人。"将军，听那些俘虏回来说，耿弇将攻打巨里（费邑之弟费敢据守的地方）。"费邑兄弟俩自幼感情深笃。"这定是耿弇的迷军之计，妄图把我们调虎离山。不要轻信这些俘虏的话。关照下属，不得随意散布流言。"费邑下达了命令。

可是，几天后，费邑派出去的密探来报：耿弇的兵马聚集于巨里外。他们看到耿弇每天命令士兵砍伐城外堑壕的树木准备填塞巨里，积极做着攻城的准备工作。诸如云梯之类的攻城器械，耿弇军兵也准备得差不多了。

"这些都是耿弇制造的假象，我们不要去理它，我军的主要任务还是加固工事，囤积粮草。"费邑虽然仍然给下属这样的命令，可心里也确已起疑，难道耿弇真要先攻打巨里。

"报告！"一位隐藏在耿弇军中的坐探赶回来向费邑报告，"将军，巨里城费敢将军已情势危急，今天上午我在耿弇军中亲耳听到了光武帝命令耿弇三天后攻下巨里的圣旨。""哦，真有此事？"费邑问。"小的亲耳所闻，千真万确，如有差错,愿受极刑。"坐探急忙回答。"再等等看。"费邑已经在改变自己的看法了。

可是,不到三天,费邑又接了弟弟费敢十万火急的求援信。信中说:"巨里若亡,历下岂能独存?请兄火速领兵驰援。"至此,费邑才明白巨里已危在旦夕了。于是,亲率三万大军赶去救援。

然而,部队还没有接近巨里,便陷入了耿卜的重围之中。等到费邑幡然悔悟时,为时已晚。费邑慨然长叹:"我到底还是上了耿卜的当,我不如他啊!"事实上,耿卜准备攻打巨里是假,把费邑牵引出来是真。费邑最终还是断送了三万兵卒,也断送了自己。

凡事只有沉得住气才能获得最后的胜利,所以耿卜笑到了最后。问世间几经沉浮,谁是真正的英雄,也许我们要感叹命运的戏弄,成功和失败往往是一步之遥,也许再坚持一下,你就是那最后的一个。

用迂回战术向上司表达见解

从人之本性分析,每个人不论官职多高、地位如何显赫,从内心都希望自己的观点所受关注,一旦自己的观点受到他人的关注心理就会更加一层的欣慰,但事情往往会有与自己意见相悖的时候,要是对方直接表达反对意见就会让人心中产生不舒服,尤其是对待上级领导,必然会激起领导的不良情绪的反应,挫伤领导的自尊和脸面,造成不必要的冲突和摩擦。而运用间接性的手段从侧面或者改变沟通方式先让对方愿意倾听自己的言论则会为领导接受你的意见提供一个平和的环境。最后能比较好的发挥出自己的才华,观点被接受、采纳。

作为公司罗总的私人顾问叶楠巧妙运用鬼谷子中揣测内心隐藏自己目的的方法,成功说服了罗总重视原配料的研究,以便抢在对手公司新品上市之前自己的新品更胜一筹。

由于市场部经理多次请柬,最终都以"为时过早"的回复拒之门外。尽管有市场部总监的信件和备忘录,罗总依旧反应冷淡。

由于多次的拒绝他人，罗总感到很烦躁，某日的一个下午，烦躁不安的罗总邀请了叶楠与其共饮下午茶，散散心。下午茶开始前，罗总表示在此期间不许谈原配料的事。

叶楠含笑望着罗总说："那咱们谈一些历史如何？英法战争时期，拿破仑在海上屡战屡败，之前欧洲大陆上他可是不可一世的。但就在这时一位年轻的美国发明家进谏了这位法国皇帝，建议他把法国战舰上的桅杆砍掉，撤去风帆，装上蒸汽机，把木板换成钢板。"

拿破仑听这位科学家这么一说笑着说："船若没有帆就不能航行，木板换成钢板，船就会沉没。你作为一名发明家连这个道理都不懂吗？你刚才的提议简直是想入非非！"结果这位发明家被赶了出去。后来历史学家们在评论这段历史时认为，如果当初拿破仑采纳那位发明家的建议，19世纪的历史将会重写。叶楠说完便注视着罗总。

罗总沉思片刻后，斟满茶水，与叶楠碰杯说道："你胜利了！"

叶楠最终说服了罗总，公司制造了以新配料而制的新品，最终奇特的功效将对方公司的新品比了下去。要想顺利的说服他人要静观其色，说要对方愿意听的关键处。让对方对自己所持的观点以及言论有兴趣，使对方更愿意考虑你的观点，而不被情绪所左右……

我们每个人都有着自己的一系列的观点和看法，它支撑着我们的自信，是我们思考的结果。无论是谁，遭到别人的直言不讳的反对，特别是当受到激烈言辞的迎头痛击时，都会产生敌意，导致不快、反感、厌恶乃至愤怒和仇恨。这时，我们会感到，气窜两肋，肝火上升，血管偾张，心跳加快，全身处于一种高度紧张状态，时刻准备做出反击。其实，这种生理反应正是心理反应的外化，是人类最本能的自我保护机制的反应。自然，对于许多领导来说，由于历事颇多，久经世故，是能够临危而不乱，沉得住气的，不会立即做出过激的反应。

直接与对方或者是自己的上级硬碰硬，不仅起不到自己想要的效果，连自己的观点对方都不愿意倾听。因为这种方式使得问题更加激化，与对方或者领导间没有了任何的余地。而且,这种方式最容易形成对方心理上的不安全感和对立、抵触情绪。做人做事要给自己留条后路,不要把事情做得太死、太刻板、不留余地,便是这个道理。在分析问题的关键之处还要考虑对方的心理反应,一个连话都不愿意听你的说的人,你有再好的技巧、战略又有什么用呢? 不要动不动就将自己的真实意图显示出来,不仅如此,巧妙地将自己的想法和缪略得到采纳并收到益处,这就是很好的结果。

虚晃烟雾陈霁岩攻心为上

在生活中,好多时候要以攻心为上。一旦人的心理底线溃破,往往就会不战而缩。所以,学学打心理战术是很有必要的。

明代,为加强军备,朝廷命令各州县定期供奉马匹,以充军用。产马的州县,上缴马匹好办,但不产马的州县,就要去外地购买。这种情形下,产生了一大批以专门贩卖供奉马为业的马贩子。每到上缴供奉马前,他们就到各州县去贩卖马匹。往往是,上司对供奉马的上缴期限定得很紧,马贩子们便借此时机抬价敲诈。朝廷还规定供奉马不能太矮小,那些为了巴结上司的州县官们便千方百计求购高头大马,马贩子们抓住这一心理,拼命在马的个头上做文章,马每高出一寸,往往多要价 10~20 两银子。这些购马银两,最终都转嫁到老百姓头上。所以,不产马的州县官们对供奉马一事叫苦不迭,而老百姓更是苦不堪言。

开州(今河南濮阳)不产马,知州陈霁岩是个爱民廉政的清官,对供奉马一事早已不满,但自己是小小州官,所以他到任之后,只好在压马价、减轻百姓负担上做文章。

上缴供奉马的限期快到了。不少马贩子已赶着马来到开州,单等像往年一样狠狠赚一笔。哪知陈霁岩令购马官不要急于购买,到时候他将亲自去挑马。

来开州的马贩子们,赶着梳洗得油光发亮的高头大马待价而沽,商量着怎样哄抬马价。哪知州衙购马官老不见影儿,离上缴马限期只有三天了,马贩子们慌了,通过内线打听为什么? 回信说:“今年州官老爷要亲自去挑。”马贩子们一下子都雀跃起来。过去,每当知州老爷亲自来挑马,必拣最大个的多买,去讨上司欢心。看来,今年要赚大钱了。第三天就是缴马限期了,陈霁岩这才带购马属吏们去了马市。临行前,他告诉属吏:"看我的眼色行事。"来到市上,马贩子们都牵着最高的马来炫耀,准备讲价。陈霁岩一问价,又比去年高出不少。陈霁岩回头对属吏说:"我已禀报太仆寺卿,因故我们州的马晚到三天,明天临濮有马市,不行就去那里购买。"他故意声音很高,众马贩子们一听,一下子泄了气。缴马日期原是死的,越近了马价越高,因为过了这天朝廷就要追查问罪。但一过了限期,各州县买完供奉马,马价马上就下跌一半还多。怎么办呢?众马贩子一嘀咕,只有降价在这里脱手,因为再去别的州也赶不上卖高价的日子了。于是他们派人去找陈霁岩通融,愿降价出售。哪知陈霁岩又指着那些高大的马对属吏说:"我已上奏太仆寺卿,开州的马较矮小。像这些六尺以上的高马,价太高了就不买,否则它们会显得别的马看上去更矮了。"马贩子一听,像一下掉到水井中——浑身发凉,原指望用高头大马来敲一笔的,哪知却蚀了一把米。不卖吧,赶回去还得喂它一年,更不合算。无奈,只得再次把价格压低。看看价钱合理了,陈霁岩才下令收马。当日收齐,也没误了缴马期限。

陈霁岩虚发两颗烟幕弹,就治住了那些哄抬马价牟取暴利的马贩子。看来,在某些情况下,我们是要多学学这种心理战术了。

瞒天过海,诸葛亮妙计收姜维

要成就一番大事业是绝不能没有人才的,对于那些真正有才干的人,既想为我所用,要点"小阴谋"又有什么关系呢?

公元228年,诸葛亮率军北伐曹魏。不久,蜀军顺利地进入祁山,夺得南安和安定两城。俘虏了魏军都督夏侯柳。在蜀军反取天水郡(治所在冀县,今甘肃谷甘县东)的时候,遇上了非同寻常的人物——文武双全,智勇兼备的天水参军姜维。先是赵云受孔明之遣,率领五千人马攻取天水郡时,中了姜维的计谋。接着孔明自为前部,来到天水郡城边,又中了姜维之计。"兵不在多,在人之调遣耳,此人真将才也。"孔明爱才,决心收服姜维。

为了收服姜维,孔明"思之良久",后来听说他的母亲居住在冀县,而他对母亲又非常孝顺,便派魏延率军诈攻此城,迫使姜维恐怕母亲有失而领兵驰援冀县。于是孔明乘机便将他围困在城中,然后施展了一系列的计谋。

首先,孔明料定夏侯柳不会劝降姜维,却故意给他衣服、鞍马,而且不让人跟随,放他去"招安姜维"。临行前,孔明说:"现在天水的姜维守着冀城,他派人带着收信来说:'只要驸马(指夏侯柳)在,我愿投降。"孔明使用

姜维

这个假情报,其目的在于蒙骗夏侯柳,在他心中先投下一个姜维已有投降西蜀之意的阴影,夏侯柳刚出蜀营,忽然有几个人奔走,他们自称是:"冀县的百姓,现在被姜维献了城池,归顺诸葛亮,蜀将魏延到处放火,抢劫财物,我等只得弃家逃走,投上邦(县名,今天水市)去。"在奔赴天水的路上,夏侯柳又碰到不少百姓携儿抱女而过,说的都同先前那几个人一样。他经不住这一连串情况的刺激,终于相信了姜维已经降顺蜀军的谣传。这时,天水的一些将领还都不相信真有此事,恰恰就在他们猜疑不定之际,蜀兵又来攻城,并且在火光中见到姜维在城下挺枪勒马大叫:"夏侯都督答话!"夏侯柳与太守马遵等都到城上,见姜维耀武扬威叫喊:"我为都督而降,都督为何背弃前言?"夏侯柳说:"你受魏恩,为何降蜀?有什么前言?"姜维答道:"你写信叫我投降蜀,怎能这样说呢?你要脱身,却把我害了!我现在降蜀,封为上将,哪还有回到魏国的道理?"说完,就驱兵攻城,直到拂晓方退。在事实面前,众将方信。其实,这又是孔明之计。他让部卒中相貌相似的士兵假扮姜维攻城。就在这时,孔明引兵来攻冀县,冀县城中粮草缺乏,孔明又以粮草引诱姜维出城抢粮,而派魏延偷袭冀县,姜维失去城后单枪匹马逃到天水城下时,被太守马遵下令用乱箭射回。当姜维奔到上

邦城时,城上的将领便大骂:"叛国贼,还敢来劫我的城池!"于是又送给姜维一阵乱箭。姜维孤掌难鸣,人困马乏,在走投无路的情况下,最后只好向孔明投降。

姜维来降,孔明亲自出迎,并待之以礼,尊为上宾。孔明还向后主刘禅推荐,拜姜维为奉义将军,封当阳亭侯。时姜维27岁,和孔明初出茅庐时一般年纪。

就这样,诸葛亮巧妙地运用"瞒天过海"之计收下了姜维。他有了"本地人"姜维相助,占领了天水、南安、安定三郡所属各县,凉州的边防从此更巩固了。

对于真正有才干的人,既想为我所用,耍点"小阴谋"又何妨?不过,以礼相待、以诚相待才是最重要的。因此,在现代社会中,管理者为了能获得人才,也不妨用点心机。

做事不要在乎眼前亏

有人老把眼前利益看得很重,结果是失去了永远的利益,真正的聪明人是宁吃眼前亏,而换来人生的大胜利。

在幸福与灾祸这对矛盾关系上,我国的古人就已发现了他们的辩证关系,"塞翁失马,焉知非福"就是最好的例证。

古时有一老翁,姓塞。由于不小心丢了一匹马,邻居们都认为是件坏事,替他惋惜。塞翁却说:"你们怎么知道这不是件好事呢?"众人听了之后大笑,认为塞翁丢马后急疯了。几天以后,塞翁丢的马又自己跑了回来,而且还带回来一群马。邻居们看了,都十分羡慕,纷纷前来祝贺这件从天而降的大好事。塞翁却板着脸说:"你们怎么知道这不是件坏事呢?"大伙听了,哈哈大笑,都认为老翁是被好事乐疯了,连好事坏事都分不出来。果然不出所料,过了几天,塞翁的儿子骑新来的马玩,一不小心把腿摔断了。众人都劝塞翁不要太难过,塞翁却笑着说:"你们怎么知道这不是件好事呢?"邻居们都糊涂了,不知塞翁是什么意思。事过不久，发生战争，所有身体好的年轻人都被拉去当了兵，派到最危险的第一线去打仗。而塞翁的儿子因为腿摔断了未被征用，他在家乡大后方安全幸福的生活。

这就是老子的《道德经》所宣扬的一种辩证思想。正是基于这种辩证关系，你就可以明白，即使是看起来很坏的"吃亏"，也能为你带来想不到的好处。

美国亨利食品加工工业公司总经理亨利·霍金士先生突然从化验室的报告单上发现，他们生产食品的配方中，起保险作用的添加剂有毒，虽然毒性不大，但长期服用对身体有害。如果不用添加剂，则又会影响食品的鲜度。

亨利·霍金士考虑了一下，他认为应以诚对待顾客，毅然把这一有损销量的事情告诉每位顾客，于是他当即向社会宣布，防腐剂有毒，对身体有害。

这一下，霍金士面对了很大的压力，食品销路锐减不说，所有从事食品加工的老板都联合了起来，用一切手段向他反击，指责他别有用心，打击别人，抬高自己，他们一起抵制亨利公司的产品。亨利公司一下子跌到了濒临倒闭的边缘。

苦苦挣扎了4年之后，亨利·霍金士已经倾家荡产，但他的名声却家喻户晓。这时候，政府站出来支持霍金士了。亨利公司在很短时间里便恢复了元气，规模扩大了两倍。亨利公司的产品又成了人们放心满意的热门货。

生活中总是有一些聪明的人，能从吃亏当中学到智慧，"吃亏是福"也是一种哲学的思路，其前提有两个，一个是"知足"，另一个就是"安分"。"知足"则会对一切都感到满意，对所得到的一切，内心充满感激之情；"安分"则使人从来不奢望那些根本就是不可能得到的或者根本就不存在的东西。没有妄想，也就不会有邪念。所以，表面上看来"吃亏是福"以及"知足""安分"会给人以不思进取之嫌，但是，这些思想也是在教导人们能成为对自己有清醒认识的人。

人非圣贤，谁都无法抛开七情六欲，但是，要成就大业，就得分清轻重缓急，该舍的就得忍痛割爱，该忍的就得从长计议。我国历史上刘邦与项羽在称雄争霸、建立功业上，就表现出了不同的态度，最终也得到了不同的结果。苏东坡在评判楚汉之争时就说,项羽之所以会败,就因为他不能忍,不愿意吃亏,白白浪费自己百战百胜的勇猛;汉高祖刘邦之所以能胜就在于他能忍,懂得吃亏,养精蓄锐,等待时机,直攻项羽弊端,最后夺取胜利。

两王平日的为人处世之不同自不待说,楚汉战争中,刘邦的实力远不如项羽,当项羽听说刘邦已先入关,怒火冲天,决心要将刘邦的兵力消灭。当时项羽四十万兵马驻扎在鸿门,刘邦十万兵马驻扎在灞上,双方只隔四十里,兵力悬殊,刘邦危在旦夕。在这种情况下,刘邦先是请张良陪同去见项羽的叔叔项伯,再三表白自己没有反对项羽的意思,并与之结成儿女亲家,请项伯在项羽面前说句好话。然后,第二天一清早,又带着随从,拿着礼物到鸿门去拜见项羽,低声下气的赔礼道歉,化解了项羽的怨气,缓和了他们之间的关系。表面上看,刘邦忍气吞声,项羽挣足了面子,实际上刘邦以小忍换来自己和军队的安全,赢得了发展和壮大力量的时间。刘邦对不利条件的隐忍,对暂时失利的坚韧,反映了他对敌斗争的谋略,也体现了他巨大的心理承受能力。

刘邦正是靠着吃一些眼前亏、吃小亏的技巧赢得了最后的胜利。有人说刘邦是一忍得天下,相信这种智慧不是有勇无谋的人可以修炼到的本领。对于今天的现实生活,我们不一定还会遇到这样那样的问题,但无论在怎样的条件下,都要记得勇气不是一味地冲锋陷阵,而是有勇有谋,忍让、吃亏都是勇气的表现。

蔡泽巧言劝退范雎

战国时期,有一个名叫蔡泽的说客,他曾到各诸侯国游说,但一直都没有受到重用,正在他一筹莫展之时,听说了另一个说客范雎的事情,原来范雎投奔到秦国,受到秦王重用,但由于用人不当,连累自己失去了秦王的信任。蔡泽掌握了范雎的情况,冷静地分析了形势,认为自己出人头地的时机已到。于是,他一到秦国,便放出风声:"名士蔡泽能言善辩,机智过人,只要能够见秦王一面,就定能取相国之位,取代范雎。"

范雎听说此事后,非常气愤,立即叫来蔡泽,问道:"你这样说的道理何在?"

蔡泽故意答道:"先生也是聪明之人,难道不知道其中的道理吗? 谋取富贵功名是人之常情,人人都想益寿延年,永葆功名。可是,历代以来,有人成功,而有人却失败了。正如楚国吴起励精图治,奖励耕战,使楚国一时强盛于天下,但最后却身中乱箭而亡;再如,秦孝公时,商鞅变法改革,严明军纪,劝民农桑,使秦国得以富强,天下无敌,这都是商鞅变法的功劳,但是,商鞅最终还是遭受车裂之刑。可以说,吴起和商鞅都是盖世奇才,但为何他们的结局都是同样的悲惨呢? 其原因就在于,他们功成后,不善于及时隐退,才会以悲剧收场。先生自认为与这二人相比如何呢?"

蔡泽一席之言正说到范雎的痛处,范雎无奈地说道:"我无法和他们相比。"蔡泽说:"是啊,但是您的地位、名声和财势却远远超越他们,我还是很为您担忧啊。"其实,这也是范雎的心事所在。蔡泽故意点出,也是想仔细观察范雎的反应。范雎连忙侧身求教,说:"先生认为我应该怎么做,才能避开此祸呢?"

蔡泽回答说:"常言道,乐极生悲。先生如今已是功成名就,最该学陶朱公范蠡,在功成之后退去,以得善终。否则,后果或许会和商鞅、吴起一样啊。正所谓:'识时务者为俊杰',先生何不趁名声大振之时归隐山中,安享晚年呢? 这样一来,先生既得到了贤相之名,又保住了自己的功名,何乐而不为呢?"

范雎对蔡泽所指的出路,虽不情愿,但也别无选择,无奈之下,只好听之。随即,范雎在秦王面前力荐蔡泽,使蔡泽得以重用。不久,范雎借故请退,秦王多次挽留没有成功,只好答应范雎。

运用"摩术"时,必须根据对方的意愿暗中进行揣摩,探测对方的真实想法,其内在情感就会与外在表现相呼应。内外相应,就必然有行为表现。达到揣摩的目的之后,要悄悄地离开,也就是隐藏起来,消除痕迹,隐藏外貌,掩饰实情,使别人无法知道,这样就能把事办成,却不留祸患。蔡泽之所以能够成功取代范雎,成为一国之相国,就是因为他深谙揣摩之术,不仅懂得用巧言试探对方,而且能够通过对方的反应了解实情,准确地揣摩对方心理,进而驾驭对方,达到自己的目的。

邹忌巧言谏齐威王

邹忌是齐国的名臣,他不仅容貌俊美,身材高大,而且为人耿直,才干出众。

有一天早晨,邹忌穿好朝服,看着镜子,问他的夫人说:"你看我跟城北的徐公比,哪个更俊美?"

夫人回答道:"当然是你更俊美啊,徐公怎么能赶得上你呢?"城北的徐公,是齐国出名的美男子,邹忌听夫人说自己比徐公还俊美,自己却不太相信,于是又去问自己的妾:"我和徐公哪个更俊美?"妾说:"徐公哪里比得上您呢?"

第二天,家中来了一位客人,邹忌与他闲谈时,又问道:"我和徐公哪个更俊美?"客人回答说:"徐公当然比不上您啊。"

次日,徐公来到邹忌家,邹忌细细打量他,自以为不及徐公英俊,在对着镜子仔细端详自己后,更觉得远不如徐公俊美。到了当天晚上,邹忌躺在床上细细思量,并且自言自语道:"我的妻子说我俊美,是因为偏爱我;我的妾说我俊美,是因为畏惧我;客人夸赞我俊美,是因为有求于我啊!"

于是,邹忌在上朝时对威王说:"臣确实晓得比不上徐公俊美,可是臣的妻子偏爱臣,臣的妾害怕臣,臣的客人有求于臣,所以他们就异口同声地夸赞臣比徐公俊美。现在的齐地纵横千里,共有一百二十个城邑,宫中的妃嫔都会偏私于大王;朝廷的群臣同样会畏惧大王;齐国境内的人都有求于大王。由此可见,君王实在被人蒙蔽得很厉害啊!"

齐威王称赞道:"贤卿言之有理。"

齐威王立即颁布诏令:"从今以后,凡是大臣百姓,能够当面指责寡人过失的,可接受上赏;能上书激励直谏寡人过错的,可接受中赏;能够在街头巷尾批评寡人过错的,只要寡人能听之,即可接受下赏。"

诏令刚刚颁布时,大臣们就争先前来进谏,朝堂门庭若市。几个月后,还经常有谏言上奏。一年之后,想要进言的人,也没什么可说的了,因为所有的意见都已献给朝廷了。燕、赵、韩、魏等国听到这个消息后,都纷纷派使臣到齐国前来朝见。这就是所谓的"在朝廷内战胜敌国"。

鬼谷子认为,采取揣摩的方式,有用平和交流的,有用义正词严的,有用欢喜讨好的,有用愤怒激励的,有用名誉引诱的,有用行动逼迫的,有用廉洁感化的,有用信誉说服的,有用利益诱惑的,有用谦卑夺取的。邹忌在面对妻妾和客人处于不同动机而一致夸赞自己的时候,能够冷静思考,揣摩其中的缘由,并从中悟出了深刻的道理,以此做比喻,劝谏齐威王不要被赞美之言所蒙蔽,以免后悔莫及。更可贵的是,邹忌还向齐威王提出了"只有广开言路才能富国强兵"的建议。结果,齐威王欣然接受了邹忌的建议,并收到了"战胜于朝廷"的政治效果。可见,邹忌正是以"平""正""喜""名""行""廉""信""利"等技巧向齐威王谏言的,所以,他才成功地以"摩术"达到了自己的目的。

卫士劝谏吴王

春秋时期,吴王一心想称霸,他将目标锁定在楚国,准备出兵攻打楚国。对此,很多大臣都认为不妥,有的大臣劝阻说:"目前,楚国正处于强盛时期,兵力、物力、财力都十分雄厚,若是现在与其交战,吃亏的一定是我方,所以,还请大王三思而行啊。"

只可惜,吴王已被野心吞噬了理智,根本听不进去劝谏之言,听了这位大臣的话,大动肝火,随即拔出寒光闪闪的宝剑,厉声吼道:"我决心已下,马上出兵进攻楚国,如果谁再敢劝阻,我一定把他碎尸万段!"

吴王此言一出,所有的大臣都惊恐万分,无人敢再发一言。

这件事被王宫里的一一个年轻卫士听到了,他认为吴国攻打楚国就如同以卵击石,肯定会失败的,可他知道,吴王决心已定,若是直言不讳,不仅收不到成效,反而会招致杀身之祸。他想了好些天,终于想出了一个好办法。

一天的清晨，卫士走进王宫的后花园，他的手里拿着一把弹弓，由东转到西，就算衣服湿了也不在乎，就这样一连转了三天。

吴王见了，觉得很奇怪，就把卫士找来，问他："你为什么总是在花园里转来转去的，把衣服都弄湿了。"

卫士向吴王行礼后，毕恭毕敬地说："报告大王，我是在观察一件挺有趣的事。"

吴王好奇地问："什么事啊？"

卫士回答说："我见花园里面有一棵树，树上有只蝉，它每天过得十分惬意，只知道在树的高处喝着露水，还得意地叫着；却不知道它的后面藏着一只螳螂，正弯着身子，高抬着前爪，准备扑上去捉它呢；可是，就在那只螳螂以为势在必得的时候，却没有料到，在它的身后还藏有一只黄雀，正伸长脖子想去啄它；而那只黄雀只沉溺于此，却根本不知道我正拿着弹弓，站在树下瞄准它准备拉弓呢！"

吴王听得兴趣大作，笑着说："确实很有趣。"

卫士见吴王高兴，便继续说："尊敬的大王，这蝉、螳螂和黄雀只想到它们眼前的利益，却丝毫没有考虑到隐藏在身后的危险，如此得意妄为，后果不堪设想啊！"

吴王听了他的这句话，若有所思，沉默了一会，忽然恍然大悟：原来，这个卫士是用寓言向我劝谏，想让我放弃对楚国的进攻啊！

于是，吴王大赞他说："你讲得很有道理。"后来，吴王便取消了攻打楚国的计划。

所谓"名"就是在捕捉到变化征兆后，当机立断，制定出应变策略，然后告诉对方功过是非、成败利害，再观察变化征兆，再制定应变策略。故事中的卫士的确很聪明，懂得察言观色，以智劝谏，不是直言，而是以"摩术"之隐道，用"螳螂捕蝉黄雀在后"的寓言提醒吴王，出兵攻打楚国与此无异，由此使吴王领悟其中的成败利害，最后放弃了攻打楚国。

鬼谷子全书

·《鬼谷子》释义通解·

图文珍藏版

苏秦以"怒"唤醒张仪

战国时期,苏秦和张仪都是鬼谷子的得意门生,他们二人还是很要好的朋友,一个合纵抗秦,消除南北矛盾;一个连横强秦,消除东西矛盾。苏秦在张仪之前出山搭台,张仪随后会意补台,然后二人又联手,以权变之术和雄辩家的姿态,出招拆台。就这样,一时之间,战国七雄的合纵与连横都在他们的股掌之中。《史记》中评论道:"这两个人真是使天下国家倾覆危亡的人士啊!"

在多年的共进退中,苏秦和张仪还造就了一份坚韧不催,流芳百世的友情。

当时,苏秦比张仪早出道,担任赵国宰相一职,而张仪的从政之路却不平坦,他到处碰壁,久不得志,所以常常郁郁寡欢,他见苏秦已成大事,想到了一条晋升的捷径,想要投身其门下。于是,张仪就去投奔苏秦,但多次求见都被拒之门外。

几天后,苏秦派属下给张仪安排住的地方。不过,苏秦依旧没有热情款待这位昔日的同门,每次吃饭的时候,都不与他同坐,而且还让他坐在最末的位子,与仆人们吃同样的饭菜。不仅如此,苏秦还常常用刻薄的言语当众羞辱他:"我们出自同一师门,阁下的才干我是清楚的,但我不清楚的是,你怎么会潦倒到如此田地呢? 看来,我是帮不了你了,你还是靠自己吧。"

张仪听了苏秦的话,很不高兴,心里暗暗责怪苏秦的不尽情谊,自尊心也受到极大的伤害。但当他冷静下来后,信心却在冥冥之中增加了,他自信自己的才能绝不比苏秦差。你苏秦能做赵国宰相,致力于把六个弱小的国家联合起来对付强大的秦国,那我就去投奔秦国,辅佐秦王一统天下,就让我们各为其主,各凭本领吧!

张仪离开后,苏秦就暗中派人伪装成商人,一路跟着他,保护他,协助他顺利到达秦国。当时,秦惠王一心称霸,正急于招贤纳士,广揽天下英才,以助其一臂之力。张仪就去晋见秦惠王,并向秦惠王献上破解合纵的连横大计,秦惠王认为张仪聪明机智,有勇有谋,便任命他为客卿。

这时,苏秦派去伪装成商人的属下就把真相告诉张仪,说:"丞相是为了唤醒大人的自信,故意激怒您的。丞相的用意是希望您在秦国掌权后,能够帮助他实现六国合纵的大业。"

张仪听后,才恍然大悟。这段时间徘徊在他心里的疑团也顿时迎刃而解,原来苏秦是担心自己会因贪图眼前之利而安于现状,丧失了斗志。才出此下策,以激励自己的上进心。明白一切后,他便对苏秦的门人说:"请转告丞相,我不会让他失望的。"

苏秦慧眼识英雄,造就了一位战国时代的风云人物。

所谓"怒"就是在感情交流到一定程度时,说出对方不喜欢听的话,做出对方不愿意接受的事,让他怒不可遏,而后在他不能自控,向着相反的方向发展之时,就要极力捕捉到变化的征兆,抓准时机巧施妙计,使其有所醒悟。苏秦为张仪的前途着想,起初同出师门的张仪丝毫没有发现。苏秦所用的激将之词可谓掷地有声,句句铭刻在张仪的内心深处,激励着张仪毅然前往秦国成就大业。如果苏秦不是采取激将的办法,而是留下张仪在自己的手下做个小官,那么,历史上就没有这位在战国末期的历史舞台上叱咤风云几十年的历史人物了。

苻坚不识真相损失惨重

公元357年,前秦的苻坚自立为帝。公元383年,苻坚率领几十万大军进攻东晋。但东晋军只有八万人,前秦的军事力量远远大于东晋,东晋王派出了谢石、谢玄、刘牢率军迎战。

为了阻挡从东面赶来援助的晋军,苻坚又派梁成率领军队进入洛涧。东晋的援军受到了阻碍,无奈只能退守硖石。

东晋军队在硖石的兵力很少,粮食也不足,苻坚得知这一状况后,就以为可以一举消灭东晋。于是,苻坚把大军留在项城,自带近万轻骑赶到寿阳,并派朱序前往晋军营中劝降。这个朱序原本是东晋将领,战败被俘后被迫投降。朱序到了晋军的营地后,见到谢石、谢玄时,并没有劝降,而是告诉他们,前秦的军队空虚,各路兵力还没有集结完毕。朱序还向谢石和谢玄建议,应该乘机进攻前秦军队的前锋,以挫其锐气。

谢石和谢玄果然接受了朱序的意见。一个月后,晋军前锋刘牢率五千精兵强渡洛涧,夜袭梁成的营寨,大败五万前秦军队,歼灭一万余人,晋军还将主将梁成斩杀了。

此时,谢石、谢玄率军同时进入水陆,与前秦军队在淝水东岸隔河相对。这一战,东晋军队打击了前秦军队的锐气,鼓舞了晋军将士的士气,坚定了以弱胜强的信心。

苻坚出兵之前,站在帮阳的城头,仔细观察晋军的情况,见到他们的阵营十分严整,士兵的刀枪磨得锃亮,心里又慌又怕。此后,苻坚再也不敢轻视晋军了,他立即下令严守淝水,不许晋军渡河。

在洛涧之战中,晋军虽然没有与前秦主力交锋,但也为之后在淝水之战中大败前秦军队创造了有利条件。

所谓"摩",就是通过外在表现揣摩内心的一种办法。揣摩实情有一定的规律,而这些规律都是保密隐藏的。所以,要根据对方的意愿暗中进行揣摩,探测对方的真实想法,其内在情感就会与外在表现相呼应。如果偏重表象而不识真相,必定有祸患。苻坚挫败的原因在于,他失道离德,只注重事物的表面现象并被其所迷惑,自以为是,不识真相,没做客观的分析,草率地将大军留在项城,又派俘虏朱序出使晋军大营,最终军队士气大减,损失惨重。

班超随机应变收服鄯善王

东汉初年,大将军窦固奉汉明帝之命亲率大兵向西攻打匈奴,班超也随军效力,为了能够成功讨伐匈奴,窦固决定联合西域诸国共同对付匈奴,于是,他派班超为使者到西域去。

班超接到任务后,立即带着随从,一行三十六人,历尽千辛万苦,首先来到了鄯善。起初的几天,鄯善王对班超一行人的态度非常热情,也很友好,但后来不知什么原因，鄯善王对他们冷淡起来了。

班超见鄯善王的态度转变如此之快，便猜想一定是匈奴的使者前来对他施加了压力，迫使他不敢与汉朝使者太过接近。

就在这时，鄯善王的侍者来访，班超故意问侍者：“匈奴的使者已来了好几天，他们现在住在哪里啊？”

侍者见班超主动道出机密，以为汉使已知底细，只能和盘托出。

班超得此确切情报后，立即把这个侍者扣留起来，召集随行的随从人员共商对策，对他们说：“我们此次来到西域，就是想报效国家，进而建功立业。现在匈奴使者刚到三天，鄯善王的态度就变了。如果中间再发生什么事情，他把我们抓起来送给匈奴人，那我们定会死无葬身之地。你们说，我们应该怎么办呢？”

大家同声说道：“如今到了紧要关头，我们都听将军的。”

班超说：“不入虎穴焉得虎子。为今之计，只有在夜间趁匈奴来使毫无准备之机，包围其帐篷，一面放火，一面进攻，使他们自乱阵脚，消灭所有的匈奴使者，这样一来，鄯善王才会对汉朝友好。”大家异口同声表示赞同。

深夜，恰逢刮着大风，班超命令十人拿着鼓埋伏在匈奴帐篷后面，派二十人埋伏在帐篷前面守住门口，他自己率领其余六人顺风放火，约定见火鸣鼓。当火起时，埋伏在匈奴帐篷后面的十人立即擂鼓呐喊，其余的人一起杀入匈奴帐篷。匈奴使者从梦中惊醒，惊慌失措，结果，全被班超他们斩杀了。

第二天，班超去见鄯善王，在他面前拿出了匈奴使者的首级，同时告诫他不要再与匈奴来往。鄯善王见状，十分害怕，心想：班超把匈奴的使者杀了，这一定会引起匈奴的不满，于是当机立断，决心与匈奴断绝关系，全心归附东汉。为了表示诚意，鄯善王还把自己的儿子送到洛阳去做人质。

班超把此事的来龙去脉报告给窦固，窦固听后，非常高兴，并替班超向朝廷请功，班超被升为军司马。从这以后，班超就承担起了联络西域诸国的重任。

“揣摩术”就是通过对方表现出来的情况去了解他们掩饰的情况。古代善于运用揣摩之术的人,就像拿着钓钩到水潭边上去钓鱼一样,投下鱼饵,就一定能钓到鱼。所以说:"按照这种法则行事日渐成功而别人却没有察觉,率兵打仗日渐获胜而别人却不感恐惧。"从这一点上看,班超的确是一位深谙揣摩术的人,他智勇双全,随机应变,能够通过鄯善王外表的变化,来判断其内心活动,用火攻的办法消灭匈奴使者,促使鄯善国与汉朝友好。

诱敌深入杀庞涓

战国中期,齐魏两国因向外扩张势力而引发了桂陵之战,结果齐军在孙膑和田忌的指挥下打败了魏军。魏军虽在桂陵之战中严重失利,但并未一蹶不振。到公元前342年,它又发兵攻打韩国,韩国危急中遣使向齐国求救。

齐威王答应救援,他抓住魏、韩皆疲的时机,任命田忌为主将,孙膑为军师直趋大梁。魏惠王得知,转将兵锋指向齐军,任命太子申为上将军,庞涓为将,率雄师十万,扑向齐军,企图同齐军一决胜负。

这时齐军已进入魏国境内纵深地带,魏军尾随而来,一场鏖战无可避免。孙膑胸有成竹,指挥若定。他针对魏兵强悍善战、素来蔑视齐军的情况,判断魏军一定会骄傲轻敌、急于求战、轻兵冒进,决定示形误敌,诱其深入,尔后予以出其不意的致命打击,并定下减灶诱敌、设伏聚歼的作战方针。

战争的进程完全按照齐军的预定计划展开。齐军与魏军刚一接触,就立即佯败后撤,并按孙膑预先的部署,施展了减灶的计策。第一天挖了十万人煮饭用的灶,第二天减为五万灶,第三天又减为三万灶,造成在魏军追击下,齐军士卒大批逃亡的假象。庞涓认定齐军斗志涣散,士卒逃亡过半,于是丢下步兵和辎重,只带着一部分轻装精锐骑兵,昼夜兼程追赶齐军。

孙膑根据魏军的行动,判断魏军将于日落后进至马陵。马陵一带道路狭窄,树木茂盛,地势险阻,是打伏击战的绝好处所。于是他就利用这一有利地形,选择齐军一万名善射的弓箭手埋伏于道路两侧,规定到夜里以火光为号,一齐放箭,并让人把路旁一棵大树的皮剥掉,上面书写"庞涓死于此树之下"几个大字。

庞涓的骑兵于孙膑预计的时间进入齐军预先设伏区域,庞涓见剥皮的树干上写着字,但看不清楚,就叫人点起火把照明。字还没有读完,齐军便万弩齐发,给魏军以迅雷不及掩耳的打击,魏军顿时惊恐失措,大败溃乱。庞涓智穷力竭,眼见败局已定,遂愤愧自杀。齐军乘胜追击,又连续大破魏军,前后歼敌十万余人,并俘虏了魏军主帅太子申。马陵之战以魏军惨败而告终结。

孙膑在此也是成功运用了诱敌深入的计谋,他以佯败后撤的方法引诱庞涓深入,设下"鱼饵",待到魏军完全进入自己的伏击圈后,便全力以赴地消灭敌人,这便是"钓"。从运用方法上看,孙膑采用的便是引诱法(飞箝术中曾提到过),在预测到魏军骄傲轻敌、急于冒进的弱点后,便抓住这一弱点,采用诱敌深入的方法,一举歼灭了敌人。

马陵之战是我国历史上一场典型的"示假隐真"、相机诱敌、设伏聚歼的成功战例。齐军取得作战胜利,除了把握时机得当,将帅之间密切合作,正确预测战场和作战时间以外,善于相敌诱敌,把握敌情,因敌制胜乃是关键性的因素。

敲山震虎树军威

1356年,朱元璋率领红巾军攻下集庆后,准备攻打镇江。就在攻打镇江的拂晓,负责指挥这场战役的徐达将军迟迟未露面。突然,一条惊人的消息传到了大军聚集的教场:徐达将军已被抓了起来,马上就要问斩。

众将士吃惊非小。徐达将军自跟朱元璋起兵以来,东征西讨,立下了汗马功劳。究竟他犯了什么罪,以至于要掉脑壳?

过了一会儿,只见徐达将军被反绑着押了过来,后面跟着两名手捧钢刀、杀气腾腾的刽子手。朱元璋也在众卫士的簇拥下来到教场。

执法官用洪亮的声音宣布:"徐达身为统兵大将军,不知管束部队将士,军中屡次发生欺压百姓的事情,坏我红巾军的名声。为严明军纪,对徐达应予斩首示众!"

众将士一听都吓得脸色惨白,见朱元璋要动真格的,一时不知如何是好。帅府都事李善长硬着头皮给朱元璋跪下,说道:"徐大将军作战英勇,屡立大功,当下军务紧急,正是用将之时,望元帅宽恕他!"众将士也都一齐跪下,哀求说:"军中发生的欺压百姓之事,不能只怪罪徐大将军,我们亦有责任。求元帅饶恕他!"

朱元璋坐在椅子上,脸色铁青,一言不发。半晌,他终于站了起来,口气坚定地问道:"我们起兵是为了什么?"众将士异口同声地回答:"替天行道,除暴安民!"

"大家说得对,"朱元璋点点头,"我们起兵反元,就是因为元朝官府欺压百姓。如果我们推翻了元朝,反过来又欺压百姓,那么我们不就和元朝官兵一样了吗?要不了多久,别人也会替天行道,起兵除我们的暴了!"

李善长见朱元璋语气有所缓和,又趁机哀求道:"徐大将军跟着元帅多年,战必胜,攻必克,劳苦功高,这一次就原谅他吧!"

朱元璋听后,沉吟了半晌,才指着徐达喝道:"看在众将士的分上,这次暂且饶了你。以后军中再发生欺压百姓之事,定斩不饶!"说罢,朱元璋拂袖而去。

松了绑的徐达又恢复了大将军的威风,他当场宣布:"打下镇江后,一不许烧房,二不许强抢,三不许欺凌百姓,四不许调戏妇女。违者砍头示众!"于是,徐达将军率领这支纪律严明的大军很快攻占镇江。进城后,大军秋毫无犯,当地百姓拍手称赞,奔走相告。

朱元璋见到这种情形后十分高兴,他把徐达叫来,一把拉住徐达的手说:"贤弟,教场那幕,实在委屈你了!"徐达笑道:"元帅高明,没有教场那幕,怎能有今天这样好的军纪!"

原来,红巾军自打下南京以后,军纪松弛,强买强卖、调戏妇女之事屡有发生。朱元璋为此忧心忡忡。他知道光靠抓几个违纪将士起不到应有的作用,于是就导演了假斩徐达这场戏。

其实朱元璋在此运用的也是"钓术",他以徐达为饵,钓到的却是一池的

"鱼"。借斩杀徐达之虚,对全军起到了成儆作用,从而换来了好的军队纪律,其高明之处可见一斑。

巧言答对乾隆帝

纪晓岚是翰林院大学士,能言善辩,机智过人,被誉为"铁齿铜牙"。

有一天,纪晓岚陪乾隆在御花园里散步。乾隆忽然问纪晓岚:"纪爱卿,忠和孝到底应该怎么解释呀?"

纪晓岚答道:"君要臣死,臣不得不死,此为忠;父要子亡,子不得不亡,此为孝。"

乾隆一听,说:"我现在以君王的身份,要你立刻去死!"

"这——"纪晓岚慌乱了一下,随即想出一个好主意,便说:"臣遵旨!"乾隆于是好奇地问:"那你打算怎样死?"

纪晓岚显得又害怕、又紧张地小心回答:"跳河。"

乾隆一挥手,说:"好!你现在就去跳吧!"等纪晓岚走后,他便在花园里踱着步,心想纪晓岚将会如何解脱这道难关。

不一会儿,纪晓岚便跑了回来。乾隆很奇怪,就板起脸来问道:"纪爱卿,你怎么还没有去死呢?"

纪晓岚说:"我刚刚走到河边时,不料碰到了屈原,他不让我跳河寻死。"

乾隆感到更加奇怪了:"你这话是什么意思?"

"刚才我站在河边,正想跳下去。河里突然涌起了一个大漩涡,好像要有东西从水里冒出来一样。我一看,竟是投江自沉的楚国忠臣屈原。"纪晓岚一板一眼地说。

"真的吗?那他对你说了些什么呢?"乾隆明知他故弄玄虚,但仍想看看他如何作答。

纪晓岚不慌不忙地回答道:"屈原指着我问为什么要跳河,我就把刚才皇上要臣尽忠的事情告诉了他。他说:'这就不对了!当年楚王是昏君,我不得不跳河。可是我看当今皇上是个圣明之人，不应该再有忠臣要跳河啊！你应该赶紧去问问皇上，他是不是也是昏君？如果他自认是，那时我们再作伴也不迟！'因此臣只得跑回来。"

乾隆听了，忍不住哈哈大笑："好一个巧舌如簧的机智人物！朕算服你了。"

善于运用"摩术"的人，就如同拿着鱼竿在水边垂钓一般，只要运用得当，必有鱼儿上钩。乾隆本想以"君叫臣死，臣不得不死"来为难纪晓岚，却没想到纪晓岚将计就计，以碰到屈原为饵下了钩。如果乾隆确实让其投河，就证明了他的昏庸；如果就此作罢，那为难纪晓岚的计谋就以失败告终。权衡利弊，乾隆也只能暗自认输。

"香饵钓鱼"善炒作

"世界红茶大王"——英国的里甫顿，以高明的营销才能而誉满天下。

有个冬季，一位乳酪制造商请里甫顿替他在圣诞节前的商品特卖期销售乳酪。思考了一阵后，里甫顿定下了"投李索桃"的策略，准备以50∶1的比率在乳酪里装入一块金币。此前，他用气球在空中广发传单，大肆宣传，接着在蜂拥而至的人群面前当众装入金币。这5001的金币使整个苏格兰沸腾了。因为在欧美曾流行这样一种说法：谁若在圣诞节前后所吃的糖果中吃到了一枚六便士的金币，他将大吉终年，万事如意。当地的报纸对于这样一个奇特的消息自然大登特评，甚至有的剧团也以此为题进行表演。于是里甫顿得到一大批免费宣传员。

在金币的诱惑下，等到了销售日，凡是卖里甫顿乳酪的商店门前都是人山人海，挤满了争购的人群。成千上万的消费者涌进该店购买乳酪，使其乳酪销售量剧增，令里甫顿的同行们嫉妒不已。于是就有人偷偷到苏格兰当局告发里甫顿，说他经营做法有赌博嫌疑，当局派警察干涉，新闻机构马上跟踪全方位报道。而里甫顿仍然我行我素，仍是大力销售其乳酪，并根据当局干涉的内容，发布这样有针对性的广告:亲爱的顾客,感谢大家喜爱里甫顿乳酪,但如发现乳酪中有金币,请您将金币送回,谢谢合作。消费者不但没有退还金币,反而更在乳酪含金币的声浪中踊跃购买,而苏格兰当局的警察认为店主已有悔改之意,即已着手收回金币,便不再加以干涉。

一招不灵,那些同行们并不灰心,反而促使他们采取进一步的行动,他们联合起来,以食用不安全为理由要求警方取缔里甫顿的危险行为。在警方的再度调查下,里甫顿又在报刊上登一大页广告:根据警方的命令,敬请各位食用者在食用里甫顿乳酪时,一定要注意里面有个金币,不要匆忙,应十分谨慎小心,以免误吞金币造成危险。

这则表面上是应付警察和同行们的说明,而实际上又是一则更生动具体的广告,无形中又掀起了一次购买里甫顿乳酪的热潮。

据经营专家们推测,里甫顿的气球广告、当局的警察的干涉、同行的抗议以及后两次的广告说明,都是里甫顿在炒事。他炒得一波三折,富有戏剧性,堪称炒事之典范。

操钓而临深渊,饵而投之,必得鱼焉。里甫顿深知钓鱼时要投入香饵。无饵者门可罗雀,有饵者门庭若市,有无诱饵给销售带来的是天壤之别。里甫顿利用金币的诱惑作用使乳酪的销量突飞猛进。牺牲了一点金币,换回的却是"日进斗金"的收益。真是"钓者露饵面藏钩,故鱼不见钩而可得"。加之同行们的围追堵截、当局警察的积极干涉、新闻机构的全方位报道,都渲染了乳酪销售的空前盛况。里甫顿阳奉阴违,游刃有余地进行大肆炒作,终使其推销的奶酪声名鹊起。

"香饵钓鱼"在广告宣传中是司空见惯的谋略。诸如喝酒可以喝到全球,吃蜜饯可以吃到港币,一杯可乐可以使万元钞票唾手可得,等等。恰当地使用该手段,确实可以做到:"主事日成而人不知,主兵曰胜而人不畏也"。

断腿钓来酿酒术

这是一场严重的事故：一辆高级轿车把一个行人的一条腿撞断了。肇事的是丹麦一家著名啤酒厂老板，受害者是一个远道而来的日本人。

受害者被送进医院后，丹麦老板说："你身居异地，很对不起啊！以后怎么办呢？"

这位日本人说："等我好了之后，就让我到你的啤酒厂看门，混碗饭吃吧。"

丹麦老板一听他不找麻烦，高兴极了，赶紧说："你快养伤吧，好了就给我看门。"

于是这个日本人养好伤后就当上了这家啤酒厂警卫。

日本人工作非常认真，对进出厂的货物检查十分仔细，赢得了高级职员们的信任。他对职工非常谦和，人们经常和警卫闲谈。

三年后，日本人攒了些钱，便辞职回国，丹麦人从未对他有过怀疑。

其实这个日本人是日本的一位大老板，来丹麦的目的便是想弄到世界第一的该厂的酿酒技术。但啤酒厂保密程度很高，是不允许随便参观的。他在啤酒厂外周旋了三天也没有办法。后来他看到每天早晨都有一部黑色小轿车进出，一打听，车上坐的正是这家啤酒厂的老板，于是他便导演了那起交通事故。

三年来，他利用工作之便，想尽一切办法，终于掌握了该厂的原料、设备和技术的情况。

他牺牲了一条腿，换来了新技术，回国后成功地开设了一家颇具规模的啤酒厂。

"主事日成而人不知，主兵日胜而人不畏"。当你设置诱饵之后，只有在对方无从知晓、无所顾忌的情况下，他才会吞下你设置的诱饵，被你钓着。但有时，你做出的牺牲也许很大，甚至是像"断腿""断臂"这样的"苦肉计"。

赵和智判诬财案

唐懿宗咸通年间,江阴县令赵和遇到了一起诬财案。

楚州(今江苏淮安一带)淮阴县(今江苏淮阴区)有两户邻居世代通好,关系密切。某日,东邻欲外出贩卖,本钱不足,便以田契为抵押,向西邻借钱一千缗(每缗一千丈),约好借期一年,连本带利归还后赎回田契。

第二年归还期近,东邻不失约,先取八百缗交与西邻,说好第二天送余下的两百缗及利钱,再取回田契。因两家关系好,东邻便没要收钱单据。哪知第二天去还钱取田契,西邻矢口否认收过八百缗钱。

东邻气急败坏,便到县衙告状。可县令没看到收到钱的单据,也无法判案。上告到州衙,同样没有结果。西邻洋洋得意。东邻苦思良策,听说相隔数县的江阴县令赵和是位明断如神的青天大老爷,便告到他哪里。赵和接案后,很是为难。淮阴与江阴是平级县,怎好越俎代庖?苦思良策,心生一计。第二天发公文到淮阴,说本县拿获一伙江洋大盗,供出一同伙是你县某某人。唐朝有法令,凡是大盗案件,所牵涉之县都得尽力协助。故淮阴县令派捕快将西邻捉来。交与江阴公人带走。西邻到了江阴县,自恃与江洋大盗案无关,并不害怕。赵和威胁一番,令他将自己所有家产浮财写明,并注上钱物来源,以备查验。西邻一一写明,其中有"八百缗,东邻所还"一款。赵和见后,拍案而起,唤出东邻与其对质。西邻方知原委,又羞又悔,退款服罪。

"圣人谋之于阴,故曰神;成之于阳,故曰明。"就是说智者善于在暗中运用"摩意"之术,并且在光天化日之下实施谋略。此案处理是"事在此而意在彼"的"谋阴成阳术"的典型作法。

高湝智查鞋主人

南北朝时,北齐任城王高湝任并州(今山西太原一带)刺史。

某日，州城内一女子到汾河边洗衣服，她把脚上穿的新靴子脱下来放在岸边，站在河水里洗。这时，远处一男子骑马跑来，老远便见了岸边这双新靴子，勒马下来，脱下自己的旧靴子，蹬上新靴子打马跑了。

等那女子反应过来，那男子早已跑得无影无踪，哪里追得上！洗衣女听人说高潜正直多智，便提着那人扔下的旧靴子去告状。高潜安慰了她一番，立刻让手下人传来城中所有年老妇女，说："有个青年骑马出城，半路上让强盗劫杀了，只留下这双靴子。有人认得这双靴子吗?"大伙儿挨个传看。突然，一老妇人顿足大哭起来，说："这是我儿子的靴子，他出城到岳父家去了，谁想到遭此不幸!"高潜问明他岳父的地址，派人马上把青年捉来，把靴子还给洗衣女，并处以罚金。

圣智之人做事，靠的是足智多谋，在暗地里把一切都策划好，让别人按他的谋划去做事，中了他的圈套还茫然不知。高潜表面上是在为靴子的主人申冤捉拿凶手，实际上是为了查明旧靴子的主人的下落，正所谓"事在此而意在彼"。

"虚虚实实"蛇吞象

香港国泰城市股份有限公司是一家市值不足 3 亿港元的小型上市公司，而出生于世家的公司主席罗旭瑞却是一位充满斗志的商界新秀，他的最大特点便是敢于冒险。下面这场国城收购市值比它大十倍以上的大酒店集团的"蛇吞象"战役，便充分地说明了这一点。

1988 年 10 月 18 日，国泰城市通知香港上海大酒店，以现金及国秦新股即每股 6 港元向大酒店提出全面收购建议，其中 4.5 元付现金，1.5 元以国城股份作价支付，总共涉及资金约 66 亿港元。

当日大酒店董事局立即表示谢绝收购建议，而国城则表示不希望提出敌意收购计划。大酒店又马上对此向国城表示谢意。似乎一场大收购在一天之内轰然而起又悄然而息，使人们有意犹未尽的感觉。但是，明眼人一看便知，国城决不会虎头蛇尾。试想，罗旭瑞已经花了几百万收购费用，岂有一句对不起便告收手的。他发动的蛇吞象式的大型收购,若非有备而来,怎会草草善罢甘休?!何况,国城只表示过"不希望"以敌意形式进行收购,而不曾表示过"不会",它只表明国城先礼后兵的态度而已。

果然,10月21日,国城宣布已持有大酒店1.1%股权并正式提出全面收购,并将收购价提高为除现金4.8元及国城股价1.5元即每股6.3元外,认股证每份出价1.8元,一共涉资64亿港元。

大酒店已有130年历史,经营着全球最优秀的半岛酒店和九龙酒店。大酒店是英资老牌大集团之一,大股东嘉道理家族控股35%。另外华资的信和与丽新两大集团共持有10%。对于国城的收购建议,嘉道理指出其低估酒店的资产值,属"敌意收购,不受欢迎,带有破坏性",忠告股东不可接纳收购建议,大酒店董事总经理更形容国城此举"企图将资产分拆出售",声明"国城的财务顾问曾表示对半岛集团的五星级酒店并无真正兴趣,实际只想得到九龙酒店和港岛的物业。他们承认收购将使国城资产负债比率达到100%,一旦如此,便须出售酒店资产,否则将不堪重负",暗示国城一旦收购成功,便会将半岛酒店进行出售,而这一点最不讨大酒店大股东们的欢心。显然,这场收购将遇到已有一次被收购经验教训的嘉道理家族的强大阻力,难度极大。

嘉道理家族接到罗旭瑞于21日下达的挑战书后,于10月25日提出反收购建议,每股普通股出价5.8元现金,认股证1.3元,共动用36亿元进行全面收购,并于当日在市场购入2000多万股,使控股量增至37%以上。如此一来,国城的机会便小了。

那么,难道罗旭瑞不知道收购的难度吗?除了实力因素之外,大酒店还有30%的股份掌握在各大基金之中,每股成本为6.15元以上,收购价对这些基金根本缺乏吸引力。但似乎罗旭瑞并非完全虚张声势,这从国城发行9.8亿新股以应付收购,又同时发行10亿新股给国城的母公司,使其增持国城股权至50%,以确保国城不会反过来被大酒店控股,这一切天衣无缝的安排,说明国城的确是经过一番精心筹划的。

于是，有证券界人士认为：罗旭瑞做了两手准备，一旦收购成功，则名利双收，入主大酒店；如果收购不成，则"蛇吞象"的新闻已轰动海内外，罗旭瑞国城的大名不胫而走，收购费用只当是一笔宣传费，对公司长远业务有利。更何况还可获得一笔可观的狙击收益呢！

果然，11月20日，罗旭瑞在正式收购建议文件中，承认成功机会极小，收购大酒店一如预料地"失败了"，也"成功了"。之所以这么说，是因为当时已小有成就的罗旭瑞，其实心中有更大的雄才大略，其志向并不局限于香港，于是演出蛇吞象一幕，以大酒店之争扬罗旭瑞之名，果然一战而声名鹊起，闻名于海内外。这才是当时轰动香港大收购战的真正目标所在。从这一点说，罗旭瑞收购战是非常成功的。

"谋阴成阳术"主要表现在，表面上注意力集中在这里，是为这件事行动，但实际目的却在那里，是为了办成那件事，即"事在此而意在彼"。香港国泰城市股份有限公司主席罗旭瑞演出的收购市值比它大十倍以上的大酒店集团的"蛇吞象"战役，以大酒店之争扬己之名，果然一战而声名鹊起，闻名于海内外。这才是这场大收购战的真正目标所在。

打草惊蛇退曹兵

公元218年，刘备领兵10万围困汉中，曹操闻报大惊，起兵40万亲征。

定军山一役，蜀将黄忠计斩曹操大将夏侯渊。曹操大怒。亲统大军抵汉水与刘备决战，誓为夏侯渊报仇。蜀军见曹兵势大，退驻汉水之西，隔水相拒。刘备与诸葛亮到营前观察两岸形势，谋划破敌之策。

诸葛亮见汉水上游有一土山，可伏兵千余。回营后命赵云领兵500，带上鼓角，伏于土山之下，或黄昏，或半夜，只要听到本营中炮响一次，便擂鼓吹角呐喊一通，但不出战，诸葛亮自己隐在高山上观察敌军动静。

第二天，曹兵到阵前挑战，见蜀营既不出兵，也不射箭，叫喊一阵便回去了。到了深夜，诸葛亮见曹营灯火已灭，军士们刚刚歇息，便命营中放炮，赵云的

500伏兵也鼓角齐鸣，喊声震天。曹兵惊慌，疑有蜀兵劫寨，赶忙披挂出营迎敌。可出营一看，并不见有什么蜀兵劫寨，便回营安歇。待曹兵刚刚歇定，号炮又响，鼓角又鸣，呐喊又起。一夜数次，弄得曹兵彻夜不得安宁。

一连三夜如此，曹操惊魂不定，寝食不安。有人对曹操说："这是诸葛亮的疑兵计，不要理睬他。"可曹操说："我岂不知是孔明的诡计！但如果多次皆假，却有一次真来劫营，我军不备，岂不要吃大亏！"曹操无奈，只得传令退兵30里，找空阔之处安营扎寨。

诸葛亮用打草惊蛇之计逼退曹兵，便乘势挥军渡过汉水，背水扎营，故意置蜀军于险境，这又使曹操产生了新的疑惑，不知诸葛亮将使什么诡计。曹操深知诸葛亮一生谨慎，认为他如果不是胜券在握，是决不会走此险棋的。

为探听蜀军虚实，他下战书与刘备约定来日决战。战斗刚开始，蜀军便佯败后退，往汉水边逃去，而且多将军器马匹弃于道路两旁。曹操见此，急令鸣金收兵。手下将领都疑惑地问曹操："为何不乘胜追击，反令收兵？"曹操说："看到蜀兵背水扎寨，我原本就有怀疑，现在蜀兵刚交战就败走，而且一路丢下许多军器马匹，更说明是诸葛亮的诡计，必须火速退兵，以防上当。"

正当曹兵开始掉头后撤时，诸葛亮却举起号旗，指挥蜀兵返身向曹兵冲杀过来。曹兵大溃而逃，损失惨重。这是诸葛亮用计设险局、临阵佯败、打草惊蛇的计策置曹操于疑惑、惊恐之中，再次巧妙地击溃了曹兵。

"不争、不费"的意思是不经过激烈战争、不耗费财力与物力，从而取胜于无形之中，与《孙子兵法》中"不战而屈人之兵"一个道理。从打草惊蛇的计谋考虑，其运用条件必须是知己知彼，敌方兵力没有暴露或者意向不明时，切不可轻敌冒进，应当查清敌方主力配置和运动状况后再做打算。

只言片语解纷争

清朝末年，有一名知县叫陈树屏。他机智灵活，才思敏捷，尤其擅长为别人调解纠纷。他所言不多，却字字切中要害。只要他出面，不论什么事情，不消一会工夫,保证大事化小,小事化了,所以人们都夸赞他的口才和机敏。

这一年的春天,阳光明媚,水光潋滟。陈树屏不由诗兴大发,兴致勃勃地邀请了一帮文人朋友到黄鹤楼上游玩。当时的湖北督抚张之洞和抚军大人谭继询是他的上司,两个人也乘兴而来。大家相互寒暄后,一边欣赏着黄鹤楼下的美妙春光,一边把酒谈笑。清风拂面而来,裹挟着花的芬芳;远处的长江风景秀丽,在阳光的照射下,闪烁着粼粼的波光,江面上也帆来帆去。大家兴致高涨,宴席气氛非常融洽。

忽然,有个客人问:"你们看这江水浩浩荡荡,气势宏大,却不知这江面有多宽?"

大家都讨论起来。有的引经据典,有的猜测估计,还有的等着倾听别人的回答。张之洞和谭继询两个人是死对头,表面上合得来,心里却谁也不服谁。两个人很快就因为这件事情针锋相对起来了。

谭继询清清嗓子,说:"我曾经在一本书上看到过有关长江的记载,我记得是五里三分。"

张之洞听后,故意说:"不对,我记得很清楚,怎么会是五里三分呢?书上明明写的是七里三分,你说的那么窄,江水怎么会有这样大的气势呢!"

张之洞

谭继询见对方和自己又是意见相左,而且明摆着说自己引用有误,一时觉得面子下不来,就梗着脖子和对方争执起来,两个人闹得脸红脖子粗。

陈树屏眼看着这场争执就要破坏宴会的气氛,心里看不起他们的这种行为。他知道两个人是互相拆台,借题发挥。因为这个问题本来就是说不清楚的,即使说清楚了也没有多大意义。为了不扫来客的兴致,他灵机一动,不紧不慢地拱拱手,谦虚地说:"水涨时,江面就宽到七里三分,落潮时就降到五里三分。二位大人一个说的是涨潮时分,一个是指落潮而言,可见你们说的都有道理。这是没有什么好怀疑的!"

陈树屏放下手,端起自己的酒杯,高举着说:"这个问题暂时不用再说了。今日难得大家赏脸,也难得这么好的天气,来来来,为了今天的好景致我们喝一杯。"

众人听完这不偏不倚的圆场话,都会心地笑了。张之洞和谭继询都知自己是一派胡言,只是和对方较劲。两个人一看东道主给自己台阶,赶紧顺势而下,举起酒杯。一场争辩就这样不了了之。

"故谋莫难于周密"是说谋划策略最困难的就是周到缜密,但在此陈树屏却以不偏不倚的言辞解决了张之洞和谭继询的纷争。如果劝说的话语不当,只顾及一方,就会伤害另一方的感情,只有两全其美的言辞才可以让双方接受。

甘罗巧言赢城池

"摩意"是"揣情术"的主要方法,"内符"(内心情感的变化及其外在表现)是"揣"的根本对象。运用"揣摩"时,需要掌握"揣摩"的规律和原则,而这种规律和原则是必须隐秘地进行。根据对方的欲望稍微地进行揣摩,揣测而探究他的内心,其内在的情感就会通过外在表现反映出来。内心的感情要是表现出来后,他就必然要做出一些行动。

秦王政七年,秦王想出兵伐赵,替数年前率兵伐赵战死的大将蒙骜报仇。刚成君蔡泽向秦王分析了燕、赵的形势及利害关系,并自请前往燕国,离间燕、赵联合抗秦的阵线,说服燕王依附秦国以为久安之计。

秦王政听信了蔡泽的话,蔡泽也当真不辱使命,说服了燕王,命太子丹为质于秦,并请秦国派一位大臣,做燕国的丞相。

吕不韦打算派张唐,前往燕国为相,命太史占卜,也是上上大吉;偏偏张唐托病不肯应命。张唐推辞的理由是:他曾经多次奉命带兵伐赵,赵国对他怨恨必深,他如去燕,必经赵国,赵国是绝不会放过他的,所以,他不能去。

　　虽经吕不韦再三强劝,费尽唇舌,无奈张唐执意不肯,吕不韦回到府中,独坐堂上,深锁愁眉,闷闷不乐。

　　当时,有一位十二岁的少年,名叫甘罗,是门下客甘茂的孙子;他看到吕不韦一脸不悦的神色,于是,上前询问吕不韦有何心事。起初,吕不韦对甘罗是不屑,但甘罗一番有力的陈辞令吕不韦不但向他述说了情况,还答应甘罗去说服张唐。

　　甘罗欣然告辞,衔命往见张唐。甘罗见了张唐后,果然不负吕不韦所望,一番比较之后,张唐急忙随同甘罗,到吕府请罪,并表示将即日治理行装,准备起程赴燕就任,吕不韦大喜过望,对甘罗刮目相看,倍加礼遇。

　　在张唐临行之前,甘罗又对吕氏说:"张唐是听信我的话,不得已而往燕国,可是,他内心仍然怕赵国对他不利,请给臣车马五乘,为张唐先行报知赵国。"

　　吕不韦已经知道甘罗的才智过人,毫不迟疑地入宫禀奏秦王说:"有甘茂孙儿甘罗,虽是年少,然而,出身名家子孙,很有机智和辩才。张唐托病,不肯相燕,臣虽亲自劝说无效,甘罗自请前往,一说即行。现在,他为了去除张唐惧赵对他报复的疑虑,复请先报赵王,请大王任命他前往。"

　　秦王遂即宣召甘罗上朝晋见,看他虽然身高不满五尺,眉目却是清秀如画,气宇轩昂,神情中流露出一股超凡脱俗的逸气!而且,进退从容不迫,临威毫无惧色,秦王心里不仅喜欢,而且暗暗称奇,遂问甘罗说:"寡人派你前去赵国,你见了赵王,如何措辞?"

　　甘罗回奏说:"观察对方的喜惧,临时相机而进;语言如水波兴起,须随风而转,不可以预定。"

　　秦王一听,觉得甘罗谈吐果然不凡,于是,给他上好的车马十乘,外加仆从百人,浩浩荡荡地出使赵国去了。

　　赵国的悼襄王,已经接到燕、秦通好的消息,正在害怕他们两国合计对赵国不利,忽然有人禀报秦国有使臣来到,心中暗喜,遂亲自出城二十里,迎接甘罗。

　　当赵王发现秦国使臣,居然是一位乳臭未干的小孩子,不由大为惊讶。他突然从甘罗的姓氏联想到一个秦国的名人,于是,便问甘罗:"早年为秦国通三川之路的甘茂,不知是先生的什么人?"

甘罗说:"是臣的祖父。"

赵王又问:"先生多大年纪?"

甘罗答:"十二岁!"

赵王忍不住进一步再问:"秦国朝廷,年长的大臣不够差遣吗?怎么会派先生来呢?"

甘罗对赵王察言观色之余,又从他的话里觉出对方有轻视之意,遂回答说:"秦王用人,因事情大小而定!年长者任以大事,年幼者任以小事,臣年最幼,所以,奉派出使赵国。"

赵王又发觉眼前这位少年使者,词锋犀利,态度坦荡,心下又是一惊,不敢再有轻侮之意,于是,问道:"先生远临敝国,有什么赐教?"

甘罗反问:"大王听说燕国的太子丹,到秦国做人质的事了吗?"

"听说过了。"赵王说。

"大王也听说秦国张唐,即将赴燕国为相吗?"

"也听说了。"

甘罗问过这句话之后,接着单刀直入地解释:"燕国太子入质于秦国,是表示燕国不欺骗秦;张唐入燕国为相,是秦国表示不失信于燕国。燕国和秦国团结修好,互不相欺,你们赵国就危险了!"

甘罗先是旁敲侧击,最后一语中的,说到了赵王最担心的事。赵王强耐住心下的惶恐,试探着问:"秦国之所以结好燕国,有什么意图?"

其实,赵王是明知故问,只不过要从甘罗口中证实一下而已。甘罗也就毫不客气地坦率说明:"秦国与燕国修好,是企图联手攻打你们赵国,扩张领土,占领河间之地。"

甘罗的话,像是一拳捣中了赵王的要害,使他半晌没答话。甘罗见状干脆来个乘胜追击,开门见山地说:"依臣愚见,不如大王割让河间五城,献给秦国,臣愿向寡君奏请,中止张唐之行,断绝与燕国的友好关系,转与赵国修好。到时候,以强赵攻弱燕,而秦国不加干涉,你赵国所得到的,岂止是五城而已?"

甘罗来了这么一个急转弯,把压在赵王心头上千斤重的大石头,一下子解脱掉了,赵王于是连声说:"好,好!一切唯先生之命是听。"

赵王同时赠给甘罗千两黄金,白璧二双,把河间五城的地图也交给他,请他还报秦王。

甘罗此行,仅凭一张嘴巴,三言两语,赚得了赵国五座城池,风风光光,回归秦国,秦王得悉之后,高兴万分地说:"寡人梦寐以求的赵国河间之地,居然兵不血刃,从一个小孩子手上得到,你的智慧,比你的人大得多了!"

秦王同时采纳甘罗的建议,命令张唐不必前往燕国。

张唐得到通知,也如释重负,对甘罗心存感激。

赵国知道秦国中止张唐赴燕为相的消息之后,明白甘罗的诺言已经生效,遂派庞煖、李牧两位大将,合兵攻打燕国,一路势如破竹,连取上谷三十城,留下十九城归赵,另将十一城,拱手奉赠秦国。

秦国坐收渔人之利,前后共得十六座城池,未遣一兵一卒,完全是甘罗的口舌功劳。秦王果然封甘罗为上卿的官位。

在甘罗出使赵国,说服赵王的过程中,他先揣测赵王的心意,然后用恫吓的语言刺激,使其产生惧怕,最终采取了甘罗的计划,献出城池。这正是对"摩术"的运用。

谢安不动声色胜大敌

不断地试探和刺激对方,那么,他的真情实意就会暴露无遗。这时应略微表现出不以为然的样子,匿影藏形、隐性埋情而不被对方察知,这样就能够成大事而无祸患。古代的正人君子都讲究喜怒不形于色,白居易就自称"脸上除去了忧喜色"。南北朝时期,东晋丞相谢安以自己仅有的八万人马对抗前秦的百万大军而面不改色,镇定自若,被后人传为佳话。

谢安是我国历史上东晋的著名权臣，他遇事不动声色的安闲气质，在我国历史上传为了佳话，谢安的名字也永垂不朽。

成功处理东晋国内的不安定因素，内部安定之后，谢安又把注意力转向对付来自北方的威胁。当时，前秦在苻坚的治理下日益强盛，经常骚扰晋土。面对强大的前秦，将领指挥不利，东晋军队在与前秦的交战中屡遭败绩。谢安派自己的弟弟谢石、侄子谢玄率军征讨，从此开始扭转战局，不断取得胜利。谢安又命谢玄训练出战斗力很强的北府兵，为抗击前秦做好了准备。

太元八年，前秦苻坚亲自率领着号称百万的大军南下，驻扎在淮淝一带，志在吞灭东晋，统一天下。军情危急，朝野上下一片震恐，谢安受命于危难之中，被任命为征讨大都督。万分火急情况之中的谢安依然是那样镇定自若，以征讨大都督的身份负责军事，并派了谢石、谢玄、谢琰和桓伊等人率兵八万前去抵御。桓冲担心健康的安危，派精锐三千前来协助保卫京师，被谢安拒绝了。

面对强大的敌军，谢玄心中忐忑，不知道究竟能不能战胜强大的前秦，不清楚应该用什么战略来对付前秦。谢玄临行前向谢安询问对策，谢安只是简单地回答了一句："我已经安排好了。"便绝口不谈军事。

不久，谢安亲自驾车来到谢玄的别墅，并且邀请很多的亲朋好友。然后，谢安就把谢玄的别墅作为了赌注与谢玄下起了围棋。平时，谢安的棋艺是不如谢玄的，但是这一天，由于谢玄的心中总是忐忑不安，想着能不能胜利的击退前秦的大军，心神不宁的谢玄自然就输给了心神安宁的谢安。轻松的下围棋之后，谢安还很有兴致地在山野之间游玩，喜气洋洋，丝毫没有忧心忡忡的样子，仿佛一切早就已经在他的掌控之中了。游玩到深夜的谢安，回家后立即调兵遣将，奔赴前线抗击前秦大军。

当谢玄率领的晋军在淝水之战中，以少胜多，大败前秦的捷报送到时，谢安正在与客人下棋。他看完前线的捷报，便随手放在自己座位的旁边，脸上没有任何喜形于色的神情，不动声色地继续与客人下棋。客人憋不住问他前线有什么最新的消息，谢安这才淡淡地说："没什么，孩子们已经打败敌人了。"直到下完了棋,客人告辞以后,谢安才抑制不住心头的喜悦,疾步走回内室,由于太兴奋了,门槛把木屐底上的屐齿碰断了,谢安都没有察觉。

淝水之战中,无论是战前情况不明,胜负不分,还是胜利的捷报传到了军帐,谢安都是气定神闲,对弈如故,喜怒不显于色。这不仅是一种极高的品格修养,更是一种策略。当情况瞬息万变,常人惶恐束手无策的时候,谢安以静制动,以不变应万变,稳定了军心,是取得胜利的强大的精神支柱。

管仲不争不费胜楚国

兵书上说:知己知彼方能百战百胜。这里的知己知彼,不光是要知道对方有形的存在,还包含着对方无形的存在,如人的心理、士气等。齐国的管仲就是依据楚国国君的心理,做出周详的计划,出奇制胜获得胜利的。

齐国大治,征服了许多割据一方的诸侯,终于称霸中原。唯有楚国自恃强大,上不尊周天子王命,下不听齐国号令,时时侵略邻国掠夺土地财物。齐国若不能征服楚国,霸业形同虚设,盟主的地位也难以巩固。为此,齐桓公召集群臣,垂询征服楚国之策。

当时,齐国的几员大将纷纷请战,建议集结重兵再联合诸侯的军事力量攻打楚国,以兵威震慑楚国称臣。相国管仲力排众议,他分析说:"楚国之所以抗拒王命,正是倚仗地大兵强,国家富足,才敢于妄自尊大。现在出兵,齐楚交战,旗鼓相当,纵使获胜,也要将齐国数年积蓄的财物耗尽;再说,大战之后齐楚两国不知有多少生灵将化为白骨,遗弃疆场。"一番话使齐桓公愁眉不展,令众臣哑口无言。当大家问管仲有何妙计征服楚国时,管仲笑而不语,似乎早已想好了对策。

不久,齐国的商人奉相国之命到楚国去购鹿。并四处扬言:"齐桓公好鹿,不惜重金。"当时,楚国多鹿,只作为一般的可食动物,价格并不贵。楚国商人见有利可图,纷纷做起这桩生意,鹿价暴增。楚成王和大臣们闻知此事感到可笑,他们认为齐桓公为了购鹿耗费齐国钱财,和十年前卫懿公好鹤亡国没有什么区别，楚国从此即可高枕无忧，等待齐国大伤元气，霸业遂不可得，而楚国正好坐收天下。

楚成王暗中下令，把鹿价继续提高。楚国人见一头鹿的价格已经与数千斤粮食相同了，谁也不肯放弃这个发财的好机会，于是做工的离开作坊，种地的抛下农田，购买猎具钻进深山老林去捕鹿，几乎要把整个楚国的鹿群捕尽杀光。楚国的官兵看了眼红，也停止了训练，将行军作战的兵械改成猎具，偷偷上山加入了捕鹿大军。

楚国大富，铜币堆积成山。谁知第二年，楚地大荒，农田无人耕种，粮米只有二三成的收获。楚人欲用铜币去邻国买粮食，但到处买不到。原来，管仲早已联络各国，禁止各诸侯国与楚通商，不准卖给楚国粮食。楚成王这时才明白了齐桓公好鹿是管仲的计策，后悔已经来不及了。管仲见时机已到，请齐桓公下令出征，集合八路诸侯之军，浩浩荡荡地开往楚国边境，大有风卷残云、摧枯拉朽之势。此时的楚军人饥马瘦，战斗力大为削弱，怎能与齐国精兵与各路诸侯劲旅交锋？楚成王内外交困，无可奈何，只好派大臣向齐桓公低头求和，表示听从齐国号令，不再割据一方，欺凌邻国了。为了表示诚意，奉献金帛八车，派使犒劳八路诸侯之师，又准备了菁茅在齐军前呈样，然后具表向周天子进贡。

看完这则故事，我们不得不佩服管仲的智谋：不战而屈强楚，不动一刀，不杀一人，就战胜了强大的楚国，对于巩固齐国霸主的威望，起到了重要作用。在这里，管仲正运用了"摩意术"，他先放言"齐桓公好鹿，不惜重金"，以此来试探楚成王。楚成王果然信以为真，并命抬高鹿价。管仲通过摩意，发现楚成王已入圈套，于是又禁止各国与楚通商，楚国的失败已成了定局。鬼谷子说："主兵日胜者，常战于不争不费，而民不知所以服，不知所以畏，而天下比之神明。"管仲就可谓是这样的"神明"了。

物类相应，交往之道

"故物归类，抱薪趋火，燥者先燃；平地注水，湿者先濡。此物类相应，于势譬犹是也。"

鬼谷子在这里讲了一个日常生活中常见的现象:把干、湿柴草一起扔到火堆里,干柴草总是先被引燃;在平地上倒上水,水总是先流到湿的地方去。这就是物以类相应的道理。人也是如此,有相同生活经历,有相似不幸遭遇的人话容易说到一处去,心容易想到一起去,做事也容易坐到一起。

富兰克林是美国历史上一位有影响的人物。青年时代,富兰克林在费城开了一家小小的印刷所。后来,他又被选为宾夕法尼亚议会的书记。

但是,在选举前,有一位在议会中举足轻重的议员,对他发表了一篇很长的反对演说,在那篇演说中,竟把富兰克林批评得一文不值。

遇到这样一位出其不意的敌手,对于年轻资浅的富兰克林来说,是一件多么棘手的事,然而富兰克林运用借书的简单方式,便化解了他们之间的矛盾。富兰克林后来高兴地回忆道:

"我对于这位新议员的反对当然很不高兴,可是,他是一位幸运而有修养的绅士,他的声誉和才能在议院里很有一些地位。然而,我决不对他表现一种卑鄙的阿谀,以取得他的同情与好感,我只在隔了数日后,运用了一种适当的方法。"

"我听到有人讲起,他藏书室里有几部很名贵、很珍罕的书,我就写了一封简短的信给他,说明我想看看这些书,希望他慨然答应借我数天。他立刻把书送了来。大约过了一个星期,我就将那些书送去还他,另外附了一封信给他,很热烈地表示了我的谢意。"

"他从前从不和我谈话的,可从此以后,当我们再次在议会里遇见的时候,他居然跑上前来和我握手交谈,而且非常友好,并且对我说,愿在一切事情上帮我的忙,于是,我们便成了知己,这种美好的友谊,一直维持终身。"

富兰克林运用"物类相应"的谋略,假借"借书"之途,攻心求同,赢得了那位议员的友谊,这对于他以后事业上的发展,无疑是很重要的一步。

富兰克林·德拉诺·罗斯福是美国第三十二任总统。在第一次世界大战期间,他曾出任美国海军部助理部长。

1937 年秋季,欧洲形势急剧恶化,英国首相内维尔·张伯伦在他的绥靖政府陷于破产后,于 1939 年 9 月 3 日被迫邀请强烈反对慕尼黑协定的丘吉尔入阁。10 月 1 日,罗斯福即致函祝贺丘吉尔重任海军大臣(丘吉尔曾在 1911 年到 1915 年期间担任此职)。为了与这位前程远大、声名显赫的英国大臣建立密切关系,罗斯福在信中写道:"因为你和我在上次世界大战中担任类似的职位,所以我要你知道,你重返海军部,我是多么愉快……我希望你和首相了解,如果你们有什么事情告诉我,我随时欢迎你们直接联系。你可以经常把封好的信,通过你们的外交邮袋或我的外交邮袋寄给我。"

丘吉尔接到信后,十分激动,立即回信表示感谢,并根据罗斯福来信中所谈到的情谊,署名"海军人员",从此开始了他们的长期通信。丘吉尔出任英国首相后,信上的署名便改为"前海军人员"。

据丘吉尔统计:"我总共发给他 950 份电报,收到的回电大约有 800 份。"他们之间的通信,一直持续到 1945 年春天罗斯福逝世为止。而且,在第二次世界大战期间,丘吉尔同罗斯福进行了各种形式的会晤,一同相处的时间合计多达 120 天。两国政府首脑如此密切的接触,这在现代国际关系史上是罕见的。

人们在交往中是很重视相似性的,如果两个人背景相似,则极有可能成为好朋友。物以类聚就是这个道理。

挡不住的诱惑

在众多的经营者当中,靠什么吸引顾客? 其中重要的方法之一是根据"利益"原则,通过"让利"让顾客占到便宜,这样便可吸引顾客。俗话说:货比三家。同样的货物,当然是谁的便宜买谁的货。根据这一心理,上海有位聪明的商店经理标出了:"全市价格最低"的招牌,此招一出立即吸引来大批顾客,商店的生意做得非常红火,而且盈利颇丰。如果进货渠道相同,那么价格低者自是对顾客"让利","让利"实际上是一种"诱饵",这种"诱饵"钓来的是大批的顾客。

还有更多的经营者，利用人们喜欢贪便宜同时又有赌博心理，把让出的"利"集中起来，做成大"诱饵"，钓更多的顾客。比如有奖销售，就是其中的一种。

前些年，社会上出现了"奖券热"，什么"社会福利有奖募捐""亚运会有奖募捐""残疾人有奖募捐""银行发放有奖债券"等等，真是五花八门，比比皆是。而购买奖券之人都是络绎不绝，他们一个个毫不吝啬地掏出几块钱或更多的钱用到这里，都想碰碰运气。一些经营者也由此受到启发，于是竞相开展"有奖销售"，如"羊年购物乐""幸运顾客""吉祥盒"等。

1992 年 6 月，某百货公司搞起了"幸运顾客"的有奖销售活动。凡在该公司购买 10 元以上商品的顾客，可获得奖券一张。当发完 10 万张奖券时，通过摇奖，确定中奖号码，中奖者凭奖券来领奖，一等奖 2 个，奖金 10000 元；二等奖 10 个，奖金 5000 元；三等奖 50 个奖金 1000 元；四等奖 100 个，奖金 100 元；五等奖 500 个，奖金 10 元。这种方法颇具诱惑力，顾客们纷纷被吸引到这家百货公司来。有人本来只想购买一件 7 元钱的商品，干脆再多花几元钱购买一些自己并不急需的商品，以便获得一张奖券。可想而知，这家百货公司的生意要比平时兴隆多少。

只要细加分析，就可以看出，顾客中奖的概率是微乎其微的，仅占千分之六；百货公司用于奖金的投资与其增加的营业额相比，简直是九牛一毛。但这微乎其微的中奖率，这九牛一毛的投资，却对众多顾客具有"挡不住的诱惑"，购物者趋之若鹜，纷至沓来。

这家百货公司所施行的就是香饵钓鱼之谋，"有奖销售"中的"饵"就是顾客所得的奖金或奖品，"鱼"则是高额的营业收入。香饵钓鱼之谋的实施，其关键在于要设法使"饵"具有诱惑力和吸引力。"有奖销售"之所以能够成功，就是由于它具有诱惑力和吸引力这两个功能。

既然"有奖销售"都这么具有诱惑力了，那么"无偿赠送"岂不更有吸引力？

那是肯定的。可为什么要"无偿赠送"呢？难道商家疯了吗？当然不是，"无偿赠送"只不过是个"诱饵"罢了。且看下面的案例。

美国有一家公司专门经销煤油及煤油炉。创立伊始，大肆刊登广告，极力宣扬煤油炉的诸多好处，但收获甚微，其产品几乎无人问津，货物大量积压，公司濒临绝境。有一天，老板突然灵机一动，召集手下职员，让他们登门向住户无偿赠送煤油炉。职员们大惑不解，还以为老板愁疯了呢，看着老板那诡秘的神情，只得依令而行。

住户们得到无偿赠送的煤油炉，真是大喜过望，岂有拒收之理？一个个竞相给公司打电话，索要煤油炉。不久，公司的煤油炉就赠送一空。

当时炉具还没有现代化，什么煤气、电饭锅、微波炉都没有，人们生火做饭只能用木柴和煤。这时，煤油炉的优越性明显地显现出来了，家庭主妇们简直一天也离不开它。很快她们便发现煤油烧完了，这回只能自己到市场上去买，公司可一毛不拔了。当时煤油价格并不低，但已离不开煤油炉的人们也只得掏腰包了。再后来，煤炉也渐渐用旧了，于是只好买新的。如此循环往复，这家公司的煤油和煤油炉便畅销不衰。

这家公司在推销新产品中，采用香饵钓鱼的谋略，先抛出几个诱饵，以引起人们的广泛注意，然后再开始"言归正传"。至于先前付出的那笔代价，自然是羊毛出在羊身上，就是真的白白送掉，也只是相当于一小笔广告费而已，而其促销效果远比那些干巴巴的广告好得多。

权术第九

本篇提要

"权"的本意是秤锤。在古代是称量砝码，在此篇中引申为衡量、比较、权宜、变通等意思。本篇论述的主要内容就是在游说过程中如何依据权宜局势、随机应变地选择恰当地说辞。

文中首先说到"佞言者,谄而干忠;谀言者,博而干智;平言者,决而干勇;戚言者,权而干信;静言者,反而干胜"这五种言辞。佞言就是在摸透对方意图的基础上,采用花言巧语去讨好对方,替对方出主意想办法,使其接受自己的观点,让对方感到自己对他忠心耿耿;谀言就是采用不实之语迎合、赞美对方,同时也显示自己的博学多识,以求得到对方的信任,从而进一步拉近距离,在对方心目中留个"足智多谋"的美名;平言就是采用平白朴实的话语,单刀直入地陈说自己的建议,以果断干练的方式增强言语的真实感;戚言就是故意采用带有忧患意识的言辞和对方套近乎,以表明自己了解对方的想法,让对方感觉是站在他的立场上考虑的;静言就是采用稳重沉着的话语,找出对方计谋的不足,予以辩驳,让对方理屈词穷,从而使对方认同自己的观点。

在游说过程中,要注意口耳目的重要作用,尤其是在运用口舌游说时,千万不可随便开口,如果触怒了游说对象,就会得到相反的效果。只有适时而发,认清了事物的本质,掌握了事物发展变化的规律,才能达到游说的目的。

文中还说到言辞的五种常见错误:"病者,感衰气而不神也;怨者,肠绝而无主也;忧者,闭塞而不泄也;怒者,妄动而不治也;喜者,宣散而无要也"。从总体上分析这五种错误分别是:一是语言空洞无物,说服性不强,给人以理不直、气不壮之嫌;二是语无伦次,让人摸不着要领,找不到关键切入点;三是说话吞吞吐吐,给人忧心忡忡、精神抑郁的感觉;四是说话条理不清晰,缺乏逻辑性,像急火攻心一般;五是言语散漫,没有要点,东一榔头西一棒,使人听后不知所云。

文中在最后归纳出了九种游说的方法:"与智者言,依于博;与拙者言,依于辩;与辩者言,依于要;与贵者言,依于势;与富者言,依于高;与贫者言,依于利;与贱者言,依于谦;与勇者言,依于敢;与过者言,依于锐"。由此可知,在游说过程中,要根据不同的对象采用不同的游说态度与技巧,学会随机应变,便可变被动为主动;说话主题明确、重点突出、层次分明,便更有感染力、说服力、震慑力,从而更有利于达到自己游说的目的。

【原文】

说者①,说之②也;说之者,资之③也。饰言④者,假之⑤也;假之者,益损⑥也。应对⑦者,利辞⑧也;利辞者,轻论⑨也。成义者,明之也⑩;明之者,符验⑪也。难言⑫者,却论⑬也;却论者,钓几⑭也。

【注释】

①说者:游说。

②说之:说服他人。

③资之:资助他人,意为要使他人接受,就要利用他人的思想情绪,借助他人的思维和行为方式。资,资助。

④饰言:修饰语言。

⑤假之:假借以说服他人。

⑥益损:强化和弱化。强化语言力量,弱化心理障碍。

⑦应对:应承对答。

⑧利辞:巧辩之辞或敷衍之辞。

⑨轻论:减少论辩,简洁有力。

⑩成义者,明之也:具有义理的语言,要使对方明白。

⑪符验:符合应验,即得到印证。

⑫难言:指责、诘难的言辞。

⑬却论:反对的论调。

⑭钓几:诱导对方说出隐藏心中的隐秘之事。

【译文】

游说,就是劝说别人接受自己的主张;说服别人,就要凭借利用别人的感情和想法。修饰言辞,就是要借此增强说服力;增强说服力,就要强化语言力量,弱化心理障碍。应辩对方的疑难,就要用犀利的言辞对付他;犀利的言辞,就是要减少辩论，简洁有力。言论具有义理，就是要让对方明白；让对方明白，就要通过实际的事实效果来检验。指责、诘难的言辞，就是要让对方驳斥自己；在对方驳斥自己的时候，就能够诱导出对方心中的隐秘之事。

【原文】

佞言①者，谄而于忠；谀言②者，博而于智；平言③者，决而于勇；戚言④者，权而干信；静言⑤者，反而于胜。先意承欲者⑥，谄也；繁称文辞者⑦，博也；策选进谋者，权也；纵舍不疑者，决也；先分不足而窒非者，反也。

【注释】

①佞言：能说会道，花言巧语。佞，用花言巧语谄媚人。

②谀言：谀，奉承，讨好；谀言，奉承讨好的言辞。又，"谀"与"谄"同是奉承、讨好意思，但"谀"在古代仅指用言语奉承，而"谄"则不限于语。

③平言：平实可靠的言辞。

④戚言：戚，忧愁，悲哀，后作"慽"。

⑤静言：稳健沉着的言辞。

⑥先意承欲者：在对方刚刚萌发出某种欲望之时，而以奉承的言辞去迎合他的人。

⑦繁称文辞者：言谈中像个饱学之士，旁征博引，口若悬河的人。

【译文】

花言巧语之人，会因奉迎别人而得到忠诚的美名；说奉承之话的人，显得博学又富于智谋；言语平实的人，透出果敢和勇气；说话充满忧虑的人，会权衡利弊而令人信任；而说话稳健沉着的人，却由于能反抗而胜利。用华美的词藻来鼓吹欲望者，就是谄媚；言谈像个饱学之士，旁征博引的，就是显示博学；用夸大与吹嘘来进献谋略，博取上司欢心的人，就是揽权者；前后进退而不犹豫者，就是果断的人；自己不对而又指责他人过错的就是反抗者。

【原文】

故口者,机关也,所以关闭情意也。耳目者,心之佐助①也,所以窥间②见奸邪。故曰:参调而应,利道而动③。故繁言④而不乱,翱翔而不迷,变易而不危者,观要得理⑤。故无目者不可示以五色,无耳者不可告以五音⑥。故不可以往者,无所开之也;不可以来者,无所受之也。物有不通者,故不事也⑦。古人有言曰:"口可以食,不可以言。"言者,有讳忌也。众口铄金,言有曲故⑧也。

【注释】

①佐助:辅助者。

②窥:窥探。间:间隙。

③参:通"叁",即指口、耳、目三者。利道而动:遵循有利的途径而后行动。

④繁言:繁杂的言辞。

⑤变易而不危者,观要得理:世事变动而始终不遭危险,是因为观得要领。

⑥五色:古代以青、黄、赤、白、黑为五色,泛指各种颜色。五音:古代音乐以宫、商、角、徵(读指)、羽为基本音阶。

⑦物有不通者,故不事也:事物不和谐通畅,所以成就不了事情。

⑧言有曲故:言语有所偏差和曲解的缘故。

【译文】

所以说,口是人体的一个机关,可以用来宣布和封锁内心的情意。耳朵和眼睛是心灵的辅助者,用它们来窥察奸邪。所以说口、耳、目三者相互协调和呼应,从而使人朝着有利的道路发展。因此,言辞繁复而思绪并不紊乱,自由翱翔而并不迷惑,世事变动而始终不遭危险,关键在于观得了要领,把握了规律。所以,对于没有视力的人,就没必要让他看五彩缤纷的色彩;对于没有听力的人,就没必要让他听各种声音。之所以不能前往游说他,是因为他蒙昧暗滞而不值得开启。不能前去游说他,是因为对方过于浅薄,没有接受的能力。事物不和谐通畅,所以成就不了事情。古人有句话说,"口可以随意地吃东西,却不可以用来乱说话",这是因为言语是有所顾忌和隐讳的。众口一致的言辞可以把金属熔化,这是因为言语有所偏差和曲解的缘故。

【原文】

人之情,出言则欲听[①],举事[②]则欲成。是故智者不用其所短,而用愚人之所长;不用其所拙,而用愚人之所工[③],故不困[④]也。言其有利者,从其所长也;言其有害者,避其所短也。故介虫[⑤]之捍[⑥]也,必以坚厚[⑦];螫虫之动也,必以毒螫[⑧]。故禽兽知用其长,而谈者[⑨]亦知其用而用也。

【注释】

①听:这里是使动用法,使……听从。

②举事:这里指办理事情。

③工:工巧、擅长。

④困:意思是陷于困窘的境地。

⑤介虫:即甲虫。

⑥捍:抵御。

⑦坚厚:这里指其坚厚的外壳。

⑧毒螫:指蜜蜂、胡蜂等尾部的毒刺。

⑨谈者:指靠言谈游说的人。

【译文】

人之常情,言语说出就希望别人能听从,办理事情就希望能成功。因此,有智慧的入不用自己的短处,而去利用愚蠢者的长处;不用自己笨拙的地方,而去利用愚蠢者所擅长的方面,所以做起事来就不困难。我们常说如何对自己有利,就是要发挥自己的长处;如何才能避害,就是要避开自己的短处。所以甲虫抵御外敌,一定是用自己坚厚的甲壳;那些有毒蜇的动物进攻别人,一定是用自己的毒刺刺入。昆虫鸟兽都知道利用自己的长处,我们游说策士更应该懂得如何利用自己的长处了。

【原文】

故曰:辞言①有五,曰病、曰怨、曰忧、曰怒、曰喜。病者,感衰气②而不神③也。怨者,肠绝④而无主⑤也。忧者,闭塞⑥而不泄⑦也。怒者,妄动⑧而不治⑨也。喜者,宣散⑩而无要也。此五者精则用之,利则行之。

【注释】

①辞言:与人交谈。

②衰气:下降的气势。

③不神:没有精神。

④肠绝:比喻极其悲痛。

⑤无主:没有主意。

⑥闭塞:堵塞。

⑦不泄:不能宣泄。

⑧妄动:大胆的,未仔细考虑的行动。

⑨不治:没有条理。

⑩宣散:松散。

【译文】

所以说:言谈有五种情况:一是病态之言,二是哀怨之言,三是忧郁之言,四是愤怒之言,五是喜悦之言。一般地说来,病态之言是言谈感受到衰竭之气而不精神;哀怨之言是言谈忧愁悲痛没有主见;忧郁之言是情感关闭阻塞不能宣泄;愤怒之言是草率行动而没有条理;喜悦之言是说话自由散漫没有重点。以上这五种外交辞令,精通就可以使用,有利就可以实行。

【原文】

　　故与智者言，依于博；与博者言，依于辩；与辩者言，依于要；与贵者言，依于势；与富者言，依于高；与贫者言，依于利；与贱者言，依于谦；与勇者言，依于敢①；与过者②言，依于锐③。此其术也，而人常反之④。是故与智者言，将以此明之；与不智者言，将以此教之；而甚难为也。故言多类⑤，事多变。故终日言不失其类，而事不乱；终日不变，而不失其主⑥，故智贵不妄⑦。听贵聪，智贵明，辞贵奇。

【注释】

①敢：果敢。

②过者：进取的人。

③锐：坚决。

④反之：意思是反其道而用之。

⑤吉多类：言谈的方法很多。类，种类，类别。

⑥主：主旨。

⑦智贵不妄：意思是聪慧之人的可贵之处就是不致紊乱。妄，胡乱。

【译文】

　　所以，与聪慧之人交谈，依靠的是知识渊博；与博学之人交谈，依靠的是雄辩；与巧辩之人交谈，依靠的是得其要领；与尊贵之人交谈，依靠的是气势；与富有之人交谈，依靠的是高雅；与贫穷之人交谈，依靠的是利益；与卑贱之人交谈，依靠的是谦和；与勇敢之人交谈，依靠的是果敢；与进取之人交谈，依靠的是坚决。这些都是言谈的方法，而人们常常会反其道而用之。因此，与聪慧之人交谈，就运用这些方法阐明道理；与不够聪慧的人交谈，就运用这些方法加以教诲。然而，实际上是很难做到的。所以言谈的方法很多，而事物也是千变万化的。因而整日言谈而不失其基本方法，做事也不会出现混乱。终日言谈不加变化,就不会失去主旨,所以聪慧之人的可贵之处就是不致紊乱。听言贵在聪敏,智慧贵在高明,言辞贵在奇妙。

【解析】

所谓的"权"就是权衡。鬼谷子是先秦纵横的先驱,精于游说之道。本篇就主要讨论了如何审时度势,进行游说,并阐述了游说的原则和方法。

语言是游说的手段,而事情的真实情况则是游说的基础。选择对象乃是游说之本。因为通过对方的言辞可以揣测出他的内心情感、品性、欲望、企图。在掌握了对方的基本情况后,就要凭借自己的长处,控制对方。

鬼谷子认为:"故口者、机关也、所以关闭情意也。耳目者,心之佐助也,所以窥间见奸邪。"由此可见,口是发出言辞的机关,是用来打开和关闭情意的。不过,说是需要技巧的,不能太过直白,即不能暴露自己的内心世界,又要赢得别人的信任,还要揣测出别人的内心世界。要达到这一境界,还要借助于耳朵和眼睛,因为耳朵和眼睛是心灵的辅助器官,是用来窥探破绽、侦察奸邪的。所以说,只有心、眼、耳三者协调呼应,各司其职,按照统一谋略,有计划、有步骤地完成各自的使命,事情才能向着有利的方向发展。

篇中指出:"人之情,出言则欲听,举事则欲成。是故智者不用其所短而用愚人之所长;不用其所拙而用愚人之所工;故不困也。言其有利者,从其所长也;言其有害者,避其所短也。故介虫之捍也,必以坚厚;螫虫之动也,必以毒螫。故禽兽知用其长,而谈者亦知其用而用也。"这里,鬼谷子阐述了一个中国人重要的哲学思想——"扬长避短"。在游说过程中,一定要注意扬长避短,因为任何人都有短处,只有找出对方的短处,采用相应的游说方法,凭借自己的长处控制对方,才能进一步实施攻破对方心理防线的计划。自古以来,大智慧的人会回避自己的短处,而采纳别人的长处;会回避自己笨拙的地方而采用别人的专业特长。正因为如此,他们从来不会让自己陷入困境,总能成大事。

另外,必须意识到游说的目的是对付对方,所以要善于依据对方的意图,有选择地使用佞言、谀言、平言、戚言、静言进行游说。游说过程中,要充分发挥口、耳、目三者的作用,适时展开游说,仔细观察,谨慎巧辩。还要注意病言、怨言、忧言、怒言、喜言五种游说辞令的运用,只有精通后才能使用,只要有利就可以实行。

【应用事例】

能言善辩者能应用各种语言技巧和判断各种献说词人的方法。表达自己的意图,同时要听语言表述的人能够接受自己的观点,换言之就是说要想说服人,必须先让别人产生兴趣,别人觉得有"好处"才会产生强大的吸引力。例如让别人能够增长知识,或者是能够稳固地位,或者是能够得到想要的利益,或者是削弱敌人,或者是增强朋友帮助自己等等这些,都是能够给别人带来好处的,别人都会愿意听的。

别人愿意听,还要引人入胜,还要动听。这就要求我们在表述语言时还要对语言进行装裱、修饰,还要有逻辑、有调理、言简意赅,让语言华丽动听如行云流水一般流畅。这样,一来吸引了别人的注意力,二来巧妙的隐蔽了自己的意图,方才保证游说的成功。

采纳冷热水效应,上下两级齐收益

鲁迅先生说:"如果有人提议在房子墙壁上开个窗口,势必会遭到众人的反对,窗口肯定开不成。可是如果提议把房顶扒掉,众人则会相应退让,同意开个窗口。"当说"将房顶扒掉"的时候,对方心中的"杆秤"就会发生变化了,对于在"墙壁上开个窗口"这个劝说目标,就会顺利了。世人一看就明白,后者的损失远小于前者。因此冷热水效应在当今时代也独显出一番用处。它可以用来劝说他人,如果你想让对方接受"一盆温水",同时还不想他拒绝,那就先让他尝试"冷水"的滋味,再将"温水"送上,如此他不仅会欣然接受,更会心存感激。

一个化妆品销售公司的李经理,长年受总公司的欣赏、重用。原因很简单,他做事总能让人满意。在别人看来,李经理是什么事都难不倒他的。其实哪个人在遇事的时候不烦心，关键问题就是看你如何去面对、去解决，解决的时候采用什么样的方法既可以不得罪人，又能让对方欣然接受，这就需要一定的技巧。以下事例就是一个很好的范例。

鲁迅

上周，李经理刚开完会回来，会议内容主要是人事调动，人事调动对于一个公司可是一件大事，弄不好，原本很好的员工因为心中产生不满，可能会选择离职或者跳槽，这样就会对公司带来很大的影响，人才的流失会比较严重。因此这个"烫手的山芋"就放到了李经理的手中。上级的要求是从市区的总公司安排一个可靠且经验颇丰的人去近郊区的分公司。

看上去这是个比较简单的事情，其中的奥秘远远不止你想的那么简单。一个可靠的人才，说明此人忠实可信，一个经验颇丰，说明此人业务娴熟。又有忠实又有能力的人才公司哪个愿意放弃呢？搞不好"整丢"了那就是一大笔损失啊！这是从公司角度讲。从被选人的角度讲一下，自身业绩不错，表现又很好，不但没有得到晋升反而被调到不如原来的工作环境好，其他都不熟悉的地方，遇谁心里都会不舒服。

故此李经理开始前思后想选"人才"，选来选去觉得小张是个很适合的人选，不论是销售业绩还是服务理念，以及工作经验都是很不错的，但就是担心直接和小张说让他去近郊区的分公司小张不心甘情愿，最后再弄出一些问题，不但影响了现在的业绩，还失去了一个自己比较看好的人才。同时也顾虑小张心里不甘，到了分公司不好好表现，也担心上级责怪自己挑选的人员不合格。后来仔细盘算后找小张谈了话，李经理对小张说："上次总公司开会统计这个季度的销售额，小张你是第一啊，而且还是连续半年的好成绩啊！真没辜负当初我对你的期望。可眼下有个事情很让我为难，总公司想要两个优秀的员工分别去近郊区和远郊区的分公司担任新的重要工作。身为经理的我,实在是舍不得你,一点办法都没有。这两个地方,你任选一个吧。你选了之后我在把剩下的那个名额给其他人。小张一听虽然自己也不愿离开已经十分熟悉的市区总公司,但经理这么看重自己,还让自己先选择,已经很看重自己了,自己不能再让领导为难,同时也只好在远郊区和近郊区当中选择一个稍好点的近郊区。于是小张的选择,恰恰与公司的安排不谋而合。而且,李经理也不用费太多的唇舌,同时也不影响小张对自己的信任和忠诚。小李自己也认为选择了一项比较理想的工作岗位,这样让双方取得了满意,还把问题巧妙地解决了。

鬼谷子说:"饰言者,假之也;假之者,益损也。"即要想说服他人,就得让对方感到有益处。在这个事例中,"远郊区"的出现,相对近郊区自然是让小张心中有了"杆秤",不仅得到了上级的肯定,自己还做主选择相对较好的地方。李经理的这种做法,从大局考虑,不仅让自己的上级满意,也让下级没有太多的抱怨,同时自己也没有受到任何的为难。这样看来此种做法也是应该成为现在职场的所应提倡的。不仅不会将人才流失,反而能发挥其更大的作用,上下级也比较满意。这种做法岂不是很好的借鉴。

每每人们在判断事物时候,无意中都会做出比较,为了能让对方容易接受,以上方法会使选择之人出于趋利避害、两难当中取其易的本能心里,便会比较容易地接受你给出的选择题。

老师循序渐进成功教导学生

良好的沟通,是说服的前提,能让对方静坐下来仔细听取自己的言语最终取决于合乎对方欲望能否实现。要说服一些偏执的人,可以采用对症下药,循序渐进的策略,先聊一些与主要问题较远的任意话题,再随机应变引入实质性问题,这样不仅能逐渐拉近彼此间的心理距离,让对方比较放松的情况下将自己的言论听于心从而起到教导对方的目的,从表面上看起来似乎有些大费周折,但事实证明这是取得说服成功的比较好的方法。

中学生小张，由于父母长期在国外工作，她自己跟随外婆一起生活，外婆对其极其的宠爱，小张生活优越，个性较散漫在学习上也有不好的行为，比如常常在上课时与周边的同学说话，虽老师多次教育，但她却改不了这个坏毛病。

有一次小张又在上课时和同桌说话，课上老师警告、提示过好多次都无济于事，无奈下课后老师找了班主任周老师。让班主任想办法解决该问题。

于是周老师便把小张叫到了办公室谈话。周老师说："小张，听物理老师说你这次摸底考试的物理成绩不错，与上一次比起来，进步很大，为这件事今天老师给你外婆打了电话，外婆听说你有很大进步十分高兴，对此老师也很高兴，这充分说明了你是一个很聪明的孩子，只要自己努力，学习就可以进步很多、很快。

另外，你爸爸妈妈长年在国外工作，你都能很好地照顾自己，有时还帮外婆做家务，这又说明了你有相当强的自我控制能力和独立能力。

这段时间老师的工作比较忙，对你的关心比以前来少了点，这是我的工作疏忽，现在老师把你找来，一是这段没有很好地照顾到你，老师表示抱歉，以后一定多加关心你，你自己有什么问题也可以随时来找老师。二是想了解一下你最近的学习情况，看是不是达到了上次你对自己提出的要求，或者看你进步有哪些，你能和老师谈谈吗？"听罢小张觉得很不好意思，老师对自己是这么给予厚望，违反课堂纪律老师虽没有批评我，还觉得她自己做得不够，我以后真需要好好遵守课堂纪律，把所有的坏毛病都改正。小张红着脸对周老师说："我这段时间表现得还是不够好，有时老师在上面讲课我不愿意听就和旁边的同学说话，即使老师提醒我了，我还是控制不好自己。"周老师就针对这个问题给小张做了进一步教导："这样认识很好。你上课说话不仅没有听清老师课上内容，还影响到其他同学，但你已经能意识到老师在提醒你，同时你也在克制自己，只是由于长期的习惯还不能立刻改正，才使你没有很好地控制好自己。慢慢来，你能有自我控制的意识就是很大的进步，老师相信你可以慢慢改正的。人的一生中总会犯这样那样的错误，要想立刻改正那是不现实，只能是认识到错误后慢慢克服以往的习惯,树立新的目标,所以你不要有太大的压力。"

周老师又提出:能不能顺便和老师再一起探讨一下,出现这种现象的原因主要在哪里呢? 找出主要原因后咱们再努力克服它,你觉得好吗?"经过周老师和小张十分良好的沟通。一方面周老师指出了上课违纪的危害性,另一方面学生也谈出了自己对问题的看法。并保证下次会做得更好。

要想让对方听从自己的劝导,必须先让对方从心底认为是对自己有益处的,是真心的,上面事例中,周老师对缺乏自制力的学生小张就是运用了这点,先让小张从心底认为自己的做法是不对,从而引入主题,顺利让学生接受自己的教导,并努力改正。周老师先从关心询问到互相探究,针对实际情况逐步分析学生的内心变化,步步深入,最后接触实质性问题将其解决的方法实在是合理巧妙。这里对症下药,方法得当,循循善诱,是最终取得了说服的成功的关键之所在。

人尽其才,书生陆贾建奇功

汉高祖刘邦征战南北,主要靠的是武将。他一向认为,读书人派不上大用场,因此,也最讨厌书生在他面前卖弄文采。但是,刘邦用陆贾,却打破了惯例。

陆贾是楚国人,他满腹才学,胸怀大略,作为刘邦的幕僚,跟随其左右,为刘邦出谋划策,屡建奇功。汉初,中原人赵佗在南越自立为王,自然成为刘邦统一天下的一个障碍。为招抚赵佗,刘邦特派陆贾前去做工作。

赵佗听说汉使到来,不以为然,很不礼貌地接待陆贾。陆贾一见赵佗,便正气凛然地说:"足下是汉人,亲戚,胞弟和祖坟也都在真定。现在您却忘记了我们的风俗和传统,竟然想凭借南越这一小块地盘与汉朝抗衡,等待您的只能是大祸临头。以前秦朝失掉政权,各方英雄豪杰纷纷起来抗争,唯有汉王先进入关中,占据咸阳。项羽自立为西楚霸王,诸侯们都附归于他,可以说是够强盅的了。然而,汉王在五年之内就消灭了项羽,平定了海内。今天汉王听说您自立为南越王,将相们都主张讨伐南越,只是天子不想再让百姓受连累,才派我带南越王的金印授予您。您该早早出城郭迎接，北面称臣才是，而您却不识时务，想以这一块小地方称霸，我们只要派一员偏将，率上十万人，就能轻易将你打败。"赵佗听罢这一席话，赶忙起身谢罪说："我久居边远地区，不懂礼节，请先生谅解！"

陆贾代表汉高祖拜赵佗为南越王，授给他金印，命令他向汉朝称臣。陆贾圆满完成使命回朝，刘邦大为高兴，拜他为大中大夫。

陆贾经常在刘邦面前谈读论书，刘邦不愿意听，发脾气说："我在马上得天下，哪里用过诗书之道！"陆贾丝毫不怯，他以史为证分辩道："在马上得的天下，难道还能在马上治理天下吗？成汤、周武王夺取政权之后，文才武将并用，这才是治理国家的长远之策。吴王夫差、晋之智伯穷兵黩武，而身败名裂；秦始皇统一中国后专用刑法，终于灭亡。如果秦王朝兼并六国之后，提倡仁义，效法先圣，陛下还能得天下吗？"

这一席话说得刘邦无言以对，他虽然心里不快，但还是觉得这话有道理，便惭愧地说："先生能否为我写一本秦朝何以失天下、我能够得天下的书，来总结古今治国成败的经验？"陆贾很高兴地答应了，后来，他果真写了一部《新语》，刘邦逐篇阅读后，大为赞赏。

刘邦驾崩后，吕太后专权，陆贾告老还乡。但陆贾看到吕太后封吕氏兄弟为王，胡作非为，很为国家前途担忧。一次，他前去找右丞相陈平。陆贾见陈平郁郁不乐，笑着说："足下位极相国，封之为万户侯，真是荣华富贵至极，还忧愁什么呢？是不是担心皇上年幼，吕氏兄弟篡权？"陈平见陆贾将话说明，也直截了当："先生有何良策，请赐教。"陆贾说："天下平安之时，众人皆注意丞相；天下危难之际，大家则关注将帅。将相和睦，贤能之士都前来归附，有了贤士们的支持，天下即使发生叛乱，大权也不会分散，国家就能保持稳定，您现在为何不和太尉周勃深交呢？"

陈平依照陆贾的计谋，在庆祝太尉周勃寿辰的时候，送去了五百两黄金祝寿，平时也注意与周勃交往，两人的感情越来越深。这样使得吕太后不敢肆意作乱。吕太后死后，陆贾在消灭吕氏兄弟、立汉文帝的过程中又立下了大功。

能用人者，无敌于天下。用人，需要"因时制宜"。在得天下时，重用的是武将；而治理天下时，就需要多使用有治国才能的文人。正所谓：人能尽其才，则百事兴。就现代而言，无论是治理一个国家，还是管理一个公司，要选用方方面面的人才，不要因为部门小或是职能小而不重视人才的选择，作为一个领导者或管理者要有这样的理念：知人善任。

用他人之长做大事

每个人自身都会有一定的天赋，就如李白说的"天生我材必有用"一样，学会观察一个人的特别之处会给自己的事业带来意想不到的收获。巧妙地运用一个人的长处，不仅使自己做事事半功倍，也是善用人才的一个极好的方式方法。不要对那些他人看不起或者被人议论的人置之不理或轻视，每个人的天赋不同，只是有的被开发有的没有被发现罢了。一个人的天赋或者特殊技巧被合理运用，会有意料之外的结果发生。

古时，予思是一名将领，带兵打战是一名好手。他十分注意有一技之长的人，善于利用这些人的长处为自己的战役所服务。有一个小偷听说了这件事，便去找了予思，说："听说您愿意起用有技艺的人，不瞒您说，我是个小偷，以往不务正业，游手好闲，靠偷盗为生，您如果愿意收留我，我愿意为您差使，用我的技艺为您服务。"

予思听过小偷的言语，见他满脸诚意，很是高兴，就当场留下了小偷，并对小偷以礼相待，小偷见此，受宠若惊，没想到予思作为一名将领会对自己是如此信任，便暗暗心底发誓一定要为予思拼命服务。

予思手下的将士们听说后便纷纷都来劝谏："小偷是盗贼，为人民所不齿，您怎么能对此类人如此尊重呢？"

予思听罢摆摆手笑笑说："你们一时难以理解的，我也明白你们的心思，现在不便定太早的结论,日后你们就会明白的,我自有我的道理。请各位将士不要再言论此亨。"

事后不久正逢与敌对抗,连续 3 次交锋,都败下阵来。予思召集大小将领商议策略,结果将领们想了好多策略,纵使每个将士都很忠诚,可是击退敌军却一筹莫展,而敌军却愈战愈强。

面对如此紧张的形势,小偷来到帐营,主动请缨。对予思说:"我有个办法,只是不知道可不可取,您先听听要是实在不可行,我们再另做打算,现在就请让我试试吧。"予思和小偷商议后,觉得小偷的方法很可取便同意了小偷的做法,并派遣了小偷去敌军战营。

那一夜,小偷溜进敌军营内,神不知鬼不觉地将敌军首领的帷帐偷了出来,回来后交给了予思。予思便派了一个通讯员将帷帐送还给敌军并对敌军说:"我们有一个战士出去砍柴,时得到了将军的帷帐,经确定想必是你们的物件,现在特此来送还。"敌军将士惊诧万分。

第二天,小偷又潜进敌营,偷取了敌军首领的枕头。予思同样又派人将枕头送还了回去。

第三天,小偷再次进入敌营,偷取了敌军首领的帽子。予思第三次派人将帽子送还,这一回,敌军首领已经惊恐不已,不知所措。军营中众多士兵们也开始议论纷纷,各级将领大为惊骇。于是,敌军首领召集军中将士们商议对策。对他的士兵说:"我觉得咱们今天再不退兵,只怕今晚我的脑袋就要被他们拿去了!"于是敌军首领立即下令全部撤退。

第二日,敌军全部撤退,并对此次战役无法解释,认为予思军队前几次军败只是为了试探自己的实力大小,故意败于自己,考察虚实后觉得没必要攻打就能把自己消灭,所以送还东西只是一个警告和提示,自己还是识相些为好。

敌军撤退后,予思大大嘉奖了那个小偷,众将士无不佩服予思的用人之道。终于明白当初予思为什么特别重视有一技之长的人,为什么当初要将小偷留下的意图了。从此更加敬佩予思,追随予思打了一次又一次的胜仗。

国学经典文库

鬼谷子全书

·《鬼谷子》释义通解·

图文珍藏版

鬼谷子说："是故智者不用其所短而用愚人之所长；不用其所拙而用愚人之所工；故不困也。言其有利者，从其所长也；言其有害者，避其所短也。"予思宽阔的胸怀感动了小偷，小偷如果损害社会人民，的确该绳之以法；如果改邪归正，把技艺特长用到有益的地方，有时也能干出大事来。

给对手留面子，给自己留退路

聪明的人在与人交往时，为自己争得面子的同时，也不会忘了给别人也留些尊严，包括他的对手。

1922年，土耳其下决心把希腊人逐出土耳其领土，土耳其最终获胜。当希腊的迪利科皮斯和迪欧尼斯两位将领前往土耳其总部投降时，土耳其士兵对他们大声辱骂。但土耳其的总指挥凯墨尔却丝毫没有显现出胜利的骄傲。他握住他们的手说："请坐，两位先生，你们一定走累了。"他以对待军人的口气接着说："两位先生，战争中有许多偶然情况。有时，最优秀的军人也会打败仗。"

这使两位败军之将都十分感动，并没有因吃了败仗投降而产生沉重的羞辱感。后来希腊和土耳其两国之间也并没有大的怨隙，更没有因打仗而绝交。凯墨尔将军一番得体的话让敌人保住了面子，也赢得了发展友谊的可能性。试想，倘若凯墨尔也像士兵那样羞辱那两位投降的将军，使他们心怀怨恨，那么，可想而知，不但友谊无从谈起，战事在将来也会不可避免。

1977年8月，几名克罗地亚人劫持了美国环球公司从纽约拉瓜得机场至芝加哥奥赫本的一架班机，在与机组人员僵持不下之时，飞机兜了一个大圈，越过蒙特利尔，纽芬兰，最终降落在巴黎戴高乐机场。在这里，法国警察打瘪了飞机的轮胎。

飞机停了3天，劫机者同警方僵持不下，法国警方向劫机者发出最后通牒："喂，伙计！你们能够做你们想做的任何事情，但美国警察已到了，如果你们放下武器同他们一块回美国去，你们将会判处不超过2年至4年的徒刑。也可能意味着你们也许在 10 个月左右释放。"

法国警察停顿片刻,目的是让劫机者将这些话听进去。接着又喊:"但是,如果我们不得不逮捕你们的话,按我们的法律,你们将被判处死刑。那么你们愿意走哪条路呢?"劫机者被迫投降了。

劫机者一方面因为机组人员的抗拒和警方的追捕而无法达到预定目的,另一方面由于不清楚警方的态度而不敢轻易放下武器,陷入进退两难的痛苦局面。法国警察在劝说中给足了劫机者面子,明确地向对方指出了两条道路:投降或者顽抗,投降的结果是 10 个月左右的徒刑,而顽抗的结果只能是死刑。面对这两条迥异的道路,早已心慌意乱的劫机者肯定识相地选择弃械投降。

一般人最大的特点就是爱面子,无论做什么事都会先考虑到自己的面子。面子说白了就是尊严,被人重视,被人尊重。因此,聪明的人在与人交往时,为自己争得面子的同时,不会忘了给别人也留些尊严,爱护别人甚至对手的面子,这一点非常重要。

对于铤而走险的对手,同样要留下余地,留下回旋的余地。把对手逼上绝路只会导致负隅顽抗。而"歼敌一千,自损八百",这对于双方都没有好处,也不是解决问题的办法。

世界上任何一位真正伟大的人,都善于保住失败者的面子,而不会得意忘形地去陶醉于个人的胜利。虽然不一定与对手成为朋友,但只要不使对手颜面尽失,产生不共戴天的仇恨,一般情况下是不会成为"死敌"的。

俗话说:没有永远的朋友,也没有永远的敌人。对手与朋友之间的差别,有时候只是在于"面子"上是否过得去。

看透本质,反其道而行之

反其道而行之,并非离经叛道,而是一反其常规的好做法。往往能获得更多的启示。不过,这需要在洞察事物发展规律的基础上进行。正如大禹治水,筑堤不行就疏通，做法虽相左，但所起的效果相同。

宋神宗熙宁年间，越州（今浙江绍兴）闹蝗灾。只见蝗虫乌云般飞来，遮天蔽日。所过之处，禾苗全无，树木无叶，一片萧瑟景象，庄稼颗粒无收。这时，素以多智、爱民著称的清官赵汴被任命为越州知州。赵汴一到任，首先面临的是救灾问题。越州不乏大户之家，他们有积年存粮。而老百姓在青黄不接时，大都过着半饥半饱的日子，而一旦遭灾，便缺大半年的口粮。灾荒之年，粮食比金银还贵重，哪家不想存粮活命？一时间，越州米价腾贵。面对此种情景，僚属们都沉不住气了，纷纷来找赵汴，求他拿出办法来。借此机会，赵汴召集僚属们来商议救灾对策。

大家议论纷纷，但有一条是肯定的，就是依照惯例，由官府出告示，压制米价，以救百姓之命。僚属们说附近州县已经出告示压米价了，我们倘若还不行动，米价天天上涨，老百姓将不堪其苦，会起事造反的。赵汴静听大家发言，沉思良久，才不紧不慢地说："今次救灾，我想反其道而行之，不出告示压米价，而出告示宣布米价可自由上涨。""啊！"众僚属一听，都目瞪口呆，先是怀疑知州大人在开玩笑，而后看知州大人蛮认真的样子，又怀疑是否这位大人吃错了药，在胡言乱语。赵汴见大家不理解，笑了笑，胸有成竹地说："就这么办，起草文告吧！"

官令如山，大人说怎么办就怎么办。不过，大家心里都直犯嘀咕：这次救灾肯定会失败，越州将饿殍遍野，越州百姓要遭殃了！这时，附近州县都纷纷贴出告示，严禁私增米价。若有违犯者，一经查出，严惩不贷。揭发检举私增米价者，官府予以奖励。而越州则贴出不限米价的告示，于是，四面八方的米商闻讯而至。开始几天，米价确实增了不少，但买米者看到米上市得太多，都观望不买。过了几天，米价开始下跌，并且一天比一天跌得快。米商们想不卖再运回去，一则运费太贵，增加成本；二则别处又限米价，于是只好忍痛降价出售。这样，越州的米价虽然比别的州县略高点，但百姓有钱可买到米。而别的州县米价虽然压下来了，但百姓排半天队，却很难买到米。所以，这次大灾，越州饿死的人最少,受到朝廷的嘉奖。僚属们这才佩服了赵汴的计谋,纷纷来请教其中原因。赵汴说:"市场之常性,物多则贱,物少则贵。我们这样一反故常,告示米商们可随意加价,米商们都蜂拥而来。吃米的还是那么多人,米价怎能涨上去呢?"

透过事物的表象,掌握事物发展的规律,赵汴打破惯有做法引来诸多商家,从而使整个城中的粮食增多,因而米价下跌,反其道而行之,达到了预期的效果。

蒯彻以"权"赢得生机

蒯彻是西汉初期的一位有名的政客,他聪明过人,深谋远虑,而且是一位出色的辩才。

蒯彻曾经是韩信的谋士,在他的劝谏下,韩信背叛刘邦,自立为王。当时,大将军韩信奉刘邦之命率领大队军马向东攻打项羽。韩信一路奋勇杀敌,势如破竹,不仅破三秦,灭魏、赵,而且在他的大力进攻下,把齐军打得溃不成军。

就在韩信取得连连胜利,准备回去向刘邦复命时,他身边的谋士蒯彻劝告他说:"将军,请不要过于相信刘邦,您这次全力为他效命,他顶多也只是给你些赏赐,不如先与他们三分天下,以后看准机会,以出其不意之势再图大业。这才是将军应该做的啊!"

韩信听了蒯彻的这番话,觉得有悖他为人属下的忠义之道,所以就没有采纳蒯彻的建议。

结果,在刘邦称帝后,他觉得韩信手握大量兵权,担心韩信谋反,所以决然地剥夺了韩信的兵权,还把韩信软禁在长安。韩信这时才后悔没有听蒯彻的劝谏,可惜晚矣。后来,由于韩信被陈豨谋反的事件所牵扯,吕后和萧何设计诱捕了韩信,将韩信杀了。

后来,刘邦派人把蒯彻抓来,并亲自审问他。刘邦问蒯彻:"你是否曾经鼓动韩信背叛大汉,自立为王?"

蒯彻连想都没想,回答道:"是的,我的确这样做过。但可惜韩将军当时没有听我的建议,因为他觉得叛汉而自立,有悖于他的忠义之道,可他最后还是落得个身首异处的下场。如果他采用了我的计策,皇上哪能杀得了他呢?"

刘邦听后,龙颜大怒,立即下令把蒯彻烹死。

蒯彻连声喊道:"冤枉、冤枉啊!"

刘邦说:"你如此胆大妄为,教唆韩信谋反,还敢说'冤枉'?"

蒯彻回答说:"当初,秦朝实行暴政,得罪了天下豪杰,众人揭竿而起,与其抗衡。这就好像一只鹿,天下技艺高超的猎手都抢着捕捉,谁跑得比它快,捕猎本事高人一等,谁就能逮住它,并能品尝它的美味。那时,天下人并不知道陛下能成为一国之君,都是各为其主。我也不例外,只知道为韩信尽忠,这岂能责怪我?况且,天下有很多人都想当皇帝,只是力量不足罢了。难道陛下能把他们全都抓来烹死吗?如果只是因为我过去忠于自己的主子,就被皇帝烹死,那么今后天下人会怎样看待陛下呢?"

刘邦听了蒯彻的这番话,觉得有理,于是就赦免了蒯彻的死罪。

在游说过程中,一定要注意扬长避短,因为任何人都有短处,只有找出对方的短处,采用相应的游说方法,凭借自己的长处控制对方,才能进一步实施攻破对方心理防线的计划。从这点看,蒯彻的确是一位出色的权术运用者,他懂得在关键时刻扬长避短,即将自己曾鼓动韩信谋反一事避回去,进而用猎手捕鹿的现象引出自己为韩信尽忠是他的职责所在,让刘邦觉得他即使曾经为韩信出谋划策也是情有可原的,最终蒯彻以他的巧言和机变为自己赢得了生机。

阿柴善言明智,避免内乱

北魏时期,吐谷浑部落酋长阿柴有二十个儿子,个个英武骁勇。阿柴担心自己死后,儿子们因大位之争而相互争斗。他深知如果一个国家内部四分五

国学经典文库

鬼谷子全书

·《鬼谷子》释义通解·

图文珍藏版

裂，那么整个王国也就离灭亡不远了。

所以，阿柴在病重的时候，硬撑着病体安排各项政务。临终前，阿柴将自己的弟弟、子侄们召集到病床前。阿柴让儿子们每人献出一支箭来。先取出其中的一支，交给弟弟慕利延，命他将其折断。

于是，慕利延随手一折，只见那支箭很轻松地就断了。但他心里却不明白哥哥的用意。

接着，阿柴又将其余的十九支箭合成一束，交给慕利延，让他试着将其折断。慕利延按照阿柴的话去做，但是他费尽全身的力气，却无法折断它们。

直到此时，众人还是不明白阿柴的用心。

后来，阿柴指着这些箭，问道："你们知道我让你们这么做的道理吗？"

众人一起摇了摇头。

阿柴语重心长地对众人解释道："一支箭容易折断，但十九支箭的力量合起来，就难以摧毁；其实，对于国家也是一样的，如果王国内部分裂，单凭个人的力量是无法抵御外敌的，这样国家很快就会灭亡了；只有大家同心协力，国家才能长治久安。"

阿柴支撑着说完这番话，就与世长辞了。

吐谷浑部落的人们都按照阿柴的遗志去做，他们的部落也越来越兴旺，百姓的生活也日益安定了。

鬼谷子认为，智慧最可贵之处在于有条不紊。听言贵在清楚明白，智慧贵在明辨事理，言辞贵在变化莫测。与智慧者交谈，就要依靠广博的知识；与笨拙者交谈，就要依靠善于巧辩；与善辩者交谈，要依靠简明扼要；与地位显赫者交谈，就要依靠气势；与富人交谈，就要依靠高雅；与穷人交谈，就要依靠利益；与卑贱者交谈，就要依靠谦敬；与勇敢者交谈，就要依靠果敢；与过激者交谈，就要依靠敏锐。可见，游说辞令有很多类型，事情随时会变化。所以，整天交谈不脱离事物的类别，就不会把事情搞乱。每天言谈的内容不改变，就不会失去根本的宗旨。阿柴不仅是一位明智的君主，而且还是一位深谙"权术"的智者，他知道子侄之间的和睦与否，直接关系到社稷的存亡。所以，在弥留之际，他以箭为例，对大家说明团结的重要性，这让众人受惠无穷，也使他的部落安定繁荣。

韩亿以巧言应对契丹国王

宋仁宗时，尚书左丞相韩亿奉命出使契丹。当时，章献太后的外亲担任副使，此人功利心很重，一直想找合适的机会在章献太后面前显耀功德，以便从中得到封赏。所以，他暗下决心，要借这次出使契丹的机会，好好表现，谋取功劳。于是，这位副使在契丹假传圣旨，说太后告谕契丹，南北两朝应该和好休战，等等。

次日，契丹的国主就向韩亿询问此事，说："既然皇太后有旨，为何大使不告诉我们呢？"

韩亿对此事原本全然不知，听契丹国主如此说，他顿时就明白这一定是副使假传圣旨，用以表现自己的功劳。不过，此事关系到两国之间日后的关系，所以必须处理得妥妥当当，否则后果就严重了，眼下得找个适当的理由掩盖过去才行。想到这里，韩亿就对契丹国主说："国君，您有所不知，本朝每次派遣使者外出时，皇太后都要用这样的话告诫我们，并不一定要我们转达到北朝。"

契丹国主对韩亿的回答很满意，便高兴地说："太后如此圣明，这真是南北两朝百姓的福气啊！"

此时，那位副使坐在一边，早已急出了一身大汗，他万万没有想到自己的一句话就惹出了这么大的麻烦，本来正为自己的失言而担忧，生怕因此而闯祸。听了契丹国主与韩亿的谈话，才放下心来，对韩亿的答辩才能佩服不已。

由于皇太后根本没有下旨，作为使者是不能随便乱说的。那位副使急功近利，惹出了麻烦，如果韩亿对契丹国主说没有这回事，就一定会引出麻烦。所以，他只有巧妙应对契丹国主的问题，做了一个模糊的回答，不仅宣扬了章献太后的仁德，又避免了一场可能引起的事端。

孔子善于权衡，因人施言

《权篇》讲的是如何判断情势，从而运用合适的语言技巧说服对方。古代游说之士之所以能取得成功，都是掌握了不同情势，根据不同人的特点施言的结果。古之圣贤孔子，也善于根据学生的不同特点，施以不同说教，这就是善于权衡的说辩方法。

有一天，孔子的学生子路问孔子："闻斯行诸？"意思是说：听见了应该做的事情是不是马上就要去做。孔子回答说："你家里还有父兄在，得先去问问他们再说。"

过了几天，孔子的另一学生冉有也有同样的问题，他问孔子："老师，听见了应该做的事情就要马上去做吗？"孔子回答说："对，应该马上去做。"

对同一问题，孔子作了截然相反的回答，孔子的学生公西华感到很奇怪，他带着疑惑不解的心情问老师："先生，子路问您听到了应该做的事情是不是要马上去做，您回答说要回家请示父兄。可是冉有问您同样的问题，您却回答说马上去做。您的回答前后不一样，我不明白其中的道理。"

孔子回答说："子路这个人常常争强好胜，性情急躁，所以我得约束他一下，让他凡事谨慎一些。冉有这个人遇事常常畏缩不前，所以我要鼓励他办事果断一些，叫他看准了立即去办。"听了老师的话，公西华恍然大悟。原来，孔子平时十分留意各个学生的性格、爱好、特长，注意因材施教。

有一次，孔子要子路、冉有分别谈一下自己的志向。子路立即站起来表示："如果要我去治理一个拥有战车千乘，遇到战乱饥荒的国家，只要三年，我就能治平天下，使百姓安居知礼，士卒勇敢善战。"而冉有想了半天才说："如果让我去治理一个小国，我大概三年之后，就可以使老百姓得到温饱，至于建立礼乐制度，那还要等待君子去做。"他们两人的回答，正好暴露了一个急躁，一个畏缩的性格特征。孔子平时就十分留意观察，故方能因人施教。

鲁仲连平言救赵

鬼谷子说:"平言者,决而于勇。"平言就是采用平白朴实的话语,单刀直入地陈说自己的建议,以果断干练的方式增强言语的真实感。鲁仲连就是用平言挽救了赵国。

秦国军队包围了赵国的都城邯郸,诸侯们没有谁敢首先出兵救援赵国的。魏王派将军辛垣衍走小路潜入邯郸,想与赵国共同尊秦国为帝。齐国谋士鲁仲连正好在赵国,听到消息后,就去见赵国平原君赵胜。赵胜又介绍他见了辛垣衍。鲁仲连见了辛垣衍却没有说话。

辛垣衍说:"我观察住在这个被围困的城市中的人,都是有求于平原君的人,而今天我看先生堂堂的相貌,并不像有求于平原君,为什么老是住在这个被围困的城市中不离开呢?"

鲁仲连说:"秦国,是个背弃礼义而崇尚战功的国家。用权诈之术驱使将士,把老百姓都作为奴隶。如果他毫无阻碍地称帝,那么我只有投东海而死,决不做暴秦的百姓。我来见将军的目的,就是请你帮助赵国啊。"

辛垣衍说:"怎么帮助呢?"

鲁仲连说:"我将让梁国和燕国帮助赵国,齐国和楚国本来就在帮助赵国。"

辛垣衍说:"燕国的情况我不知道,如果说梁国,那我就是梁国人,先生怎能使梁国也帮助赵国呢?"

鲁仲连说:"梁国不愿意帮助赵国,是因为没有看到秦国称帝的害处。如果能让梁国认识到秦国称帝的害处,就必然会帮助赵国。"辛垣衍问:"秦国称帝有什么害处呢?"鲁仲连说:"当年齐威王曾经做得够仁义了,率领天下诸侯朝见周天子。周朝已经贫穷衰微了,诸侯都不去朝见,只有齐威王去朝见。过了一年多,周烈王死了。诸侯都去吊唁,齐国却后到。周朝的新天子周显王发怒了,向齐国报丧,说:'天崩地裂,周天子死了! 周显王坐在草席上守丧。而东边的藩国齐国的大臣田婴竟然最后才到,该将他斩首。'齐威王勃然大怒道:'哼! 你这个丫头养的!'这一来,齐威王被天下人耻笑。他之所以在周王生前去朝拜,死后斥骂,是因为确实不能忍受苛求啊! 然而,周显王是天子,本来就是这样,他的要求是不足为怪的!"

辛垣衍说:"先生,你难道没有看见那些仆役吗? 十个人服从一个主人,难道是因为十个人的力量胜不过那一个人,十个人的智慧不如那一个人吗? 只是因为畏惧主人啊!"

鲁仲连反问:"难道梁国与秦国比,就像那些仆役吗!"

辛垣衍说:"是的。"

鲁仲连说:"是这样的话,我将让秦王把梁王煮成肉酱。"

辛垣衍快快不乐地说:"嘻! 你也太过分了! 先生又怎能让秦王把魏王煮成肉酱呢?"鲁仲连说:"我一定能,待我告诉你。过去鬼侯、鄂侯、文王是纣王的三公。鬼侯有个女儿长得美,就进献给纣王,纣王认为丑,就将鬼侯煮成肉酱。鄂侯急切地为之争辩,就将鄂侯烤成肉干。文王听后,喟然长叹,因此被抓起来在羑里的监牢里关了一百天,想让他死。为什么一个人与别人都称王,终于落到被弄成肉干、肉酱的地步呢? 齐滑王将到鲁国去,夷维子执马鞭跟随。他对鲁国人说:'你们将怎样对待我的国君?'鲁国人说:'我们将用十只牛来款待你的国君。'夷维子说:'我的国君是天子。天子巡视诸侯之国,诸侯应当退出正殿不住,把钥匙交给天子,亲自提起衣襟,为天子搬设几案,并在殿堂下侍候天子吃饭。等天子吃完饭后,诸侯才退下去处理国事。'鲁人听后,就关门下锁,不让他入境。他们又前往薛地,借道于邹国。当时,邹国国君刚死,齐滑王想进去吊唁。夷维子对邹国太子说:'天子来吊唁,主人必须改变灵柩的方位,把它从居北朝南,改为居南朝北,然后天子朝南吊唁。'邹国的群臣说:'如果要这样做的话,我们将自刎而死。'他们又没有敢进入邹国。邹、鲁两国都是贫弱之国,国君生时,臣子不能侍奉供养;国君死后,臣子不能行饭含之礼。然而,如果谁想强迫邹、鲁的臣子对他行天子之礼,他们就不答应。如今秦国是万乘之国,梁国也是万乘之国,两国都互相称王,看见对方打了一次胜仗,就想做他的仆从,称他为帝。这样做,赵、梁、韩三国的大臣,实在还不如邹、鲁两国的奴仆姬妾啊!如果不制止秦国称帝,那么他将撤换各诸侯国的大臣,他将把他所认为不贤的撤掉,换上他所认为贤能的;把他所憎恨的撤掉,换上他所喜爱的。他还将让他的女儿和那些专爱挑拨离间的侍妾去做诸侯的妃子和爱姬,将这些人安置在梁国宫中,梁王还有安宁之日吗? 而将军您又怎能再得到过去的宠幸呢?"

辛垣衍听到这里,站起来向鲁仲连一再拜谢说:"我今天才知道先生果然是天下的贤士啊! 我将离开赵国,不敢再提让秦国称帝的事了。"秦将听说这件事后,将军队从赵国城下后撤了五十里。

在这个故事里,鲁仲连用平实公正的言词,既不讨好,也不危言耸听,而是直陈利害,以果断不疑的方式增强了言语的严肃性,使辛垣衍见到了其中的利害关系,离开了赵国。

苏轼说:"鲁仲连的辩才胜过张仪、苏秦,气势凛然于淳于髡、邹衍之上。排难解纷,功成而不领赏。战国时只他一人而已。"穆文熙说:"鲁仲连挫败让秦国称帝的计划,使秦国将领因此而退兵。这就是《淮南子·兵略训》所说的'庙战',胜敌于庙堂之中而不动兵戈。"

虞卿驳斥割地求和

鬼谷子说:"静言者,反而于胜。"静言就是采用稳重沉着的话语,找出对方计谋的不足,予以辩驳,让对方理屈词穷,从而使对方认同自己的观点。

秦国在长平向赵国军队发起进攻,大败了赵军,随即班师回国。然后又派使者向赵国索取六座城池,作为讲和的条件。赵国不知如何是好。楼缓刚从秦国回来,赵王就与楼缓商量说:"给秦国六城会怎么样? 不给又会怎么样?"楼缓推辞说：“这不是我所能知道的事。”赵王说：“虽然如此，你也谈一下你自己的意见吧。”楼缓说：“大王听说过公甫文伯的母亲吧？公甫文伯在鲁国做官，生病死了，妻妾中为此自杀在房中的有十六人。他的母亲听说后，一声不哭。奶妈就说：‘哪里有儿子死了却不痛哭的人啊？’他母亲说：‘孔子是个贤人，被逐出鲁国，别人都没有跟随他去。如今我儿子死了，为他而死的妇人就有十六个，这说明他生前对于长者不够尊重，而对妇人过于宠爱。’从母亲角度而言，是个贤者；从妇人角度看，就难免被认为是个妒妇。所以，同样一句话，说的人不同，其心理也就不一样了。如今我刚从秦国回来，说不给六城，就不是在为大王考虑；说给六城，就怕大王要认为我是在为秦国考虑了。所以不敢答对。如果让我为大王考虑的话，不如把六城给了秦国。”赵王说：“好！”

虞卿听说后，进来面见赵王，赵王把楼缓的话告诉了他。虞卿说：“这不过是遮掩之辞罢了。”赵王问：“为什么这样说呢？”虞卿说：“秦国攻打赵国，是因为军队疲惫了才退兵的呢？还是他还有足够的力量进攻，却因为爱怜大王而不再进攻的呢？”赵王说：“秦国进攻我国，是不遗余力的，必然是因为疲惫了才退兵的。”虞卿说：“秦国用尽力量攻打无法战胜的赵国，疲惫而归。大王又将他不能攻取的土地送给他，这是帮助秦国攻击自己呀。明年秦国再来攻打大王，大王就没有办法自救了。”

赵王将虞卿的话告诉了楼缓。楼缓说：“虞卿能够完全知道秦国的力量所能达到的目标吗？假如他真知道，这六城不过是弹丸之地，却舍不得给，使得秦国再来进攻，大王能够不割让腹地去讲和吗？”赵王说：“真的听了你的话，把六城割给秦国，你能肯定来年秦国不再进攻我国吗？”楼缓回答说：“这不是我敢承担的责任。过去韩、魏、赵三国都与秦国交好，互相亲善，如今秦国放过韩、魏两国单单进攻赵国，说明大王亲善秦国不如韩、魏两国。现在如果我为您调解因为有负于秦国而招致的进攻，打开关防，互通友好，又与韩、魏相亲善。但等到明年，大王唯独没有取悦于秦国，这样必然是不如韩、魏两国对秦国侍奉周到。我怎敢保证秦国不再来进攻赵国呢！”

赵王又将楼缓的话告诉了虞卿。虞卿说:"楼缓说不讲和,来年秦国还要进攻赵国,只有割让腹地去讲和。现在又说,割让六城他也不能保证秦国不再进攻赵国,那么割地又有什么用呢?来年再进攻,又割让他们无法攻取的土地去讲和吗?这是自杀的办法啊!不如不讲和!秦国虽然善于攻战,但他无法取得六城;赵国虽然不善于守卫,也不至于失去六城。秦国疲惫而归,必然会罢兵。我们用割六城的办法交好其他诸侯,以攻击疲惫的秦国,这就使我们失去了一些土地,却可以从秦国得到补偿,我国还能获得一些利益。为什么坐而割地,削弱自己,壮大秦国呢?如今楼缓说:'秦国与韩、魏友好而只攻赵国,必然是大王侍奉秦国不如韩、魏两国。'这是让大王年年割六个城池去侍奉秦国,坐等赵国的土地被割让完毕啊!明年秦国再要求割地,大王还给他吗?不给,就是白白丢了前面割让的土地,让秦国抓住寻衅的借口;给他们,那又无地可给了。古话说:'强者善攻而弱者不能自守。'如今赵国对秦国俯首帖耳,秦军不受什么损失就得到许多土地,是壮大秦国而削弱赵国啊!以越发强盛的秦国,来割取日益弱小的赵国,他们会中途罢手吗?秦国犹如虎狼之国,没有礼义之心,他的欲望永无止境,而大王的土地是有限的,用有限的土地,去满足没有止境的欲望,其结果必然是赵国的彻底灭亡。所以说楼缓的话是遮掩之词。大王一定不要将六城割给秦国。"赵王说:"好啊!"

楼缓听说后,又去见赵王。赵王又把虞卿的话告诉了他。楼缓说:"不是这样的。虞卿只知其一,不知其二。秦、赵结为怨仇,天下人都高兴,为什么呢?因为可以依附强国进攻弱国。如今赵国的军队被秦军围困,天下要祝贺的战胜者,必然是秦国。所以不如马上割地求和,以疑惑天下人,安慰秦国。不然的话,天下人将借着秦国的怒气和赵国被打败的机会瓜分赵国。灭亡赵国哪里只是秦国的企图呢?大王赶快做出决断,不要再犹豫了。"

虞卿听说后,又去见赵王说:"危险啊!楼缓来就是为了秦国啊!赵国军队被秦国打败,又割地求和,这样使天下愈发疑惑。谈什么安慰秦国呢?不是向天下人充分表现出自己的软弱吗?况且我说不要给秦国六城,并不是一定不给。秦国向大王索取六城,而大王拿六城去贿赂齐国。齐国是秦国的仇敌,得到大王六个城市,必然会拼全力向西攻击秦国。不用等到众人争论结束,齐王就会按大王的请求去做。这样的话,大王虽然给了齐国土地,却会从秦国得到补偿。一举结下韩国、魏国、齐国三国之亲,而与秦国分道扬镳。"赵王说:"好啊!"于是派虞卿出使东方去见齐王,与齐国商量共同对秦的事,虞卿还没有从齐国回来,秦国来的使者已经到了赵国。楼缓听说后,立即逃走了。

议论割地求和的坏处,从来没有像虞卿说得这样痛切畅快的。

在这里虞卿对赵王的游说,实际上就是与楼缓的一次谋略之辩。虞卿抓住了事物的本质,陈清了其中的利害关系,分析了利弊,其话语更具震慑力,由此取得了赵王的认同。

东方朔正话反说救人命

在游说过程中如何依据权宜局势、随机应变地选择恰当地说辞是游说者必须具有的才能。

有些话,直接说可能会使对方不能接受,为了避免尴尬,不妨从反面说起。

汉武帝刘彻有位乳母,也就是人们常说的奶娘。这位乳母在宫外犯了罪,被官府抓了,并禀告汉武帝。汉武帝心中十分为难,毕竟是自己的乳母,滴水之恩当涌泉相报,何况自己是她用乳汁养大的。但是,天子犯法与民同罪,如果不处置她,有失自己天子的尊严,以后何以君临天下。思来想去,汉武帝决定以大局为重,依法处置自己的乳母。

乳母深知汉武帝的为人,知道自己凶多吉少,便想起了能言善辩的东方朔,请求东方朔能够帮自己一把。

东方朔也颇感为难,他想了想说:"办法也有,但必须靠你自己。"

乳母急切地问:"什么办法?"

"就在你被抓走的时候,要不断地回头注视武帝,但千万不要说话,这样你也许还有一线希望。"

乳母虽不解其中玄机，但还是点了点头。

当传讯这位乳母时，她有意走到武帝面前向他辞行，用哀怨的眼神注视着武帝，几次欲言又止。汉武帝看着她，心里很不是滋味，有心想赦免她，又苦于天子金口玉言。

东方朔将这一切看在眼中，知道时机成熟了，便走过去，对那位乳母说："你也太痴心了，如今皇上早已长大成

东方朔

人，哪里还会再靠你的乳汁活命呢？你不要再看了，赶紧走吧。"

武帝听出了东方朔的话外之音，又想起了小时候乳母对自己的百般疼爱，终于不忍心看乳母被处以刑罚，遂法外开恩，将她赦免了。

东方朔一番反弹琵琶终于救了乳母，同样齐国的晏子也深谙此道。

一次，一个马夫杀掉了齐景公最爱的一匹老马。因为那匹马实在太老了，又得了一种怪病，马夫怕那匹马把疾病传染给其他马，便擅自做主，将老马杀了。

哪知，虽是匹老马，在齐景公的眼中却仍是他的爱物，毕竟那匹马跟随他那么多年，多少次随他出生入死，立下汗马功劳，如今却被人擅自杀掉了。景公不禁勃然大怒，立即命令左右绑了马夫，他要亲自杀了马夫为自己的爱马报仇。

那名马夫没想到自己尽职尽责，一番好意竟惹来了杀身之祸，早已吓得面如土色，一句话也说不出来。

晏子在一旁看见了，急忙拦住齐景公："大王不必着急，你就这样杀了他，他连自己犯了什么罪都不明白便送了命，太便宜他了。臣愿替大王历数他的罪过，然后再杀也不迟啊！"

齐景公一听,言之有理,便答应了晏子。

于是,晏子走近马夫,装作气急败坏的样子,用手指着马夫,厉声说道:"你可知你犯了什么罪?"

"不,不知道。"马夫早已站立不住,浑身颤抖着说。

"第一,你为我们的国君养马,却把马给杀了。虽然那匹马又老又有病,但它是国君的马。就冲这一点,此罪当死。"

"第二条,你使我们的国君因马被杀而不得不杀掉养马之人,此罪当死。"

"第三条,你使国君因为马被杀而杀掉养马之人,此事必会遍传四邻诸侯,使得人人皆知我们的国君爱马不爱人,得一不仁不义之名,此罪又当死。"

"第四条……"晏子还要接着往下说,但齐景公早已坐不住了,连忙打断晏子:"不必说了,夫子放了他吧,免得让我落一个不仁不义之恶名,让天下人笑话。"就这样,马夫得救了。

所谓"量权",就是指根据所称物体轻重而变换砝码,引申为谋臣说客在游说时必须根据不同的情况而选择适当的说服方法。以上两个例子当中,无论是东方朔还是晏子,都是在揣摩到君心的基础上,采用正话反说的方式,达到了劝说的效果,从而救人一命。

陈圆圆舌辩保命

在说服他人的时候,要视对手的实际情况而采取能让对方接受的游说方法。鬼谷子说:"成义者,明之也。"成义,指提出主张,说明道理,要求观点鲜明,论述清楚,并要有事实验证,才会有说服力。陈圆圆就是通过陈清事实,摆明观点,说明道理,才保住自己性命的。

面对眼前美女,李自成寻思着:当年吴三桂、刘宗敏就是为了争夺陈圆圆而闹得满城风雨,这种"祸水"千万留不得。于是下令:将陈圆圆拉出去勒死。

不待卫士们动手,陈圆圆自己站了起来看了李自成一眼后,冷笑一声转身

国学经典文库

鬼谷子全书

·《鬼谷子》释义通解·

图文珍藏版

就走。

李自成大喝道："回来！你冷笑什么？"

陈圆圆又跪下，说："小女子早闻大王威名，以为是位纵横天下、叱咤风云的大英雄，想不到……"

"想不到什么？"

"想不到大王却畏惧一个弱女子！"

"孤怎么会畏你？"

"大王，小女子也出身良家，坠入烟花，饱尝风尘之苦，实属身不由己。初被皇帝霸占，后被吴总兵夺去，大王手下刘将爷又围府将小女子抢来，皆非小女子本意。请问大王，小女子自身有何罪过？大王仗剑起义，不是要解民于倒悬，救天下之无辜吗？小女子乃无辜之人，大王却要赐死，不是畏惧小女子又做何解释呢？"

李自成被问住了，只好抬抬手："你且起来说话。"

陈圆圆给李自成磕了头，说了声："谢大王！"然后站起来："就是为大王计，大王杀小女子也实为不智。"

"怎么不智？"

"小女子看宫中情形，大王有撤出京城打算？"

"就算孤有这种打算，那又如何？"

"大王是想平安撤走呢，还是想被追袭而奔呢？"

"当然想平安撤走，又当如何？"

"大王，吴总兵为先锋，兵势甚锐，小女子听说他正向京师进逼。小女子蝼蚁之命，大王杀了我，于大王无丝毫益处；留下小女子，小女子感念大王不杀之德，当尽心竭力，使吴总兵滞留京师，不再追袭。趋利避害，请大王三思。"

陈圆圆的话触到了李自成的心病，他不由身子前倾，问道："你果真能使吴三桂滞留京师吗？"

"大王想必知道，吴总兵降而复叛，皆由小女子而起，大王杀了小女子，必然激起他更大的复仇心,以致日夜兼程,追袭不休。大王留下小女子,小女子指天立誓,千方百计也要使他滞留京城,不再追袭。"

"好!孤王相信你,留下好了。"

至此,李自成终被陈圆圆说服了。

那么,威震四方、权倾一时的李自成,是如何在这杀与不杀的辩论交锋中,被弱女子陈圆圆说服的呢?

首先,陈圆圆的陈辩是以"实际"出发的。当时的"实际"是什么呢?吴三桂进逼京城,李自成准备撤离;李自成的决策地位与高傲心理;陈圆圆身陷囹圄,任人宰割的难堪处境。

尽管死去的人没有一个逃回的,但人到死时总想活。当李自成下令勒死陈圆圆时,陈圆圆的求生本能,使她机智地选择一"看"、二"笑"刺激李自成高傲的自尊心。

接着又用欲扬先抑的手法,用"想不到"三个字作悬念,道出"想不到大王却畏惧一个弱女子",以进一步用"激将法",激出一番解民倒悬、解救无辜的道理来。

通过这番身世自述和解救无辜的陈辩,他们有了相容的心理基础,李自成叫她"起来说话"了。

其次,陈圆圆的陈辩也是回到实际中去的。设身处地地为对方着想,替对方打算,说明杀她无益,留她有利——可让吴三桂滞留京师,不去追袭,医治了李自成的心病;加之她"指天立誓",信誓旦旦,李自成终于被感动、被说服了。

甘茂佞言避谗惑

鬼谷子在《权篇》中提到的五种运用语言游说的技巧中,第一种便是佞言。佞言是指在摸清对方心理的基础上,强调共同点,采用巧妙的言辞,取得对方的信任。甘茂出争韩国,为保后顾无忧,便使用佞言的方式,与秦武王订下了息让之盟，终于保证了自己的安全，并攻下了韩国宜阳城。

秦武王雄心勃勃地想完成统一天下的大业。一天，他召集左丞相甘茂、右丞相樗里疾商讨攻打韩国的事，问哪一个丞相愿意带兵出征。右丞相不同意。左丞相说："要攻打韩国，必须联合魏国才有力量。魏王那里，我可以前去游说。"秦武王同意了甘茂的建议。

甘茂很有口才，很快说服魏王一起发兵攻韩。可是，他担心樗里疾在秦武王面前搞小动作，到时攻韩不成还会丢了性命。于是派人向秦武王汇报说："魏王已同意出兵，我们是不是改变主意放弃攻打韩国为好？"秦武王得不到要领，亲自赶到息壤这个地方，找到甘茂，问他为什么改变了主意。甘茂说："战胜韩国并不是一件轻而易举的事，我国要消耗很多财力，也不是几个月就能结束战争的。如果中途发生了什么变故，不是要前功尽弃吗？""有你主持带兵打仗的一切事务，还担心什么变故呢？"秦武王不以为然地说。

"有些事情的发展是现在难以预料的，历史上曾经有过这样一件事：一个跟孔子的门生曾参同名同姓的人闯祸杀了人，有人去报告曾参的母亲说：'曾参杀人啦！'曾参的母亲正在织布，听了头也不抬地说：'我的儿子是不会杀人的。'过了一会儿，又有人来报告说：'你的儿子曾参杀人啦！'曾母仍旧不相信儿子会杀人。第二个人刚走，第三人又来报告说：'曾参杀人犯了大罪，官府来捕人啦！'这次曾母相信了这个谣言，吓得扔下梭子躲了起来。""左丞相对寡人讲这个故事，与出兵夺取韩国有什么联系呢？"秦武王不明白甘茂葫芦里卖的什么药。

"道理很简单，"甘茂解释说，"如果我率领千军万马离开大王身边去攻打韩国，说我坏话的人一定大有人在，万一大王也像曾参母亲那样听信谗言，我的后果可以不去考虑，夺取韩国的大业一定也会付之东流了。"秦武王想了想说："为了让你带兵作战，没有后顾之忧，我一定不听别人的闲言碎语，如若不信，可以给你写个凭证。"

接着，秦武王和甘茂订了一个盟约，就藏在息壤。甘茂被拜为大将，领兵五万,先打宜阳城。没想到过了五个月都没把城攻下来,右丞相趁机对秦武王说:"甘茂拖延这么长时间,莫非要搞兵变或投降敌人。"秦武王经不住右丞相的挑唆,下令甘茂撤兵。甘茂派人给秦武王送去一封信,上面只写着"息让"两个字。秦武王拆开一看,知道自己轻信谗言动摇了攻韩的决心,觉得很对不起甘茂,于是增兵五万开赴前线,终于攻下了宜阳城。

甘茂能够预料到可能会受到小人的攻击,提前警醒了秦武王,免除了自己的后顾之忧,得到了秦武王的信任和支持,最终攻下了宜阳城。

在这里,甘茂就是以"佞言"的技巧争取到秦武王信任的。他首先摸准了秦武王可能被馋惑的状况,然后采取"曾参杀人"这个小例子巧妙地使秦武王产生了认同,使秦武王感受到他的忠诚,立下盟约,从而使得甘茂攻韩的计划得以顺利进行,并最终取得成功。

众口一词,假言成真

《鬼谷子·权篇》中说:"众口铄金,言有曲故也。"

舆论的影响是巨大的,众口一词,能够把金属般坚固的事物熔化掉。谎言重复一千遍,也就变成了真理。一个人自我表白,往往难以让人相信,但如果借用他人之口或舆论的力量,就有很强的说服力。

19世纪40年代末,在太平洋沿岸的美国加利福尼亚州发现了金矿。这一消息传开后,很快在美国和欧洲大陆出现了黄金热。这些欧洲人大多是在纽约登陆的。因为当时美国还没有连通太平洋到大西洋的铁路,巴拿马运河也还没有提到议事日程,所以前往旧金山的人们往往要坐轮船绕道南美的最南端。

一个叫范德比的商人看到这是一个发财的机会,决心开辟一条通过尼加拉瓜的航线,让人们走近路直达旧金山。他亲自到尼加拉瓜四处活动游说,最终和当时的总统查库罗签订了一项秘密协定。这个协定规定:凡从尼加拉瓜过境的船只均由范德比负责。从此,范德比在这条航线上赚了好几百万美元。

此事引起了一位叫华尔克的人的注意。华尔克眼看老范德比靠这条航线，大把大把的钱财流入腰包，自己从商好几年却一直没有太大成绩，十分嫉妒，于是决心把这条航线夺过来，据为己有。这样，一来可以靠这条航线赚钱，二来还可以减少自己的黄金采购公司的运输成本。

夺取一笔小生意好办，夺取一条航线谈何容易。老范德比从商几十年，可谓商场老手，和他斗需要动一番心思。华尔克想：老家伙在国内政界、商界颇有影响，保镖成群。搞得不好不仅达不到目的，反而会身败名裂。思来想去，华尔克想出了一个计谋。他决定设法把老范德比引诱出国，然后乘其不备下手。

他首先用重金收买了范德比的私人医生，请他如此这般。

一天，医生就对老范德比说："您最近身体状况不太好，可能是劳累过度，建议您去法国休养半年或更长一些时间，否则，您的心脏会有危险。"

为了促使老范德比下决心出国休养，他还用钱收买了经常与范德比有来往的一些夫人和太太们，让她们给范德比的妻子、女儿和儿媳妇吹风，说："您家老先生面色不好，心脏又不太好，不如到外国去休息一阵子，美国的气候太差了，再这样下去，恐怕会有生命危险。法国的巴黎最适合他这样的老人休养。"家人一听十分着急，一天催他三四遍，让他出去休养。

俗话说："三人成虎"。老范德比本来身体没什么大毛病，自我感觉也挺好，但经不住许多人劝说，自己也怀疑身体是否真的快不行了，于是，起身到巴黎休养去了。

老范德比一走，华尔克立即采取了行动。他用船装了几百名打手和满船的军火前往尼加拉瓜，登陆后，同事先联系好的尼加拉瓜内奸里应外合，以迅雷不及掩耳之势，攻占了尼加拉瓜首都，直捣查摩罗总统官邸，威逼查摩罗总统修改协定，让他主宰航线，查摩罗总统一气之下，心脏病发作，当即毙命。华尔克立即扶持了一个尼加拉瓜人当总统，他自任尼加拉瓜军队总司令，控制了政权。不久，尼加拉瓜新政府宣布取消了原政府和范德比的协定。

华尔克能够取得成功，最直接的原因就是把范德比支走。而为了达到这个目的,他收买了很多人去说范德比的身体有问题,使得本无大碍的范德比真觉得身体很差,出国休养了。这正应了《鬼谷子·权篇》中的话:"众口铄金,言有曲故也。"

用人所长,避己所短

《鬼谷子·权篇》中说:"是故智者不用其所短,而用愚人之所长;不用其所拙,而用愚人之所工,故不困也。"意思是说,聪明的人做事情不用自己的短处而用他人的长处,不用自己的愚拙而用他人的工巧,所以做什么事情都不会困窘。把这种谋略的思想贯彻到经营管理中,就是"用人所长"。

在经济活动中,每一个企业都有自己的长处和优势,也存在着不足和缺陷。比如,有的企业资金雄厚,但技术力量薄弱;有的企业技术力量较强,但资金匮缺;有的企业设备比较先进,但管理水平跟不上等等。企业经营者只有看到本企业的不足,发现别的企业的长处,用人所长,借力制胜,才能使企业具有永不衰竭的内部活力,在商品经济竞争中立于不败之地,超越对手。

现代照相技术的诞生地柯达公司,是世界上最大的摄影器材厂商。柯达公司垄断着美国市场的80%,其他西方国家市场的50%,但自20世纪60年代以来,柯达公司日益受到西方其他国家摄影器材公司的竞争。德国的艾克发公司和英国的依尔福公司力量不断壮大,显然已构成对柯达公司的严重威胁。在摄影器材中,彩色胶卷的利润率最高,因此各摄影器材公司在这方面竞争最激烈。

在彩色胶卷市场上,日本富士公司对柯达公司的威胁最大。"富士"胶卷以价格便宜,质量好的优势,有力地冲击着柯达公司在世界市场上的老大地位。1984年,富士公司不惜巨额美元争取到洛杉矶奥运会组织委员会确认的指定产品标志,并获得在奥运会新闻中心设立服务中心的权利。奥运会期间,富士公司绘有奥运会的五环标志和富士公司标志的绿色飞船一直飘在奥运会主赛场上空。柯达公司在自己的家门口着实被羞辱了一次。富士公司的胶卷由此抢去了美国市场 15%的份额。

市场竞争的挫折,使柯达公司不得不放下架子,重新调整竞争技术。柯达公司紧紧盯住富士公司,密切注视着它的行踪。富士公司的每种产品,都要被柯达公司收集,送到实验室进行分析研究,以发现其中的奥秘。柯达公司的一些员工不满地称它为"老二"战术。富士怎样做,柯达公司就怎样做。虽然这对称霸市场很久的柯达公司来讲,似乎有些不是滋味。但这种用人所长的经营谋略,却使柯达公司受益不小。如富士公司的软片冲出来的照片比柯达的产品鲜艳得多,从严格的专业角度看,颜色有些失真,但却受到普通顾客的欢迎。1986 年,柯达公司学习富士公司的做法,也推出 VR—G 型软片,颜色比老产品鲜艳了许多。

柯达公司不但在产品上积极学习富士公司,而且在管理上也学习富士公司的做法,在公司上下积极推行日本的全面质量管理方法,也取得了良好的效果。例如,在相纸上光部门,只要出现人的头发 1/10 宽的线条,整个大卷的相纸就得作废。在过去,富士公司这方面的损耗率要比柯达公司低得多,现在柯达已超过了富士公司的水平。另外,软片部门在 1985 年以前,产品合格率只有68%,而开展学习富士公司活动以后,产品合格率 1985 年达到了 74%,1987 年又提高到 90%。

在产品销售活动中,柯达公司也学习富士公司的做法。1986 年 8 月,柯达公司把日本唯一的一条大型飞船租了下来,涂有巨大柯达公司标志的飞船日夜飘浮在东京上空。在 1988 年汉城奥运会上,柯达公司以 8000 万美元的价格买下了汉城奥运会标志的使用权。至此,柯达公司总算报了一箭之仇。柯达公司这种用人所长的竞争战术,使富士公司感到巨大压力,难以招架。富士公司在美国的子公司副总裁查普曼说:"我希望柯达公司还像以前一样,不把我们放在眼里,现在这种讨好方式,真叫人受不了。"

日本松下电器公司是世界著名的电器公司,松下的成功,其主要原因应归功于松下的企业发展战略。他们的发展战略说来也怪,竟然是先引进、后改进、不发明,松下公司从一开始,就不打算发明新技术,不当技术的先驱,很少发明新产品,但产品却广为行销。

为了更好地把握国际市场的动向,松下建立了23个拥有最新技术的研究室,专门分析竞争对手的产品,找出其缺点,然后再研究如何加以改进,设法使自己的产品质量和性能更好,并日趋完善。

录像技术是日本索尼公司首先发明的。索尼公司的"贝塔马克斯"牌录像机由于质优价廉在市场上一开始就取得了领先地位。松下公司通过调查,发现这种录像机虽然具有很多优点,但就是容量小了些,而且体积过于庞大,消费者对这两个毛病不满意。于是松下公司用人所长,弃人所短,在"贝塔马克斯"录像机的基础上,设计了一种容量大、体积小巧的录像机,而且价格比原来的录像机降低了15%。结果,松下的"东声"和"RLA"两个牌子的录像机很快就压倒了对方,几乎占据了日本的整个录像机市场,并在国际市场上走俏。

上述经营成功的范例,都是采用了这样一种计谋:用人所长。这一经营谋略,主要特点是利用他人产品之长处,创自己的产品之新,在对他人技术或产品利用、仿制的基础上进行追踪式超越。

使用这种经营战略能够很好地使用和借助外界条件,取他人之力与智而化为己用,从而达到事半功倍的效果。先虚心纳之,或潜心学之,后取而代之或战而胜之,是此战略的根本。其次,用人所长可以大大地缩短新产品研制的周期,降低费用,使自己的产品更加完美,更受欢迎。

颠倒黑白谏文侯

魏文侯在位时,西门豹治理邺都严肃法纪,刚正廉明,铁面无私。他不仅把装神弄鬼的大巫小巫投入漳河,祭了河神,还从重惩治了地方上几个贪官污吏。邺都百姓拍手称快,都赞叹他的德政。在他的带领下,人们兴修水利,务农经商,很快使这个荒凉的地区呈现出繁荣昌盛的景象。

　　西门豹勤政爱民，为官清廉，既不逢迎上司，也不奉承魏国君主，所以虽然政绩显著，却并没有受到魏文侯的赏识。

　　相反，魏文侯左右的一些大臣因西门豹触及其私党的利益，总想方设法诋毁诬陷他，以至于魏文侯听信了，准备把他召回京城，罢免他的官职。

　　西门豹拜见国君后，魏文侯当面责备他，大臣也添油加醋地批评他。西门豹却一句怨言也不说，他只请愿道：

　　"从前臣才疏学浅，不知该如何治理地方，现在大王和诸位大臣的教诲，使我学会了治理的方法。请求再给我一个机会，换一个地方治理一年，如果还是治理不好，大王可以砍掉我的脑袋以泄民愤。"

　　魏文侯答应了他的请求。

　　于是，西门豹到新地方上任后，一改往日清廉，大肆盘剥百姓，弄得地方怨声四起。他又不断地贿赂魏文侯的亲信大臣，让他们在魏文侯面前多说好话。

　　一年任期届满，他进京晋见国君。魏文侯满面笑容地赞美他治理有方，左右大臣同样交口称颂。

　　西门豹听了，怒气冲冲地说道："臣以前忠心为大王治理地方，有政绩，深受百姓拥戴，大王却要罢去我的官职。这一年，臣实际上是压榨百姓，欺上瞒下，大王却夸奖赞美我。这不是很愚蠢的行为吗？我不能屈节求荣，愧对百姓！请大王恩准我辞官回家！"

　　说罢，他当场交上官印，等候发落。

　　魏文侯这才省悟过来，惭愧地扶起西门豹，说道：

　　"寡人如今才明白事情的真相。请你原谅，我保证从今亲贤臣，远小人，任贤用能，就请你继续为我尽心尽力吧。"

　　西门豹劝谏文侯的言辞就是以"佞言"为主。当魏文侯听进谗言时，便反其道而行之，以表白自己的忠心耿耿。在此西门豹用反证法来表明自己的清廉，并最终使文侯亲贤臣，远小人，足见其用心良苦。

解缙取悦朱元璋

朱元璋当上皇帝以后，忽然心血来潮，要去皇觉寺参习，因为他幼年时曾在皇觉寺做过僧人，想起当年信口所做的几首打油诗，他便想去看看是否还写在墙上。他想重温旧梦，重新体验一下当年的感受。解缙是当时文渊阁侍读大学士，很有才华，所以这样的事少不得要他陪王伴驾。

皇觉寺的方丈听说当年的小沙弥成了如今的圣上，而且还要光临本寺，自然是高兴万分，急忙把庙里里外外打扫得干干净净，之后才开门亲自迎接皇帝。

朱元璋也不说话，而只是四处寻找当年所题之诗，但怎么也找不到，就严肃地问方丈：

"当年我题在寺院墙上的那些诗，现在怎么一首也找不到了？"

方丈一听，顿时吓傻了眼，才知皇上千里迢迢而来，竟然是为了这个。原来的题诗早已被擦洗干净了，但又不能如实地回答，急得他只知用手在空中四下瞎比画，却说不出话来。于是便用眼睛瞅着解缙，希望他能够帮助摆脱自己的窘境。

解缙和老和尚原本就是一对文友，空闲之余经常在一起吟诗作对，现在方丈有难，自然要帮他一把了。

解缙见朱元璋一脸茫然、迷惑不解的样子，就急忙出来打圆场说：

"陛下，方丈一见圣上的面，神情紧张，急得连话也说不出来了，他用手比画是在作诗呢，你没看出来吧？"

"什么，有这等事？"

朱元璋很有兴味地问：

"那他在比画些什么呀？你说给我听听。"

解缙随口答道：

"圣上题诗不敢留，"

朱元璋拦住话头惊问道：

"为什么？"

"诗题壁上鬼神愁。"

朱元璋见自己的诗有这么大的威力，就挥挥手说：

"那就擦掉得了。"

"掬来法水轻轻洗，"

"难道一点痕迹也没留下吗？"

朱元璋不问出点什么来似乎不甘心，仍然对当年的题诗念念不忘。

解缙不慌不忙地说：

"犹有龙光照斗牛。"

一番话说得朱元璋开怀大笑。他知道解缙这是在奉承自己，也就作罢，不再追究什么了。

还有一次，解缙陪朱元璋在御花园的池塘里钓鱼，解缙对垂钓很在行，一会儿工夫就钓了半篓。而朱元璋戎马出身，钓鱼沉不住气，频频拉钩看有没有鱼。结果一条鱼也没能钓着。

朱元璋看解缙那里一会儿一条，当下就来了气，把钓鱼竿一甩，起身走了。

解缙一看这下可坏了，万岁爷一旦动了怒，可不是闹着玩的，所谓"伴君如伴虎"，要是把皇上惹恼了，自己可能就要有麻烦了。为了平息皇上的火气，他就对着朱元璋的背影轻松悠闲地吟了一首打油诗：

"数尺丝纶落水中，

金钩一抛影无踪。

凡鱼不敢朝天子。

万岁君王只钓龙。"

朱元璋一听，顿时一腔怒气全消，跑到爪哇国去了，连夸解缙是一个奇才。

解缙在此运用的就是"谀言"，在面对"私自涂掉皇上笔迹"和"钓技远在皇帝之上"这两件事，他以"拍马屁"法，把这两道难题轻而易举地给化解了，足以表明了他灵活多变、机智敏捷的头脑,同时也把握了"谀言"的时机,才让朱元璋转怒为喜。

以竹为喻示子路

孔子的学生子路,姓季,名路,字仲由,常常跟随孔子周游列国,负责保护他的安全。子路身材威猛、反应机敏,而且仪表堂堂、风度翩翩,只要子路陪伴在孔子身边,就无形中生出一种震慑人心的力量,即使再凶狠狡猾的坏人也不敢对孔子起什么歹心。在他的保护下,孔子从来没有受过什么伤害。

一天,孔子问守卫在身边的子路:"仲由,这么长时间我也没看出你有什么喜好,你到底有些什么嗜好啊?"

子路随口答道:"我最喜欢的莫过于佩戴长剑!那样将会为我的形象锦上添花,再没有什么比这更让我开心的。"

孔子稍稍皱起眉头,似乎有些不满意,接着问:"那学习呢?你没有觉得学习是一件快乐的事吗?"

子路茫然地反问:"学习?我从来没觉得那会有多大好处!"

孔子叹一口气,不紧不慢地说:"学习和知识的力量是巨大而无形的!你看看,一国之君需要谏臣的辅佐,才能让国家兴盛;普通人需要明事理的朋友提醒自己的过失,才能提升自身;为人处世也需要不断向他人学习,听取别人的意见,才能博采众长。

"真正的君子喜好学习,集思广益,因而足智多谋,做起事来就会顺利;相反那些不善学习的人,自以为是,诋毁仁德,对有学问的人心生抵触,这无异推着自己往后退。可见,不学习就会落后呀!"

子路耐着性子听完孔子讲述的大道理,等老师一说完,就不以为然地反驳说:"我觉得并不是完全这样!您看,南山上的竹子没有人扶植,不也一样长得笔直吗?而且用这种竹子做成的箭,也一样能穿透皮革!可见,很多事情没有学习和知识也照样能运行得很好！"

孔子见子路还是没有信服自己的观点，而且还胡搅蛮缠，觉得又好气又好笑。他接着子路的话说："其他的暂且不说，要是能把竹箭修理一番，装上羽毛，再把它削成尖头，那它的穿透力不就是更大了吗？你说呢？"

子路一时哑口无言，孔子见状，就趁热打铁，说道："看一个人，不能仅仅看外表。有的人金玉其外，但是腹内空空；有的人相貌平平，却满腹珠玑。前者虽然悦目，但却流于俗气；后者赏心，也令人起敬。可见学习对一个人来说是多么重要啊！"

子路心悦诚服地对孔子说："我一定牢记您的教诲！"

孔子劝说子路要有好学之心时所用的言辞就是"静言"。当子路反驳竹子做成的箭可穿透皮革时，孔子便抓住这句话的不足之处，以修整过的竹箭威力更大去反驳子路，从而使其理屈词穷，哑口无言，并最终认同了孔子的观点。

迂回说理成己愿

战国时，赵烈侯十分爱好音乐，每天都要欣赏音乐，还经常在全国征集歌伎。有一天，赵烈侯对相国公仲连说："我最喜爱的人，可以让他成为贵人吗？"

公仲连不知何意，就说："大王，使他富起来行，但使他贵起来却不行。"

赵烈侯说："既然这样，那就赏赐给郑国的歌伎枪和石每人各一万亩田吧，他们是我最喜爱的人。"

公仲连大觉诧异，这么做，众大臣心里会怎么想？但他还是口头答应了赵烈侯，实际上并未执行。

过了一个月，赵烈侯向公仲连问起赏赐田地的事，公仲连推辞说正在寻找合适的田地，目前还没有找到。

又过了一个月，赵烈侯又问起此事。公仲连始终认为这样做不妥，几番搪塞之后，他索性声称自己有病，不能上朝。

番吾君听说这件事,对他说:"您的用心我非常明白,只是您的方法不妥当。您有没有想过向国君推荐一些合适的人才呢?"

公仲连说没有找到。于是番吾君说:"牛畜、荀欣、徐越这三个人都很好,他们各有特长,名声也非常好"。

公仲连就把他们推荐给了赵烈侯。等到再次朝见时,赵烈侯又问公仲连:"给歌伎赐田的事究竟办得如何? 是不是拖的太久了?"

公仲连回答道:"这不是小事,应当慎重,臣正在选择满意的地方"。

公仲连推荐的三个人也开始为这事婉转地做赵烈侯的工作。牛畜在赵烈侯身边侍候,他总是以仁义、王道等言语说给赵烈侯听,赵烈侯听后觉得十分舒适。第二天,荀欣又说了一套推举贤士、任用能人的话语,赵烈侯听了非常喜悦。第三天,徐越又说了一番勤俭省用、考察功绩德政、赏赐适当等言语,赵烈侯听了很高兴。

当又一次上朝时,赵烈侯对公仲连说:"赏赐田地的事暂时停止吧。"说完,他又任命牛畜担任师职,荀欣担任中尉,徐越担任内史,并赏赐相国公仲连两套衣服。

劝谏时的言辞也可以多种并用,公仲连在此劝谏赵烈侯时便做到了这一点。开始以"佞言"对赵烈侯下达的命令进行"冷处理",拖延不办。接着选拔贤士,一齐向赵烈侯进谏,其中也必定有"谀言""戚言"等。所谓"三人成虎",小人们惯于散布谣言,君子也可依靠多种言辞达成己愿。

三人成虎危害大

三人成虎的典故就出自《战国策·庞葱与太子质于邯郸》一章。这里揭示出了一个只有权谋家们才知道的秘密:那就是人类语言对真实事实的支配性。

战国时期,魏王和赵王订好条约,魏王送儿子去赵国作人质,派大夫庞葱陪同。定于某日起程赴赵都邯郸。

　　临行时,庞葱向魏王提出一个问题,他说:"如果有一个人对您说,我看见闹市熙熙攘攘的人群中有一只老虎,君王相信吗?"魏王说:"我当然不信。"庞葱又问:"如果是两个人对您这样说呢?"魏王说:"那我就半信半疑了。"庞葱紧接着追问了一句道:"如果有三个人都说亲眼看见了闹市中的老虎,君王是否还不相信?"魏王说道:"既然这么多人都说看见了老虎,那证明肯定确有其事,所以我不能不信了。"

　　庞葱听了这话以后,深有感触地说:"果然不出我的所料,问题就出在这里!事实上,人虎相怕,各占几分。具体地说,某一次究竟是人怕虎还是虎怕人,要根据力量对比来论。众所周知,一只老虎是决不敢闯入闹市之中的。如今君王不顾及情理,不深入调查,只凭三人说有虎来到闹市,你就确认无疑,要是等我到了比闹市还远的赵国,您要是听见三个或更多不喜欢我的人说我的坏话,岂不是要断言我是坏人吗?临别之前,我向您说出这点疑虑,希望君王一定不要轻信人言。"

　　庞葱走后,一些平时对他心怀不满的人开始在魏王面前说他的坏话。时间一长,魏王果然听信了这些谗言。当庞葱从邯郸回魏国时,魏王再也不愿意召见他了。可见,"众口"的力量是多么大啊!

　　"'众口铄金',言有曲故也",原意是说众口一致的言辞可以把金属熔化,其原因是语言的偏差和曲解造成的。如此看来,妖言惑众,流言蜚语多了,确实能够毁掉一个人。随声附和的人一多,白的也会被说成黑的,真的也会说成假的,真可谓"众口铄金"。所以我们对待任何事情都要有自己的分析,最好不要轻信于人,更不可人云亦云,否则就可能会被假象所迷惑。

赤玉酒"先声夺人"

　　1899年,岛井信治朗正值20岁,开始了独立创业。他最先从事的葡萄酒的制造。他希望能制造出真正合日本人口味的甜酒,经过不断研究,终于成功地制造出赤玉葡萄酒。

葡萄酒有一个很时髦的名字，它不同于一般日本名字的酒——如蜂香鼠葡萄酒，而是以英文命名，这在当时来说可以算是较为特殊的命名方式。

除此之外，信治朗为了促销，真可说是花招百出。例如在报上刊登广告。甚至于每天晚上骑着脚踏车到卖酒的店中询问：

"请问你们这里有没有卖 Portwine（赤玉）葡萄酒？"

"赤玉？没有啊！"

"哦，真可惜！那种酒实在很好喝，等你们进了货，我再来吧！"

就这样一遍又一遍，一家又一家地做着宣传，无畏寒暑、不怕困难。夏天，信治朗就准备 30 个两米长的灯笼，上面印有"Portwine 赤玉"的字样，雇来穿着寿屋制服的人背着它到处走动打广告。

还有，当时的艺妓为了避免提到"月经"二字，通常说"太阳旗"来代替，信治朗便拿了些小费给他们，希望她们以后改用"赤玉"来代替。

甚至于发现火警时，他会派人提着印有"赤玉"的灯笼立即赶到火灾现场，展开宣传活动。真可谓奇招百出。

此后，公司业绩得到飞跃性发展，大规模地出产赤玉酒。此时，他又创立了"赤玉歌剧团"，足迹遍全国，表演方式极为特殊，同时将印有以团员为模特儿的海报，分送到各地。这个方式标新立异，收到热烈回应。大家争要海报，使赤玉声名大噪。

信治朗将赤玉葡萄酒的经营步入正轨后，就开始制造威士忌酒。业绩因此蒸蒸日上。

广告是宣传企业、宣传产品的突出手段。信治朗深知广告的重要性，创造出各种各样的广告方式。当然"赤玉"先决条件是品质好，奇招宣传才可以奏效。

显然，信治朗这些"先声夺人"的招数有了效果，"赤玉"的知名度大大提高了，信治郎也赢得了丰硕的成果。

众口铄金之计的本质是无中生有:"无"是迷惑对手的假象,"有"则是假象掩盖下的真实企图,此计在激烈的市场竞争中常常被采用,让对手以假为真,出其不意地实现自己赚钱的真正目的。

巧借物力尽其用

曹操为了测验臣下的智慧,让他们设法实际称一下一头大象的重量。臣下有说造一杆大秤的,有说零割了分头称后加起来的,使曹操摇头皱眉。这时,年幼的曹冲献上一计,使曹操眉开眼笑。于是依曹冲之计,将大象牵到一只船上,记下吃水深度。牵下象来,装上石头至同样的吃水度,再把石头一块一块地称重后加起来,便得出了大象的实际重量。这种巧借物力的计谋确实令人叫绝,没有灵活的头脑是难以设计出来的。

宋神宗熙宁年间,也发生了一件类似的巧借物力的故事。

某年,在睢阳(今河南商丘南)境内开挖汴堤冲积淤田。可是由于上游连日大雨,汴水突然暴涨,大水骤至,堤坝开口处发生了连锁反应,把汴堤冲垮了一大段。河水越来越汹涌,决口越堵越大,眼看要发生灾难了。前来指挥堵堤的都水丞侯叔献心中十分着急。他发现上游几十里处有一座废弃的古城,于是灵机一动,马上派人在古城处扒开汴堤,汴水就势向古城中倾去。下游水势减缓后,侯叔献命人抓紧时机堵堤加固。第二天,古城灌满之后,汴水又向下流奔涌,可这时缺口已补好加固完毕。侯叔献又命人来堵古城处扒开的口子,由于口子内外水位一般高,很容易就修好了。把废弃不用的古城借为泄洪区,开创了治水史上分洪抢险的先例。

巧借人力、巧用物力的"取长补短术",有时往往表现为统筹学问题。宋真宗大中祥符年间,京都(今河南开封)皇宫着火被毁,需重新建设、修葺。右谏议大夫、权三司使丁谓负责此事。皇上限期紧,而挖土烧砖瓦、运送材料、外运旧皇室垃圾却需要花费大量人力、物力,会拖延工期。怎么办?他依据《鬼谷子》的"取长补短术",设计了一套三连环的"取补"方案。他先命人将通往皇宫的大街挖成河沟,把土取出来烧砖烧瓦。又把官堤挖开,将汴水注入这条沟中,编起木筏来运送砖瓦木石等建筑材料,等皇宫建完,命人排干大沟的水,将建筑垃圾和旧宫室垃圾统统运入沟中填平,又修成街道。这样,不但节省了大量人力、物力,还提前完成了任务。

依据"取长补短术"的精神,在处世中除了要借助别人之力外,还可以借助物力。智者所做,往往是物尽其用,让手中的"物"发挥它的最大效能,其中常常包括别人发现不了的效能。

"削肩胖脸"修铜像

南北朝时,刘宋的某位太子笃信佛教,便命工匠在自己舍身的瓦官寺(今江苏南京城外)铸造了一尊高一丈六尺的佛像。工匠们费了好多时日,终于将大铜佛铸造出来了。可是立起来一看,才发现佛脸铸得瘦了些。怎么办?脸是佛像的最关键部位,重新铸作吧,时间来不及了;修补吧,脸上耳目口鼻俱全,皆有比例,牵一发而动全身,怎么修补呢?工匠们愁得吃不下饭。有人出主意说,有位叫戴仲若的隐士,才智超群,善出奇招,可请他来出出主意。

戴仲若被请到瓦官寺,端详了一会儿,说:"铜像的脸其实并不瘦,而是肩胖肥大了些。"建议将铜像的臂胖削减一部分。照他的话处理后,铜佛的脸看上去果然不觉瘦了。

欲掌握"取长补短术",理解其精髓,还要用辩证观点去认识问题、研究问题、解决问题。在这里,智者戴仲若并没费太多力气,只是依据比例关系进行指点,发挥工匠之长"技"而收到奇效。

"玩具王国"假"外脑"

"香港环球玩具集团"能从一个小作坊发展到如今的跨国公司,这和集团主席叶仲午推行的独特战略是分不开的。

叶仲午在创业时资本仅有一万美金，那是1960年代中期的事。他租借了14架缝纫机，雇用了十几个人，缝制洋娃娃小衬衫。那时只根据客户的订货单生产，一手交货，一手取款，周转迅速顺利，第一年底就积累了20万美金。两年后，叶仲午成立了环球机制有限公司，开始制造锌合金玩具。接着又在台湾设立东圆木业有限公司，制造木制玩具，后来又开发了塑胶玩具产品。这是环球发展的第一阶段。

叶仲午的玩具事业能够顺利发展，是因为他能认真研究儿童的心理和生理，不断开拓有时代气息的新潮玩具。同时，他又将安全放在第一位。为了确保儿童身心健康，他不惜工本，在厂里设立安全检测站，按国际玩具安全标准，对玩具进行严格的安全测试。由于"环球"的玩具安全可靠，从未出过事，所以深受儿童和家长的信任。

"环球"发展的第二阶段是向国际市场进军。在这一阶段，叶仲午最了不起的壮举是收购英国"火柴盒"玩具公司。这家公司已有39年历史，"火柴盒"商标的玩具举世闻名，原有的销售网络遍及欧美各国。叶仲午收购这家公司后，可以利用它的名牌和原有销售网推销本厂玩具，在这一阶段，叶仲午还收购了美国的两家玩具公司，利用那些公司的技术和设备，设计制造了外星球太空人、卡通人物等现代化玩具，并就地取材，既降低了成本，又提高了质量。环球逐渐成为从设计、制造到销售一条龙似的大型全能的玩具厂。

环球公司发展的第三阶段是成为全世界生产锌合金玩具最大的公司之一。在欧美、日本、澳大利亚等二十多个国家都有工厂和销售机构。成为世界性大工厂。1984年，环球集团的股票涌入纽约证券交易所，这是第一家在美国上市股票的香港公司，并开门大吉，第一天，环球股票就被预购了4倍，每股升值美金2元，"环球"公司确实成了"玩具王国"，叶仲午也就随之成为一个传奇式的人物。

"玩具王国"集团主席叶仲午重视借助"外脑"的作用，多方面聘请专家、学者,共商企业战略。在市场竞争中采取的战术是你无我有、你有我优、你优我廉、你廉我转。由于他能在每个环节上及时观察世界玩具的流行趋势,把设计和制造紧跟上去,所以总是能够出奇制胜。当公司发展到一定规模时,他能及时地跨越国界,向各国进行探索、设计、开发和制造产品,并在那里取得原材料,从而争取到优势,打开国际市场。

阿姆卡"远交近攻"

现代电气受高科技的迅速发展对电气材料不断提出新的要求,大量的新材料应运而生。制造节能变压器铁芯的新型低铁矽钢片就是其中一种。

最初,美国电气行业执牛耳者的美国通用电气公司和西屋电气公司,以及实力不很强的阿姆卡公司都在研制新型低铁矽钢片,而竞争的结果却被阿姆卡公司拔了头筹。

这正是阿姆卡公司"远交近攻"的结果。阿姆卡公司十分重视信息情报工作,在研制超低铁省电矽的钢片过程中,发现"通用"和"西屋"也在从事同类产品的研制。远在地球另一端的日本钢厂也有此意,而且准备采用最先进的激光囊处理技术。

阿姆卡公司分析形势后认为,以自己的实力继续独立研制,极可能落在"通用""西屋"之后,风险极大。若要走合作研制之路,就必须选择合作者。

与"通用""西屋"联手,是"近亲联姻",未必有利于加快研制过程,再者将来只得与之分享美国市场,还得考虑崛起的日本钢厂。

与日本钢厂并肩合作,是"远亲杂交",生命力旺盛,研制过程自然会加快,而且将来的市场也可以以太平洋为界。

阿姆卡的公司选择了日本钢厂为合作者,结果比预定计划提前半年研制成功。

阿姆卡的"远交近攻"战胜了"通用""西屋"两大强劲对手。

"智者不用其所短，而用愚人之所长。"所谓智者和愚者的划分，只是一种综合参数，并非说智者所有方面都会超过、优于愚者。只有认识到这一点，才会在做事中去发现别人的工巧之处和优长之处，借以为自己成事服务。

毛遂自荐显才能

公元前259年，秦军大举进攻赵国，不到一个月，就兵临赵都邯郸城下。经过长平之战，赵国力量虚弱，此时，外无援兵，内乏粮草，面临亡国的危险。邯郸城内人心惶惶。

赵王派公子平原君到楚国搬兵救赵。平原君接到赵王命令，立即召集门客说："赵国危在旦夕，赵王令臣出使楚国求援，我欲带20位智勇双全、文武兼备的人一同完成这一重要使命。"说完，他就开始挑选同行的门客。挑来挑去，总共挑出了19个人，还差一个人，却怎么也挑不出合适的人选了。

平原君

平原君为难起来，正在这时，从未被选中的人群中站出一个人来。此人其貌不扬，平时很少言语。他走到平原君跟前，说："公子若实在找不出合适人选，在下不才，愿滥竽充数，随公子前往。"

因为门客众多，平原君不能一一认出，问道："你是谁，我以前怎不曾见过你？"

"在下是毛遂。"那人回答。

平原君实在没什么印象，就问："你来到我门下多久了？"

毛遂回答说："3 年多了吧。"

平原君盯着毛遂看了看，摇了摇头说："锥子放在布袋里，很快就会露出锋芒。你在我门下待了这么长时间，我怎么从未听说过你呢？这次去楚国，责任重大，关系赵国的存亡，你既然无突出才能，还是留下看家吧！"

毛遂镇静地说："我虽然在公子门下 3 年多，但公子从未把我放到您的布袋里。若公子把我放到布袋里，我早就脱颖而出了。"

平原君觉得毛遂态度坚决，又没有其他人选，就对他说："好吧，请你跟我们一起去楚国吧。"其他门客都相视而笑，认为毛遂不会有什么本事。

平原君他们简单收拾了一下行装就上路了。一路上，平时少言寡语的毛遂侃侃而谈，纵论滔滔，天文地理，列国形势，无所不知，令同行的人刮目相看。

到了楚国，平原君只身前往楚王宫，面见楚王，20 位门客都留在客栈等候消息。

却说平原君见了楚王，历陈赵国的危急形势和楚国救赵的利害关系。可楚王心不在焉，表面应付，迟迟不明确表态是出兵还是不出兵。谈判从早晨一直谈到黄昏，仍未取得实质性进展。

门客们等得有点心急，便怂恿毛遂去了解一下谈判情况。

毛遂来到王宫，径直来到平原君跟前，气呼呼地说："赵楚两国联合抗秦的事，用不了两句话就可以谈完，公子却从早晨谈到黄昏，是何道理？"

楚王见来了个毛头小子，便问平原君："这个人是谁呀？"

平原君赶忙起身答道："此乃臣的门客毛遂。"

楚王一听，勃然大怒，呵斥道："大胆狂徒，寡人正与你家主人谈论军国大事，你闯进来想干什么？还不赶快退下！"

平原君连忙扯住毛遂，叫他离开宫殿，以免招惹事端。

毛遂用力挣脱平原君，一个箭步跳到楚王面前，一手按住佩剑，两眼直盯着楚王说："大王敢对我大声呵斥，不过是仰仗楚国兵多将广。可现在，大王的性命就操在我手里,即使大王有雄兵百万也是远水不解近渴。我家主人在此,请大王放尊重些!"

楚王被毛遂的举动唬得大气不敢喘,抖着身子只盯着毛遂按剑的手。

毛遂向四周扫了一眼,见楚王的卫兵都掣剑在手,气氛紧张得让人透不过气来。毛遂面无惧色,继续说道:"当年,商汤以七十里之地而王天下;文王也不过百里地盘,却能号令诸侯。夺取天下不在将士多寡,而在于能顺应形势,壮大声威。今楚国拥有方圆五千里的辽阔疆域,上百万的铁甲雄兵,称霸天下,无可匹敌。可秦国只凭一个区区白起,几万人马,竟一战攻克鄢、郢,再战火烧夷陵,三战羞辱大王的先人,这种万世的怨仇,连赵国都为楚国感到耻辱,难道大王就不知道羞愧吗?今天,我家主人奉赵王之命,不畏艰险,千里迢迢来到楚国,与大王合纵结盟,共同抗击秦国。大王不但不思报仇雪恨,反而推诿再三,慢待来使,当着我家主人的面呵斥我,真是岂有此理!"

楚王被毛遂一席话,激得面红耳赤,羞愧难当,态度骤然变化,对毛遂客客气气地说:"先生所言一针见血,寡人一时糊涂,险些错失良机。今日愿从危生,共同抗秦。"

毛遂紧追不舍,问:"大王一言既出,驷马难追,合纵之事就这么定了?"

楚王说:"确定无疑,决不反悔!"

毛遂当即招呼楚王左右:"请取鸡、狗、马血来!"

不一会儿,侍者拿来血和祭器。毛遂双手将马血捧给楚王,说:"请大王先饮。"

楚王舔了一口,毛遂又将狗血递给平原君喝,然后自己把鸡血一饮而尽。众人高呼,盟誓完毕。

平原君等人辞别楚王,回国复命。楚国之行,平原君感慨颇多,从此他不但把毛遂待为上宾,而且对身边的人说:"天下才士,我见过成百上千,可从未见过像毛先生这样胆识过人的人。毛先生不鸣则已,一鸣惊人,他的三寸舌头,真可以抵得上几十万大军啊!"此后每逢大事,平原君都虚心向毛遂求教。毛遂也因此次使楚一举成名,此后深得平原君器重。

毛遂自荐的故事,众人皆知。他在自荐的过程中针对平原君采用的是"与富者言,依于高"的言辞,在气势上压倒了平原君。在说服楚王的过程中,毛遂又采用了"与勇者言,依于敢"的言辞,所谓狭路相逢勇者胜,毛遂又压倒了楚王,迫使他答应了合纵抗秦。针对不同的对象采用不同的方法,正是毛遂自荐的成功原因。

谋术第十

本篇提要

"谋"与"权"相连,意思是施展谋略计策,其主旨是如何针对不同的人或事去设立和使用计谋,以达到自己的目的。即通常所说的"运筹帷幄之中,决胜于千里之外"。权篇更多地停留在分析总结阶段,可以说是事前的思考与准备,而本篇谋术则是计谋的实施阶段,讲述了有关计谋的产生、使用和特点,说明如何献计献策和利用他人交友的问题。

文中首先说到"谋"产生的前提与规律。了解了事物的真相,明白了事情发展变化的趋势,就会促使对方产生能够诱使事物朝有利于自己的方向发展的意图,进而产生解决问题的方法。得知对方的内心体验是"谋"的前提,之后就要构思"谋"的策略,采取行之有效的方法,最后便是付诸实施的阶段。在实施过程中还要根据外界环境的具体变化合理调整策略,以求能够达到自己的最终目的。所以文中说到:"变生事,事生谋,谋生计,计生议,议生说,说生进,进生退,退生制",这几个环节是环环相扣的系统工程。

计策在实施的过程中,要注意一些问题。一是要按对方的意图或想法去制定策略,如果一味固执己见,不能投其所好,则决策再完美也是徒劳,因为对方不感兴趣。二是把握好亲疏关系决策的原则,切不可亲近人说见外话,关系远者却说些知心话。否则,至亲者就会变得陌生,而远者可能危害到自己。三是根据游说对象的品行来制定决策,能够顺从对方的优点,避免触及对方的缺点,而且还要在不知不觉中抓住对方弱点来帮助自己制定策略,对贪婪者以金钱诱之,愚蠢者以欺诈骗之等等。只有因人而异,对症下药,才能制定有效的策略,才能在实施阶段顺利进行。

总之,在谋略的运用中,除了掌握技巧方法外,还应懂得公开运用不如暗中实施、遵循常理不如出奇制胜,因为谋的目的在于控制游说对象,而不是受制于人,使人在出乎意料、不知不觉中便达到了自己的目的,这才是运用智谋的高明之处。

【原文】

为人凡谋①有道,必得其所因,以求其情②。审得其情,乃立三仪③。三仪者曰上、曰中、曰下,参④以立焉,以生奇。奇不知其所拥,始于古之所从⑤。故郑人之取玉也,必载司南之车⑥,为其不惑⑦也。夫度材、量能、揣情者,亦事之司南也。故同情⑧而俱相亲者,其俱成者也。同欲而相疏者,其偏成者也;同恶而相亲者,其俱害者也;同恶而相疏者,其偏害者也。故相益⑨则亲,相损⑩则疏,其数⑪行也;此所以察同异之分⑫,其类一也。故墙坏于其隙,木毁于其节,斯盖其分也。故变生事,事生谋、谋生计、计生议、议生说、说生进、进生退、退生制,因以制于事。故百事一道,而百度一数⑬也。

【注释】

①谋:策划。这里主要指谋划说服人的策略。

②情:实情,真相。

③仪:标准。

④参:参考,比照。

⑤从:遵从。

⑥司南之车:中国古代发明的一种装有磁石的车。司南,指示南北方向的装置,以此为基准作行军时的向导。

⑦惑:指迷失方向。

⑧同情:指心意相同。

⑨相益:指双方受益,受利。

⑩相损:指双方受损,受害。

⑪数:法则,道理。

⑫分:标准。

⑬数:即术,方法。

【译文】

凡是给他人出谋划策都有一定的规律,必须要弄清事情的原委,以便研究实情。要详细地探求对方的实情,就要确立三条标准。这三条标准就是上智、中才、下愚。三者互相渗透,就可谋划出奇计。奇谋合情合理,没有阻塞,从古代就已经开始依循。所以,郑国人入山采玉时,都要驾着指南车去,是为了不迷失方向。考量才干、测试能力、揣度情理,也就相当于行动的"指南针"。所以,凡是情投意合的人一起谋事,都是因为大家可以成功;凡是欲望相同的人不一起谋事,都是因为只有一部分人可以成功;凡是恶习相同的人一起谋事,都是因为大家共同损害;凡是恶习相同的人不一起谋事,是因为一部分人受到损害。所以,双方有利就相互亲近,双方损害就要相互疏远,正是这个规律在发挥作用。所以,要用这个规律区分同异,同类事物都是一样的道理。所以,墙壁通常都是因为有裂缝才倒塌,树木通常是因为有节疤而折毁,这就是墙和树木分界之处。因此,变化产生事端,事端引出谋略,谋略生成计划,计划需要议论,议论导致辩说,辩说就有采纳,采纳就生摒弃,摒弃就形成制度,用来制约事端。由此可见,万事万物的变化都有相同的原理,各种制度也都有一定的法则。

国学经典文库

鬼谷子全书

·《鬼谷子》释义通解·

图文珍藏版

【原文】

夫仁人①轻货,不可诱以利,可使出费②;勇士轻难③,不可惧以患,可使据危④;智者达于数,明于理,不可欺以诚,可示以道理,可使立功⑤,是三才⑥也。故愚者易蔽也,不肖者易惧也,贪者易诱也,是因事而裁⑦之。故为强者积于弱也;有余者积于不足也,此其道术行也。

【注释】

①仁人:指有德行的人。

②费:费用,指钱财。

③难:患难。

④据危:处于危险的地方。

⑤立功:建立功业。

⑥三才:原指天、地、人,此处指仁人、勇士、智者三种人才。

⑦裁:裁夺,决定。

【译文】

仁人君子轻视财货,不能用财利引诱他们,但可以让他们捐出财物;勇敢的人轻视危难,不能用祸患去恐吓他们,但可以用他们解除危难;智慧的人通达术略,明于事理,不可假装诚信去欺骗他们,却可以向他们讲清事理,让他们建功立业,这是三种人才啊。所以说,愚昧的人容易被蒙蔽,不肖之徒容易被恐吓,贪图便宜的人容易被引诱,这三种人可以根据具体情况做出判断。所以,强大是由弱小不断积累而成的;有余是由不足不断累积而成的,这是因为道术得到了实行。

【原文】

故外①亲而内疏者说内②,内亲而外疏者说外。故因其疑③以变之,因其见④以然之。因其说⑤以要⑥之,因其势以成之。因其恶以权之,因其患以斥之。摩而恐⑦之,高而动之,微⑧而证之,符⑨而应之。拥⑩而塞之,乱而惑之,是谓计谋。计谋之用,公⑪不如私⑫,私不如结,结⑬而无隙者也。正不如奇,奇流⑭而不止者也。故说人主⑮者,必与之言奇;说人臣⑯者,必与之言私。

【注释】

①外:指表面。

②内:指内心。

③因其疑:根据对方的疑问。

④因其见:根据对方的表现。

⑤因其说:根据对方的言辞。

⑥要:通"邀",指交结。

⑦恐:使对方受到恐吓。

⑧微:削弱。

⑨符:验证,应验的意思。

⑩拥:通"壅",就是用土堵,阻塞。

⑪公:公开。

⑫私:私下,暗地里。

⑬结:缔联,交结。

⑭流:像流水一样弯弯绕绕。

⑮人主:人君,帝王。

⑯人臣:臣下,大臣。

【译文】

所以,对那些外表亲善而内心疏远的人,要从内入手进行游说;对那些内心亲善而外表疏远的人,要从外部入手进行游说。因此,要根据对方的疑惑,来改变自己游说的内容；要根据对方的表现，来顺应他的意愿；要根据对方的答辞，来确定游说的要点；要根据情势的变化，来达到游说的效果；要根据对方的憎恶，来权衡变通；要根据对方的担忧，来设法排除。用揣摩之术令他畏惧，抬高对方使他有所触动，略设根据加以证实，露出表现使他相应，若不知变化，就加以阻塞，搅乱对方使他迷惑，这就叫作"计谋"。至于计谋的运用，公开不如保密，保密不如结党，结党密谋就可以疏而不漏。遵循常理不如出奇制胜，实行奇策就能左右逢源，无往不胜。所以，游说君主时，必须要与他谈论奇策；游说人臣时，必须要用得隐蔽。

【原文】

其身内、其言外者疏；其身外、其言深者危①。无②以人之所不欲，而强之于人；无以人之所不知，而教之于人。人之有好③也，学而顺之；人之有恶④也，避而讳之，故阴道而阳取之也。故去⑤之者纵⑥之，纵之者乘⑦之。貌者不美，又不恶，故至情托焉。可知者⑧可用也；不可知者谋者所不用也，故曰："事贵制⑨人，而不贵见制于人⑩。"制人者握权也，见制于人者制命⑪也。故圣人之道⑫阴，愚人之道阳；智者事⑬易，而不智者事难。以此观之，亡不可以为存，而危不可以为安。然而无为而贵智矣。智用于众人之所不能知，用于众人之所不能见。既用见可，择事而为之，所以自为⑭也；见不可，择事而为之，所以为人⑮也。故先王之道阴，言有之曰："天地之化⑯，在高与深；圣人之制道⑰，在隐与匿。非独忠、信、仁、义也，中正⑱而已矣。"道理达于此义者，则可与语。由能得此，则可与谷远近之义。

【注释】

①危：危险。

②无：通"毋"，不要。

③好：指优点、长处。

④恶:指缺点、短处。

⑤去:除掉、去掉。

⑥纵:放纵、恣肆。

⑦乘:利用、趁机会。

⑧可知者:可以了解的人。

⑨制:控制、制约。

⑩见制于人:被人控制。见,表示被动。

⑪制命:命运被人控制。

⑫道:被谋划的原则。下句同。

⑬事:此处为动词。意为"办事"。下句同。

⑭自为:为自己,有保全自己之意。

⑮为人:为别人。

⑯化:化育,指自然的运转变化生成万物。

⑰制道:指掌握自然法则。

⑱中正:指不偏不倚。

【译文】

关系密切、说话见外的人,必定被疏远;关系疏远,说话密切的人,必定招致危险。不要拿别人不喜欢做的事,强加给他;不要拿别人不了解的事,强行教导。如果对方有某种嗜好,不妨去迎合他;如果对方有某些厌恶,可以避讳不言。这是用暗地讨好的方法去换取公开的回报。所以,想要除掉的人,就要放纵他,放纵他正是为了抓住良机制服他。外表不善也不恶,喜怒不形于色的人,可以托之以机密大事。对于了解透彻的人,可以使用计谋;对那些还没了解透彻的人,绝对不能用计谋。所以说:"办事最重要的是制约别人,而不是被别人制约。"控制别人就是掌握了权力,被人控制的人命运就掌握在别人的手里。所以,圣人运用谋略的原则是隐而不露,而愚人运用谋略的原则是大肆张扬;聪明的人成事容易,愚昧的人成事困难。由此看来,虽然灭亡的东西很难复兴,动乱也难以安定,但是顺应规律、看中智慧还是最重要的。智慧是用在众人所不知道的地方,用在众人所看不见的地方。如果施展智谋,就要证明是否可行;如果可行,就选择事情自己去做;如果不可行,也要选择一些事情让别人去做。所以,古代先王的治国大道隐藏不露。古语说:"天地的造化高深莫测;圣人的法则隐藏不露。并不是单纯讲求忠诚、信守、仁慈、义理,还要合乎不偏不倚的正道啊。"如果能彻底通达这种道理,就可以与他讨论谋略的事。假如能够掌握这些法则,就能懂得驾驭天下的道理了。

【解析】

"谋",即是谋划,这里的"谋",主要阐述了游说时的方法:要根据对方的疑惑,来改变自己游说的内容;要根据对方的表现,来顺应他的意愿;要根据对方的答辞,来确定游说的要点;要根据情势的变化,来达到游说的效果;要根据对方的憎恶,来权衡变通;要根据对方的担忧,来设法排除。

鬼谷子认为:"为人凡谋有道,必得其所因,以求其情。"因此,在谋划的时候,一定要顺应天地自然和人道的法则,做到主观与客观相统一。

文中所言:"计谋之用,公不如私,私不如结;结比而无隙者也。正不如奇;奇流而不止者也。故说人主者,必与之言奇;说人臣者,必与之言私。"这里,鬼谷子阐述了如何使计谋顺利实施的方法:首先,公开不如保密,保密不如结党,结党密谋可以疏而不漏,符合隐秘之道,所以能够做到无懈可击。其次,遵循常理不如用出奇制胜的"奇谋",实行奇策就能左右逢源,无往不胜。所以,游说君主时,必须用出乎意料的言论,更能引起他的关注;游说大臣时,必须围绕对他切身利益相关的话题展开谈话,以引起他的重视,但要用得隐蔽。

古往今来,但凡谋大事必成者都以事情的起因为突破口,探求出对方的真实情况,为下一步谋划应变对策、制定谋略打下良好的基础。那么,如何详细地探求对方的实情呢?

鬼谷子告诉我们:在制定谋略的时候,必须根据事情的起因及其发展的原委,制定出"三仪",即上智、中才、下愚。"三仪"确定后,就要根据具体情况,做具体分析,以便谋划出切实可行的应变对策。

在现实生活中,存在形形色色的人,所以要学会根据不同对象的性格特点和心理特征采取不同的谋略。对于不同的人要随时改变游说的技巧,比如,对那些外表亲善而内心疏远的人,要从内入手进行游说;对那些内心亲善而外表疏远的人,要从外部入手进行游说。另外,在使用计谋时,一定要根据交往的程度,不要强加于人,而是要顺应对方的意愿,同时,还要抓住对方的心理,尤其要注意计谋的隐秘和周详,这样才有可能出奇制胜。

【应用事例】

大凡谋大事每谋必成的人,一定是通过事情的起因作为突破口,推测出事情的真实情况,谋划应变对策,制定谋略的。

在制定谋略的时候,一定要审视出事情发生、发展的原委,制定出"三仪",所谓"三仪"就是"上""中""下"三种谋略方案。"三仪"分出来以后,就要根据"具体情况具体分析",就可以确定哪种方案是最切实可行的应变对策,出奇制胜的办法就是由此而来的。

所谓出奇制胜中的"奇"字,就是"不按常规出牌",是别人想象不到的奇谋。要做到这一点,非常难。有一个最简单的办法,可以使"奇"字变得简单易行,就是:如果我们煞费苦心都想不出"出奇制胜"的奇谋时,就在古人的经验中去寻求。古今中外那么多出奇制胜的经典案例可以借鉴,为什么不高度重视认真对待呢?所谓"兵法"不也是总结前人的经验、前人的经典案例写出来的吗?古代郑国人进山采玉,带上"指南车",为的是不迷失方向。同样出奇制胜也有"指南车"指明方向,那就是前人的经验和知识。外交事务中常用的"度权""量能""揣情"之法前人的经验不胜枚举,只要根据具体情况灵活运用,出奇制胜的奇谋就会重现。

国学经典文库

鬼谷子全书

《鬼谷子》释义通解·

图文珍藏版

绝妙的宣传是成功的助推器

按照事物的发展规律我们可以得知,每件事物的产生和发展都是有它潜在的规律和道理,即存在的就是有道理的,不管这个道理是如何显现的。正确与否我们可以通过分析加以辨别论证。因此我们可以得出一个结论,遇事要先分析其中的表象,针对表现制定相应的策略就,只要能抓住事物发展变化的关键之处就能成功将事情认知,并合理把握。

某国举行一场盛大的世界食品博览会,世界各大厂家都纷纷将自己的产品送去陈列。每每此刻,成千上万的厂家千方百计地参加展会,希望在展会上给自己带来丰厚的收益,同时将自己的名声打响。即既要销售产品,又要将自己的名声打响,用有限的地方宣传提高自己公司的知名度。

这里需要关注一家非常有名的罐头食品公司,为什么呢?大家都知道参加展会地理位置相当重要。而这个罐头公司的运气显然差了些,虽然不甘落为他人之后,也将自己公司的罐头食品送去进行参展。但事情不像想象的那么顺利进展,甚至让人有些失望,他们公司分配在博览会会场的一个非常偏僻的区域。

博览会开始后,前来参观的人人山人海,但由于罐头公司的展区偏僻,展览产品区域的人稀稀拉拉的,很让负责该次展览的路易先生着急,于是召集公司全体员工想办法,一整天过了也没见有人想出办法。第一天的展览就这么在别家展区人山人海、自家展区门可罗雀的悲惨景象中度过。

在博览会的第二天,路易先生在进会场的时候被一个小孩玩的游戏所吸引,只见小孩子将自己手里的硬币不停地丢在地上然后再去捡起来,再将捡起来的硬币丢下去,循环反复,小孩子玩得不亦乐乎。路易先生在脑海中闪过,小物件给人带来的快乐。就是因为这么简单的一句话,打开了路易先生的思路,忽然在路易先生中在脑海中出现了一个新奇的主意:利用小物件吸引参观者,让参观者自己找到自己的展区。

于是，他立刻要求公司的员工去市场买一些颜色艳丽小挂件，同时做了一些自己公司展区位置的小地图，前来参观的人可以得到一个小挂件和一幅小巧的地图。小挂件上写着一行字："得到小挂件的人，就可以按照海报上的地图到相应的展区换取罐头食品公司的纪念品"。先到先得，每日数量有限。

数千件小挂件陆续被参观的人发现。很快，路易展区的"荒无人烟"的景象焕然一新，此刻，来罐头食品公司展区的人络绎不绝，霎时被挤得水泄不通，从那天起，路易的展区成了博览会的"风水宝地"，员工不停地四处发放小挂件和小地图，得到小挂件的参观者无不急着前往，致使每天的营业额都在直直攀升。再后来展区不再有小挂件，罐头食品公司展区的参观人数却依旧盛况不减。

一直到展览会结束的那一天，罐头食品公司展区的参观者依旧络绎不绝，后据统计，当月路易的罐头食品公司营业额是公司成立多年来，销售额最高的一个月，此月的销售额相当于往年旺季三个月的营业额度。

事后罐头食品公司的总裁不仅对路易更加的器重，而且是把他调任国际销售总监。

营销是建立在人们消费思维之上的一种策略。要想把自己的产品推销出去，既要有过硬的产品，同时有奇妙的巧妙的宣传。要想使自己的产品顺便销售，首先要抓住自己产品的特别之处，加之对综合环境的考虑，认真分析，使产品达到"天时、地利、人和"的境界时，产品的销售路线就会迎刃而解，营业额自然也就会向上攀升。

韩信声东击西奇制胜

声东击西，避重就轻，转移对方的注意力，从而达到出奇制胜。这样的大智谋，能帮助人们战胜对手，获得胜利。

秦朝被推翻后，刘邦、项羽两派都是最强盛的力量，谁主天下？当时项羽比刘邦军势大,自封为西楚霸王要统一天下。项羽知道刘邦绝非甘居人下之人,便在分封土地中,把偏僻的山区三个郡:巴、蜀、(今四川)汉中(今陕西西南)分给刘邦,封他为汉王,而把关中(今陕西大部分)又划分三个部分,分别给了秦朝的降将章邯、司马欣、董翳。项羽的用意很明显,他想把刘邦困死在偏远山区,让秦将守在从山区东进的关口,目的是阻止刘邦东进。项羽把长江中下游的平原归自己。这里地肥水美,是江南的鱼米之乡、富饶之地。项羽自己封为西楚霸王后,以彭城(今江苏徐州)为都城。

刘邦慑于项羽威势,不得不暂时领兵西上,到巴蜀和汉中山区暂栖身。刘邦接受张良建议,把一路走过的几百里栈道全部烧毁了。一来是为了断后防御,二来让项羽知道,自己安据封地没有进军东去的意图。此计果然迷惑了项羽,项羽不再把刘邦当作心腹之患。刘邦到了南郑,拜萧何推荐的韩信为大将,请他策划伺机再起、夺取天下的战略。

韩信自有谋略。他故意命令樊哙、周勃带领大队人马去修栈道,并限三个月完工。可烧毁的栈道在山里断续的有三百多里,山势险峻,有的地方连立足之地都没有,修了没几天就摔死了几十人。兵士不愿干这种冒险的活,不断逃跑,所以修复栈道的工作进度很慢。

守在关中西部地区的雍王章邯,听说汉王拜的大将是当年曾在大街上受胯下之辱的韩信,从心里瞧不起他。又派人打探说汉军正修栈道,章邯更不把汉军放在眼里。因为谁都知道,蜀道艰难奇险,在上面修复栈道太难了。楚军及守在关口的将士们都放松了对汉军的警惕。但是时间不久,汉军大兵突然攻占了关中陈仓(今陕西宝鸡),使楚军将士大惊失色。原来这是韩信的"明修栈道、暗度陈仓"之计。表面上韩信派人修栈道,实际上却率领汉军主力,暗中抄小路袭击陈仓,以迅雷不及掩耳之势攻占了雍地、咸阳。章邯兵败,只得自杀。没多久,翟王董翳、塞王司马欣先后投降,不到三个月的时间,汉军一鼓作气,乘胜追击,一举攻占关中,大获全胜。

再看这则故事:

公元前 205 年,一天,刘邦在荥阳宫大发脾气,原来,已经归从他的魏王豹,看到刘邦在彭城之战中被项羽打败,就借口回封地探望母亲。但他一回到封地,项羽就派人去游说。魏王豹于是决定叛汉联楚,点起十万人马,把守平阳关,截断河口,抗拒汉军,准备跟楚、汉三分天下。

刘邦要发兵去攻打。谋士郦食其谏道:"我跟魏王平时有点交情,让我先去劝他一劝,如果他仍然不服,大王再发兵也不迟。"刘邦同意。郦食其火速赶到平阳(今山西临汾市),见到魏王豹,反复说明利害,要他归附汉王。魏王豹说:"汉王把诸侯和臣下看作奴仆一样,今天骂,明天骂,我可受不了!请先生别来游说了!"

刘邦见郦食其碰了钉子回来,气得七窍生烟,即命韩信为左丞相,和灌婴、曹参统帅十万大军渡河击魏,开辟北方战场。魏王豹闻讯,把重兵调集到蒲坂(今山西永济西蒲州镇),封锁了黄河渡口临晋关。韩信来到临晋关,派人侦察,发现对岸全是魏兵,只有上游夏阳(在陕西韩城南)地方魏兵不多。于是就决定在夏阳渡河。渡河需要木船,但他们只有一百多只,不够用。韩信就派人砍伐木材,并去收买小口大肚子的瓶子(古时候叫罂)。

灌婴和曹参不明白韩信买罂的用意,请他解释。韩信说:"把几十只口小肚大的瓶子封住口,排成长方形,口朝下,底朝上,用绳子绑在一起,再用木头央住,叫作'木罂',用它做成筏子可以比一般筏子多载人马。"灌婴和曹参非常佩服,就各自去忙着伐木购瓶了,几天工夫,——准备齐全。

这一天,韩信命令灌婴带领一万兵马和一百多只船,在临晋关黄河的对岸排开阵势,假装要渡河的样子。魏王豹率领重兵虎视眈眈,严阵以待。谁料想,韩信和曹参却偷偷地带领大军连夜把木罂运到了夏阳。魏王豹等了几天,并不见临晋关对岸发兵,以为汉军不敢渡河。正在这时,安邑守军来报,韩信已攻下安邑,向平阳方向杀将过来。魏王大惊:上游的夏阳向来没有船只,难道汉军是飞过河的? 仓促之间领兵去阻挡,但是以木罂渡河的汉军在安邑得手后,士气更旺,一路势如破竹,魏军哪里抵抗得住? 魏王豹正想往临晋关退去,灌婴的兵马却趁临晋关空虚之机,挥师渡过河来攻占了关口,也向平阳冲来。两路夹击,腹背受敌的魏王豹只得下马投降。韩信很快平定了魏地。

韩信连施二计,都是避重就轻,转移敌人的注意力,声东击西,为自己计划的实施打掩护而取得成功的。

妙释"丰"字解疑难

一个人的说话做事是要看人的,不同的人需要用不用的说话方式,否则会造成不必要的麻烦,做人是这样,做事更是如此,每当遇到一件事情的时候要先加以分析,才好给事物下定义、做结论,要是只是一味地本本主义、经验论,觉得这件事和以前的事情是同一类还是运用原来的处理方法,非要这么死搬硬套原来的做法,自然是会碰钉子的。

小恺是一家银行临柜人员。有一次在柜台前来了一位商人,商人想给一位姓丰的朋友汇钱,可怎么也想不起"丰"怎么写了,就问小恺怎么写,小凯回答道:"三纲一竖"。商人有些纳闷地问"什么纲?我都听说过太钢。"并呵呵笑道。小恺见其疑惑再次解释道:"咸丰皇帝的'丰'。"商人仍旧不解。一位经商的商人,主要关注还是经济类的信息,哪管你那么久远的皇帝名字如何写,更不用提及历史,因此并不知道成丰。无奈,小恺又解释道"五谷丰登的'丰'。"谁知商人仍然满脸疑惑,显得更加的茫然,最终还是不知道到底是哪个"丰"字,小恺哭笑不得,最后拿出纸笔将"丰"字写在纸上。商人凑过去一看,恍然大悟,哈哈大笑道:"原来是这个字啊!你早说嘛,这不就是'汇丰银行'的'丰'嘛!我就说很熟悉的字,可就是一下蒙住了怎么也想不起来了,你这么早说一下我不就知道了吗?"小恺也乐了,心里想:此商人说得确实不错,"汇丰银行"的确比"五谷丰登"对于商人来说,是更加好想象到,要时髦些,比"咸丰"更加要通用些。

事后没过多久,小恺又给一位农民大爷办汇款业务,由于大爷没受过多少教育,所以好多字都不会写,只能求助小恺,小凯也为人随和,很热情地为农民大爷解答。农民大爷汇款对象姓"丰",便问小恺"丰"字怎么写。小恺说:"汇丰银行的'丰'。"农民大爷这一半辈子了都在乡下种田为生,哪里能听说过汇丰银行,便摇头表示自己不清楚。小恺就说"成丰皇帝的'丰'。"大爷脑袋摇得更加厉害。小恺无奈便像上一次一样将"丰"字写了出来,将纸上的丰字递给农民大爷后,大爷看过后连忙说:哦! 这个丰啊,虽然俺没上过多少学,也没有多少文化,但这个字俺还是认识咧,这不就是"年年丰收、五谷丰登的'丰'嘛! 你早这样说,俺这个庄家人不就一下就明白了吗? 一边说着,一边在汇款单上将丰字写了上去。"

此时小恺再次恍然大悟:"上次就因为这个'丰'字的解释没有符合对方的身份,才使对方一次次的困惑。像刚才我要是跟农民大爷直接说是丰收的'丰'想必农民大爷肯定一下就知道了是哪个'丰'字了"。

后来小恺总结这两次因为解释"丰"字的事情看,一直认为说话并不是难事的事,现在看来说话也是有一定技术含量的,对待不同的说话对象,是要说的话还真不一样。要是当初自己能明白这个道理,就不会弄出让别人困惑,自己也为难的事。看来,自己以后也还得在说话的本事上好好学习一下,以后更加方便为不同身份的顾客解答疑难问题!"

鬼谷子中说:"故相益则亲,相损则疏,其数行也;此所以察异同之分也"事物有好就有好,遇事要通过观察分析其中的不同。我们了解具体问题具体分析分析是我们正确认识事物的基础,也是正确解决矛盾的关键;本例中一个"丰"字两种说法,有浓厚的文化味,体现了中国文化,最主要是让我们认识到,遇事要先分析后定论,是成大事的必经之路。

改变思维定势,把危机化成转机

做事有谋略的人在做事的过程中,总是努力挣脱思维定势造成的枷锁,并从中找到可以突破的方法。

一次,一艘渔轮不幸触礁,沉没在海里,幸存下来的九位船员拼死登上一座孤岛,才得以幸存下来。

但接下来的情形更加糟糕,岛上除了石头,还是石头,没有任何可以用来充饥的东西,更为要命的是,在烈日的曝晒下,每个人口渴得冒烟,水成为最珍贵的东西。

尽管四周都是水——海水,可谁都知道,海水又苦又涩又咸,根本不能用来解渴。现在,九个人唯一的希望是老天爷下雨或有过往船只发现他们。

等啊等,没有任何下雨的迹象,天际除了海水还是一望无边的海水,没有任何船只经过这个死一般寂静的岛。渐渐地,八个船员支撑不下去了,他们渴死在孤岛。

当最后一位船员快要渴死的时候,他实在忍受不住了,一头扑进海水里"咕嘟咕嘟"地喝了一肚子。船员喝完海水,一点也觉不出海水的苦涩味,相反觉得这海水又甘又甜,非常解渴。他想:也许这是自己渴死前的幻觉吧。便静静地躺在岛上,等着死神的降临。

他睡了一觉,醒来后发现自己还活着,船员非常奇怪,于是他每天靠喝这岛边的海水度日,终于等来了救援的船只。人们化验海水发现,这儿由于有地下泉水的不断翻涌,所以这一片的海水实际上可以饮用。

谁都知道"海水是咸的"这个基本的常识,根本不能饮用,八名船员因为思维定势,不敢去想,也不敢去做新的尝试,结果渴死了。只有最后一个船员误打误撞,无意间突破了思维定势,反而生存下来。

曾有人做过实验,将一条最凶猛的鲨鱼和一群热带鱼放在同一个池子里,然后中间用强化玻璃隔开,最初,鲨鱼每天不断冲撞那块玻璃,奈何这只是徒劳,它始终不能过到对面去,而实验人员每天都放一些鲫鱼在池子里,所以鲨鱼也没缺少猎物,只是它仍然想到对面去,想尝试那美丽的滋味,每天仍是不断的冲撞那块玻璃,它试了每个角落,每次都是用尽全力,但每次也总是弄的伤痕累累,有好几次都浑身破裂出血,持续了好一些日子,每当玻璃一出现裂痕,实验人员马上加上一块更厚的玻璃。

后来,鲨鱼不再冲撞那块玻璃了,对那些斑斓的热带鱼也不再在意,好像他们只是墙上会动的壁画,它开始等着每天会固定出现的鲫鱼,然后用他敏捷的本能进行狩猎,好像回到海中不可一世的凶狠霸气,但这一切只不过是假象罢了,实验到了最后的阶段,实验人员将玻璃取走,但鲨鱼却没有反应,每天仍是在固定的区域游着它不但对那些热带鱼视若无睹,甚至于当那些鲫鱼逃到那边去,他就立刻放弃追逐,说什么也不愿再过去。

一个小孩在看完马戏团精彩的表演后,随着父亲到帐篷外去拿干草喂养表演完的动物。小孩注意到一旁的大象群,问父亲:"爸,大象那么有力气,为什么它们的脚上只系着一条小小的铁链,难道它无法挣开那条铁链逃脱吗?"父亲笑了笑,耐心为孩子解释说:"没错,大象是挣不开那条细细的铁链。在大象还小的时候,驯兽师就是用同样的铁链来系住小象,那时候的小象,力气还不够大,小象起初也想挣开铁链的束缚,可是试过几次之后,知道自己的力气不足以挣开铁链,也就放弃了挣脱的念头,等小象长成大象后,它就甘心受那条铁链的限制,而不再想逃脱了。"

做事有谋略的人,他们在做事的过程中,会努力地避开思维定势和经验的局限,敢于从不同的角度去思考,找到突破定势的方法。在大象的成长过程中,人们聪明地利用一条铁链限制了它,虽然那样的铁链根本系不住有力的大象。故事中的鲨鱼和大象都是被固定的思维所束缚,把习惯了的事情当成理所当然的,不试图去改变它。就我们而言,一些生活习惯也会直接影响到我们判断和抉择的能力,我们要有勇气去打破已有的格局的束缚。

在我们成长的环境中,也有许多肉眼看不见的链条系住了我们。我们经常将这些铁链当成习惯,视为理所当然。就这样,我们独特的创意被自己抹杀,认为自己无法成功。我们甚至自己告诉自己,难以成为配偶心目中理想的另一半,无法成为孩子心目中理想的父母,无法成为父母心目中理想的孩子。然后,开始向环境低头，甚至于开始认命、怨天尤人。其实，这一切都是我们心中那条系住自我的铁链在作崇罢了。当我们发现自己的那一条铁链的时候，要当机立断，运用我们内在的能力，立即挣开消极习惯的捆绑，改变自己所处的环境，投入另一个崭新的领域中，使自己的潜能得以发挥。

在瞬息万变的社会，如果一味恪守前人的经验，形成固定的思维方式，就会像鲨鱼和大象一样，在思维定势中失去了创新的机会。每个人都有一个固定的思维定势，只不过思维的方法不同而已。固定的思维方式容易产生偏见，这种偏见带有强烈的个人色彩。它容易把人的思维引入歧途，也会给生活与事业带来消极影响。

要改变这种思维定势，需要我们改变观念，也就是不断学习新知识，并随着形势的发展不断调整、改变自己的行动。因为思维是改变自己的内在基础，只要运用头脑，积极思考，你就能够在社会中发现机会，创造机会，改变自己的生活，实现人生目标。

要成为一个做事有谋略的人，就必须打破思维定势的束缚。不善于改变思维，就根本不可能找到成功的路径。

与众不同，善于"反弹琵琶"

当你依靠常规方法不能很好地解决问题时，不妨变换一下思考的角度，采用"逆向思维"方式，从事物的反面入手，有时可能会收到意想不到的效果。

美国布里奇玩具公司董事长莱希顿常常为了公司的事情而烦闷。由于市场竞争十分激烈，各大玩具公司竞相推出儿童们喜爱的新型玩具，并且在市场上十分畅销，对布里奇玩具公司产生了巨大的压力。

莱希顿的别墅后面有一片茂密的树林，每当遇到令人头痛的问题的时候，他都会到树林里去散步。

这一天，莱希顿又慢慢地踱到了树林里，但他的脑子里一刻也没有停止转动，他是一个不肯服输的人，为了对付其他公司的排挤，他绞尽脑汁，努力地想找出一个新的方案来给予反击。

正在这时，他看到小路旁的一棵树下，几个小孩正玩得津津有味，爱不释手。莱希顿马上跑了过去。看到那几个小孩正在玩一种肮脏而且看起来十分丑陋的昆虫。

莱希顿十分奇怪，便问其中的一个孩子："你们怎么玩这种又脏又丑的虫子呢？难道你们的爸爸妈妈没有给你们好看的玩具吗？"

那个小孩一噘嘴，说道："那些商店里卖的玩具我都有，可是全玩腻了，都是一个样子，没有什么意思。这种虫子我从不见过，虽然脏一点，丑一点，可是比家里的那些漂亮的玩具好玩多了。"

莱希顿头脑突然闪过一道火花。他知道自己找到解决问题的方法了。

不到一个月，布里奇玩具公司就隆重推出了一种新产品，一改过去玩具总是造型优美，色彩艳丽的格局，而是以丑陋、色彩暗淡作为主要方向。一时间，这种丑陋玩具满足了儿童们的好奇心理和新鲜感，于是成为市面上的抢手货。

布里奇玩具公司因为莱希顿的奇妙设想而在竞争之中稳住了阵脚，并且一一击败了对手，而成为玩具业的佼佼者。

一位美国的家具商人马德罗尔斯，他是个勇于创新的商人，整天除了生意上的工作外，便是思考着如何设计出更好更独特的家具来迎合口味越来越高的消费者的需要。

有一次，马德罗尔斯到纽约乡下去度假，路过一个小村庄时，眼前出现了一片残垣断壁，原来这里刚刚发生一起火灾，烧毁了大批的房屋和树林。由于道路被阻，马德罗尔斯不得不停下车来等候路障的清除。

突然，一片焦松木引起了他的兴趣，那块木头的边缘已经烧焦了，但是中心的木纹却十分漂亮，仿佛是一幅画似的，他从中得到了启示。

回家之后，经过几个月的研制，他发明出一种仿纹家具，这种家具美丽的花纹和美丽的色彩使之在老式家具中脱颖而出，一举成为市场上的畅销货。

　　长期以来许多人习惯于传统的思维方式,喜欢"一窝蜂",看到别人干什么马上也跟着干什么,从不进行逆向思维。虽说反其道而行之有悖常理,行事需要超凡的胆识,但只要你用心去揣摩市场定能寻得商机,创造巨大的收益。

　　要创新,就必须要有用逆向思维,打破常规的决心。不敢打破常规者,他的事业将注定不能有大的发展。只有创新,才能出奇制胜。

　　老子曰:"反者,道之动也。"意思是一种反常规的做法往往是万事万物运行规律的体现,这也就说明了有"心机"的人一定要具体问题具体分析,绝不能墨守成规。

　　《草庐经略》上说:"虚实在我,贵我能误敌。"兵法上有实则虚之谋略,然而,这都没有一定之规,关键要看个人的知识量和悟性。兵者,"诡道"也,所谓"诡",在兵家那里是没有褒义和贬义之分的,而这类词的意思无非就是一个,那就是变化。谁能变化得宜,谁就会取得胜利。在军事上,与其说是斗勇,不如说是斗智。而智,就是变化。所以我们要善变,不可拘泥于一格,否则就无法有所创新。

　　但是,谁都会"变化",在你变化的同时对方也在变化着,因此,要取胜,就必须要掌握别人的变化,这就要采取反"常"的策略。也许从此人手更容易理解"反者,道之动也"之类的话。只有敢于打破常规,敢于突破创新,你才能在任何环境中都立于不败之地。

　　有意识地打破常规思维模式,"反弹琵琶",将有可能会取得独特的效果。

谈判中直陈利弊,巧妙获胜

　　宁国市有一个民办企业,该企业的职工仅有300人,规模也不大,可厂长却是一个很有头脑的人。

　　有一次与美国太平洋投资公司的谈判,厂长仅用10分钟就打开了谈判的大门。

那是在一个情况极为不利的条件下举行的一次谈判。当时，美方从上午8点钟就开始与众多的厂家进行了谈判，等到与他们谈判的时候，已经是下午5点钟了。美方经过十多个小时的谈判，肯定已经达成了许多重要的协议，他们还能看得上这个小小的民办企业吗？

果然，谈判一开始双方就陷入了困境。美国太平洋投资公司董事长布朗先生不经意地看了看他的总裁杰姆斯麦克纳特先生一眼，他没有任何反应；又看了看副总裁洪静怡女士，洪女士也是毫无反应。显然，经过十个多个小时的谈判，他们已经疲惫了，不准备再进行这场谈判。布朗先生只好说："今天不早了，我们明天再谈吧。"

厂长听了心头一震：今天如果退出谈判，明天就极有可能失去机会了，那我们的企业还怎么更快更好地发展呢？这位硬汉子厂长当即下定决心说："布朗先生，您不远万里来到中国，的确很忙。但我们的企业也很忙，请您允许我再占用10分钟的时间，可以吗？"

布朗先生没有想到对方会这样说，那双不大的眼睛飞快地闪过了一种特殊的神情，他点了点头。这时，厂长感到有一股巨大的力量在驱动着自己，他只能是背水一战。于是，他开诚布公地说道："我只想讲四个问题，其中有三个是我可以不同你们合作的原因。第一，与你谈判的人，大多想通过合作得到资金，可是我不这么想，我们的企业每年可交税300万元，完全可以养活自己，如果开发新产品资金有困难，我们也可以向银行贷款，只需要付出利息。而同你合作，那就必须利润分成，这对我们明显是不利的。"

厂长如此拉开了谈判的序幕，布朗先生不由自主地向前倾起身子，想听听他下面还会说什么。

厂长接着说："第二，别人想通过与你合作得到优惠政策，可是我不想，正如你所知，我们是校办企业，已经能够享受到国家的各种优惠政策。"

听到这里，布朗先生不由得连连点头，表示赞同他的说法，更加注意倾听起来，此时两位总裁也集中了注意力。

　　"第三，"厂长不慌不忙地说，"还有人想通过和您合作得到您的先进技术和设备，而我不要，如同你所知道的，我们的项目，是经过某某研制的电热膜开水器，这种产品目前在世界上是先进的，所以，在技术、设备以及工艺操作方面，我们也不必担心。"

　　布朗先生微微张开口，直瞪瞪地盯住侃侃而谈的这位厂长。

　　厂长说完了第三条，稍微停顿了一下，仿佛完全看出对方心思似的说："如果我不想同你合作，那么还和你谈什么？实话实说吧，我们生产的电热水器，科技含量很高，安全可靠，还可以发展成卫生间洗浴器，比目前各类热水器方便、节能，开发前景十分广阔。而贵公司的工业科技很发达，占有大量的市场，如果我们进行合作，开发这种新产品，进入市场大循环，这样，不但可以发展我们的企业，我想，贵公司的利润也是相当可观的。当然，这只能建立在自愿的原则上、互利互惠的基础上，才能实现合作。"听到这里，布朗先生忍不住脱口说道："OK！OK！"

　　厂长接着说："布朗先生，前面已经说过，只占用您 10 分钟时间，现在我全部说完了，我该走了，请您考虑好以后，如果有必要请通知我再来。"

　　布朗先生着急了："不！厂长先生，我们还继续谈下去呢！这样吧，我们共进晚餐，好不好？"看着布朗先生诚恳的神情，厂长笑了，不由得心头一阵轻松，他豪爽地说："好吧，您请客，我付钱，在中国，我是主人嘛！"

　　美国的企业家们都高兴地开怀大笑了。三天之后，中美两国的企业家达成了一项新的协议。至此，一项合资项目谈判取得圆满成功。

　　向谈判的对方直接、诚恳的陈述合作的有利方面和不利方面，反而更能吸引对方的注意力和高度赞赏，使谈判获得成功。

将计就计败敌军

　　魏景元元年，姜维听说司马昭杀了曹髦，立了曹奂，便借机第七次出兵征伐中原。大军刚在祁山下寨，便听说敌将王瓘率兵来投降。姜维令军兵阻住降兵，只放降将入账来见。

　　王瓘对姜维说："我是魏国尚书王经的侄儿王瓘，我叔父一家因曹髦而受牵连被司马昭杀害。今听说将军又出师伐中原，我要借将军之威，为叔父一家报仇雪恨。"姜维一听，高兴地说："将军来降我十分高兴，昔日夏侯霸将军降我，被我军重用，卿也同样。现在我军中粮草转运是件大事，你可率本部军马三千人，去川口把几千车粮草运到祁山寨中。我用你两千军马做向导，去攻邓艾营寨。"王瓘本来是行诈降计的，知道姜维借魏朝中有变，来伐中原。王瓘便投其所好，诈称自己是王经的侄子，来投降姜维，企图使姜维像信任夏侯霸那样信任他。现在见姜维这样安排，不答应吧，恐怕姜维会产生疑心。答应吧，带来的五千军兵一下子就分出去近一半。为了大计只好痛快地答应了。

　　王瓘出营后，夏侯霸入账对姜维说："我听说魏将王瓘来投降，将军怎么能信任他的话呢？我在朝中多年，未听说过王经有这样一个侄子，其中必然有诈。"姜维大笑说："我已经看出其中有诈了。司马昭的奸诈不亚于曹操。他既然在朝中杀了王经一家，怎么会让他的亲侄子在边关统兵呢？我所以允许他投降，是要将计就计而行，你未见我已把他的兵马分开了吗？"夏侯霸知道姜维有了防备，便放心出营而去。

　　姜维在王瓘率兵走后，派军兵多在途中布暗哨设伏，切断王瓘与邓艾之间的联系。果然不到十天，巡哨的军兵捉到王瓘派往邓艾大寨的信使。姜维见王瓘在书中约邓艾八月二十日运粮到魏营。请他在坛山谷中接应。姜维把情况盘问仔细后，杀了信使。把书中八月二十日改为八月十五日，另派人扮成魏军把书信送给邓艾，同时做好在坛山谷伏击邓艾的准备。

　　邓艾得到王瓘的书信后，仔细盘问了信使，见信无伪。便如期率五万精兵向坛山谷中进发。到了谷口，邓艾登山一看，果然见远谷中有千余辆粮车，慢慢而来。邓艾见天色已晚，未敢贸然率兵入谷，便在谷口安营，准备在谷口处接应王瓘。

姜维见邓艾不率兵入谷，便又遣人扮作魏兵向邓艾报告说："现在粮车已经过界，被后面蜀军发现，正在追赶，王将军请邓将军速去接应。"邓艾听后，正犹豫不决，这时却听到谷中鼓声阵阵，杀声隐约传来。他以为这必是王瓘与后面追兵在厮杀，于是率军入谷去接应。

当邓艾深入谷中后，谷口顿时被截断，谷内草车瞬间燃起，伏兵一齐杀出，

邓艾

邓艾听到蜀军内大喊"捉住邓艾的可封万户侯"的悬赏令后，忙弃马丢盔，混在步兵中，爬山而逃，其余数万军马皆降。

这时王瓘在川口还等着准备二十日举事呢，突然闻讯邓艾中计大败的消息，已知诈降行间败露，于是趁夜烧了蜀军粮草，见无路可走，便率兵向汉中方向杀去。

姜维正要继续搜寻邓艾，却听说王瓘见势不妙，往汉中杀去了。姜维怕汉中有失，立即率兵抄小路截阻王瓘。王瓘见四面受敌，无路可逃，跳江自尽了。

姜维知道了司马昭杀曹髦、立曹奂之事，便决定兵伐中原，这就是"变生事"；王瓘以诈降之计到蜀军，却被姜维识破。姜维便将计就计设下圈套，灭掉了邓艾的大军，取得胜利，这便是"事生谋，谋生计"。

赵匡胤陈桥兵变

后周显德七年，赵普派人散布谣言，上奏朝廷说北汉和契丹会师南下，派兵进犯。

后周宰相范质、王溥等仓促之中不辨真伪，急派赵匡胤率兵从大梁（今河南

开封)出发,北上防御。当大军行至开封东北 40 里的陈桥驿时,赵匡胤便驻足不进。

军中有一个通晓星象的人叫苗训,他指点门官楚昭辅等人观察天象,看见"日下复有一日,黑光摩荡者久之",似乎两个太阳正在搏斗。古时候,人们认为太阳是皇帝的象征,另外出现一个太阳,就预示要出现一个新的皇帝。谣言于是不胫而走。当晚五更,军中将士们聚集在陈桥驿前,议论纷纷。赵匡胤于是派亲信煽动将士们说:

"现在皇帝年幼,不能亲政,我们冒死为国家抵御外敌,又有谁知道! 不如先立将军为天子,然后再北征也不晚。"

这时,一直在幕后策划的赵普、赵光义等出来假言规劝将士们不要这样做。他们名为劝阻,实为激将,这一下果然群情汹汹。赵普等人见时机成熟,就派人连夜赶回通知大梁城内的守将石守信、王审琦等人,让他们在京城领兵策应。

黎明时分,北征的将士们披甲执刃,团团围住赵匡胤的军帐。此时,赵匡胤正悠闲地卧于帐中饮酒,佯作不知。赵普与赵光义进来禀告外面的情况,赵匡胤这才慢慢起身出来。

将士们一见便高呼:"诸军无主,愿奉将军为天子!"

赵匡胤未及开口,就有人把象征着皇权的黄袍裹在他身上,高呼万岁。参加兵变的将士们不等他分辨,就簇拥他上马。赵匡胤手揽缰绳对众将士说:

"我有号令,你们能听从吗?"众将士纷纷表示愿听号令。赵匡胤接着说:

"太后和皇上,我一直对他们称臣,你们不能冒犯;诸位大臣,都是与我在一起的同僚,你们不能侵凌;朝廷中普通的家庭,你们不能强行掠夺。听从我命令的重赏,违反命令的一律处置。"

众将士听到这些话,都下马跪拜。于是,赵匡胤就整肃军队进入大梁。

赵匡胤进城后,命令将士们各归营帐。片刻之后,手下将领簇拥着宰相范质等群臣前来。赵匡胤一见之下就痛哭流涕,对他们说道:

"我违抗了上天的旨意,当作叛军首领,都是诸位将士们下命令逼迫我的缘故，我不得不这样做啊！"

但还没等范质等开口说话，一个名叫罗彦环的将领随即手按利剑对范质等人厉声怒喝：

"我们诸位将士没有首领，今天我们奉赵匡胤为天子。"

范质等人面面相觑，无计可施，只好承认赵匡胤为皇帝。于是赵匡胤择日登基，是为宋太祖。

从散布北汉与契丹进犯的谣言，到观天象、唆使将士拥立赵匡胤为帝，而后里应外合，兵不血刃进入都城大梁，赵普等人将整个兵变过程安排得丝丝入扣、细致入微，甚至连加身黄袍和禅代诏书都已事先准备好。赵匡胤对将士们的约法三章，也是赵普等人谋划兵变的既定策略，既有利于稳定局势，巩固统治，也有利于日后北宋的统一事业。可见，谋大事贵在一气呵成，这就是所说的"变生事，事生谋，谋生计"。

真君子趋义避利

郑板桥在潍县当县官时，遇到一个大灾之年，为了救济穷苦的老百姓，他不顾个人的身家性命，打开官仓，救济了当地灾民。

事后被皇帝怪罪下来，革了官职，把他放还老家。

郑板桥其实早就厌倦了官场生涯，有归隐之意，当下就雇了一条民船，载着自己的家小和行装，沿着运河向家乡驶去。

有一天，郑板桥见江面上冷冷清清，来往的行船不是停靠在码头，就是搁浅在岸边。后来通过打听才知道，原来是因为有一条官船要在此经过，于是通知所有的民船都要回避。

郑板桥一向孤傲，那里管这一套，仍是吩咐船工照常行驶，不必理睬。

前行了一段路程之后，果然看见迎面来了一艘官船，排场甚是豪大。桅杆上挂着"奉旨上任"的旗子，随风摆动。

郑板桥心想，好汉不吃眼前亏，这条官船大，载量大，一旦让它撞上可就太不值了，但是，又不能畏缩地躲避它。

正在紧张地思索如何应付时，他忽然想到了一个办法。让家人赶紧找出一块绸绢，他亲笔写下"奉旨革职"四个字。也让船工高挂到桅杆顶上。

官船的人一见迎面开来的船，不仅不回避，还占据江心主道，照常行驶，顿生疑虑，抬头一看，只见那只船上也挂着一面高高飘扬的旗幡，还以为也是奉旨上任的官船，正好借此机会攀附一番。

于是放慢速度，两船靠近时，官船上出来个大官人，一见是只不起眼的民船，桅杆上挂的是"奉旨革职"的旗帜，便大呼小叫起来。

郑板桥道：

"你有什么也神气的！你奉旨上任，我奉旨革职，都是'奉旨'，我为什么要给你让路呢？"

这官人气得无话可说，钻回舱里，几经了解才知对方就是当今名士书画大家郑板桥。他立即改变态度，派手下的人携带一点礼物，登船道歉。其实道歉是假，取郑板桥的字画是真。

郑板桥听说此人刚用钱买了个县令，正要上任，而且这个人名叫姚有财，除了吃喝嫖赌，没有别的本事，于是便想借机羞辱他一番，所以佯装答应，手书一诗相赠。派来的人自是十分高兴，乐得不得了。拿到郑板桥的手迹回到船上交给县官，小心翼翼地展开欣赏，就像什么奇珍异宝似的，但见上面写道：

"有钱难买竹一根，财多不得绿花盆，缺枝少叶没多笋，德少休要充斯文。"等到县官把每句诗的首字连起来一读——"有财缺德"，不禁气得昏了过去。

"仁人轻货，不可诱以利"，意思是说仁德君子视钱财利益如粪土，这样的人用好处是无法引诱的，更何况是两袖清风的郑板桥，连当朝权贵尚且不放在眼里，如何又会在乎眼前这个小县令呢？想以小的恩惠收买郑板桥，实在是选错了对象，不但事无所成，还遭到了羞辱，实在得不偿失呀！

投鼠忌器进谏言

春秋时期,齐国国君齐景公即位后非常敬重相国晏婴。

有一天,他问晏子:"治理国家最担心的是什么?"

晏子回答说:"治理国家最担心的是社鼠。"

齐景公觉得很奇怪,愣愣地皱着眉头盯着晏子,好半天才说:"这是什么意思呢?"

晏子说:"大王,您见过土地庙吗? 土地庙就是由许多木头排在一起,而后外面涂上泥土做成的。社鼠最喜欢到那里去做窝了,这样便很不容易捕杀它们。如果我们用火去熏,害怕烧坏了里边的木头;如果用水去灌,又恐怕冲坏了泥墙。只好让其逍遥自在地在里边生活了。所以,土地庙里的老鼠是最可怕的。君主左右也常常有类似社鼠的一些人,他们在君主面前夸耀自己,把自己说得天花乱坠,无与伦比,同时又攻击别人;经常说他人的坏话。在百姓那里,他们作威作福,自命不凡,把坏事做尽。如果不除掉他们,就会越来越胆大妄为,乃至祸国殃民。惩罚他们吧,又怕有碍于君主的面子。国君,您看这些人不就与土地庙里的老鼠一样吗?"

晏子说完,见齐景公还是似懂非懂的样子,又继续说:"曾经有这么一个故事,有一个卖酒的,他酿的酒味道非常醇美,价钱也很公道。而且,酒店前面是一条小河,后面靠着青山,店旁还有绿水环绕,环境十分幽静。店门口挂着长长的酒幌子,迎风飘扬,招揽顾客。酒店的酒这样好,但生意却非常差,没有一个人来这里品尝他的美酒。店主人非常着急,却又不知道是怎么回事,就跑去问村里的人。有一个老者告诉他:'你门前养的那条狗太凶了,有人拿着酒壶去打酒,你的狗就迎头乱咬,谁还敢再去你的酒店呀? 这就是你的酒卖不出去的原因啊!'老板听了,回去后把狗牵走,结果上门买酒的人络绎不绝。一个国家也有这样的恶狗,就是那些不学无术却又野心勃勃,一心想占据高位的人。有道德、有才能的人想要晋见国君，提出好的治国方略，他们恐怕这些人被重用后自己被排斥，就像疯狗似的对这些人迎头乱咬。您想那些占据高位的坏人不就像凶狗一样吗？君主左右藏着那么些土地庙的'老鼠'，又有那些'凶狗'占据着高位堵在门口，有德有才的人怎么能够得到重用呢？国家怎么能兴旺呢？国君得不到贤能之人的辅佐，怎么能不让天下百姓担心呢？"

齐景公听了晏子的谏言，觉得心悦诚服，从此便更加敬重晏子了。

"明于理，不可欺以不诚，可示以道理，可使立功"的意思是说对通达事理之人，不能用言行相欺骗，而应该向他们说明道理，以使其建功立业。历史上有很多谏臣，晏子在其中堪称魁首。他的进谏没有一丝不敬，以老鼠和凶狗来比喻那些朝中的庸人和奸臣，把道理讲得极为透彻明白。齐景公既听了故事，又得到了良好的建议，自然心悦诚服，而在政绩上有所作为。

量才用人收奇效

经济的高速发展所形成的人际关系使人与人之间的接触，慢慢从友谊面质变到较多的工作面，主管与部属之间的关系逐渐形成了公事化，这对员工的差异化管理形成了一种负面的效应，因而管理者更应了解员工的差异点，作为员工管理差异化的条件。

森达集团只不过是位于江苏一个并不富裕地区的小企业，但为什么不过十几年的时间就创造了一个庞大的"森达帝国"，击败了许多原来名声显赫的国有企业，成为中国皮鞋第一品牌，就是因为两个字：人才！森达能够用年薪300万元聘用一名人才。全国著名的乡镇企业家、森达总裁朱湘桂偶然得知台湾著名的女鞋设计师蔡科钟先生莅临上海，并有在大陆谋求发展的意向。他听到这个信息后十分高兴，决定效仿当年刘皇叔三顾茅庐，第二天即赶往上海。

经过促膝长谈和多方了解，他确信蔡先生是不可多得的人才，打算聘用。但蔡科钟先生要求年薪不少于300万元。朱湘桂尽管有足够的思想准备，还是吃了一惊,聘用一个人,年薪300万元!但还是下了决心,他值!

这一消息传回森达集团总部,顿时掀起轩然大波,上上下下一片反对声。有的说,他是有能力,但年薪太高,我们的员工等于替他挣钱,不合算。有的说,蔡先生是台湾人,以前只是听说很厉害,但到底怎么样,适不适合大陆情况,不好说,等他的本事显出来再谈年薪也不迟,还有的说,东河取鱼西河放,实在不必要。但朱湘桂认为,要想留住一名人才,必须给他提供有竞争力的薪酬。他向员工解释说,聘请蔡先生这样的国际设计大师,能够不断推出领导消费潮流的新品种,占领更大的国内外市场,使森达品牌在国内国际叫得更响。

蔡先生上任后,以其深厚的技术功底、创新的思维和对世界鞋业流行趋势的敏锐感觉,把意大利、港台和中国内地女鞋融为一体,当年就开发出120多个品种的女单鞋、女凉鞋和高档女鞋等新品种。这些式样各异的产品一投放市场,立刻成为顾客争相购买的,"热货"。一年中,蔡先生设计的女单鞋为森达赚回5000万元的利润。一些开始议论蔡先生年薪要价太高的人,在事实面前,连连点头,年薪300万元留住一个难得的人才,值!

员工之间的差异在任何组织或企业内都是存在的,且是任何管理者不可忽视的一项管理认知。如果管理者面对这些客观存在的差异,视而不见,而一再强调对员工一视同仁,企业在内部有可能造成管理层与员工之间的鸿沟,使企业的人力资源白白浪费,丧失企业应有的竞争优势。身为管理者只有真正了解这些差异,分析差异,进而加以取舍和运用,采取对症下药方式予以激励,自当能药效倍增,事半功倍。

蒙蔽之辞驱陈轸

张仪是鬼谷子的得意门生,其性格天生不安分,活泼、开朗、好动。在家闲居了两个月,心闲得发慌。这时身体又将养好了,便又琢磨着外出谋事。到哪里去施展自己的才华呢?他细想了半天,觉得魏国比较方便,因为父亲曾在魏国任职,现虽去世多时,但总归有些世交可以托庇。但他又听说,魏惠王不怎么重视人才,许多魏国能人都离开魏国而在别的国家成就了大事。

说起魏惠王,张仪想起了他与齐威王"论宝"之事。魏王问齐威王:"上方大国必有重宝。"威王说:"没有。"魏王得意地说:"我们魏国虽小,却有十枚直径一寸多的大珍珠。这种珍珠能把前后24辆车映照得清清楚楚。你们齐国是万乘大国,怎么会没有宝贝呢?"齐威王笑了笑说:"对于什么是宝贝,我与你有不同的看法。我有一位大臣叫檀子,我只要派他守南城,楚国人便不敢在边界挑衅惹事;我还有一位大臣叫盼子,我派他守高唐,赵国人连到黄河里捕鱼都不敢;我有一位官吏叫黔夫,我派他守徐州,燕、赵两国竟有七千多家甘愿随他迁到徐州;我的大臣种首,负责国内治安,结果夜不闭户,路不拾遗。这些人就是我国的宝贝,能光照千里,岂止24辆车啊!"魏惠王昕了,十分惭愧。这消息传开,士人见魏王重财不重人,都各自打算,准备去他国发展。张仪想:如此形势,自己怎能留在魏国呢?

经过反复思量,张仪决定离开魏国,去投奔日益强大的西部大国——秦国。

也不知走了多少路,翻了多少座山,张仪风餐露宿,紧走少歇,终于来到了周王朝的都城洛邑。他原想在洛邑稍事停留,拜访几个鬼谷先生的故交亲朋,再继续他的行程。不知怎的,张仪来洛邑的消息被昭文君的一个门客知道了,忙对昭文君通报说:"魏国人张仪,当年是鬼谷先生的门生,今已来到洛邑,要西游秦国。此人有治国安邦之才,愿君能以礼相待。"昭文君赶忙派人去请,热情接见了张仪,很诚恳地对他说:"听说先生要到秦国去,我东周小国,不足以留住先生,可是秦国有赏识您才华的人吗?如果在秦国不如意,就请先生回来帮我恢复天下吧。我国家虽小,但情愿与先生共享。"张仪深为昭文君的诚意所感动,忙拜谢道:"知遇之恩,当永世不忘。"但他未改初衷,还是离开了东周。临走,昭文君又送了他一辆马车并许多财帛、衣物,使张仪好生感激。

张仪在东周受到昭文君礼遇之事,使他人还未到秦国,风声早已传到。当时秦国的外相是陈轸,也曾跟随鬼谷先生学习智谋权术,说起来是张仪的师兄,

国学经典文库

鬼谷子全书

·《鬼谷子》释义通解·

图文珍藏版

只是二人从未见过面。那时的游说之士只为个人求取名利，出人头地，并不看重师兄弟关系。陈轸的门客田莘为保住陈轸，预先对秦惠文君作了手脚。他对秦君说："今秦国业已强大，能与秦国抗衡的是楚国。楚国深知秦国有善于用兵的公孙衍和善于用智的陈轸，因此故意向其他国家抬高张仪。张仪此来，必说二人坏话，请君上不要听他胡说八道。"秦惠文君点了点头。

却说张仪来到咸阳，见这里市井繁华，人丁兴旺，宫殿盖得比周王宫还气派，越发觉得自己到这里寻发展是正确的。他先向人们打听一个人，这人名叫寒泉子，是鬼谷先生的好友，现在是秦国的重要谋臣。

见到寒泉子，张仪先行弟子之礼，后送上老家特产。老先生谢了，同张仪谈起与鬼谷先生的友情。张仪的谈吐，深得老先生好感。寒泉子问明张仪的来意，对他说："你的师兄陈轸，现在是秦国的外相，他可不见得欢迎你来呀。他也很有才华，君上很信任他。但你们两个的思路不合，君上只能用一个，你看怎么办呢？"张仪道："还请老先生指教。"寒泉子略想一想，便把陈轸亲楚的事告诉了张仪。张仪心领神会。自此，张仪暂且在寒府住了下来。

这一天，寒泉子归来，告诉张仪："君上近日兴致很高，接连几日外出打猎。此时晋见再好不过。"

第二天一早，张仪沐浴更衣，求见秦惠文君。秦惠文君漫不经心地问道："先生千里迢迢来到敝国，有何见教啊？"张仪拜复道："微臣张仪只慕君上圣名而来，愿为君上效犬马之劳。我来咸阳已有数日，今日求见，只禀报君上一件机密事，此事路人皆知，只瞒得君上一个。为君上计，微臣不敢不报。"惠文君一听，问道："何等机密事，但说无妨。"张仪顾左右而不语，惠文君会意，令左右退下。张仪近前一步道："臣闻陈轸是楚国间谍。"惠文君想起田莘语，非常生气，不等张仪再言，就把他逐出宫去。

张仪不肯善罢甘休，隔了几日又对惠文君说："臣明察暗访，得知陈轸早有离秦事楚之意，早在前年陈轸出使楚国时，即已动心。此后，他暗中奔走于秦楚之间，做着双重间谍的勾当。难道君上没发现楚国对秦国很不友好，而对陈轸却非常友善吗？陈轸这个人非常聪明，但也非常自私，只为个人，不为国家。若君上不信，可亲自问他本人。"惠文君将信将疑，待张仪一走，即召陈轸入宫，问陈轸："寡人听说你有意去楚做事，可有此事？"陈轸矢口否认。秦惠文君说："寡人素知楚王对你友善，秦国地小，你还是到楚国去施展才华吧。"陈轸见惠文君对自己生了疑心，再呆下去也没什么好结果，也就没再争辩。起身离秦去楚，成为"朝秦暮楚"第一人。

张仪逼走陈轸的同时，也赢得了秦惠文君的信任。从此以后，他便在秦国施展出了自己的才华，为秦统一六国立下了汗马功劳。

"愚者易蔽也"的意思就是对偏听偏信、不善辨别真伪的愚钝之人要使用欺骗的手段，张仪预想投奔秦国，首先要逐走师兄陈轸，因为其才华不在自己之下。否则，自己就不会得到秦惠文君的信任，无用武之地。其采用的办法便是以陈轸是楚国的暗探来蒙蔽秦惠文王，并最终达到目的。运用欺骗手段首先要了解到对象是轻信于人、没有主见的人。

张仪连横魏襄王

张仪"连横"的首选对象便是魏国，他只身前往魏国去游说。当见到魏襄王时，他先是轻松地聊了一段家常："启禀大王，先王在世时，微臣曾竭力促成秦魏联合，先王不愧是圣明的君主，对我本人也是恩重如山，仪，从不敢忘怀。"

只这几句，已让襄王觉得张仪倒是个知恩重义的君子。张仪继续说道："正因先王听从微臣所言，魏国不曾受强秦攻伐，其他诸国也不敢随意袭扰魏国。若坚持与秦合作，哪会有今日之祸！如今，魏国面积不过方圆千里，士卒也只有30来万，粮草刚刚够用，这些条件与韩国相差无几。可是魏国的地理位置，却不如韩国有山河凭据。魏国无险可守，说起来就像一个大战场，四面受敌，极易被各国四分五裂。诸侯相约为纵，不都是指望能安社稷、尊君主、富国强兵而名扬天下吗？可是所谓合纵，是想让天下皆为兄弟，于是杀白马在洹水之滨歃血为盟。这看上去像亲兄弟一般团结了,而事实上呢,就是同父同母的亲兄弟,还为钱财而互相争夺甚至互相残杀呢,何况这么多利害不同的国家杂聚在一起!所以,微臣向来不主张搞什么多国合纵。合纵都是暂时的,长不了,也靠不住,这是显而易见、不言自明的道理。事实不也证明了这一点吗?公孙衍放弃与秦联合。而与其他国家约纵。魏国不是照样遭攻伐、受侵扰吗?若大王不事秦国,秦兵就会越过黄河,拔取衍、燕,攻占晋阳。这样的话,就把赵国与魏国分割开了。赵不能南下,魏不能北上;赵不南,魏不北,合纵也就断了;合纵既已名存实亡,那么大王之国想求无危无患则是不可能的了!如今韩国已事秦,假如秦人扶持韩国而进攻魏国,韩国有太子在秦国做人质,不敢不听。秦韩合二为一,魏国的灭亡只在眨眼之间!这正是微臣为大王所忧虑的事啊!因而,为大王着想,不如顺事秦国,有秦国做后盾,楚国和韩国必不敢轻举妄动。与秦和好,又无楚、韩之患,大王您就可以高枕无忧、睡个安稳觉了,您的国家也没什么后患了!"

　　说到这里,张仪举杯呷了口茶,润了润口唇,清了清嗓子,偷眼看了看魏王。见魏王不知是太专注了,还是被唬住了,总之有些发呆。他一转话锋继续说道:"其实,秦国一门心思只想削弱楚国,楚国强大起来,对秦国不利,对魏国威胁更大,而能助秦弱楚者,莫如魏国。若大王愿与秦'连横',秦乃泱泱大国,将归还所占魏国土地。关于这一点,我已得秦王授权,敢拿性命担保。损楚而益魏,攻楚而从秦,既可嫁祸于别人,又可安邦保国,岂不是两全其美的善事!若大王不听臣言,秦兵将跨过黄河,向东进犯,魏国又如何阻挡得了?到那时,秦王已恼,魏国就是再想与秦和好。恐怕也不可能了!大王周围那些主张合纵的人,都脱离了现实,多说些意气用事的奋激之辞,实不可信,更不可用。愿大王深思。"

　　听张仪说完,襄王心动。但为慎重起见,并未马上答复张仪,只约期相告。张仪没得到魏王明确表态,就先回秦国禀报去了。

　　待张仪走后,襄王召集群臣入宫议事。面对当前秦兵长驱直入的形势,群臣也大都苦无良策:打又打不过,事秦又不甘心,陷入两难境地。

魏相公孙衍打破沉闷，仍然坚持己见，老调重弹："启禀大王，张仪之言不可信，我们上他的当、吃他的亏还少吗？他名义上说，秦不想攻魏，只想弱楚。可秦国向来就有吞并天下的野心。常言道：'贪心不足蛇吞象。'况秦国本就是猛虎恶狼，贪天下之心永无止境。若一味忍让，委曲求全，只会助长秦人势力。秦取楚国后，必吞魏国，正好似'累石之下，安有完卵'？秦国虽强，也并非神兵天将。依臣之计，不如一面派使臣前往齐国，陈明利害，以求外援；一面举国动员，倾力抗秦。只有抗秦，才有出路。愿大王慎思之。"

襄王再看看其他大臣，皆愁眉紧锁，大眼瞪小眼，不置可否，只好先依公孙衍之计下令备战，实在不行再贿赂秦国以求和。

却说张仪回来以后，只等魏国派人传来佳讯。不想到了约定日期，仍不见魏人来报，料到是公孙衍等人从中捣鬼，便请秦王下令出兵伐魏，迫其就范。两军交战，魏军大败，被斩首数万。秦自此按兵不动，只等魏国主动前来求和。

张仪所言纵约之不可靠，的确不无道理。旧年刚过，新年伊始，齐国就只顾扩张，不顾约誓，出兵伐魏，在观津这个地方大败魏军。这一闹，对魏国来说，就如落井下石，雪上加霜；对魏襄王来说，犹如当头一盆冷水，从头凉到脚，更加坚定了事秦的决心。公孙衍等人再说，也苍白无力，于事无补了。

看到这般情况，张仪再次入魏，大模大样地去见魏王。魏王这次见张仪，惭愧至极，诚惶诚恐，就像落水人捞到一根稻草，不等张仪开言，就惭愧地说："寡人实在是愚蠢之极，悔不该当初不听先生之言，轻信了公孙衍等人之计，这是寡人是非不辨，用人不当啊！是寡人的过失！请先生代告秦王，魏国愿西向事秦，自称东藩。"

张仪窃喜，却依然若无其事地说："微臣都是为大王着想，为魏国着想呵！毕竟秦强魏弱，不如此，也实在没有别的办法呵！"

魏王表示十分感谢，张仪就告辞回到了秦国。公元前313年秦惠王与魏襄王相会于临晋，襄王依秦王言，立亲秦派公子政为太子，两国"连横"成功。

"不肖者易惧也，贪者易诱也"主要说的是利用恐吓与引诱的手段。而张仪在"连横"游说魏襄王时就把这两种方法灵活地结合到了一起。先把魏国与秦国的实力作了一下对比，如果与秦为敌，无异于以卵击石，自取灭亡，其恐吓之意溢于言表。接着又以利诱之，说到连横只为弱楚，而弱楚便可使魏得利，得到秦国的庇护，否则，就可能会有亡国之患。最后，又以兵伐魏国使其就范，再次恐吓威慑，加上齐国攻魏之机，魏国终于答应了"连横"之事。

楚郑袖掩鼻之计

战国时期，楚国有王后曰郑袖，美丽聪明而又狠毒，怀王对他十分宠爱。可是，某年魏国为讨好楚国，又给怀王送来一位更加年轻、漂亮的女子，夺去了郑袖之宠。郑袖恨得牙根发痒，决定用计除去此女人，夺回宠爱。

她不像一般女人那样，用找丈夫大吵大闹那种做法来解决问题，而是反其道而行之。新人来了之后，怀王对郑袖有点冷落，又怕郑袖心怀怨言，对新人发难，让他为难。但郑袖好似一点儿也不放在心上，安排新人在最好的宫室中住，给新人做与自己同样的衣服，分给新人最好的首饰。怀王见状，对郑袖更加信任，觉得她是一位大度、善良的女人。新人也很是感激，于是对郑袖的戒心也放下来，认为她是大好人，在怀王身边多年，深得怀王喜爱，应多向她学习。郑袖见把二人迷惑住后，便施展第二步"迷乱"之计。

一天，她告诉新人："大王对您太好了，直夸您漂亮，不过——""不过什么?"新人急切地问。"算了吧! 一点小毛病。"郑袖假作欲言又止。"不! 请您告诉我。"新人为了"碧玉无瑕"，缠着郑袖哀求。郑袖看四周无别人，便压低声音说："大王只是嫌您的鼻子稍微尖了些。""那怎么办呢?"新人忧虑地说。郑袖笑了笑，装作轻松地说："这个容易。您再见大王，就把鼻子掩起来。这样，既掩饰了不足，又表现得含蓄，多好啊! 不过——"郑袖顿了顿，又看了四周一眼，说："您千万别说是我说的，别告诉大王是我出的主意。大王这人最讨厌别人传话了。"新人感激地点点头说："您放心吧!"

从此以后,新人见了怀王,便以袖掩鼻。怀王大惑不解,追问原因,新人笑而不答。怀正更加疑惑,某日,见了郑袖,便问原因。郑袖假装迟疑了一下,说:"大王,您别生气,这个——""快讲!"怀王性情暴躁,急催道。郑袖又装着迟疑了一番,才说:"她说您身上有一股让她厌恶的气味,鼻子嗅到便难受!""岂有此理!"怀王气得一拍桌子,"我身上有味让她的鼻子难受,那好,把鼻子割去,就不难受了! 来人——"怀王拖长声音高喊:"去把那贱人的鼻子割下来!"新人容貌被毁,自然失宠,郑袖的目的也就达到了。

"符而应之,拥而塞之,乱而惑之"是弱者对付强者、制服强者的"三步制君术"。在这里,郑袖第一步用毫不忌妒的假象迷惑了怀王和新人,为第二步施计打下基础。第二步她用假出主意的方法迷惑住新人,使其按自己授意行事;接着,第三步,她又用假解释迷惑并激怒怀王,终于达到自己的目的。

结盟解燃眉之急

公元 756 年,安禄山反唐,肆虐华北。颜真卿举兵抗击,把义军队伍集中起来,正准备训练时,清河人李萼代表本郡前来借兵。

他对颜真卿说:"您首先倡导大义,号召大家来反抗叛军,河北地区的郡县都把您当作长城依靠。清河是您的西邻,国家平常把江、淮以及河南的金钱布帛都集中在那里供给北方的军队,被人们称为'天下北仓库'。现在那里有布 300 余万匹,帛 80 余万匹,钱 30 余万缗,粮 30 余万斛。过去征讨突厥默啜可汗时,把兵器盔甲都贮藏在清河郡的武库中,现在还有 50 余万件。清河郡有户数 7 万,人口 10 余万。我估计它的财物可以顶三个平原郡,兵马足可以顶两个平原郡。您如果能够借兵给清河郡,以平原、清河二郡为腹心,那么周围的州郡就会如四肢一样,无不听您的指挥。"

颜真卿说:"平原郡的兵是新近才集结的,没有经过训练,自保还恐怕兵力不够,哪里还顾得上邻郡呢! 如果我答应了您的请求,那又将怎么样呢?"李萼说:"清河郡派我来向您借兵,并不是兵力不足,而是想看一看您这位大贤士是否深明大义。现在看您还没有下定决心,我怎么敢随便说出下一步的计划呢?"颜真卿听后很惊奇,就想把兵借给他。但其他人都认为李萼年轻轻敌,借兵分散兵力,将会一事无成,颜真卿不得已只好拒绝。

李萼住到馆舍后,又给颜真卿写信,认为:"清河郡脱离叛军,归顺朝廷,奉献粮食、布帛和武器来资助官军,您不但拒绝接受,而且还心存怀疑。清河郡不能孤立,必定要有所依靠,我回去复命说您不肯借兵后,清河郡如果投向叛军,就会成为您西面的强敌,您不后悔吗?"颜真卿大为震惊,立刻到馆舍去见李萼,答应借给他6000兵卒,一直把他送到边境,握手而别。颜真卿又问:"所借给的兵已经出发,你可以告诉我你下一步的计划吗?"李萼说:"听说朝廷派程千里率精兵10万出崞口讨伐叛军,敌人占据险要抵抗使之不能前进。现在应当先率兵攻打魏郡,抓住安禄山所任命的太守袁知泰,恢复原太守司马垂的职位,让他做西南的主将,分兵打开崞口,让程千里的军队出来,共同讨伐汲郡、邺郡以北,一直到幽陵我方未攻下的郡县。平原与清河二郡率其他的同盟郡兵,合兵10万,向南进逼孟津,然后分兵沿着黄河占领战略要地,控制叛军北逃退路。估计官军向东讨伐的军队不少于20万,河南地区忠于朝廷的义兵不少于10万。您只要上表朝廷请求东征的军队坚守不出战,用不了一个月,叛军必然会发生内乱而互相攻击。"

颜真卿说:"好!",他把这些军队交与平原县令范冬馥,会同清河兵4000及博平兵1000,驻军在堂邑县西南。袁知泰派部将白嗣恭等率兵2万余人来迎战,三郡兵与魏郡兵苦战一天,魏郡兵被打得大败,被杀1万多人,被俘1000多人,缴获战马1000匹,缴获的军用物资也非常多。袁知泰逃往汲郡,于是官军攻克魏郡,军威大振。

"私不如结,结,比而无隙者也",意为同心相结,之后便可亲密无间,从而做到无懈可击。李萼在此便是运用"私不如结"的方法。由于身处劣势,独木难支,他便在分析双方情势的情况下,以软硬兼施的方法说服颜真卿与之联合作战,才保全自己的势力,并壮大起来,其眼光高远又切合实际,从而把计谋运用得恰到好处。

巧出奇计降米价

唐宪宗时期,令狐楚被任命为兖州太守。

在他上任的时候,兖州正遭受一场严重的旱灾,粮食颗粒无收,民不聊生。兖州到处都是一片凄凉破败的景象:干枯的禾苗,乞讨的百姓,整个兖州没有一丝生机。令狐楚看着,心情十分沉重。

到了兖州城,他看到街市上的粮店却照样挂着招牌,价格奇高,穷人们哪能买得起呢!令狐楚不禁恼怒,心想原来是这帮粮商趁机发不义之财,涨高物价啊!难怪当地百姓背井离乡,乞讨逃荒。他决心降低粮价,让百姓吃上廉价的粮食,同时严厉惩处奸商。

远远的,他还没有走到州府,那些官吏就前来迎接,争先恐后地和他打招呼,套近乎,令狐楚便趁机同他们寒暄起来。他把话题引到旱灾上,不慌不忙地问:

"现在兖州城内有多少粮库?大约存了多少粮食?"

一旁的官吏大献殷勤,为了表明自己对州内事务的熟悉,他们毕恭毕敬地回答:

"粮仓一共有20个,平均一个存粮5万担,应该没有后顾之忧。"

"那粮价多少?"

这次大家都绝口不提,陷入了沉默之中。令狐楚已经明白了几分,其中肯定有鬼,一定是他们和奸商勾结起来,从中作梗,谋取暴利。

令狐楚仍然不紧不慢地说:

"现在旱灾把百姓害苦了,这些粮食本来就是取之于民,也应该用之于民。明天就把粮仓打开以最低价出卖,救济百姓,你们觉得这个主意怎么样?"

众官吏见新太守主意已定，都附和着点头，说：

"大人仁慈，这样不仅可以救灾，还能树立朝廷爱民的形象。好主意！好主意啊！"

令狐楚立即命令随从张贴告示，安抚民心。这个消息一传出，百姓都欢呼雀跃，奔走相告，而那帮趁火打劫的奸商却开始愁肠百结了。如果州里的粮食价格低廉，自己囤积的粮食就会无人问津，时间一长，就会受潮霉烂，岂不是要赔钱？他们索性清仓处理自己的粮食，而且价格比州里定的还低。百姓看到粮价一个比一个低，拍手称快。令狐楚只几句话，一个告示，就轻而易举地安定了民心，稳定了形势，手段可谓高矣！

"正不如奇"。用"奇"贵在出人意料，使人防不胜防，其优点是经常以微小的投入换来巨大的收获。令狐楚在此以小手段惩罚了贪官奸商，拯救了一方百姓。可见，非恶意的欺骗可以结善意的果子，但这需要靠智慧和正直的浇灌。

巧施三步制君术

当代商战中，运用"三步制君术"制人的例子很多。

1973 年，苏联人放话说，打算挑选美国的一家飞机制造公司为苏联建造一个世界上最大的喷气式客机制造厂，该厂建成后，将年产 100 架巨型客机。如果美国公司的条件不合适，苏联就将同德国的公司合作这笔价值 3 亿美元的生意。

美国三大飞机制造商——波音飞机公司、洛克希德飞机公司和麦克唐纳·道格拉斯飞机公司闻讯后，都想抢这笔大生意。

三家公司背着美国政府，分别同苏联方面进行私下接触。

苏联方面在他们之间周旋，让他们互相竞争，以更多地满足自己的条件。

波音飞机公司为了抢到生意，首先同意苏联方面的要求：让 20 名苏联专家到飞机制造厂参观、考察。

苏联专家在波音公司被敬为上宾。他们不仅仔细参观飞机装配线，而且钻到了机密的实验室里"认真考察"。他们先后拍了成千上万张照片，得到了大量资料，最后还带走了波音公司制造巨型客机的详细计划。

波音公司热情送走苏联专家后，满心欢喜地等他们回来谈生意、签合约。岂料这些人有如肉包子打狗，一去不回了。

不久，美国人发现了苏联利用波音公司提供的技术资料设计制造了伊尔新式巨型喷气运输机。使美国人不解的是，波音公司在向苏联方面提供资料时特意留了一手，没有泄露有关制造飞机的合金材料的秘密，而苏联制造这种宽机身的合金是怎么生产出来的呢？

波音公司的技术人员一再回忆，苦思冥想，才觉得苏联专家考察时穿的鞋似乎有些异样，秘密果然在这种鞋里。

原来，苏联专家穿的是一种特殊的皮鞋，其鞋底能吸住从飞机部件上切削下来的金属屑，他们把金属带回去一分析，就得到了制造合金的秘密。

这一招，使得故作精明的波音公司叫苦连天，有口难言。

在商业谈判中，常见卖主先标低价或买主先标高价，让对方觉得有利可图而同意交易，以此排除竞争对手，取得垄断交易的实际地位。而到最后成交的关键时刻，突然寻找机会制造种种借口，大幅度提价或降价，逼迫对方在措手不及、求助无门、无可奈何的情况下忍痛成交。

日本一些商人常以此计向第三世界国家推销商品。他们先以低廉的价格诱使对方与之达成交易，可是交货以后，对方常感到还缺少点什么零件，只好又向他们购买。

这时，他们便顺势漫天要价，买方欲退无"梯"，只得答应。

有家公司拍卖旧设备，底价20万美元。在竞争的几位买方之中，一位愿出30万美元的高价，并当场付1%的订金，卖主没想到好事这么容易就成了，就同意不再与其他买主商谈。几天后买方来人，说当时出价太高，由于合资方不同意，难以成交，如果降到10万美元，可以再做商量。

由于卖方辞掉了别的买主,只好继续与之谈判,经过一番讨价还价,最后以12万美元的低价成交了。

制人智谋有多种多样,要想制人而不受制于人,就要善于思考,善抓时机,善借对方漏洞,从而制定出良谋佳策去制人。

标新立异施奇正

1955年,索尼公司研制出一种小而实用的半导体收音机。为了开辟美国市场,盛田昭夫副总经理带着样机来到纽约。

经过了几轮的洽谈,终于有一家公司愿意销售这种收音机,他们开口就要100000台。盛田昭夫惊呆了,100000台!这个数字远远超出了公司的生产能力。如果接受订单,那么公司就得扩建工厂,添置设备,招收工人,就要投入大笔资金,等生产出这100000台收音机之后,如果没有后续订货的话,公司就会落入破产的境地。

盛田昭夫没有为这100000台订货兴奋不已,而是冷静地考虑到公司未来的发展,努力寻求制胜之方。

盛田昭夫仔细思索后,分别开出了5000台、10000台、30000台、50000台和100000台收音机的报价单,然后以5000台的单价为基准,画了一个U字形曲线。当订货达10000台时,其单价最低:到50000台时,其单价反而超过5000台的价格,如果订货达100000台时,单价更高。虽然这个报价方式是罕见的,但盛田昭夫自有道理。他认为如果接受大量订货,就必须在订货有效期内创造足够多的利润,用于扩大再生产。另外如果100000台的单价报低的话,对方会先按100000台的单价签合同,而只订10000台的货,以后也许就不再订货了。

第二天,盛田昭夫拿着这份罕见的报价单去见该公司的采购部部长。对方惊异地看着报价单说:"我干了30年的采购工作,你这种报价还是头一次见到。怎么订货越多,单价反而越高了呢?"

盛田昭夫耐心地解释了报价的道理,这位采购部长终于同意了他的解释,签订了 30000 台收音机的销售合同,当然是按 30000 台时的单价。这个数字无论对该公司还是索尼公司,都是最合适的。就这样,索尼公司以这种报价方式开始打入美国市场。

以变应变,立足现实,以异乎寻常的销售方针,出奇制胜,既可力免己方风险,又兼顾了对方利益。巧施奇正之术,敢于标新立异,反其道而行之,往往成为权谋家、商家获取成功的拿手好戏。

王守仁智收太监

明武帝正德年间,宁王朱宸濠谋反,很快就被王守仁擒获。可武宗本有意亲自征伐,以显示武功,名垂青史,所以对王守仁此举并不高兴;再加上武宗宠臣江彬、张忠等人对王守仁心怀成见,不时进几句谗言,故王守仁十分担忧。

事过不久,武宗有两名心腹太监到王守仁驻地浙江公干,王守仁亲自出面招待两人,并在有名的镇海楼(在今杭州城内吴山东麓)设宴款待两位太监。酒至半酣,王守仁让手下人撤去上下楼的木楼梯,屏退左右,然后取出两箱子书信给两位太监看。太监们一翻,原来是缴获的宫中太监、包括他们两人与朱宸濠的来往信件,其中不乏通风报信的词句。两人见后大惊,心想:今个非掉脑袋不可,王守仁把这些呈给皇上,我们还有命吗? 于是脸色蜡黄,瞅着王守仁。王守仁却哈哈大笑,把两箱子书信全送给了两位太监。两位太监当然感激不尽,自此回宫后,明里暗里给王守仁说好话。

后来,王守仁终能逃脱江彬、张忠等政敌的陷害和武宗的猜忌,全靠这两位太监从中斡旋维护。这就是"阴道阳取"权谋术的效力。

"人之有好也,学而顺之;人之有恶也,避而讳之。"顺人之意,迎合别人的心愿去做事,就可以为自己留条后路,多个朋友;别人有所厌恶,就可以加以回避或提前做下"手脚",以免引起不快,或许会收到公开的回报。这就是"阴道

柏特利的娘子军

柏特利出生在美国犹他州的盐湖城。家境困难,一家 5 口人靠父亲几十元的月薪,吃力地维持着生活。当他初小毕业时,父亲便让他找活干,以增加收入、资助家里。

柏特利经朋友介绍,来到一家家庭用品制造厂当了推销员。由于柏特利的口才不错,加上他面孔和善,笑口常开,因而推销成绩很不错,两年中他跑了不少地方。在克利夫兰城,他认识了一家袜子制造厂的老板,名叫查理斯,他很欣赏柏特利的推销才能,千方百计地把他"挖"了过来。

柏特利跟查理斯工作了几个月后,发现老板另有打算,准备待存货卖掉后,结束制袜生意,转入新行业。

"袜子生意不是也很赚钱吗? 为什么要结束它?"柏特利提出了疑问。查理斯听了柏特利的话,突然想到:何不把生意整个让给他? 这不但对柏特利有好处,自己也可以早一点脱身。

当柏特利了解到查理斯的打算后,笑着说:"你别开玩笑了。我哪里有这么多钱?"

"只要你把存货的钱拿出来,我把机器卖给你,你再用机器作抵押,到银行去借钱还给我,问题不就解决了吗?"

这笔生意很快成交,25 岁的柏特利拥有了自己的小工厂。

接手之后,柏特利便下决心改变经营方针。经过苦心策划,他制订出两个与以前不同的经营方针:首先,采取"单一多样化"的生产方式。他专做女人的袜子。他想,凡是女人穿的袜子,应该做到应有尽有,式样、配色要不断变化更新,要经常研究新产品,领先于同行业,这样才能搞出名气来。其次,是设立门市部,直接经营。这样可以节省一部分推销费,也可以主动向各地扩展。

国学经典文库

鬼谷子全书

·《鬼谷子》释义通解·

图文珍藏版

于是,柏特利在克利夫兰设立了第一个门市部,专门销售女袜。口号是:凡是女人想买的女袜,我这里都有;如果我现有的袜子你都不喜欢,那么,只要你能把你喜欢的样子、花色说出来,我就能满足你的要求,专门为你定做。

柏特利认识到,这一口号是与众不同的"绝招",也是他经营的特色。因此,他买了几部小型针织机,请了几位手艺很好的家庭主妇作为他的特邀工人。有人定做,就请她们立即加工,论件计酬,两边都不吃亏。

虽说这种定做的生意不多,但却是一个很好的经营方式。因此,不到半年时间,柏特利的女袜就在克利夫兰轰动一时,随之名声大噪。

为了增强公司在市场上的竞争力和树立起不同凡响的形象,柏特利采取了与众不同的经营原则:首先,重用女性人才,使每个分公司都由女性来经营;其次,选择适当地点,设立分厂,设置仓储中心,以方便货物的供应,第三,配合时令,推出自己特制的产品,以加强消费者的印象。

柏特利亲自奔赴各地设立分公司,并挑选经理人才。在一年内,他就在克利夫兰等大城市成立了 5 家分公司。柏特利在美国工商界的崛起,被认为是轰动一时的奇迹。

"人之有好也,学而顺之"就是说别人有所喜爱,就可以学习并迎合顺从他。柏特利接手制袜厂后,确立了迎合女人的经营方针:即采取"单一多样化"的生产和销售方式,专做女人的袜子,专销女人的袜子,还可以根据所好为她们专门定做,甚至还重用女性人才,使每个分公司都由女性来经营,从而一步步赢得客户,取得成功。

克罗克瞒天过海

在商业竞争中,更应多想一些别人想不到的计谋,多使用一些别人思索不出的招数,去打败对手。

香港有一家小食品厂,专为一家大企业员工提供工作餐,两家合作多年,另几家小食品厂也想抢这一"肥肉",总抢不过去。原因何在？原来这家小食品厂善于暗中用计谋、用手段，那家大企业近千名员工的生日，这家小食品厂都掌握着，到你生日那天，保准有份"生日工作餐"送到你面前。这样，谁还愿意放弃这家小食品厂供应的工作餐呢？

日本味精商在经销味精销路不景气的情况下，他们将味精瓶上的小孔由直径1毫米扩大到1.5毫米，在消费者没有察觉的情况下，一倒就用多了，这样就大大增多了味精的销售量。

克罗克原先是美国的一个穷人，没读完中学就出来做工以养家糊口。后来，他在一家工厂当上了推销员，一方面收入有了一定的提高，生活有了明显的改善；另一方面，也是更主要的，他在推销产品过程中走南闯北，结识了不少人，交了许多朋友，增长了见识，积累了大量有关经营管理方面的宝贵经验。一段时间后，他开始越来越不满足于给别人当雇员了，一心想创办自己的公司。可选择哪一行呢？"民以食为天"，随着人们工作生活节奏的加快，他通过市场调查发现当时美国的餐饮业已远远不能满足已变化了的时代要求，亟须改革，以适应亿万美国人的快餐需求。想归想，要将其变成现实就不是那么容易的事情了，必须为之付出一定的代价。克罗克面临的首要问题就是资金问题。要实现鸿鹄之志没有启动资本就如同"水中月""镜中花"，可望而不可即。"一分钱难倒英雄汉"这话一点不假。对于一贫如洗的克罗克来说，自己开办餐馆又谈何容易呢？思来想去，他终于想出了一个好办法，他在做推销员工作时，曾认识了开餐馆的麦克唐纳兄弟，自己倒不如凭双方交情先打入其内部学习，以最终实现自己的伟大抱负。主意已定，他找到麦氏兄弟，对其进行了一番赞美后，话锋一转，开始讲述自己目前的窘境，待博得对方的同情后，便不失时机地恳请麦氏兄弟无论如何要帮他这个忙，答应留他在餐馆做工，哪怕是做一名跑堂的小伙计也行，否则，他的日常生活将面临危机。在过去一段时间的接触中，克罗克深知这两位老板的心理特点。为尽早实现自己的远大目标，他又主动提出在当店员期间兼做原来的推销工作，并把推销收入的5%让利给老板，麦氏兄弟见有利可图且又考虑到眼下店里确实人手不足,便十分爽快地答应了他的要求。

克罗克进入快餐店后,很快就掌握了其运作方式。为取得老板的信任,他工作异常勤奋,起早贪黑,任劳任怨。他曾多次建议麦克兄弟改善营业环境,以吸引更多的顾客,并提出配制份饭、轻便包装、送饭上门等一系列经营方法,以扩大业务范围,增加服务种类,获取更多的营业收入。他的每一项改革都使老板感到满意,因为,他的言谈举止总是表现得那么坦诚,那么可信赖,给人留下谦虚谨慎的极好印象。由于他经营有道,为店里招徕了不少顾客,生意越做越好,老板对他更是言听计从、百依百顺了。餐馆名义上仍是麦氏兄弟的,但实际上餐馆的经营管理、决策权完全掌握在克罗克的手中。这一切正是通向其最终目的的铺路石,可怜的两位老板一直被蒙在鼓里,对此并无丝毫戒心,甚至还在暗自庆幸当时留下克罗克的决定是对的,多亏他的有效管理和辛勤治店。餐馆的生意才这么兴隆,财源滚滚而来,大有"伯乐相识千里马"之自豪与快慰。

不知不觉,克罗克已在店里干了 6 个年头。他的羽毛渐渐丰满,翅膀越来越硬,展翅腾飞的时机日趋成熟,便暗暗加快了行动步伐,他通过各种途径筹集到了一大笔贷款。该与麦氏兄弟摊牌了,他想事到临头,不容再难为情继续拖延下去了,他谙熟两位老板素来喜欢贪图眼前利益,为一时的需要常常会忘记原来最基本的要求。为此,克罗克充分做好了谈判前的思想准备。1961 年的一个晚上,克罗克与麦氏兄弟进行了一次很艰难的谈判。起初,克罗克先提出较为苛刻的条件,对方坚决不答应,克罗克稍做让步后,双方又经过激烈的讨价还价,最终克罗克以 270 万美元的现金,买下麦氏餐馆,由他独自经营。麦氏兄弟尽管有种种忧虑与不安,但面对如此诱人的价格,他们终于动心了。

第二天,该餐馆里发生了引人注目的主仆易位事件,店员居然炒了老板的鱿鱼,这在当时可以说是当地一特大爆炸性新闻,引起了巨大的轰动,而快餐馆也借众人之口,深入人心,大大提高了其在美国的知名度。到此为止,克罗克的"瞒天过海"之计也基本达到了预期目的。克罗克入主快餐馆后,经营管理更加出色,很快就以崭新的面貌享誉全美,在不长的时间内,270 万美元就全部捞了回来。又经过20多年的苦心经营,总资产已达42亿美元,成为国际十大知名餐馆之一。

克罗克实施"瞒天过海"计的成功,就在于他了解麦氏兄弟的脾气性格,仅以让利5%就轻易打入了麦氏快餐馆。随后通过长时间的潜移默化,对老板的刻意奉迎,换取了兄弟俩的信赖,使兄弟俩认为他处处替自己着想,感到双方利益一致,便自动消除了对他的猜忌,愉快地接受了他的多种建议。经过逐步渗透、架空,老板本已"名存实亡",最后一场交易全部吃掉了麦克唐纳快餐馆,双方谈判以克罗克的"瞒天过海"计大功告成而宣告结束。

无中生有

唐朝安史之乱爆发以后,许多地方官吏纷纷投靠安禄山和史思明。大将张巡不肯叛国投敌,于是率领几千军队守孤城雍丘。安禄山派降将令狐潮率领四万人马前来攻打雍丘。

敌我力量悬殊,张巡不敢轻敌。他充分调动各种力量,先后取得几次突袭战的胜利,但是面对后勤匮乏的局面,这位统帅不得不另谋破敌之策。作战中箭只供应不足,严重影响了杀敌的功效,并且助长了敌军的嚣张气焰。于是,张巡想起了三国时期诸葛亮草船借箭的故事。他命令士兵搜集秸草,扎成近千个草人,并给草人披上黑衣,乘着黑夜用绳子把草人吊下城。

夜幕之中,令狐潮以为张巡又要夜袭自己的部队,连忙命令士兵朝"敌军"万箭齐发。就这样,张巡轻而易举地获得了数十万支敌箭。

天亮后,令狐潮才得知中计,他气急败坏、后悔不已。接下来的几个晚上,张巡又从城上往下吊草人。令狐潮的士兵见状,不肯上当。张巡见敌人已经被麻痹,就迅速吊下五百名勇士。敌人对此仍然毫不在意,士兵接连被运送下来,他们在夜幕掩护下迅速潜入敌营,打得敌人措手不及。而张巡则带领其余士兵从城中杀出来,打得令狐潮大败而逃。

鬼谷子认为,虽然灭亡的东西很难复兴,动乱也难以安定,但顺应规律、看中智慧是最重要的。智慧是用在众人所不知道的地方,用在众人所看不见的地方。张巡以智取胜,他提出了以"无"的假象迷惑敌人,并使敌人对此习以为常,实现化虚为实,最终出其不意战胜敌人。

刘罗锅的捉贼计

乾隆年间,在京城里,出现了奇怪的盗贼,他专偷皇宫的宝物,而且来无影,去无踪,即便是紫禁城内戒备森严,但这个贼依旧可以来去自如。一天,皇帝发现御书房的玉玺不见了,不禁勃然大怒,便命令侍卫在紫禁城内外做全方位的搜索。但让所有人感到惊讶的是,玉玺居然在三天后又神不知鬼不觉地出现在了御书房。皇帝知道这件事情后,便开始慌张了,心想:"这个贼能够在深宫内苑里自由出没,这次是玉玺失窃,如果下次他要取朕的项上人头,那该如何是好啊?"

于是,皇帝立即召见大臣们商讨对策,大殿上,众臣面面相觑,没有一个人能有良策。

这时,和珅禀奏道:"启奏陛下,臣有一计,要分三步走:第一步,加派御林兵严守紫禁城,以防鱼儿漏网;第二步,加强宫内防盗机关,严防里应外合;第三步,城门加设百姓身份及行李检查环节,以防赃物外流。这样一来,此恶贼一定难逃法网。"

皇帝听后大悦:"太好了,就依爱卿所言,立即实行。"

但是,结果却让人大失所望,此计策实施了半年,贼不但没有被抓到,反而越来越猖狂,宫中宝物接连不断丢失,京城百姓也忧心忡忡。

皇帝对此耿耿于怀,又一次召集大臣们商量。皇帝问道:"刘爱卿,你一向足智多谋,这次为何一言不发啊?"

刘罗锅回答说:"启奏陛下,依臣愚见,也要分三步走:第一步,将紫禁城外增派的御林军都撤掉;第二步,将所有宝库的大锁通通拿掉;第三步,将存放宝物的箱子全部打开。这样的话,必能手到擒来。"

刘罗锅的话让在场所有的大臣感到十分惊讶,顿时,大殿上议论纷纷。皇帝也甚感不解:"刘爱卿,你是聪明人,今天怎么犯糊涂了?"

刘罗锅淡淡地笑了笑:"请陛下试行看看,便知成效。"

结果不出十天,贼真的被捉到了。原来,每当此贼进入目的地后,先要躲过护卫,找到门后迅速开锁、进入、拿宝物,东西到手后迅速往窗外跳。只要快而准地执行这些步骤,就会成功。但这一次,当他进入目的地后,竟然发现不但没有护卫,门也没有上锁,进去后只见箱子也是打开的,窗户也被撤掉了,眼前的一切让贼万分疑惑。而就在他犹疑之时,埋伏在周围的护卫一拥而上,将其擒拿了。

刘罗锅的计策之所以能够成功,就是因为刘罗锅施行了以柔克刚的捉贼计——利用此贼的"经验陷阱"反其道而行之,改变了所有的固有环境,这样一定会让贼心存疑虑,而这个迟疑之时就是抓捕的最佳时机。而和坤的计谋仍然是强调加强宫内防盗机关,妄想用强硬的手段将其制服,但盗贼早已知晓破解机关的步骤,没等到官兵到此,此贼早已跑得无影无踪了,所以和坤的计谋毫无用处,这就是捉贼失败的原因。

孙膑以奇谋胜庞涓

公元前 342 年,魏国向韩国进攻,韩国求救于齐国,齐王召集群臣商讨对策。

孙膑建议:可以援救韩国,但暂不发兵,让韩国继续单独抵抗一段时间。等到韩国难于支撑,魏国实力也大为消耗的时候,再出兵攻魏,以坐收战利。齐王采纳了孙膑的建议,对韩国作了口头上的应诺。

齐国的声援使韩国为之振奋,于是坚决抗魏,但因实力不支,韩国再度告急。齐国仍然采取了避实击虚的作战方略,实施中又采取了一系列调动敌人的具体措施。面对强大的魏军,孙膑在分析敌我情况时说:"魏军强悍,轻视齐国,我们要根据敌人这种骄傲轻敌的特点,示以假象,诱敌进入绝境。"

公元前341年,齐以田忌为主将,孙膑为军师,发兵直取大梁。正在攻打韩国的魏军主将庞涓获悉后,立即回救。魏王派太子申以十万之众协助作战。进入魏地的齐军,刚一接战便迅速后撤。庞涓见齐军退兵,便紧随其后追赶。途中,他仔细观察了齐军的动向,他发现齐军的炉灶日益减少,而且军心涣散,于是他立即下令抛下辎重,只带轻装精锐部队,快马加鞭追击齐军。令他没有想到的是,他早已中了孙膑的减灶诱敌之计。

孙膑计算追兵行程,夜晚行至马陵,此地道路狭窄,路两侧多树木,便于设伏。他让士兵在一棵大树上削去外皮,露出白色树身,在上面写了一行字:"庞涓死于此树下。"随后派齐军中的射箭能手,带万张强弩,埋伏左右,约定夜间看到有人点火就一齐射箭。当夜,庞涓果然赶到这里,看见树上有字,因夜暗看不清,便叫人点起火来照看,还没读完,齐军万箭齐发,魏军大乱,首尾不能相救。庞涓见败局已定,大势已去,负伤后拔剑自杀。齐军乘胜反攻,大获全胜,还俘虏了魏太子申。

孙膑精通用兵之道,他根据敌军的实情,制定出了切实可行的计谋——"减灶诱敌",这一计策确实收到了良好的效果,取得了战争的最后胜利。

诸葛亮深谋远虑智取汉中

三国时期,蜀兵挺进汉中,徐晃奉曹操之命以先头部队之势前来迎战。王平是徐晃身边的副将,此人足智多谋,他特别了解汉中的地形。抵达汉水时,徐晃准备带领大军渡过汉水扎营,却遭到了王平的极力反对,只可惜徐晃一意孤行,没有听王平的劝阻,结果还没等两军交战,曹军的体力都耗费在了路途上。

黄忠和赵云代表蜀国前来迎战徐晃,黄忠知道徐晃是一个有勇无谋的将领,而且曹军的弓箭手不分昼夜向蜀军放箭挑战,黄忠以此料到曹军的体力和战斗力都将耗尽了,所以他决定在深夜与赵云联手对曹军来个两面夹击,这样一来,徐晃必定失败。

深夜时,曹军的体力已经消耗殆尽,根本没有力气应战。此时,蜀军的营内鼓声大振,黄忠和赵云分别从左边和右边出击,致使徐晃溃不成军,死伤无数,许多逃亡的士兵也大多淹死在江中。

这时的王平已经投奔了赵云,并得到赵云的重用,成为蜀国的得力战将。曹操见打了败仗的徐晃,又得知王平投身敌国的消息,十分震怒,决定亲自率领大军与蜀兵决一死战。

曹操率领的大军抵达汉水边上,便在此安营扎寨,与蜀军隔水相望。这时,诸葛亮看到汉水上游地带有个土山,他心生一计,立即派出千余精兵埋伏在这里,又吩咐赵云说:"你率领五百精兵拿上锣鼓号角埋伏在土山的后面,待黄昏之际听到这边的炮声,就马上鼓号齐鸣,但千万不要出兵。"

赵云听后,虽然心有不解,但依旧照办。

次日,曹操大军前来挑战,但蜀兵始终固守不出,他无奈只好回营继续等待。夜里,诸葛亮见曹军的营内灯火熄灭,就下令燃炮给赵云放出信号。赵云听到炮响后,立即吩咐士兵击鼓。曹兵听到蜀军鼓声齐鸣,便真的以为蜀兵前来进攻,于是他们急忙准备迎战,可准备了半天却不见一个蜀兵。待曹军卸下兵器刚刚睡下后,蜀兵再次敲起战鼓,可这次曹兵还是没有发现一个人影。就这样,一连三个晚上曹军被蜀军的鼓声弄得惊慌不已,曹操对此也不知其中原因,心里不禁发怵,只好下令整个军队后退三十里再扎寨。

诸葛亮见曹操向后退兵三十里后,就立即让刘备在汉水边安营扎寨。曹操得知这次退兵是诸葛亮设计的结果后,非常生气,他又见蜀兵渡江扎寨更是怒上加怒,就立即派徐晃率兵向刘备挑战。但出乎曹操意料的是,此次蜀军出来迎战的不是刘备,而是战功平平的刘封,徐晃见是刘封出来应战,心中窃喜,心想此次定能胜利,信心大增的他使出了浑身解数,刘封自然抵挡不住,慌忙中掉头逃跑。

刘封的军队退兵时故意将兵器和辎重等散落在兵营,徐晃追过来后,见状大悦,士兵们为了争夺眼前这一点胜利果实而乱成一团。曹操见状就知道,这次又是中了诸葛亮的计谋了,便立即命徐晃收兵,但为时已晚,刘备的大军又杀了回来。黄忠和赵云从两边杀出,又形成了两面夹击的阵势。曹操见情形不妙,慌乱中向南郑逃跑,只可惜南郑早已被张飞和魏延攻占,曹操无奈之下只能向阳平关逃去。

诸葛亮乘胜追击,不给曹兵喘息时间,他紧紧抓住曹操手足无措、无计可施的有利战机,立即派张飞和魏延兵分两路截断曹军的粮食供给通道,诸葛亮又命黄忠和赵云兵分两路去火烧阳平关。这样一来,曹军最基本的物质保证也失去了。无奈之下,曹操只好率领士兵杀出阳平关,希望能够置之死地而后生。诸葛亮面对曹操决一死战的气势,担心正面应战会损伤蜀国更多的兵力,所以这次他又派出了屡次战败的刘封,这样既可以牵制曹操的精力,同时又能斩断曹军的后勤补给,一举两得,即使曹操没有马上战败,也不会支撑多久了。而曹操担心再次中计,便下令停止追击了,又退回阳平关。

这个时候曹操大军已经所剩无几,躲在阳平关的日子越来越难过,曹军只能死守起来。诸葛亮欲守株待兔,便命令蜀兵在阳平关城下驻营扎寨,同时又施行了东西南北呼应的策略,东门放火,西门便摇旗呐喊;南门放火,北门就鼓号齐鸣。这样一来,就使原本惊魂未定的曹军更加手忙脚乱,没多久,惊恐之下的曹操便放弃了阳平关,落荒而逃了。

曹操的军队刚到斜谷界口驻扎,蜀兵就追杀上来,曹操只能勉强应战,结果被打回老巢。就这样,整个汉中成了刘备的囊中之物。

在这场蜀军与曹军的首次交锋中,以赵云和黄忠为首领的蜀军采用的是"以静制动、以逸待劳"的战术。而曹将徐晃整日整夜挑衅的过程,其实就是"再三衰竭、耗费体力"的过程,正是中了蜀军的圈套,所以曹兵还没等与蜀军交战就已经精疲力竭,士气大减了,如此一来,徐晃岂有不败之理?接下来,诸葛亮又实施了第二个计谋,他利用曹操多疑、悲观的性格弱点,不费一兵一卒,让曹操大军后退三十里。就这样,诸葛亮使用连环计出奇制胜,成功取得汉中。

欲擒故纵

蜀汉主建兴三年,西南部落首领孟获率领十万大军攻伐蜀国,蜀国丞相诸葛亮奉命起兵五十万南征。

蜀军采取了"诱敌出战"的作战策略,事先在山谷中埋下伏兵,待孟获军到来时,出其不意,一举歼灭了敌人,并擒拿了首领孟获。诸葛亮问孟获:"此次将你擒住,你是否心服。"孟获坚决地回答道:"山僻路窄,准备不足,误遭汝手,怎能让我服气?你若放我回去,我将整军再战,如果我再次被你擒住,我便肯服。"

在作战中,如果抓住了敌军的主帅就算达到了作战目的,此时乘胜追击便可以彻底击败敌军,让其没有翻身的余地。但是,诸葛亮深知孟获在西南部落中享有的威望非常之高,影响力巨大。所以,在处置他的时候必须仔细思量,倘若草率地将其处死,势必会引起各个部落的联合对抗,但如果让他心悦诚服地主动请降,不仅可以避免血战,从而保存蜀军的实力,更可以借此机会彻底稳住边疆。

于是,诸葛亮释放了孟获,还给他衣服、鞍马和足够他回到军营的酒食,并派人送他上路。诸葛亮的做法让很多将士不满,大家都纷纷向丞相进言说:"如果将孟获放回去,就等于放虎归山,后患无穷。"而丞相只是笑而不言。

孟获是一个心高气傲的人,不肯服气,他只认为自己这次被诸葛亮擒住是由于疏忽大意,准备不足,一心想卷土

孟获

重来。

数日后,孟获重整部队与诸葛亮又一次展开了较量。但这次的争斗,又是以孟获被擒而告终,孟获还是不服气,于是诸葛亮再一次把他放了。

就这样接连七次,孟获都成了诸葛亮的手下败将。当他第七次被擒获的时候,孟获说:"七擒七纵,自古从来没有过这等事,我等虽是化外之人,但也懂得礼义,也懂羞耻之意。"最后,孟获领各地蛮民诚心归顺于蜀国。从此,蜀国西南安定,诸葛亮才得以举兵北伐。诸葛亮七擒七纵,"纵"的是孟获其人,而最终"擒"的则是蛮王及蛮民的心。

其实,任何事件的发生都是在事物的变化中产生的,而应对谋略就是以变化起因为依据制定出来的。鬼谷子认为,计策中可分三仪,即"上策""中策""下策"。只要具备了这些前提,说辞就产生了;有了良好的说服力,在社交中就可以做到"进可攻,退可守",达到这种境界就可以制服对方了。

千里送鹅毛

贞观年间,回纥国为了表示对大唐的友好,派使者缅伯高去拜见唐太宗,并带了一批奇珍异宝欲献给唐太宗。在这批贡物中,有一只奇特的白天鹅,十分罕见,弥足珍贵。这只白天鹅最令缅伯高担心,万一它有个三长两短,就无法向国王交代了。所以,一路上,缅伯高尤其留心照顾这只白天鹅,亲自喂水喂食,丝毫不敢怠慢。

有一天,缅伯高来到沔阳河边,他看见这个白天鹅伸长脖子,张着嘴巴,吃力地喘息着,缅伯高顿时担心不已,马上打开笼子,把白天鹅带到水边,让它喝水喝了个痛快。然而,让缅伯高没有想到的是,白天鹅喝足了水,合颈一扇翅膀,飞上了天。缅伯高立即向前一扑,想要抓住它,只可惜只拔下几根羽毛,白天鹅还是飞走了。缅伯高只能眼睁睁看着它飞得无影无踪。

无奈之下,缅伯高只好捧着几根雪白的鹅毛,愣愣地发呆,心里忐忑不安,一直想着这个问题:这该如何是好啊？回去的话,不敢面对回纥国王;继续前往大唐的话,白天鹅飞走了,不能献给唐太宗了……做了一番思想斗争后,缅伯高还是决定继续东行。

后来,缅伯高拿出一块洁白的绸子,小心翼翼地把鹅毛包好,又在绸子上题了一首诗:"天鹅贡唐朝,山重路更遥。沔阳河失宝,回纥情难抛。上奉唐天子,请罪缅伯高,物轻人意重,千里送鹅毛!"于是,缅伯高带着珠宝和鹅毛来到了长安。

缅伯高见到了唐太宗,就献上鹅毛。唐太宗看了看这几根雪白的鹅毛,又看了看那首诗,不仅没有怪罪缅伯高,反而觉得他忠诚老实,不辱使命,就重重地赏赐了他。

鬼谷子认为,仁人君子轻视财货,不能用财利引诱他们,但可以让他们捐出财物;勇敢的人轻视危难,不能用祸患去恐吓他们,但可以用他们解除危难;智慧的人通达术略,明于事理,不可假装诚信去欺骗他们,却可以向他们讲清事理,让他们建功立业,这是三种人才啊。所以说,愚昧的人容易被蒙蔽,不肖之徒容易被恐吓,贪图便宜的人容易被引诱,这三种人可以根据具体情况做出判断。而缅伯高就是智慧之人,他完成了回纥国王交给他的任务,他那诚实的品德和高超的才华得到了唐太宗的赞赏。